旅游文化学

钟栎娜 编著

中国旅游出版社

目 录

第一章

旅游文化的本体

第一节　概述

一、旅游文化的基本概念

1. 旅游的概念

关于旅游的定义，在不同时期学术界各学派有着不同的理解，尚未形成统一的认知。到目前为止，学术界关于旅游的概念，主要是从经济学、美学、文化学、历史学、旅游构成和人类学等角度来进行阐述。

经济学派认为，旅游是一种经济现象，是一种具有重要经济意义的活动，在旅游过程中的食、住、行、游、购、娱，都存在旅游经济者的供给行为和旅游者的消费行为，旅游行为与经济密切相关。葛立成认为，从社会学、心理学、文化学和历史学等角度出发，人们认为旅游属于一种社会交往、一种心理体验、一种文化活动或一种历史现象，但从本质上说，旅游是一种经济活动，是旅游者的经济行为[1-4]。固然，旅游活动与经济密切相关，但是从经济学的角度认识到的旅游本质，只是看到了旅游行为与经济现象之间的联系，并没有真正触及人们进行旅游的实质和原因，因而它并没有揭露出旅游的本质。

从美学的角度来阐释旅游的本质，谢彦君提出，旅游在根本上是一种主要以获得心理快感为目的的审美过程和自娱过程，是人类社会发展到一定阶段时人类最基本的活动之一[5]。冯乃康则更加明确地认为，旅游的基本出发点、整个过程和最终效应都是以获取精神享受为指向的，进而提出"旅游不只是一种经济活动，更是一种精神生活，这种精神生活是通过美感享受而获得的[6]。因此，旅游又是一种审美活动，一种综合性的审美活动"。王柯平也认为旅游是一项综合性的审美活动[7, 8]。而俞孔坚则指出观光旅游是景观信息的探索和景观知觉过程，是一种景观审美活动[9]。对于从旅游者获取美感和愉悦的角度来确定旅游的本质的方法，我们不禁要提出这样的问题：是否只要是能够给旅游者带来美感和愉悦的活动都是旅游活动呢？显然，这一命题是不成立的，因为我们在家养花、养鱼同样可以给旅游者带来美感和愉悦，但是这些活动不能称之为旅游。

从文化学角度出发，谢贵安、华国梁在《旅游文化学》中诠释了中国关于“旅游”的概念，以及由“旅”和“游”所组成的各种相关概念，具有浓厚的中国民族特色和人文特征，并且大都含有伦理的意蕴。首先，旅游的概念反映了中国社会重等级、崇道德的伦理特征。其次，旅游的概念反映了中国旅游者对宗法伦理关系的执着追求。由于受传统社会环境的影响，中国的“旅游”概念负载着丰富的社会文化信息，具有群体认同性及伦理归属感的民族特征，这使中国古代的旅游呈现出独特的风格和魅力。以“游”为词根组成的各种令人眼花缭乱的旅游词汇，则又是“tourism”等词所无法涵盖的。随着中西文化的交流与融合，中西旅游概念的界定将趋于一致，但其中蕴含的人文精神民族差异仍将存在下去。

从历史学角度来看，有学者认为中国古代称旅游为“游”，游客、游子、游宴、游学、游猎、云游、遨游等，皆从游而来。还有几乎为官家所独占的“巡”字，实际意义与“游”相仿，但具有浓重的官家色彩，如巡使、巡守、巡检、巡抚、巡幸、巡视等[10]。“观光”一词，最初体现封建君主的威严感，是指“得位帝王明习国之礼仪”。随着时间的推移，观光的含义变为“巡视考察政教风俗”。

有的学者从旅游三大主体构成部分出发，认为旅游是由旅游者（主体）、旅游资源（客体）和旅游服务（条件）三大要素构成[11]。旅游三要素既具有各自特定的内涵，又紧密地联系在一起，共同形成旅游，产生旅游价值。

从人类学的角度，美国著名旅游人类学家纳尔逊·格雷本在1983年率先提出这样一种观点，认为“旅游是具有‘仪式’性质的行为模式与游览的结合”[12]。他在其代表作《旅游人类学》一书中，探讨了旅游和传统生活中各种周期性仪式与阶段性洗礼在实际意义方面的类似性。他认为，年度性的旅游度假与结婚仪式、毕业典礼等一样，是人生当中必须经历的仪式，而那些带有自我考验性质的艰苦旅游，如探险旅游、野外生存等，则属于一种界标式的人生通过仪式，经过这种仪式的考验，人们会变得高兴、愉悦，并创造出一种新的精神面貌[13]。从旅游人类学视角来界定旅游的本质，无疑会使我们更加全面而深入地把握旅游的本质，但是将旅游视为人生必然要经历的一种“仪式”，这种说法显得有些过于绝对。

此外，还有从其他的角度来阐释旅游本质的观点。例如，有学者从体验的角度认为，旅游是个人以旅游场为剧场，旨在满足各种心理欲求所进行的短暂休闲体验活动[14]。有学者从表现学的角度认为旅游的本质是“旅游主客体相互作用中，旅游行为所表现的一切关系的总和”[15]。

如此种种，总体来说，比较有代表性的旅游的解释有如下几种：

其一，日本学者浅香幸雄认为，旅游是人们为了休息、教养、娱乐、运动等目的，离开日常生活的范围所进行的一时的移动，是广义的娱乐活动的一种形态[10]。

其二，联合国官方旅行机构国际联合会（AIGTO）认为，到一国访问，逗留超过 24 小时的短期旅客，其旅行的目的属于下列之一者：悠逸（含娱乐、度假、保健、研究、宗教或体育活动）、业务、家庭、出使、开会均称为旅游[16]。

其三，美国的罗伯特·麦金托什和夏希肯特·格波特在《旅游学——要素·实践·基本原理》一书中，参照格洛萨瑞的意见，认为旅游的定义是：“在吸引和接待旅客与来访者的过程中，游客、旅游设施、东道国政府和接待团体的互相影响，所产生的现象与关系的总和。”[17]

显然，由于对旅游的内涵和外延的理解不同，各家定义也有所差异。虽然它们都有成立的理由，但又都是不全面的。根据以上对于旅游本质在不同角度的界定和分析，我们认为，在目前对旅游本质的定义和规定中，不同的学术观点都只是抓住了旅游的某一特征或属性进行阐释。

2. 文化的概念

1871 年，英国文化人类学者爱德华·泰勒出版的《原始文化》一书中对“文化”所作的定义被西方学界视作经典：“文化，或文明，就其广泛的民族学意义来说，是包括全部的知识、信仰、艺术、道德、法律、风俗以及作为社会成员的人所掌握和接受的任何其他的才能和习惯的复合体。”[18]

在泰勒之后，学者们纷纷尝试对“文化”这一概念进行定义。据美国人类学家克鲁伯和克鲁克洪《文化的概念》一书统计，从 1871 年到 1951 年这 80 年间出现的关于文化的定义，总计多达 164 种，而据法国学者摩尔统计，文化的定义有 250 种之多。可见，要给文化下一个确切的定义，是一个非常复杂而又困难的事情。人们对文化的表述多呈现为器物、思维、艺术或风俗等静态意象或状态，归属于人类学的知识谱系。而英国批评家艾伦·斯温伍德认为其实文化同样是一种实践行为，是以意识、行为与特定的价值观作为基础，然后寻求改变世界的一种手段。

美国学者菲利普曾经在西方语境中分析过文化的起源，他认为文化建构是人类对于民族之间生活方式差异的观察和表达。“文化”（culture）一词最初在欧洲语言中出现时，含义与现在并不相同。在拉丁语和中古英语中具有“耕种”或“掘种土地”的意思。拉丁语词源为“cultura”，意味着为增进某种东西的质量所作的审慎的努力。这一时期，人们将其与其他词联合起来而不单独使用，如

“精神耕耘”（mental culture）或“智力耕耘”（intellectual culture）。18 世纪的法国学者开始用“文化”意指训练和修炼心智（或思想，抑或趣味）的结果和状态。“文化”被认为是良好的风度、文学、艺术和科学等一些通过教育能够获得的东西。18 世纪末，德国哲学家赫尔德提出“文化”意味个人的完善，或者个人发展自己的过程中取得的工艺、技术和学识。这种认知已认识到不同民族在总体上可以对“文化”做出不同的贡献。到 19 世纪中叶，“改进”和“发展”的内涵被添加进来，“文化”的内涵得到不断的丰富，并逐渐与现代所指之意接近。

在汉语体系中，根据著名学者林耀华先生的论述，最初“文”是指色彩交错的文理，如《礼记·乐记》“五色成文而不乱”；而“化”为更易、生成、造化的含义，如《易·系辞下》“男女构精，万物化生”。中国最早将“文”与“化”联系起来见于《周易》“贲”卦。《彖传》中有“观乎天文，以察时变；观乎人文，以化成天下”，这里的“人文”“化成天下”有以礼仪、风俗、典籍教化苍生之意。而两汉以后，文献中开始正式出现“文化”一词，如西汉史学家刘向所著《说苑·指武》中就有“凡武之兴，为不服也；文化不改，然后加诛”之句。这里的“文化”含义与“武力”所对应，可以理解为以文治为法，以礼乐典章制度为依据教化臣民，与“文化”的今义有所差别。

纵观《史记》到《清史稿》二十五部官方修订的正史史书，“文化”作为词组共出现二十余次。在这当中可以发现，直到清朝中期，尽管“文化”一词的概念意义较为固定，指的是某一朝政权在其武力军事征服之外的政绩，如文学、艺术、教育等，与今天我们所谓的国家“软实力”意义相仿。如南北朝时期《南齐书》中记载“裁之以武风，绥之以文化”。“文化”一词首次在正史中出现。这里的“文化”与“武风”相对，是“教化”的意思，与“文化不改，然后加诛”相一致。此外，《旧唐书》“既荐羽旌文化启，还呈干鏚武威扬”“帝德广运，乃武乃文，文化武功，皇王之二柄”，《新唐书》“舞‘奉’字，歌《海宇修文化》”，《宋史》“当文化诞敷之际，是旧章咸秩之时”，《元史·安南传》“祖宗以武功创业，文化未修”等，“文化”在其中都含有“教化”之意。清乾隆时期，史学家们重新辑录《旧五代史》的跋文中提到“窃意是时南朝先已摈废《薛史》，北朝文化自知不逮，故起而从其后，自是其书遂微”，可以看出，清中期的汉语语境中，“文化”指的是一个朝代的政治影响力。

清末民初时，“文化”的概念开始出现了变化。“文化”作为“culture”的译名在 19 世纪的文献里首次出现。此时“文化”有时仍与“教化”混同。严复将人类社会分为图腾社会、宗法社会和军国社会三个类型：“群之所始，《社会通诠》所言，已成不易之说。最始是图腾社会，如台湾生番之‘社’，西南夷之‘峒’。其次乃入宗法社会，此是教化一大进步。此种社会，五洲之中，尚多有之。而文化之进，如俄国、如中国，皆未悉去宗法形式者也。最后乃有军国社会。”从这段引文可以看出，严复讨论中西方文化差别时，“文化”与“教化”两个词语交替使用，显然所指相同。

《清史稿》中“文化”的意义与现代汉语相近，指一个民族、社会、国家的人民共享的某种意识形态。如《清史稿·戴鸿慈传》中“中国地处亚东，又为数千年文化之古国，不免挟尊己卑人之见，未尝取世界列国之变迁而比较之”；又如《清史稿·朝鲜传》中“琉球自入清代以来，受中国文化颇深，故慕效华风如此”。这一时期中国“文化”的概念与英文的“culture”逐渐趋同。

民初文集《清稗琐缀》中记录“中日之役，今二十年矣。犹忆初接仗时，报纸有捏造战胜新闻者，谓黑旗兵刘永福，用溺器实炸药，浮水面，击沉日本兵轮……中人之稍读书者，其议论之奇特，正复相似，于以知无文化之民，思想范围至隘，不期而如出一辙。教育不普及，祸未艾也”。从作者所说“中日之役，今二十年矣”，估计当时是1915年，此处所使用的“文化”已经与现代汉语“文化”中，表示“个人受教育水平”的意义相同。

新文化运动的发起使“文化”一词频繁被使用，此时“文化”的意义已经大致与今日相近。学者们从中西方的文化差异的角度，试图用科学的方式来为“文化”进行定义。梁启超提出“文化者，人类心能所积出来之有价值的共业也”，认为文化是人类根据自由意志选择而创造出来的有价值的物品或行为。梁漱溟在《东西文化及其哲学》中模糊地将“文化”定义为包含政治制度、价值观念、哲学、医学、艺术等要素的“人类生活的样法”。这一时期文人学者对文化概念的建构，受到西方思想学派影响，与泰勒和摩尔根等西方学者一脉相承[19]。

中国当代学者柳冠中对于文化的诸多定义进行了总结。他认为，文化是一个有机结构体，并且作为复杂系统中最鲜明、主导的部分，与系统相互渗透、交叉。他将文化的概念大致凝练为“记述”“规范性”和“结构”三个维度。这三类定义分别侧重于文化的整体性，文化的规律或价值与行为以及文化是人类社会必要的系统。尽管学界对文化的解释千差万别，但个中存在有普遍的共性。首先，文化包容了不同层次的构成，涉及很复杂多样的要素。其次，文化是不同价值观念体系下的产物，没有绝对的好坏之分。同时，文化是在不断发展、变迁的。

总体来说，结合中西方的观点，文化的含义可以从以下几点来理解。首先，文化是人的创造物而不是自然物，是一种社会现象而不是自然现象。文化的存在和发展是与人和人类社会的存在及发展相联系的。文化是一种“人化”的现象，文化的本质是人的本质的对象化，是人的本质力量的外在显现。凡体现了人的智慧和实践创造力的事象均属于文化，否则就应排除出文化的范围。其次，文化是人类社会活动所创造的，为社会所普遍具有和享用的，不是专属个人的。文化体现在普遍或一般的社会生活方式、社会风俗习惯以及社会物质创造和精神创造物中，它不包括仅仅属于个人思想行为中的某些特殊的东西，但包括体现于个人思想行为中的具有普遍性的东西。菲利普·巴格比将文化形容为“在一个集团或一个社会的不同成员中反复发生的行为模式”。从纵向来看，文化可以是某个时代的社会群体所具有的；从横向来看，文化可以是某个国家、某个民族、某个集团作为社会群体所具有的。最后，文化是人类智慧和劳动的创造，这种创造体现在人们社会实践活动的方式中，体现在所创造的物质产品和精神产品中。一种生活方式，一种行为模式，一种思维方式，一种风俗习俗，一件物质产品，一件精神产品，之所以说体现了一种文化，就在于它体现着人类的智慧和劳动。

3. 旅游文化的概念

在西方，“旅游文化”并不作为单独的研究学科（领域）来对待，而是被当作一种旅游研究视角或者文化视角。西方人类学家最早开始从文化接触和文化变迁的角度研究旅游，因此，西方从文化视角或者人类创造的视角去研究旅游，多称为旅游人类学。旅游人类学研究在西方历经 40 年的发展，形成了多种理论、观点，积累了一定的研究成果。学者们以目的地社会、游客以及客源地社会等不同视角，分别形成旅游是涵化和发展的形式，是现代世俗仪式以及是上层建筑等不同观点。

从旅游对目的地社会、人民的影响的视角出发，人类学者认为旅游是一种涵化和发展形式，它使目的地的社会文化发生变化。把旅游看作一种涵化和发展的形式起源于人类学一贯的全局性观点。

早在 19 世纪，人类学者就开始研究殖民统治给殖民地人民带来的影响。20 世纪七八十年代，研究旅游对目的地社会、文化的影响是旅游人类学的主流。70 年代末，学者们觉得这种以单一思维的方式进行的简单价值判断远不能适应复杂的社会情况。以较为客观的态度思考问题的学者越来越多。最有代表性的是 1989 年史密斯主编的《主人和客人》的再版。1977 年的第一版中，学者们大多只把旅游当作引发当地社会变迁的因素，十多年后的跟踪调查使许多学者把旅游外的因素也包括进引发变迁的可能因素。90 年代，学者们提出“替代性旅游”一词，提倡某些对当地环境、文化和社会影响较小的旅游形式。1992 年，史密斯主编了《替代性旅游：旅游发展中的潜力和问题》，汇集了人类学者对这一问题的各种观点[20]。早期的研究更多关注第三世界欠发达国家受到的影响，80 年代后，学者们越来越关注旅游对西方发达社会的影响，考察旅游带来的噪声、交通拥挤以及犯罪率上升等问题，并提出相应对策。从这一角度出发，许多人类学者把旅游开发与社区建设联系起来，考察如何使二者更好地互动。90 年代后，旅游的可持续发展问题也进入学者们的视野，他们开始思考如何达到社会文化方面的可持续发展。

一部分学者从“游客”这一视角出发，研究人们的旅游动机、旅游体验，并分析旅游对游客的影响。其中一些学者把旅游与人生经历仪式相比，认为旅游也是一种通过仪式。因为两者在结构（脱离原有状态—进入仪式过程—回到原来社会）、功能（对当事人产生一定影响，使当事人进入一种新的生活状态）等方面很类似。游客的旅游过程被看作从一种经验状态转向另一种经验状态。因而，认为旅游是一种世俗化的仪式、一种现代仪式。从这一角度出发，学者提出“神圣的旅程”这一说法。这种把旅游看作一种世俗仪式的观点展示了游客的旅游动机、体验和后果的仪式性特点。尽管仍存在许多问题，但它拓宽了研究视野，帮助人们从另一角度认识旅游现象，它也使我们认识到旅游观光行为的创造潜力以及它对个人的意义。

还有一些学者从客源地视角出发，探寻旅游的根本原因——形成游客和旅游的条件。从这种视角出发，学者重视研究旅游的成因，致力回答“为什么存在不同形式、不同层次的旅游”等。旅游人类学的先行者纳什曾指出，虽然这类研究目前还不多，但前景很好，因为它揭示的是游客、旅游的形成原因，也就是供求双方中更为重要的求方。旅游活动包括了一个从客源地到目的地再回到客源地的过程，要寻找旅游行为的原因，显然必须回到客源地社会。旅游的这种依赖性特征在经济萎缩时期表现得更为明显，经济不景气时，旅游收入是最先减少的，把旅游看作主要是由客源地社会的其他更基础的方面造成的，有其合理性。

人类学者们分析的不仅仅是社会的物质基础，也注意到了许多社会文化因素，包括可自由支配的收入、文化自信、职业、年龄、健康状况、家庭规模、当代西方社会高度商业化、现代化的压力，等等。关于旅游动机的形成，丹恩和伊索—阿霍拉的观点极具代表性。丹恩认为，在研究游客对某一目的地的选择时，除了要考虑“推力”因素外，也不应忽视目的地的引力作用。伊索—阿霍拉在其基础之上，又提出了把不同社会中游客动机的形成看作由各种特定因素决定的。此外，丹恩认为合理的、一般的顺序是：在家中愿望不能得到满足—寻求满足方法—把旅行当作一种解决方式。

而在我国，旅游文化研究已然成学。仅以旅游文化学为题的教材就达十余种[21-30]。但是，旅游文化学的含义迄未定论。目前主要有四种说法在学界广为认知。

第一种说法认为，从广义上讲，旅游文化学是一门研究人类旅游活动发展规律的学问；从狭义上讲，它是一门研究商品经济运行环境下如何合理开发利用过去时代所创造的旅游文化遗产，如何立足本国本地创造有时代精神和地域特色的旅游文化的学问。

第二种说法认为，旅游文化学是研究旅游生活所创造的跨文化交流的学问。旅游活动本身形成的两种或多种文化交流的事实，是旅游文化学研究的核心内容之一。

第三种说法认为，旅游文化学是关于旅游文化的本质以及旅游文化产生、发展的规律的科学。旅游文化学以旅游文化现象、旅游文化本质以及旅游文化产生和发展的规律性为研究对象，以考察各种旅游文化现象作为入门的向导，以研究旅游文化的本质及产生和发展的规律为主要任务。

第四种说法认为，旅游文化学是一门新兴的学科，是旅游学一个重要分支，是研究旅游文化基本要素，结构、体系和功能，尤其是研究旅游主体在旅游客体和旅游中介体参与下，文化人格的塑造和民族旅游性格的陶铸过程，以及旅游活动与旅游社会文化环境的关系问题的一门学问。

本书将众多关于旅游文化学的定义总体上分为三类。第一类是总和说：旅游文化是人类过去和现在所创造的与旅游有关的物质财富和精神财富的总和；第二类是三体说：旅游主体、客体和介体相互作用产生的物质和精神成果；第三类是其他说：旅游文化是一般文化的内在价值因素为依据，作用于旅游生活过程的一种特殊文化形态。

总和说中包含相关文化总和说。陈辽认为，旅游文化是人类过去和现在所创造的与旅游有关的物质财富和精神财富的总和。郁余龙也提出类似的观点，认为旅游是指与人类旅游活动密切相关的精神文明与物质文明。1990 年 10 月召开的首届中国旅游文化学术研讨会上提出“旅游文化是以一般文化的内在价值因素为依据，以旅游诸要素为依托，作用于旅游生活过程中的一种特殊文化形态，是人类在旅游过程中（一般包括交通、住宿、饮食、游览、娱乐、购物等要素）精神文明和物质文明的总和”。王明煊认为旅游文化是人类过去和现在创造的与旅游关系密切的物质财富与精神财富的总和，凡是在旅游活动过程中能使旅游者舒适、愉悦、受到教育，能使旅游服务者提高文化素质和技能的物质财富和精神财富，都属于旅游文化的范畴。谢贵安认为旅游文化是人类通过旅游活动改造自然和化育自身的过程中所形成的价值观念、行为模式、物质成果和社会关系的总和。

三体说中包含以下六点内容。（1）旅游主体文化说。沈祖祥认为，旅游文化是一种文明所形成的生活方式系统，是旅游者这一旅游主体借助旅游媒体等外部条件，通过对旅游客体的能动活动，碰撞产生的各种现象的总和。（2）旅游客体文化说。周谦认为，旅游文化是指与自然风光、古迹遗址有关的历史掌故、民俗文化、文学艺术、传说故事及百科知识等[31]。（3）旅游介体文化说。徐建新认为，旅游文化主要是指旅游组织者为满足旅游者旅游活动全过程中的精神文化需要，所采取的各种文化措施以及接待人员在接待工作中所表现出的能满足旅游者需要的精神风貌和文化素养[32]。（4）三体碰撞说。冯乃康认为旅游文化是旅游主体、旅游客体、旅游媒体相互作用所产生的物质和精神成果，旅游三要素中任何一项都不能构成或形成旅游文化[33]。（5）旅游主客体关系说。喻学才认为，旅游文化指的是旅游主体和旅游客体之间各种关系的总和[34]。（6）旅游主体—介体文化说。马波认为旅游文化是旅游者和旅游经营者在旅游消费和旅游经营服务过程中所反映、创造出来的观念形态及其外在表现的总和[35]。

其他说中包含以下四点内容。（1）特殊生活方式说。魏小安认为旅游文化可以初步界定为通过旅游这一特殊的生活方式，满足旅游者求新、求知、求乐、求美的欲望而形成的综合性现代文化现象，或者说是通过对异国异地的文化消费而形成的现代特殊生活方式。（2）文化交流与对话说。章海荣认为，旅游文化是基于人类追求自由、完善人格而要求拓展和转换生活空间的内在冲动，其实质是文化交流与对话的一种方式。它是世界各区域民族文化创造基础上的或现代全球化趋势中大众的、民间的休闲消费文化[36]。（3）旅游体验——介入文化说。邹本涛、谢春山认为，旅游文化是人们的旅游体验与介入过程及其精神产品的总和[24]。（4）民族文化说。喻学才认为旅游文化是某个民族或某个国家在世世代代的旅游实践过程中所体现出来的本民族或本国家文化。它包括只有这个民族、这个国家独有的哲学观念、审美习惯、风俗人情等文化形态，或者可以说是一个民族的共同文化传统在旅游过程中的特殊表现[37]。

上述界说在定义旅游文化学时，称之为学问、学科、科学，而且都把旅游文化学的对象置于定义的核心位置。学问是反映客观存在的系统知识，学科是依据学问的性质而划分出的门类。旅游文化学既是一种系统知识，又是一个知识门类，称之为学问或学科，自然正确；科学是正确反映客观规律的知识系统，旅游文化学力图正确反映特定对象的客观规律并自成知识系统，称之为科学也无不可。定义是揭示概念对象特征的，一门学科与另一门学科的区别，关键在于有无独特的研究对象，旅游文化学定义以其研究对象为中心，也是正确的。

但是，上述诸家的旅游文化学定义也有不清晰之处。有的定义以旅游或人文旅游资源为中心，令人无法分清旅游文化学与旅游学、旅游资源学的区别。有的定义以旅游跨文化交流为核心内容，一方面似乎使旅游文化学与旅游学区分开来，另一方面却使旅游文化学与旅游社会学、旅游人类学的界限更加模糊，旅游跨文化交流恰恰也是旅游社会学、旅游人类学的主要研究对象。有的定义虽明确以旅游文化为中心，划清了旅游文化学与旅游学的界限，但定义者在谈到旅游文化学研究对象时又说旅游文化学是研究旅游的，旅游文化学与旅游学的界限清而复混。此外，研究采用上述定义的旅游文化学论著，除了所谓的旅游文化的内容以外，还有很大篇幅是关于旅游文化的影响因素以及旅游文化研究的理论体系、概念范畴、对象选择、方法运用、意义评估、历史现状等方面的内容。这些虽与旅游文化有关，却不是“旅游文化”所能概括的。旅游文化的影响因素与旅游文化一样属于旅游文化系统方面的要素，是不以研究者的意识为转移的客观存在；旅游文化研究的理论体系、概念范畴等则属于旅游文化研究方面的要素，更多受制于研究者的主观意识。它们都是旅游文化学的重要内容，定义中不可不提。

二、本书对旅游文化学概念的定义

将一个词语进行拆解从而做出深刻的释义，是汉语的一种重要语言现象，我们不妨用拆词的方式来理解旅游文化的概念。从词源的本质来看，如果两个名词放在一起，一般来说，前一个名词是修饰后一个名词的，这是汉语修辞方法的一种。因此，我们可以认为，在“旅游文化”这个概念中，旅游是修饰文化的，那么我们分开理解“旅游”和“文化”两个词语，可以进一步了解这是一种怎么样的修饰关系。

对于旅游的概念，从中文语境看，在唐代孔颖达的《周易正义》中提到：“旅者，客寄之名，羁旅之称；失其本居，而寄他方，谓之为旅”，给出了“旅”的定义；《逍遥游》中“谓闲暇无事之为游”，《诗经》中提到“驾言出游，以写我忧”，以及《史记》中提到的“二十而南游江淮”，则是对“游”给出了定义。由此可见，从中文语境给出的旅游定义的理解就是闲暇无事到别的地方去玩。在英文语境中，单词“Tour”是“out and home again”的意思，翻译成中文意思是“从家中离开再回来”。单词“Tourism”是对“Tour”的名物化，将原有的异地性、短期性的基本定义“Tour”扩展为因为短期的异地出行而引致的各种关系的总和。从产业上延伸，围绕旅游活动的一切经济和社会活动，称之为旅游业；从学术上延伸，研究因为旅游以及旅游引起的关系总和称之为旅游学。结合上文的分析，我们认为现代意义的旅游是以闲暇为目的，异地出行所引起的社会现象和关系的总和。

对文化的概念，从中文语境看，文是纹理，引申为文物典籍、礼乐制度。化是生成、化育、造化，引申为教行迁善之义。因此“文化”就是精神领域内的文治教化。中国有句古话叫作“文化不改，然后加诛”。从英文语境看，词根“culture”是种植的意思。结合上文对于文化定义的讨论，我们认为单词“culture”是人们创造的，根植在社会成员心中的，被大家认可的知识、信仰、法律、习俗等复杂整体的总和。

基于这两个基本概念，我们不妨从以下两个方面来理解旅游对于文化的修辞关系：一是旅游相关的文化，二是关于旅游的文化。前者理解为旅游当中所涉及的文化，例如，在旅游过程中我们所涉及的各类人类文化创造，比如建筑文化、园林文化等。后者，旅游文化也可以理解为在旅游当中形成的文化，特指人类旅游过程中新的文化创造。为了更全面概括旅游和文化的关系，本书将这二者进行了有机的统一，将旅游文化定义为人类旅游系统中涉及和激发的一切文化现象的总和。因此，旅游文化学可以理解为是一门研究旅游文化的学问。主要研究内容是旅游文化发生与发展规律、旅游与文化碰撞的规律、旅游文化系统。主要研究内容是旅游文化发生与发展规律、研究旅游与文化碰撞的规律和研究旅游文化系统。

综合以上研究，本书认为，旅游文化学宜定义为研究旅游系统与文化系统关系的学科，是关于研究旅游系统和文化系统的学问。旅游文化系统包括以旅游文化为核心的内系统和以影响因素为外围的外系统。旅游文化系统十分庞大，两个子系统内部及两个子系统之间关系复杂，非观念形式不能反映旅游文化系统的要领。旅游文化学的任务之一就是要以观念的形式反映旅游文化系统，使之由实体抽象为知识，以便于理解和把握。当然，这种知识应是系统的而不是零散的，是正确的而不是错误的，否则谈不上学问，更称不上科学。

第二节　旅游文化学的研究对象

一、旅游文化的内涵和外延

目前，我国的旅游文化研究已经发展到相对成熟的阶段。旅游文化作为一种新的文化形态有其特定的内涵和适当的外延。广义地理解，旅游文化是人类过去和现在所创造的与旅游有关的物质财富和精神财富的总和。它是以一般文化的内在价值因素为依据，以旅游诸要素为依托，作用于旅游全过程中的一种特殊文化形态。旅游文化的基础，是那些鲜明地反映着旅游经济和旅游活动的特殊需要的内容部分，如旅游学、旅游经济学、旅游心理学、旅游教育学、旅游社会学、旅游文学、旅游美学、旅游营销学、旅游管理学、旅游资源学、旅游史、旅游服务艺术、导游艺术以及各种符合旅游特点的娱乐形式。这些方面的研究迄今为止尚不成熟，但其主题是鲜明的，也具有一定的实践成果，对旅游文化的形成和发展起到确定方向和奠定基础的作用。

旅游文化除了基础部分外，还有更加广泛的外延成分。这其中涉及文学、艺术、哲学、博物学、考古学、民俗学、宗教学、体育学、饮食学、医学、建筑学、生态学、园艺学、色彩学、公共关系学等学科中与旅游相关的部分；还体现在旅行游览、旅游娱乐、旅游食宿、旅游服务、旅游购物、旅游环境，以及旅游专业队伍建设等具体的旅游诸形态中。一言以蔽之，旅游文化渗透在与旅游有关的食、住、行、游、购、娱及相关的服务的各个方面。

二、旅游文化的研究对象

不同的学者对旅游文化研究的对象有不同的认知。章海荣认为，旅游活动实际促成的是一种文化进入另一种文化环境中相互交流、相互沟通的事实。因此，旅游文化的研究视野大致可划分为三大部分：旅游主体文化、旅游目的地文化、旅游跨文化交流。他所著的《旅游文化学》一书重点分析了旅游文化学的基本理论、旅游主体文化、旅游地文化、旅游跨文化交流的问题[36]。喻学才认为，从广义上说，旅游文化学是一门研究人类旅游活动发展规律的学问。他所著的《旅游文化》一书主要探讨了旅游主体文化、旅游客体文化、旅游介体文化、中国旅游文化的历史与建设等问题[38]。沈祖祥认为，旅游文化的研究对象，即是通过对旅游内部两个相互关联、运动的结构演变过程进行系统研究，描述作为一种文化现象的旅游发生和发展的历史规律和运动规律。他所著的《旅游文化概论》一书把旅游文化学的主要研究内容分为社会对于旅游文化的制约，旅游主体文化，旅游客体文化的变迁和生态环境的制约，旅游物质文化，旅游文化系统内部的变革，旅游文化实践系统，旅游制度文化，旅游精神文化，旅游文化活动的历史，旅游文化系统与其他系统之间的交往，旅游文化传统、旅游文化特点及旅游文化的遗传和变异，旅游文化学理论 12 个方面的内容[39]。谢贵安认为，旅游文化学应当研究人类在从事旅游活动中所产生的对自然的审美，对人自身素质的完善和对人类社会发展的促进等一系列文化现象和文化精神，旅游文化学应抓住旅游主体—中介体—客体—社会环境的各个环节，特别是旅游主体的“人文化成”过程，研究旅游主体在旅游客体和旅游介体的参与下文化人格和民族旅游性格的塑造过程。他所著的《旅游文化学》一书则以旅游文化学的基本概念与理论方法、旅游文化源流、旅游主体文化、旅游客体文化、旅游介体文化、旅游社会环境文化为主要研究内容[27]。马波认为，旅游文化学以旅游文化现象、旅游文化本质以及旅游文化产生和发展的规律作为研究对象，围绕着“旅游”这一基本概念展开，与旅游学有着一个基本共同的结构。他所著的《现代旅游文化学》一书重点探讨了旅游文化与旅游文化学的基本理论、旅游消费行为文化、旅游审美文化、作为文化现象的旅游资源及其开发、旅游企业文化、旅游接待地经营文化等内容，反映了作者对旅游文化学主要研究内容的认定[35]。邹本涛、谢春山在所著的《旅游文化学》重点探讨了旅游文化学原理、旅游文化本体、旅游文化子系统、旅游文化影响因素、旅游文化系统的动态过程、旅游文化建设等内容，进而提出旅游文化学是关于旅游文化系统及旅游文化研究的学问。他们所著的《旅游文化学》一书中关于旅游文化学研究的内容与以往同类论著有着明显不同：没有以文化学的视角审视旅游，而是以多维视角审视旅游文化系统及旅游文化研究的问题。[24]

旅游文化学的研究内容十分广泛。由于对旅游文化的认识并不相同，使得旅游文化研究的主要内容和看法也不同。多数学者都是根据研究问题的定义，决定研究的对象。本书认为旅游文化学是研究旅游系统与文化系统关系的一门学科。所以，对旅游文化的研究主要从旅游主体文化、旅游客体文化、旅游介体文化这三要素来理解。研究旅游现象和旅游活动，即将旅游文化现象、旅游的文化内涵以及旅游文化产生、发展的规律性作为其研究对象，以探究旅游文化的本质、发展规律。根据对旅游系统和文化系统之间的关系的分析，旅游文化的研究对象主要包括以下三个方面。

一是旅游主体文化的研究，即研究旅游主体。由于思想主张、宗教信仰、文化素养、个性特点（心理、性格、爱好等）、生活方式等的不同，在旅游活动中表现出不同的文化心理与文化需求。同时，研究旅游者在跨文化交流过程中旅游文化的碰撞、互动与融合等。旅游文化系统中核心的要素是旅游者，旅游者是旅游文化系统的创造主体，又是旅游文化系统的最终载体。旅游文化主体在旅游系统中居于首要位置，它是旅游文化活动整个过程的直接参与者、策划者和指挥者。旅游文化主体的阶级差别、时代差别、人格差别、文化差别、精神面貌差别等，都将直接或间接地影响整个旅游文化行为。研究作为旅游文化主体的著名旅行家的生平事迹、思想品格、道德风貌、旅游动机，评价他们在旅游文化方面所作的各种努力及其所取得的成就，总结正反两方面的经验教训，是旅游文化研究的又一重要内容。因为旅游主体文化主要研究旅游者所追求的是什么，主要指的是人类普遍存在的求知、求乐、求健、求美心理，研究对于旅游者的需求，哪些是要去满足的，哪些是不能迁就的，甚至是要坚决抵制的，还要研究在对某些要求不去迁就和加以抵制的前提下，如何提高对旅游者的吸引力。旅游者的出游动机不仅是为了物质的享受和身心的畅快，更重要的是追求精神的享受和文化的启迪，没有旅游者，就没有旅游业，所以旅游文化研究要把重点放在旅游者身上。

二是对旅游客体文化的研究。旅游客体是指存在于自然环境和社会生活中对广大旅游者产生吸引力的事物。旅游学界普遍认为旅游客体即旅游资源。旅游文化学研究的是不同类别的文化如何作为旅游资源，这类旅游资源的文化形成、分类特征和旅游功能，以及如何更好地发挥作为旅游资源的价值。例如，从旅游的角度研究园林文化、雕塑艺术、音乐艺术、饮食文化、地域文化等文化内容，或者是研究旅游活动对旅游目的地文化的影响。旅游资源是旅游文化活动的客体和物质基础。生态环境纯客观的渐变过程对旅游文化系统的发展有重要影响。同时，生态环境与旅游文化系统之间又包含互动。不同国家、不同地区旅游资源的分布特点及其变迁，旅游资源的开发、利用和保护，以及旅游资源对于旅游活动的影响，是旅游文化研究第二个方面的内容。

三是对旅游介体文化的研究。旅游介体文化是旅游业的文化素质和文化意识，包括旅游管理文化、旅游服务文化、旅游餐饮文化、旅游娱乐文化、旅游商品文化、旅游文化教育、旅游政策法规。旅游介体文化的研究内容还包括如何通过旅游实现跨文化交流，如何通过旅游营销实现跨文化的吸引，如何对文化资源进行旅游开发，如何实现当地的服务与经营，感受当地文化，实现文化的涵化。

第三节　旅游文化学研究意义

一、弘扬民族文化，提高国民素质，促进旅游业发展

研究旅游文化学是弘扬我国优秀传统文化的重要手段，研究旅游文化，让旅游者通过游览祖国的壮丽河山，了解祖国的悠久历史文明和光辉灿烂的文化，促进旅游者文化品位的提高、民族旅游性格的完善、民族文化的认同，增强民族自豪感和民族自信心。

研究旅游文化可以陶冶情操。凡是游览过长江、长城、黄山、黄河的旅游者，无不情不自禁地舒展了开阔的心胸、豪迈的情怀，特别是作为炎黄子孙，更易于抒发出“长江、长城、黄山、黄河，在我心中重千斤”的爱国情怀。这就是旅游客体文化引导旅游主体开阔了胸襟，增长了见识，获得审美的愉悦感受，使游客潜移默化地变得更加善良、开朗、文明，增强了游客的道德修养，尤其是热爱自然、热爱祖国的情怀。

研究旅游文化可以促进社会进步、循环和运转，这种循环与运转实质上是一种相关文化的循环和运转，它像人体的血液一样，维护了社会机体的生存和发展，而在物质流、信息流和人流的循环运转过程中，人的流动是社会运转的首要前提。随着人员的流动，带动信息和物质的流动。旅游正是旅游主体追求观赏和游览的流动，正是旅游主体的大量流动，推进了全社会的信息流、物质流的运动，也推进了各国之间的人际沟通和文化交往，促进了国际文化空间的跨越和人类友谊的建立，促进了社会的进步和人际的交流。

二、解释旅游行为，揭示旅游活动的经济规律和文化规律

旅游业发展存在着支配它的客观规律，包括经济规律和文化规律。只有遵循这些客观规律，旅游业才能得到全面的发展。在以往的旅游经营性管理中，普遍对经济原理较为重视，对文化规律认识不够，许多旅游经营管理活动具有盲目性和短期性的缺陷。旅游服务向来被看作经济行为，由于重经济、轻文化，主、客双方都难以达到满意。旅游文化研究告诉我们：旅游服务是经济行为，更是文化行为，它主要是通过生产和销售文化来达到经济目的，在这里，文化含量与经济效益是成正比的，因为旅游者需要的产品是以文化属性产品为主。受此启发，许多旅游企业大打旅游文化牌，经济效益显著提高。对于旅游者而言，旅游是一种经济性很强的文化活动。文化的认“同”或求“异”导致了旅游流。研究旅游文化有助于解释人类的旅游行为，揭示旅游活动发生、发展的机制与规律，进而促进旅游业的发展。

人类的旅游活动是一种复杂现象。早期的旅游研究从旅游业的角度出发，认为旅游是经济因素影响的结果，是一种经济现象。旅游文化研究兴起后，学者从文化的角度出发，明确提出人类的旅游活动固然要受到经济因素的影响，但从根本上来说，是文化驱使的结果，是人的一种文化活动。这一结论深化了人们对旅游的认识，逐渐成为主流意识。可以说，没有旅游文化学的参与，人们对旅游的认识仍将停留在经济层面。旅游体验既是旅游活动的重要组成部分也是旅游文化学研究的主要内容之一，旅游文化学探讨旅游体验的机制、质量，按照一定的理论方法对未来的情况进行预测，有助于旅游质量的提高。

三、构建旅游学科体系，丰富旅游学和文化学研究内容

旅游文化学是旅游学与文化学的交叉学科，旅游文化学的研究不但推动了旅游科学的发展，而且丰富了旅游学和文化学研究的内容。从文化学的角度看，旅游文化学借助文化学的理论、概念和方法，对旅游活动中的文化现象和文化规律进行研究，从人类文化的高度来认识和研究旅游这一人类文化现象，会大大深化对旅游学的研究，提高旅游的理论研究水平。旅游文化是人类重要的文化现象之一，旅游文化建设也是人类文化建设的重要课题。旅游学科的其他分支虽然也涉及旅游文化，但由于分工的不同，旅游文化并非其主要研究对象，建设旅游文化也不是其主要目的，因而他们对旅游文化的认识注定是肤浅的、片面的，关于建设旅游文化的对策也是零散的、不完整的。

旅游文化学以旅游文化为主要研究对象，以建设旅游文化为主要目的，整体、全面、深入研究旅游文化，并提出综合的、系统的、具体的旅游文化建设方

案。因而旅游文化学是完整认识旅游文化的最重要途径，也是科学建设旅游文化的关键所在。可以说，完整认识旅游文化，科学建设旅游文化，这是旅游文化学的天然使命和优势所在，也是旅游文化学最重要的独特价值。我国旅游学科的理论研究从 20 世纪 70 年代起，已有 40 多年的历史，各门旅游学科相继创立和完善，各类旅游专业教材已有上百种出版问世，旅游专业报刊也有数十种之多。旅游学术理论的研究呈现十分繁荣的局面，但一些学科仍然有待我们去研究、完善。如旅游商品学、旅游生态学、旅游文化学，可以说都是尚未定型的。这些学科的创建和完善，无论从其基础理论的研究、结构体系的构建、学科内容的组成，还是从其实践的应用方面来看，都仍然迫切地依赖于学术界同人努力探讨。就旅游文化学来说，到底什么是旅游文化，什么是旅游主体文化，什么是旅游客体文化，什么是旅游介体文化，都需要业界同人努力探讨。旅游文化学的研究，对促进旅游学科理论的研究和繁荣具有重要意义。

第四节　旅游文化学研究历程

旅游文化的出现，已有几千年的历史，而旅游文化的发现，却是在 20 世纪 70 年代。人们对旅游文化的认知较晚，没有对旅游文化的认知，自然就谈不上旅游文化研究。因此，严格意义上的旅游文化研究历史截至目前不到 40 年。对旅游文化的研究虽然起步较晚，但随着各界对旅游的文化属性认识逐渐深入，近年来国内外对旅游文化的研究呈现出前所未有的繁荣景象。本节采用分述归纳的方法，介绍旅游文化研究在国外的发展过程与现状，着重阐述中国旅游文化研究的三个阶段及其特点，通过借鉴国外研究的得失，透视目前国内旅游学界的旅游文化研究存在的不足与误区，并展望对这一文化形态的未来研究趋势。

一、国外研究历程

国外的旅游文化研究最早兴起于欧美，成就斐然。由于资料有限，我们无法对国外旅游文化研究的历程精确分段，虽然严格意义上的旅游文化研究应始于 20 世纪 70 年代末，但国外旅游文化的相关研究的萌芽早在 20 世纪初就已经出现，随着时代的发展和进步，国外旅游文化研究的历程大致可分为萌芽阶段、起始阶段和发展阶段，每一阶段都体现出不同的时代特点。

1. 萌芽阶段（1900—1945 年）

1927 年，意大利罗马大学讲师马里奥蒂出版了《旅游经济讲义》一书，明确指出旅游活动是属于经济性质的一种社会现象。此后，有关旅游学隶属于经济学的观点在西方的学术界大行其道，流行甚广。1935年，柏林大学的葛留克斯曼在其出版的《旅游总论》中提出了与马里奥蒂不同的观点。他认为，研究旅游现象是一个研究旅游活动的基础、发生的原因、运行的手段及其对社会的影响等问题的范围非常广泛的领域，需要从不同学科角度去研究而不只从经济学的角度去考察它。在葛留克斯曼研究的基础上，瑞士学者汉泽克尔和克雷夫于1942年出版的《旅游总论概要》一书中认为，旅游现象本质是具有众多相互作用要素和方面的复合体，这个复合体是以旅游活动为中心，与经济、社会、政治、文化、技术等社会中的各种要素和方面相互作用的产物，需要多学科进行综合研究，进而得出旅游现象并不具有经济性质，而更接近于社会学范畴的结论。虽然我们不能明确地说上述学者所进行的就是旅游文化研究，但从一定意义上来说，他们的观点却蕴含着旅游文化研究的要素。

2. 起始阶段（1945—1980年）

“二战”以后，欧洲各国政府纷纷将发展旅游视为战后恢复和重建的一个重要手段，这使世界范围内的旅游业获得了快速发展。与此同时，伴随着旅游者的大量流入，旅游对接待地的社会传统文化的影响也引起了学者们的高度关注，并在20世纪60年代形成了“旅游影响研究”，在当时的学术界和社会上产生了巨大的反响。20世纪70年代，“旅游影响研究”逐渐集中在经济、社会文化、生态环境三大领域，至今仍具有一定的影响。值得注意的是，当时学者们似乎较多地关注旅游对社会文化的负面影响，批评和质疑之声较多，甚至有学者发出了悲观的论调。其间，美国人类学家史密斯主编的《主人与客人：旅游人类学》产生了巨大的影响，在旅游社会文化影响研究中具有里程碑意义[40]。

1976年，美国学者麦克康奈尔出版了《旅游者：有闲阶级新论》一书，将旅游者提升为一个由现代性演变决定的新的社会阶级，将游客看成一个有闲阶级，并探讨他们在现代社会中所扮的角色[41]。这一观点为社会科学工作者和批判理论家打开了一个新视野，使人们得以透过现象直面旅游的深层内涵——文化。因此，从某种意义上来说，麦克康奈尔的研究对旅游文化研究具有一定的开创作用。

1977年，美国学者罗伯特·麦金托什和夏希肯特·格波特在其合作出版的《旅游学——要素·实践·基本原理》中首次提出了“旅游文化”这一概念[17]。他们认为，旅游文化“实际上概括了旅游的各个方面，人们可以借助它来了解彼此之间的生活和思想”。这一观点促使了20世纪80年代旅游学术界对旅游活动的内涵——文化的进一步思考。

1978年，美国人类学家丹尼森·纳什指出：旅游者同其他角色一样，也有自己的文化，进而提出“tourist culture”这一新的概念，并以此为关键词，分析了尼斯地区1763年至1936年贵族旅游文化的变迁。作为西方用以表述“旅游文化”的常用词汇之一，“tourist culture”从这一时期开始被使用，此后，西方用以表述旅游文化的其他词汇如“tourism culture”“touring culture”“travel culture”等也不断出现在学术刊物之中。这个时期还很少使用，也未见专门界定[42]。

20世纪80年代，在以研究旅游行为和旅游地社会文化变迁为己任的“旅游人类学”和“旅游社会学”的推动下，西方的旅游文化研究又向前推进一大步：不但有学者把旅游作为文化现象来研究，如凡登堡研究旅游中的工艺品、民俗表演及其对强化族群、保护文化的作用[43]；而且有学者试图为旅游创造的新文化——旅游文化做出界定。比斯克诺斯基认为，旅游文化为包含了“愉快的非日常生活方式、引人注目的礼节，以及追求等，这些将那些假期中的人限制在了一个团体中——旅游者”。这个定义虽然还是描述性的，但对西方学者影响很大。在它的启示下，许多西方学者的目光开始从“旅游与文化”转向旅游文化本身。

与此同时，游记这一曾经被忽视的文体突然成了学者关注的焦点，文学家、史学家及社会科学家对西方游记的特点、起源、重要性，游记与殖民话语的关系以及游记所揭示的文化问题进行了深入的探讨，批判性和跨学科性成为这些研究的共同特点。游记研究也成为当代西方文化研究成果最为丰富的一个领域。学者们几乎一致认为，综合性是游记的基本特征，同时也是最重要的特征。游记使用第一人称、自传式语体，又以旅程和景观为基础，可以说跨越了文学与科学、小说与历史。卡特指出，探险家作家既是历史学家又是地理学家，既是浪漫的骑士又是经验主义的科学家，是殖民文化的集中象征。比肖普也认为，游记集主观与客观描述为一体，有自传的成分，目击者报道的成分，也有旅行见闻、回忆录、浪漫故事、散文及滑稽小说的成分，是一种用手头材料拼凑成的作品。游记体现了西方的理想和愿望，带有很强的主观性，同时作为地理扩张的产物[44, 45]，游记又充满了对现实世界的关注和科学精神。游记的双重性使它比小说更直接地显示出话语与权力的关系，为文化批评提供了方便的切入点。

3. 发展阶段（20世纪90年代至今）

进入20世纪90年代，西方的旅游文化研究方兴未艾。产生了一大批具有重要影响的旅游文化研究成果。其中以艾瑞克·里德、玛丽·路易·普拉特、杰姆·克勒福德和G. T. 威廉斯的研究成果较有代表性。

艾瑞克·里德的《旅行者的思想：从吉尔伽美什到环球旅游》强调旅行的普遍性和熟悉感，认为旅行是描述各种转换与变迁（如死亡、生命、存在等）的喻词的最通常的来源。旅行的跨文化接触产生了一种新型的文化自我意识[46]。玛丽·路易·普拉特的《帝国主义的眼睛：旅行写作与跨文化的演变》分析了欧洲旅游文化产品——旅游文学的殖民主义意味，把旅游文化研究延伸到了政治文化领域[47]。杰姆·克勒福德的《旅行义化》主张将文化当作居住与旅行的场所重新思考，并尝试为居住和旅行勾勒一个比较文化研究方法的概图：居住中的旅行和旅行中的居住。他认为，旅行就是文化比较，旅行和性别、种族、阶级特权等都有关联，这使得隐藏在居、旅文化经验中的后殖民地问题及性别问题清楚地显现出来。G. T. 威廉斯的《旅行文化》认为旅行文化涵盖旅行、远方以及与旅行有关的一切，是一种历史视角；而当综合地而非个别地观察人类时，旅行则是一种哲学或形而上学。

据 1991 年夏威夷大学旅游管理学院 Pauline Sheldon 教授所做的“旅游研究之著作档案分析”显示，英语国家的旅游研究占全球可统计数量的 75% 以上，而仅在美国的研究（含非美籍学者）就占其中的 63%。在专业研究刊物方面，拥有以威斯康星大学加法利教授主编的 *Annals of Tourism Research*（1973 年创刊）、英国的 *Tourism Management*、澳大利亚的 *Journal of Tourism Studies*（1990 年创刊）为代表的一大批专业性强、内容全面深入的旅游文化研究刊物。而在学术交流上，更让中国同行羡慕不已：除了定期的旅游文化国际年会，各国、各地区还有为数众多的各类研讨会。由此可见，国外对旅游文化的研究的确很值得我们借鉴参考。

从以上可以看出旅游文化的产生和发展由来已久，“旅游文化”概念的最早使用者一般被认为是美国学者罗伯特·麦金托什和夏希肯特·格波特，他们于 1977 年在美国合作出版《旅游学——要素·实践·基本原理》一书的第二章标题便是“旅游文化”。可见在这一领域，国外的研究在起步阶段已经领先了我国一步，但国外的旅游文化研究也并非一帆风顺。在“二战”结束后的很长时间内，旅游基础理论的研究并未引起旅游学界的兴趣。在北美和其他一些使用英语的国家，率先发展在经济、社会文化、环境生态三方面的“旅游影响研究”。但这种“旅游影响研究”由于忽视旅游的文化属性，是“循着功利主义观点的思维方式发展起来的”。因此这一时期并不能被视为是旅游文化研究的发轫期。此后不久，由于受当时日益成熟的人文学科如社会学、人类学以及新兴的环境生态科学的影响，旅游学术研究的方向发生了变化，从单一学科的纵向研究发展到跨学科比较研究，这无疑为 70 年代后期发展起来的“旅游人类学”奠定了基础。尽管限于资料，我们无法对国外旅游文化研究的具体时期进行分段，但有一点是毫无疑问的，“旅游人类学”的出现是国外旅游文化作为完整的学科理论体系出现的标志，这也促成了旅游学界对旅游活动的内涵文化的进一步思考。当经济学家把旅游者作为一个消费者来分析时，旅游人类学家则把他们作为一个需要休闲、为摆脱一些社会束缚而远游的人来研究。在这种情况下，旅游活动的文化性质得到了更为广泛和深刻的论证。而与此同时，“旅游影响研究”中对经济现象的研究却始终未见有突破性成果出现。

在相关著作中，我们可以发现国外对旅游文化概念的表述“比较注重从人本主义的角度出发”。国外学者比较倾向于将旅游者放置在旅游文化结构框架研究的中心位置，以交际（或跨文化交际）为媒介，研究旅游者的动机与行为，考察主客之间文化碰撞所引起的各种社会现象，如主客之间沟通方式和过程，文化的商品化等。应该说，这种研究方式已经超越了经济现象的有限空间，紧紧围绕旅游的社会文化本质，因而得以在一个更为广阔的范围突出“旅游文化”的动态特征。

旅游文化研究正日益成为旅游研究的主导方向，其重要性甚至在逐渐超越旅游经济。可以这样说，国外的旅游研究是从研究旅游活动的经济现象开始，而研究它的文化内涵是从 20 世纪 70 年代开始，并延续至今。造成这种现象的原因，一方面，是由于旅游活动中经济现象的研究多为对旅游业和国民经济各部门的交叉边缘进行研究，比起文化方面的研究范围要相对狭小些。对于西方发达国家而言，目前最需要解决的并非旅游经济问题，而是 80 年代以来“大众旅游”带来的一系列社会文化问题，如对接待地的文化伦理冲击、旅游吸引物的可持续发展等。这些都已成为各国学术界的前沿课题，受到高度重视。另一方面，旅游文化单科研究水平普遍较高。由于西方从事研究的专家多为社会学等相邻学科的学者，专业水平较高，加之近年其他旅游学单科的研究未有突破性进展，所以旅游文化已占据了旅游学研究的制高点。

值得提出的是，国外的旅游文化研究同我国一样，也存在轻理论重应用的倾向。几十年来在一些基本理论上缺少共识，在学科拓展上造成了时间和人力的浪费，不利于旅游文化研究的进展。

二、国内研究进程

总体而言，我国的旅游文化研究尚处于初级阶段，系统深入的研究还有待提高，有关基本理论有待完善，理论与实践相脱节的问题也有待解决。但回顾 40 多年的发展历程，我国旅游文化的研究从无到有，从自发零散的研究到有组织、有目的的讨论，在这一领域取得的进步与成果是有目共睹的。

我国的旅游文化研究大致可以分为以下四个阶段：

1. 萌芽阶段（1978—1984 年）

“旅游文化”一词在 1978 年以前的我国旅游图书资料中还从未发现过。因此，国内绝大多数旅游理论著作都将第一次使用“旅游文化”这一概念（1984 年版《中国大百科全书·人文地理卷》分册）作为我国旅游文化研究的开端[48]。

我们认为在此之前，国内已涉及旅游文化的研究。如1983年《浙江学刊》第4期林洪岱《论旅游业的文化特征》一文便提出“中国旅游业是一项经济事业，是外事工作的一个方面；又是一项文化事业，它具有鲜明的文化特征”“文化比重及其价值在整体中的扩大，是一种必然的积极的历史趋势”[49]。由此可见，我国旅游业刚刚步入正轨的80年代，国内学术界已经开始注视旅游业的文化特征，并已有相关的研究工作在进行，因此，我们将该段划分为萌芽阶段。正是该阶段对中国旅游文化的实验性探索，促成了以后对这一文化子系统的深入研究，但由于受当时社会环境和理论水平的制约，大多数人仍将旅游业视为“吃喝玩乐业”，所以有关旅游文化方面的研究总体上显得零散、表面化，缺乏真正意义上的理论著作指导，未取得突破性研究成果。

2. 植根阶段（1984—1990年）

随着“旅游文化”在1984年作为一专业概念出现（尽管当时对这个概念的解释现在看来并不准确），学术界使用这一概念并对这一文化形态进行研究的日渐增多，并在以下方面取得了一定成果。

关于“旅游文化”的界定，在这六七年的时间里，大部分旅游著作的研究重点都集中在旅游文化概念、特征、内容、结构等基本理论的讨论上，出现了百家争鸣的可喜景象，仅对旅游文化的定义在国内就有不下30种。学者们各抒己见，结合不同研究方法，在不同层次上对这一问题进行阐述。从陈辽的“物质财富＋精神财富”论[50]到魏小安的“二元表层互补结构”理论，从晏亚仙的旅游文化是“以自然景观和文化设施为依托，以包括历史文化、革命文化和社会主义精神文明为内容”到喻学才的“旅游主体和旅游客体之间各种关系的总和”论[32, 34]，这都表明我国学术界已经着手系统科学地对旅游文化进行基础理论的构建，对旅游文化的研究逐渐为人所接受，并开始植根于中国文化的大系统之中[51]。

在中国旅游文化“植根期”的研究中，旅游文化学者在借鉴国外先进经验的同时，也开始对中国旅游文化传统进行整理和总结。窦石认为，旅游文化是一个金字塔结构的文化体系，除了“鲜明地反映旅游经济和旅游活动的特殊需要部分”的主体外，还有广泛的部分，它表现在一般社会文化素养的普遍提高及其与旅游活动和旅游服务体系相交错的瞬间。喻学才在1986年率先提出应该重视中国三千年旅游宝贵文化遗产[52]。魏小安认为，旅游文化是通过旅游这一特殊的生活方式，满足旅游者求新、求知、求乐、求美的欲望，由此形成的综合性现代文化现象。晏亚仙认为，旅游文化是根据发展旅游事业的规划和旅游基地的建设，以自然景观和文化设施为依托，以包括历史文化、革命文化和社会主义精神文明为内容，以文学、艺术、游乐、展览和科研等多种活动形式为手段，为国内广大旅游者服务的一种特定的综合性事业[51]。1987年9月，由湖北省青年旅游研究会组织召开的首届中国旅游学学术讨论会也就此展开了研讨活动。代表们普遍认为：中国旅游文化具有优良传统，对其继承发展是对现有旅游资源进行深层开发的前提。同年10月，在九华山召开的首届中国山水旅游文学讨论会上，与会代表也讨论了这一问题，而且特别指出：海外炎黄子孙，特别是40岁以下的那一部分华人后裔，很多人对中国传统文化十分陌生，用中国旅游文化对其进行热爱祖国的教育是最佳选择。

关于建设有中国特色的社会主义旅游文化的研究，随着建设有中国特色的社会主义理论的逐步完善，植根期的旅游文化研究也有意识地突出体现社会主义方向和民族风格、地方特色。例如，晏亚仙认为："我国的社会制度，决定了我们建设旅游文化的社会主义方向，必须以服务人民为宗旨，以社会效益为最高准则，以建设高度的社会主义精神文明为目的。"另外也有部分学者将当代中国旅游文化的描述同旅游文化的地域性、民族性相结合，提出：中国当代旅游文化应该是与商品经济相适应的旅游文化，是多民族的大众的文化。

纵观植根阶段的中国旅游文化研究，具有以下特点：一是理论研究迈向体系化、规范化。旅游学界开始有组织地对中国旅游文化的理论基础以及一些基本概念内涵做准确科学的界定；出现一批具备一定专业水准的旅游文化学者，并开始着手旅游文化的学科建设；涌现一定数量的有质量的学术著作和论文；旅游文化研究专业刊物有所增加，改变了萌芽期仅有一两种刊物的窘境。研究阵地的扩大对于今后旅游文化的普及和提高有着重要作用。

二是学术交流走向群体化。继1985年上海旅游学会率先开展了旅游文化的研讨活动之后，许多省、市在此期间已经成立或正酝酿成立旅游文化研究的社团组织，这标志着旅游文化的研究由游兵散勇式的单干研究开始走向集团军式的群体研究，但应当指出的是，当时还缺乏有影响力的全国性研究活动和机构，大部分的学术研究只能局限于地区或部门之间，缺乏横向联系。这是植根阶段的一个显著特点。

在这一阶段以上研究过多拘泥于对一些基本概念的梳理、定义，且各人自成一家，对许多基本问题存在分歧。虽然上述学者对旅游文化的定义在语言表述上存在一定的差异，但基本上在下列认识上达成了共识。①旅游文化应包括物质和精神两大范畴。②旅游文化应由旅游主体、旅游客体和旅游介体三个方面构成。③旅游文化具有新奇性、地域性、综合性等特点。

3. 发展阶段（1990—2000年）

进入20世纪90年代，我国的旅游文化发生了质的变化。其标志性事件是中国旅游文化学会的成立和"首届中国旅游文化学术研讨会"的胜利召开，我国第一次出现了全国性的旅游文化权威学术机构和交流会议。这对今后我国旅游文化研究有着重大意义：旅游学界对旅游文化的基本概念求同存异，达成一定的共识，为旅游文化作为一门独立的学科建设奠定了较为厚实的基础，并且使广大旅游文化学者明确了未来的发展方向。从此，中国旅游文化研究翻开了一页新篇章，具体表现为：

在旅游文化概念方面，学者们持有“总和说”“相互作用说”“文化形态说”等观点。如认为，“旅游文化是人类过去和现在所创造的与旅游有关的物质财富和精神财富的总和”[53]“旅游文化是旅游主体、旅游客体和旅游媒介体相互作用产生的物质和精神成果”[54, 55]“旅游文化是以一般文化的内在价值因素为依据，以旅游诸要素为依托，作用于旅游生活过程中的一种特殊文化形态”[35]等。

在旅游文化内容方面，因学者们对旅游文化定义的表述不一致，故对旅游文化具体内容的理解也不尽相同。如有学者认为，旅游文化包括两方面内容，广义指旅游线路、旅游途中、旅游景点上的一切有助于增长旅游者文化知识的物质财富和精神财富[56]；狭义指一切能够使旅游者在旅游途中舒适、愉快并能提高旅游者文化素质的物质财富和精神财富[57]。还有学者认为，旅游文化可以划分为四个结构层次，即以文物、史迹、遗址、古建筑为代表的历史文化层；以现代文化、艺术、科学、技术成果为代表的现代文化层；以居民日常生活习俗、节日庆典、祭祀、婚丧、体育活动和衣着服饰等为代表的民俗文化层；以人际交流为表象的伦理观念文化层[58]。

在相关的旅游文化研究论文的数量和质量有了迅速的提升，还产生了几部具有重要影响的学术著作，如郝长海、曹振华的《旅游文化学概论》（1996），马波的《现代旅游文化学》（1998），沈祖祥的《旅游文化概论》（1999），谢贵安、华国梁的《旅游文化学》（1999）等[35, 39, 59]。

随着旅游业的发展和旅游文化研究的不断深入，一些学者还对建设旅游文化学科作了初步探讨。如唐友波等（1991）认为：“旅游文化是一种从本质的高度对旅游进行综合研究，进行宏观的规律性的研究，从学科建设角度显示了旅游文化在旅游学中的重要地位。”[60]毛桃青（1996）在《旅游文化应有自己的学科地位》一文明确提出了建立“旅游文化”学科的必要性，认为无论是对旅游业健康发展，还是从学科分类的角度上都应设立旅游文化学科[61]。

4. 走向成熟阶段（2000 年至今）

21 世纪初至今，经过多年的积淀和不断探索之后，国内的旅游文化研究逐渐走向成熟，其标志主要体现在三个方面：一是开始对旅游文化的效应进行研究；二是通过借鉴其他学科成熟的方法开始对旅游文化学进行方法论的探讨；三是重视对旅游文化的实践应用性的探讨。

在旅游文化效应的研究中，学者们开始关注旅游者自身文化与目的地居民文化的互动研究，探讨旅游文化对保持当地文化原真性、促进旅游业可持续发展中的积极作用。随着旅游文化学科地位的逐渐提高，学者们开始吸收借鉴人类学、社会学、心理学、现象学等学科的成熟方法来指导旅游文化的研究，极大地促进了旅游文化学的丰富和发展。与此同时，旅游文化的研究开始从理论向实践过渡，企业文化建设、旅游接待地的形象塑造、文化视角的旅游市场营销等无不渗透着旅游文化对实践的指导作用。这一时期，旅游文化研究中的实践性论文约占论文总量的一半，这与旅游学科实践性强的特点相吻合。

这一阶段，一些旅游文化类专著的内容日渐全面系统，如谢春山的《旅游文化论》（2002）对旅游与建筑文化、宗教文化、园林文化、节庆文化、民俗文化、饮食文化做了系统阐述，并对中国旅游文化传统做了梳理性分析。章海荣的《旅游文化学》（2004）内容包括旅游文化学学科和核心理论，旅游主体是一定文化的负载者，旅游地生态文化系统，城市文化与城市精神，人际直面交往与文化传播，旅游文化震惊和文化冲突等[36]。刘敦荣的《旅游文化学》（2007）分概论、旅游文化和旅游文化建设三编，具体内容包括文化、文化旅游、旅游主体文化、旅游客体文化、旅游介体文化、旅游审美文化、自然旅游资源文化、社会人文旅游资源文化、旅游文化建设、旅游企业文化建设、旅游景区文化建设等[62]。曹涛图、孙静的《旅游文化学概论》（2008）遵循“导论（涉及旅游文化和旅游文化学的基本概念、基本理论问题）—旅游主体文化—旅游客体文化—旅游介体文化—旅游区域文化—旅游跨文化—旅游的文化影响与调适”的逻辑思路，并分八章具体阐述了其基本内容，受到旅游学界和师生欢迎[63]。邹本涛、谢春山的《旅游文化学》（2008）是以大学教材形式撰写的旅游文化学专著，该书以旅游文化为中心，以旅游体验文化和旅游介入文化为主干，以旅游学和文化学理论为指导，内容涉及旅游文化自身的概念、结构、类型、特点、功能、地位、形成、建设、历史、未来等，以及政治、经济、社会、文化、自然等影响因素和旅游文化研究的过程与成果，其体系是前所未有的[24]。该书被大陆及台湾多家高校作为指定教材，影响较大。

从以上种种分析来看，目前我国旅游文化研究的现状可谓喜忧参半，成就与困难并存。虽然很多学者建立了自己的研究体系，但是概念还是相对混乱，有很多的亮点，但是持续研究不足，能够带来的社会影响不够。所以，从总体上判断，我国的旅游文化研究仍处在一个比较艰难的阶段。在取得了明显进步的同时，总的研究水平同我国旅游业的发展现状还极不相称。因此，当前无论是旅游学界还是旅游业界，都已深刻意识到了旅游文化研究的紧迫性和重要性。结合世界旅游业的发展趋势和我国的具体情况，我国的旅游文化研究应该一如既往地坚持走应用化、系统化、高技术信息化、学科化的道路，力图在最短时间内真正体现文化旅游强国的应有风采。

第五节 旅游文化的特征

由于对旅游文化有不同理解，关于旅游文化的特点，也是众说纷纭。王立、刘卫英从旅游现象出发，在多方位研究了旅游现象后，认为旅游文化具有综合性、民族性、大众性、地域性、直观性、传承性、自娱自教性和季节性八个特征[64]。晏性枝认为，国际旅游文化业的发展近一个多世纪，它已成为当今世界重要支柱产业。研究国际旅游业发展的历史沿革和内部运行规律，可以归纳出现代旅游文化业的十大基本特征，即系统性、人文性、开放性、交流性、文化性、经济性、综合性、相关性、服务性、创汇性[65]。贾祥春认为，旅游文化根植于原有的学科基础之上，脱胎于相关的学科之中；旅游文化是在传统文化和新兴学科结合上的一种创造；旅游中介即旅游经营者的主要作用就在于为旅游的主体即旅游者提供一系列的服务；旅游者外出旅游的目的，正是体验异域异彩纷呈的文化；不同时期的价值观念、审美标准等的变化，直接影响着旅游文化的内容和形式。由此决定了旅游文化具有继承性、创造性、服务性及空间、时间差异性等特征[66]。马波认为，从旅游活动的形式和内容来看，旅游文化是旅游消费文化和旅游经营文化、暂时性与延续性、文化求异与文化认同的统一；现代旅游文化属于社会大众的文化；旅游客源地的文化借旅游者跳跃式地传入旅游接待地，旅游接待地的文化也会被旅游者带回旅游客源地。因此，旅游文化具有多元二重性、大众性、双向扩散性三个特征[67]。沈祖祥认为，旅游文化从其自身的范畴、结构和规律来看，主要有这样一些特点：地域性（或称地方性）、连续性（或称连续性）、民族性、实用性、多样性（或称综合性）、广泛性、思想性、时代性。其中，地域性、民族性、连续性、多样性、实用性是旅游文化首要的、最为显著的特点[68]。谢贵安、钟贤巍等人认为，旅游文化是一种动态的文化系统。不同时代旅游主体的旅游文化观念和行为方式是有差别的，不同的民族其主体的旅游文化观念和行为方式是不同的，不同阶层的旅游主体的旅游文化观念和行为方式各有其特色。这就使得旅游文化具有了移动传播性、时代性、民族性、阶层性等特征[69]。吴莉淳认为，旅游是社会生活中的普遍现象。旅游文化的交流也将渗透到社会生活的各个方面；旅游文化的交流过程，实际上是不同文化的交融过程；随着世界经济的发展，旅游文化将有加速传播的趋势；旅游文化的交融，有利于促进物质文明和精神文明建设。因此，旅游文化具有普遍性、渗透性、交融性、加速传播的趋势、利于两个文明的建设等特征[70]。于行行认为，旅游者对异域文化的猎奇、探险、求知心理，促成了旅游活动的实现；旅游文化在南来北往的旅游者带来各种异域文化冲击的过程中，实现着本土文化与外来文化的交流、融合；融合的过程也使旅游文化本身不断出现新的表现形式；旅游目的地的传统本土文化是吸引旅游者的原动力，而旅游文化的形成则因其不断更新的变异性而具有时尚性。因此，旅游文化具有地域性、融合性、变异性、传统与时尚并存等特征[71]。王玉成综合各家观点，认为旅游文化除了具有文化的一般特征外，还具有综合性、地域性、传承性、民族性、时代性、大众性和服务性等显著特征[72]。邹本涛和谢春山认为，旅游文化不是旅游，也不是一般文化。它是一种相对独立的精神文化现象，是人们的旅游体验与介入过程及其精神产品的总和。作为一种相对独立的精神文化现象，它具有流动性、开放性、多质性、情感性、适应性、易变性特点。谢春山遵循两个标准：一是尽量找出旅游文化的特殊性，即纯粹意义上的旅游文化的特征；二是尽量找出文化的一般属性中和旅游活动联系最紧密的部分，将其视为旅游文化的特征。沿着此思路考察和分析，他认为旅游文化的特征应包括对立统一性、传播性、民族性、地域性、阶层性、大众性、愉悦性[73]。

上述各研究从不同角度对旅游文化的特点进行了有益的探讨，这对于我们进一步深入研究旅游文化特点是有帮助的。角度越多，视野也就越广阔，看问题也就越全面、越深刻，但无论取何种角度，最终着眼点都应是旅游文化而非其他。上述关于旅游文化特点的各研究，有的从旅游业入手，有的从旅游入手，有的从文化交流入手，还有的从旅游文化学入手。我们认为，旅游文化不是旅游，也不是一般文化，它的主要研究内容是旅游文化发生与发展规律、旅游与文化碰撞的规律和旅游文化系统。我们将旅游文化学特征分为以下几个主要特点：旅游文化属于社会文化的一种，它具有一般文化的共同属性，但更具有独特的个性。

一、旅游文化的一般特点

（1）综合性。旅游文化主体旅游文化主体成分、动机具有复杂性，形态多样，内容广泛，分布重叠。旅游文化渗透在与旅游有关的食、住、行、游、购、娱诸多要素及相关的服务各方面。人们参观各地的名胜古迹，风俗习惯，特色文化，品尝各地的特色小吃等都属于对旅游文化综合性的解读，都是通过不同的方式对旅游文化的综合性进一步的认识。

（2）地域性。即旅游文化资源或旅游产品的地域差异、地方特色、乡土气息、社会背景的民族差异等，如我国旅游文化资源的“北雄南秀”。地域性的差异带来的是旅游文化的差异，形成这一地域区别于其他地域的旅游特色。

（3）民族性。不同民族的旅游文化观念和行为模式是不同的。如从旅游性格上看，中国旅游者大多比较内敛稳健，西方旅游者大多比较外向和具有冒险精神；中国人旅游注重内心感受，而西方人钟情于外部世界的观察与探求；中国人倾心于旅游的道德塑造，且富有人文情怀，而西方人则看重旅游的求知价值，充满科学精神。此外，在休闲文化、审美观念（如对色彩美、景观美、人体美、服饰美、饮食美的审美观念）上也存在民族差异。

（4）继承性。旅游文化是在吸收、继承优秀文化成果的基础上发展的。旅游文化应对传统文化进行科学的扬弃，吸取其精华，剔除其糟粕，并不断吸收相关学科的优秀成果，使自己的机体更富有生命力。

（5）时代性。不同时代旅游主体的旅游文化观念和行为方式具有差别（尤其是审美观念）。旅游文化应适应当代人的需要，与时俱进，不断创新和发展。

（6）阶层性。阶层性特征是指不同阶层旅游主体的文化观念和行为方式各有特色。同一社会中不同社会阶层的旅游者，有着不同的经济收入、受教育程度、职业性质、居住环境、旅游工具和闲暇时间，随之形成了不同的旅游爱好、旅游性格和旅游观念。从旅游主体的旅游个性来说，各阶层社会旅游者也各不相同。

二、旅游文化的个性特点

（1）普遍性与大众性。在现代社会中，旅游是社会生活中的普通现象，是现代人生活的重要组成部分。旅游活动的开展，必然引发旅游文化的交融。而旅游文化的交融，又有利于世界文化的交流，是促进世界文化进步的重要手段。

（2）渗透性与综合性。由于旅游文化源于社会生活的多个方面，同样旅游文化的交流也被渗透到社会生活的多个方面。旅游文化不仅反映在是渗透在旅游活动食、住、行、游、购、娱六大要素之中，还体现在旅游企业的管理和服务艺术、技巧水平上；此外，旅游文化还包括了旅游历史文化、现代文化、民族文化、宗教文化、园林文化、建筑文化、服饰文化、饮食文化、交通文化、娱乐文化、当地文化和外来文化等。而旅游文化学着重考察体现在旅游活动中各个方面、各个领域的文化现象之间的相互联系和关系，以及旅游文化与旅游经济之间的相互联系和关系，从而揭示这些文化现象背后包含的共同的普遍的本质，揭示旅游发展的一般规律和特殊规律。

（3）交融性。旅游文化的交流过程，实际上是不同文化的交融过程。在文化的交融过程中，应积极发挥中介体文化的作用，中介体文化在旅游主客体文化交流中，起着桥梁作用和调节作用，可以减少文化的冲撞和对抗，使不同文化能和谐相容。

（4）多样性。旅游是人们求知识、求新异、求康乐的文化活动。这就要求旅游产品应具有知识性、艺术性、科学性、趣味性和娱乐性，并通过多种形式来表现，才能引人入胜，长盛不衰。另外，由于旅游文化有着不同的主体，而且不同的主体在旅游文化中所扮演的角色不同。因此，通过不同主体表现出来的旅游文化也有较大的差异。同时，由于地域气候各异，民族不同，各有其文化传统和民族特色，旅游产品往往是因地制宜发挥各自民族文化的优势，来表现自己的特点。如哈尔滨以北国独特的冰雕文化闻名遐迩，而广东却以南国的花卉吸引着海内外游客。

（5）理论抽象性和经验具体性的统一。这是由文化和旅游的特点共同决定的。文化现象是作为人们社会生活的经验现象而存在的，是具体的而非抽象的，是形象性的而非概念化的。旅游文化现象更是如此，它要直接为旅游者所享用，是活生生的，在很大的程度上是人们通过感官可以感知的。作为以旅游文化现象为研究考察对象的旅游文化学，从这方面来说，就具有经验的、实证的性质，但是，旅游文化学对旅游文化现象的研究考察，最终的目的在于揭示旅游文化现象背后所包含的本质和规律，这个过程离开人们的理性思维、离开抽象和概括又是完成不了的，从这一方面来说，旅游文化具有理论的、抽象的性质。

（6）传统性与现代性。旅游文化有着丰富的文化沉淀。如地理文化、建筑文化、园林文化等人类重要的文化与旅游资源相互结合，形成了独特的旅游文化。旅游文化是不断传承、与时俱进的，传统文化与新兴文化在旅游活动中相互碰撞、相互影响，不断丰富旅游文化的内容，传统与现代相统一。

（7）功利性与非功利性。旅游文化的功利性，主要体现在旅游文化的经济价值。旅游促进经济的增长，其经济价值也有利于提升旅游资源的内在价值。旅游文化的非功利性，主要体现在旅游文化对于旅游主体和旅游客体的非物质价值。对于旅游主体来说，旅游的本质是一种愉悦的体验，旅游文化具有很高的审美价值，能陶冶情操。对于旅游客体来说，旅游文化可以促进旅游目的地文化的相互交流，促进整体社会发展。

（8）自我确认与认同性。一方面，旅游者受到旅游目的地特有的文化吸引，在当地感受和体验不同于惯常环境的文化，会在文化的冲击中找寻到不同的新文化，在对比中刷新对当地旅游文化的认识和自我确认性。另一方面，旅游者在旅游过程中，在不同旅游文化的熏陶下逐渐感受自我、了解自我、认识自我，是不断寻求本真自我的过程。旅游文化的认同性主要体现为旅游主体在旅游过程（也是对当地文化不断了解和认同的过程）中求同存异，旅游文化也在此过程中不断接纳和认同其他文化。

第六节　旅游文化发展历史

一、中国旅游文化史

我国是世界旅游大国，悠久丰富的旅游文化是一笔宝贵的文化财富。旅游发展之初就和文化紧密结合在一起。按发展历程划分，旅游文化史的分期可以分为古代旅游文化、近代旅游文化和现代旅游文化。

1. 古代旅游文化

我国古代的旅游行为早在原始社会末期就已经出现。在黄帝时期就已经有记录的旅游活动，这一时期也是旅游文化的产生初期。我国的古代旅游文化时期一直延续到19世纪中叶，在这段时期内，受到生产力发展水平、统治阶级性质和文化活动的影响，旅游文化在不同朝代展现出不同的特点。

（1）中国最早旅行活动的产生和旅游文化的萌动——原始社会末期

据《史记·封禅书》记载，黄帝常以游名山大川为乐，“华山、首山、太室、泰山、东莱，此五山黄帝之所常游，与神会”。舜不仅进行了巡狩活动，还将巡狩制度化。大禹时期，为解决黄河水患，他居外十三年，三过家门而不入，在外考察山川地理。这一时期，无论是以经济为目的的交换活动，还是以巡视山川、考察地理、开拓疆土为主要目的的巡狩活动，参与者都是极少数人，但这些活动已经具备了旅游活动的原始雏形。而舜、禹等的巡狩又构成了后世帝王巡游的开端，揭开了绵延中国古代社会几千年的帝王巡游的序幕。

（2）旅行活动独立于社会生产、经济活动的发生和旅游文化的端倪——先秦以及秦汉时期

①夏商西周时期，早期旅游文化的雏形产生

夏代的旅游资料主要是关于大禹治水的记载，另外就是夏、商、西周三代的帝王旅游，一般叫“巡狩”，或者叫“游豫”“游夕”，是与农业生产密切相关的政治活动。到了东周，礼崩乐坏，王纲解体。大批周天子身旁的文人离开中央，分别投奔各诸侯，从此，在中国历史上开始出现士阶层。由于诸侯争霸，周天子无力控制局面，士阶层因此显得异常活跃。孔子、孟子、苏秦、张仪是春秋战国时期众多策士中声望卓著的几个。知识分子朝秦暮楚，奔走不暇，所谓孔席不暖、墨突不黔，恰是当日士阶层奔竞形象的写照。这应该是中国旅游

史上的一个新纪元。因为在此之前，旅游者主要是帝王，而此后，像苏秦、张仪这样出身寒微的人，像孔子这样没落的贵族，乃至他们出身各异的弟子，都加入旅游队伍中来。当然，那时的旅游主要目的还不在于欣赏美景，而是审时度势，致身卿相。但其中不少旅游哲学见解对后世中国的旅游文化产生了不容低估的影响。这在《论语》《庄子》《孟子》《荀子》《韩非子》《列子》等先秦子书中可谓随处可见。

西周的旅游接待设施，已经相当普遍。《周礼·地官》："凡国野之道，十里有庐，庐有饮食。"并且形成"宾至如归"和"有朋自远方来，不亦乐乎"的好客传统。夏、商、西周三代最著名且有文字记载的旅行家，当推夏禹和周穆王。史书上说周穆王在位55年，天性好游，发下宏愿，要使天下都布满他的车辙马迹。反映他旅游生涯的书叫《穆天子传》，是他的十名随行史官秉笔直书的实录。

这一时期西周对旅游理论思考得最为深刻，出现了多位对后世具有深远影响的名家，如儒家的孔子和道家的列子、庄子。孔子提出"比德说"和"近游观"，列子在书中提出"人之游也，观其所见；我之游也，观其所变"的崇尚变化的旅游观以及与此相联系的内游理论，而庄子提出"依乎天理，因其固然"和"既雕既琢，复归于朴"的崇尚自然的旅游观，这些思想直到今天仍在影响着人们的精神生活。

②春秋战国时期，为旅游文化发展创造了经济和思想条件

春秋战国时期，随着铁器和耕牛的广泛应用，生产力得到显著提高，农业、手工业产品日益丰富，商品流通范围逐步扩大。经济的繁荣推动了政治制度的变革，新的封建制度和意识形态取代了旧的制度和观念，文化方面则呈现出空前的活跃和繁荣。在此基础上，旅行活动也空前发展起来。士阶层在这一时期诞生，他们凭借自己所掌握的知识、才能，游学、游说于列国，成为这一时期最活跃的旅游队伍。孔子就曾带着弟子周游列国，宣扬自己的政治主张。孔子之后，墨子、孟子、苏秦、张仪等也都曾周游各国游说。儒家和道家提出的旅游思想被后世普遍接受，成为我国古代旅游思想的重要代表。"仁"是儒家思想的核心，因此有"父母在，不远游，游必有方""仁者乐山，智者乐水"的旅游思想。前者主张以孝为本，父母在，远游定要告之去处，以免父母担心；后者则将自然物的审美与人的道德、品格结合起来，赋予自然景物不同的人格特征，也称为"比德说"，奠定了儒家功利主义旅游思想的基础，以及自然审美观的传统。道家认为"天地有大美而不言"，反对人为地对抗自然，追求顺其自然、清静无为的状态，认为人只有达到了"无己""无功""无名"才算是达到了真正自由自在的境界。因此，讲究不受任何拘束、悠然自得的旅游方式。儒家的"比德游"和道家的"逍遥游"是我国古代旅游思想的重要组成部分，影响了无数后人的旅游行为。

③秦汉时期，古代旅游文化初步形成

一方面，秦始皇把古老的巡狩制度继承下来，作为了解下情、巩固统治的策略。另一方面，在巡狩的同时，还加进了寻求长生之药的求仙内容。这一点是他和此前历代帝王巡狩的最本质的不同。不过，应该说明的是，秦始皇为了巡狩的需要，大规模地扩建道路、建设行宫，对旅游的发展起到了很重要的作用。他派出大量方士寻幽访胜，目的虽然是寻求“不死之药”，但客观上却有利于山水自然景观的发现，特别是对大海景观的发现。

汉武帝与秦始皇惊人相似，他一生也将巡狩和求仙并重。尤其值得称道的是张骞的西域之行和司马迁的漫游活动。前者是有政治目的的探险旅游，而后者则是比较典型的学术考察旅游。这是划时代的进步。特别是司马迁的漫游方式对后世中国学人精神生活的影响至为深远，“读万卷书，行万里路”的旅游文化传统实肇于他。

在汉代，由于中外交往频繁，旅游身份证的使用势在必行。当时的身份证称“过所”，在《楼兰尼雅出土文书》第637号上就保存了一份“过所”的原文：“月支国胡支柱，年四十九，中人，黑色。”第700号“过所”上写着：“异，年五十六,一名奴；髭须，仓白色，著布裤褶。”在与其共出的“过所”中有一件写明是由敦煌太守签发的。

（3）旅游活动的形成和旅游文化趋于成熟——魏晋南北朝

①士人漫游成为当时的风尚

西晋时期，悠游山水是士人的情感排遣的需要，也是任情、不羁生活的载体和点缀，如当时的“竹林七贤”任游山水、悠游林下，以放荡不羁、玩世不恭的态度来反抗黑暗的现实和礼教的束缚。永嘉南渡之后，在江南秀丽山水的滋润下，以及玄学提倡任自然的思潮的影响下，东晋士人的心态发生了较大的变化，具体表现在追求宁静的精神天地和优雅从容的风度。山水怡情已经从点缀上升到士人生活的重要内容和精神需要，山水成为一种名士风流的标志。许多名士都有游山玩水的嗜好和经历。如《世说新语》记载：“过江诸人，每至美日，辄相邀新亭，藉卉饮宴。”《宋书·隐逸传》中说宗炳“好山水，爱远游，西陟荆、巫，南登衡、岳”，即使“老疾俱至”，还感慨“名山恐难遍睹，唯当澄怀观道，卧以游之”。谢灵运是魏晋南北朝时期最有影响力的旅行家之一，他对名山大川的喜爱到了痴迷的地步。他喜爱“肆意游遨”，常“寻山涉岭，必造幽峻，岩嶂千重，莫不备尽”。为了登山方便，他还发明了“谢公屐”。

②宗教旅游在这一时期开始兴盛

魏晋南北朝的社会动荡和政治黑暗，为宗教的发展提供了“温床”。士人或因精神上的困惑向佛教和道教寻求答案，或追求逍遥仙境、摆脱世俗生活而信奉宗教。因此，以宗教教徒和广大信徒为主体的旅游行为也成为这个时期旅游文化的重要内容。道教如葛洪、陶弘景都曾遍访名山，佛教如朱士行为寻求佛教经义西游西域、天竺等地，而魏晋士人又有相当一部分信奉佛教、道教，或既信奉佛教，又信奉道教，常与佛、道人士交往，一起沉浸在山水之中。佛教、道教盛行，作为宗教建筑的佛寺、道观开始大量出现，并发展壮大，占据了许多风景优美的名山，所谓“深山藏古刹”。

寺观园林也就是在这时期开始形成的。寺观园林既不同于私家园林为某人所私有，也不同于皇家园林是普通百姓难以涉足的禁区，它是对公众开放的游览空间，无论是上山进香的善男信女，还是游山玩水的文人墨客都可以到此游览。因此说，魏晋南北朝时期以名山为载体的寺观园林已经初步具备了公共游览地的雏形，是一种原始型的风景名胜区，大众型的旅游行为在这里开始发展，这在中国的旅游文化史上具有深远的意义。

③园林艺术得到发展

魏晋南北朝时期，北方战乱而南方相对稳定，南方各代统治阶级沉湎于奢侈淫逸的宫廷生活，不再醉心于动态的田猎，而对静态的自然山水发生兴趣，希望把游玩时见到的山水景象复原到家中。加之这一时期文人崇尚自然，爱谈山水，山水诗、山水画流行，促使园林艺术有了更迅速的发展。人们通过探索造化奥秘，为求舒心悦意而惜方寸土地，巧移山水于庭院之内，从而创造出了私家园林这一富有中国古典文化传统的建园模式。

此期间，宫廷园林的规模都很大，尤以乐游园和华林园为最。华林园从东吴始建，到陈后主时又扩建，有相互连接的阁楼数座，可以通行；还有山石花园、水池和奇花异木等。南京著名的旅游公园玄武湖公园和莫愁湖公园，就是在那时开始开发的。

除了皇家园林之外，达官贵人也纷纷寄情山水兴造园林，以求不出城郭而享山水田园之乐。如谢安和王导营建的别墅，有楼阁山池、竹树环列，十分讲究。名僧慧远在庐山结莲社，谢灵运为其筑台凿池，首创佛寺附带园林的形式称为“寺园”。谢灵运本人的大庄园和别墅，也是规模较大的私家花园。江南文人的这些园林建筑，景物布置小巧精致，格局多利用天然地形、物品，集结了山林的野趣，又将自然人性化，真正地与山水诗、山水画的意境相一致。这一时期的园林艺术推陈出新，为旅游文化的丰富多彩开辟了更广阔的天地。

（4）旅游活动成为一种社会风气和旅游文化的繁荣——唐宋时期

①隋唐时期旅游迎来高峰

隋朝的历史短暂，然而隋炀帝却称得上是别具特色的旅行家。他追求奢侈，不习惯车马旅行的劳顿，于是下令开凿京杭大运河，开创了中国旅游史上舟船游的新篇章。此外，巧匠杜宝、黄衮发明的水上游乐机械也是史无前例的，可以说这是对我国近途旅游传统的一次丰富。

唐初，唐太宗吸取了隋朝亡国的教训，加上大臣魏徵等人的谏阻，他几乎没有做较远距离的旅游活动。他在《帝京篇》小序中明言自己特别喜欢近途旅游。由于开国君主已开近游的先例，所以除高宗、玄宗、武则天的几次封禅活动外，后继者们鲜有放情远游。唐代沿袭隋制，实行科举取士制度，出身寒门的读书人，只要有真才实学，通过科举道路可以进入统治集团，这种政策极大地调动了广大中下层士子的从政热情。因此众多唐朝人长途赶考，远游成风，这是继晚周社会以来的又一次旅游高峰。这一时期许多脍炙人口的名篇以前所未有的数量和质量出现在文坛上。

这一时期由于道教、佛教得到了较大的发展，“天下名山僧占多”已逐步成为事实。佛教的发展和道教的兴盛一样，使自然山水的人文色彩日渐浓厚，使自然山水的美日渐发露。

与旅游日渐壮大的形势相适应，唐代旅游客馆亦相当发达。除西安、泉州、洛阳、广州等大城市外，即便是县城也不乏此类设施。在唐代，凡是有人要从一个地方到另一个地方去旅行，必须呈验两封信，其中一封是地方官给的，一封是本地太监给的。地方官给的信类似于今天的护照，上面写明沿途所经过的道路，持信人的姓名、年岁，他同伴的姓名、年岁，以及其所属的部族名。至于太监所给的一封信，主要是为了证明旅行者所带银钱或商货的多少。

②唐诗与旅游

文官制度的确立，使文官宦游成为盛极一时的旅游活动。为了消除魏晋南北朝时期的贵族专权现象，隋朝开始推行科举制选拔官吏，从此掀起了读书热和官吏文人化浪潮，导致了求学旅游、赶考旅游、赴任旅游、谪宦旅游风行不衰，推动了游山玩水、寻访古迹等审美旅游的发展。文采飞扬的文官及其后备力量文人士子，且学且宦且游，把传统旅游活动推向辉煌的顶点。文官胸怀儒家“修身、齐家、治国、平天下”的目的，肩负着代天子君临下民的重任，奔走在各个任所，沿途凭吊古迹，在“乐山”与“乐水”中把自己修身成“仁者”与“智者”。他们以其文学才华，吟诗创作，为山川名胜增添了文化积淀。李白、杜甫、白居易等足迹遍及中国，遗踪四处可见，又成为后世的旅游资源。

③唐代的宗教旅游

佛教汉朝传入我国，隋唐时期呈现繁荣气象，进入繁盛阶段。玄奘于唐贞观三年（629 年），西行求法，广游周国，求法印度。鉴真晚年受日僧礼请，东渡日本，对日本文化各方面影响巨大，日本唐招提寺至今还保存有鉴真的坐像。义净年少时即仰慕法显、玄奘之西游，20 岁受具足戒。于唐咸亨二年（671 年）经由广州，取道海路，经室利弗逝（苏门答腊巴邻旁，Palembang）至印度，一一巡礼鹫峰、鸡足山、鹿野苑、祇园精舍等佛教圣迹后，往那烂陀寺勤学 11 年，后又至苏门答腊游学 7 年，历游 30 余国。

④唐代的国际旅行

唐朝时期国力强盛，经济繁荣，社会风气恢宏，吸引了全球各个国家派遣的大量学生前来都城长安游学，学习我国文化。在唐代留学生中最为出名的是来自日本的遣唐使阿倍仲麻吕，于开元五年（717 年）入唐，是中日文化交流杰出的使者，增进了中国人民对日本的了解，为增进中日友好、提高日本国际地位，促进中日文化交流而辛勤献身，建立了不朽的功勋。

⑤唐代的民间旅行

唐太宗提倡节俭，“斥远游，主近游”的理念使唐代旅游呈现出下移和普及的现象，主要表现在民间节日欢游、都市乐舞、宴饮和宗教“礼佛”上，如春游踏青、秋日登高、元宵节狂欢、端午节龙舟大赛等。唐朝的乡村、城镇还普遍开展“踏歌”的游赏活动，这种群众性的游乐活动甚至由朝廷出面组织。当时许多文人学士还为宫廷“踏歌”作《踏歌词》，来描绘踏歌的盛大场景。群众性歌舞娱乐活动的繁盛，从一个侧面反映了唐代旅游活动的普及与下移，这一时期首次出现带薪假期，公务人员实行“旬假”制度。

⑥宋代：意在理趣

宋代与唐代类似，地方官也十分重视旅游接待设施的建设。在我国，自古以来有热情好客的传统。古时候重宾客之交，故诸侯列国都有舍馆以纳宾客。宾舍的建筑既求安全实用，又讲究美观大方。公共交通也经常维修，地方官经常了解宾馆的损坏情况以便加以修缮。古时候上级官员考察下级政绩时，这方面也是重要的一环。有人甚至以此来观国之兴替和政之得失。在中国古代，用以规范人们行为的礼制共有五个方面，而宾客之礼就是其中之一。

在宋代文献中，还保存着部分旅游日用必需品的记录。如宋人的旅游交通工具“安车”，车前为踏板，可以让人垂足而坐；需要躺时，则将板放平，可以将扇帽之类的随身物品挂在车上，这足可见宋人在旅游交通工具上下的功夫。宋代大文豪苏轼还发明了“择胜亭”，所谓“择胜亭”就是一种可遮阳避雨的组合式小木屋。

宋人游山鲜少多人结伴。比较理想的是一主二仆，外加杂吏三人，因为游山伴侣太多，则应接人事很疲劳，妨碍静赏，仆人多也容易惹是生非。与宋代旅游的蔚然成风相适应，“指南车”“记里鼓”等用于旅游的机械也开始运用于旅游实践之中。

宋人雅爱山水，知识阶层更甚。在旅游文学和旅游理论方面也有了更大的进展。以人而论，两宋著名的旅行家就有苏轼、陆游、杨万里、范成大等人。以流传千古的旅游名著论，包括范仲淹的《岳阳楼记》、苏轼的《赤壁赋》、陆游的《入蜀记》和范成大的《吴船录》等，这些都是两宋历史土壤滋孕的瑰宝。从旅游理论上来看，这一时期主要是以欧阳修、苏东坡等古文学家为代表，融合了儒、释、道三教，提出了中国知识分子如不能在官场上表现其才能，一定会借悠游山水以体现其价值，以及乐不因境而因乎心等一系列旅游见解。宋代董汲还撰有《旅舍备要方》，是我国最早的旅游保健专著。

（5）旅游活动的进一步扩大和旅游文化的拓展——元明清

①元代——频繁的中西沟通

元代版图辽阔，人们的视野较之前更为开阔。从《四库全书》元人文集中提供的信息看，当时许多旅游者都能跨国旅游，大量的游记中反复强调天下统一给旅游者带来的安全保证和便利的交通，因此这一时期的远游理论和实践都有较大幅度的进展。而由于种族压迫，以汉族人为代表的中国知识分子又特别强调心灵的解放。因此，这一时期的近游理论、心游理论也相当突出。元代还为旅游者提供驿站，提供免费两餐，体现了中国人民热情好客的古老传统。

意大利人马可·波罗是众多来中国的西方旅行家中最著名的一位。他曾在中国旅居 17 年，任职于元朝政府，游历过中国多个省。他回国后遇到战争，被俘关进监狱，后由其口授，他人执笔，形成了著名的《马可·波罗游记》。同为意大利人的鄂多立克于 1322 年来中国旅行，回国后由其述成书的《鄂多立克东游录》，介绍了中国泉州、杭州的风貌。伊本·白图泰是一位著名的阿拉伯旅行家，他从 21 岁起就离开家乡摩洛哥丹吉尔，开始了他周游世界的历程。他曾到过中国泉州、广州、大都等城市游历，并将所见所闻记于《伊本·白图泰游记》。

除了西方旅行家到中国旅游外，中国也有不少去往西方的旅行者，并写了不少游记，如耶律楚材的《西游录》、李志常的《长春真人西游记》等。海上旅游也在这一时期得到开展，代表人物有周达观、汪大渊等人。周达观于 1296 年 3 月随使团出使真腊（柬埔寨），1297 年回国，写了《真腊风土记》，介绍了柬埔寨吴哥时期的建筑、服饰、民俗、宗教、商业等情况。汪大渊则是随商船航海，他的足迹东至菲律宾、马鲁古（今属印度尼西亚），西到埃及和摩洛哥，北至巴士拉（伊拉克南部重要港市）和意大利南部的那不勒斯，南抵坦桑尼亚的基卢瓦基西瓦尼。汪大渊著有《岛夷志略》一书。

②明朝——旅游史上的第三个高峰

明代和晚周、唐宋类似，产生了中国旅游史上的第三个高峰。这一时期整个社会普遍重视山水景观的鉴赏和旅游经验的总结。明代，可以说是我国旅游史上的黄金时代。最杰出的旅行家郑和、徐霞客，精于山水鉴赏的王士性、王思任、“公安三袁”和钟惺、谭元春、张岱都出生在这个时期。千古不朽的旅游名著《徐霞客游记》《星槎胜览》《广志绎》《历游记》《五岳游草》等都产生在这个时代。

明清文人游风极盛，著名的有唐寅、袁宏道、王思任、李渔、叶燮等，其中王思任、李渔还提出了独特的旅游思想。王思任认为:“色易衰，书易倦，无敌无妒，世间惟山水”“山川与性情一见而洽，斯彼我之趣通”，纵情自然，物我合一才是旅游的真谛。所以他的旅游是“随其心之所及，买天缝地，挝水邀山”。李渔则“二十年来，负笈四方，三分天下几遍其二”，他的《闲情偶寄》中的《居室部》讲述了园林营造中借景、框景及叠山赏石等的技巧和意境，是继《园冶》之后又一部重要的园林理论著作。

科学考察旅行是这一时代旅行活动的另一个重要组成部分。著名人物包括有徐霞客、李时珍等。徐霞客是我国古代伟大的旅行家和地理学家。他的足迹东至普陀，南至闽粤，北到燕冀，西北直攀太华之巅，西南至云贵边陲，走遍了大半个中国。每至一处，他不仅游赏山水风光，还考察了水文、地质、风土人情，将所见所闻所考一一记录，留下了一部集地理、文学、科学考察为一身的巨著《徐霞客游记》。李时珍出生于医学世家，他发现当时用的药典存在名称混杂、药物性能错误等情况，有必要重新修订。于是他游历各地，访名医、搜民间药方，为了采集药物标本、考证药物疗效，更是深入深山旷野，历时二十七载著成《本草纲目》。

明成祖时，一方面重申海禁，另一方面积极开展官方贸易，先后派郑和七下西洋，宣扬了国威，加强了中外经济文化的联系与交流，确立了中国在世界的地位。郑和下西洋是这一时期重要的外交旅游活动。郑和是明初最伟大的航海家，在1405—1433年的28年间，七下西洋，先后周游了亚非30多个国家，提高了中国的国际地位，增进了中国与亚非各国人民的友谊。他的随行马欢、巩珍、费信根据沿途国家的名胜、风俗、地理、物产等分别撰写的《瀛涯胜览》《西洋番国志》《星槎胜览》三部重要旅游著作都成为我国古代旅游史的重要文献。

同时，明朝时期与西域的往来交流十分频繁，其中陈诚曾于永乐十一年（1413年）至永乐十八年（1420年）三次出使西域，巩固了明朝与西域各地的政治、经济、文化交流。陈诚在出使西域过程中，将沿途的所见所闻都记载下来，并编成了《西域行程记》《西域番国志》等书，是后世研究明代对外交流的重要资料。

③清朝——旅游新趋势的出现

清朝是中国最后一个封建王朝，和此前各代相比它有一系列不同的特点：首先，旅游者的人员构成发生了变化，平民开始加入旅游者队伍之中。其次，旅游空间得到了拓展。清代由于闭关锁国的格局被外力打破，一大批先进的中国人得以通过各种途径从事域外旅游。这一时期出国旅游的人数之多、阶层之广，在中国历史上是空前的。再次，由于康熙、乾隆所采取的压制、禁锢政策，知识分子不能自由地抒发胸中忧愤，被迫将精力放在做考据一类没有政治风险的学问上。此种风气也对旅游文化产生了深刻的影响，使中国旅游文化的尚实传统发展到极致。最后，由于西洋文化的影响，中国人多少年来很少变化的旅游观念、旅游方式、旅游工具都相应地发生了一系列变化。

2. 近代旅游文化

近代旅游文化指的是19世纪40年代至20世纪中叶之间的旅游文化。以鸦片战争为开端，中国封闭的国门被打开，社会性质开始发生变化，逐步沦为半殖民半封建社会。受一系列对外战争的影响，国内研究国情的旅游掀起了高潮，在交通、饭店、旅行社及旅游宣传方面取得了较大的成就。清政府为了挽救危局，多次派出考察团到西方资本主义强国进行考察，促使域外考察与求学旅游的兴起。

鸦片战争爆发后，中国开始由独立的封建社会逐步演变为半殖民地半封建社会，封建专制走到了尽头，大地主、大资产阶级的专制粉墨登场，封建主义、资本主义、社会主义思潮此消彼长。考察、求学、观光、探险等旅游风靡一时，近代旅游业开始形成。

（1）近代中国的旅游体验文化

鸦片战争后，中国被迫与外国列强签订一系列不平等条约，为探索国家强盛之路，国人纷纷走出国门，考察、求学、观光、探险，翻开了中国旅游体验文化的新篇章。19世纪下半叶是中国近代域外考察与求学旅游体验的发轫时代，这一时期，科学技术成为中国人域外考察与求学旅游体验的重心。林针、李圭、黄庆澄、容闳等是这个时代的奠基人。从19世纪末开始，中国近代域外考察与求学旅游体验由重科学技术转向重制度文化。康有为、梁启超、瞿秋白、陶行知等旅游体验成果丰富，对旅游体验文化的建树贡献良多。在域外观光、探险旅游体验方面，王韬是中国近代以名士身份观光东、西两洋的先驱，著有《漫游随录》和《扶桑游记》两书。陈尚英、潘德明则为环球考察与探险的佼佼者，两人分别花费七八年的时间，徒步周游世界，完成了中国人的环球壮举。鸦片战争后，中国国内旅游活动也有所发展，考察观光较为流行，参加者多为学者、文人和学生，国内旅游体验也因此大大深化。开中国近代国内观光考察新风的当数魏源（1794—1857）。魏源批评时人“但知游山乐，不知游山学”，强调旅游应与考察山川形势、民风民俗密切结合。19世纪后半叶，中国继续向半殖民地半封建社会沉沦，忧愤、激越成为这一时期国内旅游体验文化的主色调。20世纪前期，中国累经内战外患，中华民族已经到了生死存亡的关头，心灵的煎熬和社会的苦难也达到了极点。在新的历史条件下，旅游体验文化中回归心灵与面向社会的传统得到进一步弘扬，并呈现出两极分化的趋势。

（2）近代中国的旅游文化

随着中国近代旅游活动的兴起，中国近代旅游业开始出现，中国近代的旅游文化也逐渐形成并与西方接轨。在交通服务文化方面，轮船、铁路、公路、民航等新式交通陆续出现，但是数量少、质量差、里程有限，而且服务比较落后。在旅行社服务方面，1927年春，“上海商业储蓄银行旅行部”更名为“中国旅行社”。“中旅社”的建立，标志着中国近代旅游服务文化的正式形成。在景观开发文化方面，旅游景观开发进展缓慢，西方文化色彩越来越浓。开发理念既有中国的“天人合一”思想，又有西方的“征服自然”精神。在旅游宣传文化方面，与西方相比，中国近代旅游宣传开展得不够。各级政府对旅游宣传普遍不重视，旅游宣传形式单一，主要是编印宣传刊物。在旅游研究文化方面，研究者突破了旅游“使人愉悦、开阔视野、提升道德、获得自由”的传统认识，将视野扩大到人类层面。1944年，佘贵棠的《游览事业之理论与实际》出版，填补了国内旅游学专著的空白。

3. 现代旅游文化

现代旅游文化指20世纪50年代初至今的旅游文化。主要分为第一阶段（1949—1977）和第二阶段（1977年至今）。

（1）第一阶段（1949—1977）

受意识形态的影响，把旅游视为政治任务和外交义务，中国的旅游事业发展相对曲折而缓慢。中华人民共和国成立后至“文革大革命”时期，政治运动接二连三，经济遭受重创，国民收入低下，限制了国人旅游的需求，国内旅游市场难以形成。1949—1977年，全国入境游客接待量总共不足70万人次，即使是达到高峰时的1965年也仅有1万余人。国内旅游活动没有旅行社接待和服务，一般是由旅游者自己安排。

（2）第二阶段（1977年至今）

这一阶段是中国旅游业回归其经济功能并形成产业的时期。在国家政策的大力推动下，中国旅游业日益成为国民经济的支柱产业。改革开放之初，由于条件的限制，国内旅游采取了“不提倡、不宣传、不反对”的政策。20世纪80年代中期以后，随着综合国力的提升，居民收入的提高，国内旅游开始兴起并日臻繁荣。1993年下半年经济过热引起的通货膨胀，1997年的亚洲金融风暴和2008年美国的金融海啸，使发展旅游扩大内需变得十分迫切；1995年“双休日”和1999年“黄金周”的推行，更使国内旅游获得空前发展和繁荣。

①旅游活动繁荣

当代旅游的发展成就，为中国数千年来所未有，已达到历史上的最高水平，具体表现在如下方面。

第一，大众旅游兴起，国内旅游繁荣。改革开放后，中国的国内生产总值迅速增加，国民收入较大幅提高，以及1995年“双休日”和1999年“黄金周”的实行，使得中国广大群众既有一定的钱，又有一定的闲，于是争相投身旅游大潮之中。另外，中国的城市化进程加快，城市显得喧嚣和嘈杂。城市居民迫切向往重返没有城市喧嚣和工业污染的大自然旅游，加上传播媒介的介绍和宣传，引起了旅游者的好奇心，刺激了他们的旅游欲望，从而加入旅游大军之中。国内旅游从20世纪80年代中期快速崛起并加速发展，国内旅游市场开始形成。

第二，出国（境）旅游兴起，人数不断攀升。改革开放后，随着国民收入的增加，出国旅游不再是遥不可及的事情。中国人出境旅游基本上是沿着“港澳游”“边境游”和“出国旅游”的属序渐次展开的；旅游目的从探亲访友、商贸活动，发展为观光和度假；国家政策和管理也经历了试验、放松到逐渐放开的过程。

第三，入境旅游红火，外国游客涌入中国。改革开放后，来华的大多是游山玩水和考察风情的旅游者。为了开发境外客源市场，中国出版和发行了大量的旅游图片、宣传小册子、导游图、名胜古迹专著和词典、风光片、风景光碟等。国家旅游部门还在纽约、巴黎、香港、东京等地也设立了旅游机构，加强宣传和信息收集，加快了海外游客来华的步伐。

②旅游基础设施大发展

旅游景现的建设、保护和开发得到了极大的重视。改革开放后，中国的旅游资源开发有了长足的进步与发展。首先是将现存完整的古代历史文化遗址加以保护和对外开放，包括具有重要政治意义的遗址。旅游交通设施建设突飞猛进，交通运输工具的进步缩短了旅行的时空距离。

③当代旅游服务业的发展与进步

旅游业的业绩不断攀升，创汇数额不断递增。1978年，中国接待入境过夜旅游人数仅为72万人次，创汇2.6亿美元；“八五”期间（1991—1995）旅游外汇收入达275.4亿美元，其中1994年中国外汇收入达73.23亿美元；2006年中国旅游创汇数额为339亿美元，到2007年已达到419.19亿美元；到2010年，中国旅游业总收入1.57万亿元，同比增长21.7%，旅游直接就业达1350万人。

旅行社的改制和兴盛。旅行社是旅游的中介服务机构，以导游为业务骨干，为旅行团从事接待和导游服务。改革开放后，以前事业单位性质的旅行社转为企业性质，旅行社事业进入快速发展时期。除了中国旅行社、中国青年旅行社、中国国际旅行社三大国营旅行社及其在各省、市所设的分社外，还有职工旅行社、妇女旅行社、天鹅旅行社、体育旅游公司等。

旅游饭店的发展与转型。1978 年以后，随着国内外旅游人数的猛增，现代化的旅游饭店也开始乘势发展，如雨后春笋般出现，遍布全国大中小城市和旅游景区。如北京饭店新楼、香山饭店、香格里拉饭店、长城饭店，上海华亭宾馆、锦江饭店新搂、波特曼酒店、武汉晴川饭店、亚洲大酒店、长江大酒店、广州白天鹅宾馆、白云饭店、中国大饭店等层出不穷，为中外游客提供了下榻的场所。

旅游人才培训与教育机构迅猛发展。1978 年 10 月，中国第一所旅游学校江苏旅游学校成立。中国旅游教育终于受到重视。随后成立了北京旅游学院、湖北旅游学校、四川旅游学校，形成了我国第一批旅游中等职业学校。1979 年中国第一所高等旅游学校上海旅游专科学校诞生，标志着我国旅游高等教育的开端。从 1980 年开始，国家旅游局先后投资，与大连外国语学院、杭州大学、南开大学、西北大学、西安外国语学院、长春大学、中山大学、北京第二外国语学院 8 所高等院校联合开办了旅游系和旅游专业。此后，全国各地旅游学院、旅游系和旅游专业纷纷成立。改革开放后，旅游成人教育也受到重视。在国内旅游高校和职业中专刚办之初，人才输送能力不足，1979 年国家旅游局在北京第二外国语学院举办了第一期旅游翻译导游培训班，1981 年又在北戴河举办了首期全国饭店经理培训班，从此拉开了中国旅游成人教育的序幕。此后，逐步建立了国家、省级、地市级旅游部门和旅游企业的四级培训体系，旅游成人教育改变了初期的“救急角色”，成为旅游从业人员提高自身技能和素质的重要途径。此外，为了选拔导游人才，1989 年在全国举行导游资格考试。

现代旅游文化的发展在 50—70 年代受政治影响而停滞不前的阶段，在 70 年代末快速发展。在旅游体验的内容与形式、旅游景区建设、旅游产品开发等各方面都得到了发展，旅游文化逐渐呈现多样性。

4. 中国旅游文化史的特点

总的来看，中国的旅游文化呈现出以下几个特点。①随着历史的发展，中国的旅游文化逐渐由早期的贵族文化演变为一种大众的文化。无论是秦始皇、汉武帝封禅泰山之旅，或是隋炀帝修京杭大运河到扬州看琼花，都是帝王将相的旅游出行。民间虽然也存在一些出游的历史记载，但只是少数现象。到了唐宋时期，受到社会风气、经济发展的影响，民间更多地参与到了旅行活动中来，旅游也不再是贵族的特权。②中国一直有近游和远游的传统，但是这里的远游的概念与地中海一带国家的概念不能相比。近游受到历朝历代的推崇，相对而言，中国的良好的生活环境，使得除郑和下西洋、鉴真东渡等一些特殊历史时期带有政治目的或宣扬佛法的活动外，国民较少进行远游，特别是海外的巡游活动。③治学与旅游相结合。“读万卷书，行万里路”，我国自古便有提倡游学的传统，这是我国旅游文化的一个显著的特点。从汉代的司马迁到清代的顾炎武，都曾提出将“治学”与“旅游”结合。④对人的因素十分看重。不同的旅游者即使在同样的旅游目的地也会看到不同景物，产生不同的感悟。⑤自觉保护旅游史料。中国有着好古的传统，珍惜本民族的历史，国人都非常重视真实性和传承性。对于游记、志书、杂著等史料的保存予以高度重视。⑥对旅游客体的审美不刻意强调客观尺度，更重视主观感觉。乐因乎心，不因乎境。⑦山川景物，因文章而传。王羲之兰亭盛会，陶渊明隐逸闲游，李白云游天下，杜甫浪迹天涯，欧阳修醉游琅琊，苏东坡泛舟赤壁，徐霞客行走神州，都是“读万卷书，行万里路”。他们的旅游活动或留下精妙绝伦的传世名篇，或留下风格独特的书法作品。王勃、孟浩然、李白、杜甫、韩愈、柳宗元、欧阳修、苏东坡的作品，无论是山水诗还是游记散文，许多都是来自行旅，来自自然，成为旅游文化的瑰宝。

二、世界旅游文化

1. 古代旅游文化的形成

（1）古埃及旅游文化的发生

五千年来，世界各地的旅游，最初多是在埃及进行组织联系并从埃及出发的。公元前 27 世纪，埃及法老开始大规模兴建金字塔和神庙，吸引了大批游客前来观光游览。埃及国王还会不时到各地巡游。公元前 1490 年，霍茨海贝赛女王到旁特（现索马里）参观访问，也许是历史上第一次以和平游览为目的的帝王旅游。

古埃及旅游的出现，使尼罗河流域成为世界旅游文化的最早发源地之一。古埃及不但产生了历史最早的旅游体验形式——观光、巡游，也开了旅游体验记录的先河。“哈德纳赫特与其兄弟帕纳克迪踏上孟菲斯西岸，到此一游”之类的涂鸦，在古埃及旅行目的地随处可见；霍茨海贝赛女王到旁特巡游的经过被刻在埃及卢克索城最大神庙的墙上，保留至今。古埃及的旅游文化虽因历史久远而模糊不清，炫耀游历、纪念游踪等旅游文化现象，确实从古埃及就已经发生了。

（2）古西亚旅游文化的出现

古西亚人喜欢旅游，狩猎旅游、求知旅游、观光旅游较为发达。示巴女王为了领略所罗门的智慧，便巡游以色列，开启了帝王求知旅游的先例；腓尼基学者昂蒂帕克为了游览名胜古迹，曾漫游地中海沿岸，是世界级的观光旅游者。

（3）古欧洲旅游文化的形成

西方旅游文化的源头是古希腊、古罗马。公元前 7 世纪起，希腊开始成为地中海旅游活动的中心。古希腊的考察旅行者不绝于道。提洛岛、特尔斐和奥林匹斯山既是希腊人的宗教圣地，也是旅游者的旅游胜地。公元前2世纪，希腊亡于罗马，旅游活动中心由希腊转向罗马。罗马帝国全盛时期，疆域横跨欧、亚、非三大洲，地中海成为内海，社会经济进一步发展，礼会秩序相对稳定。古罗马的旅游文化以古希腊旅游文化为基础，兼融地中海周边的旅游文化，大体具备了贪图享乐、追求刺激、张扬个性、讲究科学、偏爱冒险等基本特征。兴盛时期的罗马旅游文化是欧洲旅游文化的主要源头。

2. 古代旅游文化的发展（3—14世纪）

（1）欧洲旅游文化的衰微

192年，罗马安顿尼王朝灭亡，罗马帝国陷入最混乱时期。395年，罗马帝国分裂为东、西两部，更加衰弱。476年，西罗马帝国灭亡，欧洲进入了黑暗的中世纪。随着罗马帝国的衰落，西方严格意义的旅游在3—12世纪不绝如缕，这一时期的旅游文化也一蹶不振。

从12世纪开始，欧洲工商业城市普遍兴起，欧洲的旅游活动有所恢复，古代欧洲的旅游文化出现复兴的迹象。1160—1173年，西班牙犹太旅行家本杰明为了考察欧亚各地犹太人的经济社会情况，遍游地中海沿岸历史文化名城，饱览沿途风光，并将漫游欧洲及近东的情形翔实地记录下来。本杰明的旅行属于考察观光旅游，其游记被翻译成几种欧洲语言，在旅游文化史上占有重要地位。欧洲的旅游服务文化也开始恢复。中世纪之初，欧洲的旅游服务十分简陋、缺乏，旅舍稀少，行人常露宿于外。11世纪后，英国的早期旅馆在伦敦出现，并向乡下发展。欧洲大陆有的公路每隔10英里或15英里便有一家旅馆。

13世纪，西欧以休闲保健为目的的“温泉旅游”得以复兴，温泉旅游再次成为引人注目的文化现象。13世纪，欧洲还出现了一位划时代的大旅行家——马可·波罗。他在华居留17年，足迹遍及长城内外、大江南北，还到过缅甸、越南、爪哇和苏门答腊岛，考察民俗风情和物产资源。回国后，口述东方见闻，由他人笔录，完成《马可·波罗游记》一书。

（2）古代阿拉伯旅游文化的兴起

在欧洲古代旅游文化走向衰落的时候，公元7世纪，阿拉伯帝国开始崛起，到8世纪，疆域横跨亚、非、欧三洲，处于顶峰时期。10世纪后，阿拉伯帝国一分为三，但其文化依旧繁荣。繁荣的阿拉伯文化吸引了大批学者云集圣地麦加，游学极为盛行，阿拉伯帝国遂成为外国的旅游活动中心。阿拉伯产生了多位世界级的旅行家。9—14世纪，阿拉伯著名的旅行家有苏莱曼、马苏第和伊本·白图泰。

3. 古代旅游文化的终结（14—18 世纪中叶）

从 14 世纪开始，随着工商资本主义的兴起，欧洲以意大利为中心，掀起了一场以恢复古典文化为名而实为解放思想的文艺复兴运动，提出以人为中心而不以神为中心的要求。文艺复兴运动正进行得如火如荼，欧洲殖民主义者的船队便从大西洋西岸陆续出发了。他们绕过好望角，穿越大西洋，进入印度洋和太平洋，攻城略地，抢夺财宝，开辟了所谓“航海大探险”或“地理大发现”时代。与此同时，欧洲古代旅游也由恢复阶段进入鼎盛阶段，温泉旅游、海滨旅游方兴未艾，求知旅游、探险旅游生机勃勃。文艺复兴、航海探险及旅游的发展对欧洲的旅游文化产生了深远的影响，欧洲的旅游文化从此进入新旧交替时期。

（1）新旧交替的旅游体验文化

欧洲传统的“温泉旅游”体验此时有了新的发展。16 世纪中叶，英国一位名叫威廉·特纳的医生出版了一本描述天然温泉能有效治疗各种体痛病症的著作，该书一出版，随即在西欧引起轰动，已有的温泉顷刻间名闻全国，新开辟的温泉也不断问世。18 世纪，矿泉疗养地加快发展，温泉旅游在欧洲上流社会广为流行。除传统的温泉、海滨等旅游娱乐体验外，欧洲的旅游审美体验也开始崭露头角，旅游求知体验、旅游探险体验高潮迭起。随着文艺复兴运动的深入，欧洲专注于旅游审美的旅游者越来越多，产生了教皇庇护二世、画家达·芬奇、文人蒙田和爱迪生等一批高素质的旅游审美者。14—17 世纪的旅游审美体验在当时虽然还不是主流，但它开启了 18 世纪中叶欧洲群体性自然旅游体验的先河。

（2）要不要旅行：不同旅游观的碰撞

从 16 世纪起，欧洲旅游的人显然增多。随着大旅游的出现，旅游的利和弊相比以往暴露得更加充分，于是在欧洲掀起了要不要旅行的跨世纪大讨论。

一方面，一些人保持支持的态度，如早在 16 世纪初，伊拉斯谟便已指出到国外学习的好处。人文学者利普修斯（1547—1606）步其后尘，在《一百封信》中极力鼓吹学术旅行的重要性。他强调：意大利是文明的摇篮，旅行能增加知识、增进人们对书物的了解，旅游对文化素养的形成是必不可少的。另一方面，也有人持否定的观点。持这种观点的人主要是旅游者的父母和教育家。他们认为年轻人到了意大利，无非是吃喝玩。1671 年，一位英国人约翰·郝尔写了一个小册子《你往哪里去？对旅行的非难》指出，英国贵族子弟到欧洲大陆，尤其到法国、意大利旅行，都是以玩乐为主。还有一些人持折中观点。英国哲学家兼教育家约翰·洛克（1632—1704）就十分信服“大旅游”的教育功效，认为一个人应在成年之后，有了自己的思想再出国，将能获益更多。这场跨世纪的大讨论虽是关于旅行的，但重心却是旅游。讨论的结果，“肯定派”占了上风，人们的旅游观念为之一变，越来越多的人加入旅游者的行列中来，“大旅游”也开始发生质的转变。

（3）良莠不齐的旅游服务文化

14—18 世纪的欧洲，旅游者的行、食、住条件有了很大改善，但旅游服务的质量良莠不齐。据史学家考证："所有中世纪的旅行，不是步行，便是乘马或乘驴。"这当然是指陆路旅行，而且是一般情况。欧洲中世纪后期，旅游交通工具主要是驴、马、马车或帆船。14 世纪后期，两轮马年开始使用。15 世纪，匈牙利人发明了四轮大马车，在指定的路上提供服务。水路旅行则主要靠帆船。1658 年，英国出现了客运公司、客运公共马车，旅游交通服务的质量进一步提高。

欧洲中世纪后期旅游食宿主要依靠客栈、客店和旅馆。客栈是人、马的歇脚之处，提供简单的食宿服务。当时客栈相当多，大小不一，但不太干净，又相当嘈杂，旅客几乎无法舒服地过夜。16 世纪时，欧洲还出现少量的富丽堂皇的接待大厦，在接待服务上已具备近代大饭店的雏形。

欧洲 14—18 世纪中叶的旅游文化，既有传统的强大的封建主义基因，也有新兴的壮大的资本主义因素，既有本土的特质，也有外来的养分，各种成分交织在一起。

4. 近代旅游文化

18 世纪中叶，西方旅游文化率先迈入近代的门槛。世界近代旅游文化的主流是西方旅游文化，在西方的引领下，世界旅游文化开始了缓慢的近代化过程，直至 20 世纪 50 年代旅游文化大众化时代的到来。

（1）近代前期的旅游文化（18 世纪中叶—19 世纪中叶）

从 18 世纪下半叶开始，世界各地政治、经济、文化等方面经历了一系列大变革、大变动。在政治上，资本主义制度相继在美、法、俄、日、德、意等国正式确立；在经济上，工业革命首先在主要资本主义国家相继完成；在思想文化领域，张扬个性、崇尚自由、鼓吹冒险、讲究科学之风迅速蔓延。与此同时，西方的旅游也迈入近代的门槛：资产阶级取代少数贵族成为最重要的旅游主体，服务大众的旅游业由此形成。近代社会环境产生了近代的旅游文化。

①近代前期欧洲的旅游文化

a. 近代前期欧洲的旅游体验文化

浪漫的情调：近代前期欧洲的自然观光体验

18 世纪以来，欧洲各国的经济模式在国家的基础上经过了全面的改造，快速发展的物质文明，引发了人与自然、人与社会关系的剧烈变化，自然风光受到普遍重视，社会生活得到重新审视。于是，从 18 世纪中叶开始，在欧洲第一次出现了有明确目标和自我意识的大规模自然观光旅游活动。卢梭（1712—

1788）、歌德（1749—1832）、海涅（1797—1856）等浪漫主义的代表力倡“回归自然”，阿尔卑斯山等自然景区一时成为旅游胜地。这种酷爱自然、崇尚自然、回归自然的浪漫主义精神，成为近代旅游发展的思想基础。此后，自然观光旅游风靡全欧洲且日益大众化。

时髦的享受：近代前期欧洲的度假旅游体验

18世纪后，中产阶级收入普遍增加，加之游轮、火车等新式交通工具的出现和假日的增多，假日旅游遂成为中产阶级的时髦风尚和不可缺少的生活方式。矿泉因为其医疗的价值很早就成为上流社会度假旅游的对象。18世纪时，英国南方的巴斯和北方的斯卡伯勒，以拥有优良的矿泉水、完备的娱乐设施、一流的疗养服务而声名卓著，一跃成为英国上流社会休息和交际的理想场所。海滨度假旅游作为一种重要的旅游方式为大众所喜爱。1752年，卢梭发表了《关于海水用途的论文》，提倡到海滨旅游，尽量多地用海水沐浴来保持身体健康，卢梭还把这种旅游形式称为“保健疗养旅游”。

18世纪中叶以后，“大旅游”仍在继续，但其性质却迥然不同了。从前，贵族阶层子弟出国是为学习欧洲上层公民的言行举止，现在出国旅游则是为了享乐，为了领略异国风光，附带得到一点足以提高社会身份的文化经验。从前以学习为宗旨的“大旅游”求知体验，开始让位于追求享受的消费性旅游体验了。

绝地的探索：近代前期欧洲人的探险与考察旅游体验

近代世界是资本主义的世界。作为这个世界的统治者，资产阶级雄心勃勃、精力过剩。他们要踏遍一切未知之境，揭开一切未知之谜。于是，大洋孤岛、东西内陆，迎来了一批又一批西方探索者，前所未有的探险、考察旅游大潮出现了，形成了惊心动魄的另类旅游体验文化。如1768—1779年，英国航海家、探险家詹姆斯·库克三次率船队环球航行，沿途考察，绘制地图。1799年6月5日，德国生物学家洪堡和他的朋友朋卜兰德毅然投身于南美的科学探险。前者将他的观察和发现写成长达20卷的书——《宇宙》，后者则发现了3500种新植物，使当时世界已知植物数量骤增3倍。这些探险家与欧洲殖民者不同，他们考察探险主要不是为了黄金或从事奴隶买卖，或者将上帝的福音传播给信奉“邪教”的土著，而是为了亲自解开世界上众多的未解之谜。除了强烈的好奇心之外，大多数的探险家还想借此出名，返回家乡后出出风头。因此，他们的探险考察有更多科学意义和旅游色彩。西方近代探险家的旅游体验，集中反映在他们留下的旅行游记里。大多数旅行游记，无论文学性质还是学术性质，都认为其他文明是停滞不前，甚至是倒退的，欧洲文明高于世界其他文明，欧洲人对世界其他人类负有教化的使命。只有少数游记认为，欧洲和欧洲以外的文化表面不同，实质上不分高下，甚至基本上是一样的。

b. 近代前期欧洲的旅游文化

交通服务文化：从传统到现代

18 世纪中叶后，匈牙利人发明的四轮大马车仍在指定的线路上提供定期服务。19 世纪初，驿站马车开始普及。马车服务运力有限，速度较慢，里程较短，不能持久，但较骑马、徒步等“自助服务”相对更加方便、舒适，故而到 19 世纪下半叶，轮船、火车等现代交通服务普及前，这种传统的交通服务文化一直流行不衰。汽船服务是近代主要交通服务之一，出现于 19 世纪初。1815 年，英国人制造的汽船开始在克莱德河、艾冯河和泰晤士河上接送乘客。随后，汽船巡游业用大幅广告宣传画招揽游客，汽船航程延伸至大西洋两岸。近代交通服务的真正代表是火车服务。1814 年，斯蒂芬孙制成第一台蒸汽机车，陆路交通服务进入火车时代。火车的出现是近代交通服务的第一次革命。由于火车运输服务比马车费用低、速度快、运量大、里程远、安全性高、受自然条件影响较小，火车运输服务遂取代马车服务，成为陆路交通服务的主力军。1870 年，全世界已有 20 万公里的铁路提供火车运输服务。

饭店服务文化：从客栈到大饭店

18 世纪下半叶，欧洲饭店服务文化的主流仍是客栈服务文化，规模小，档次低，环境嘈杂，乡土味重。1760 年，英国贵族在伦敦兴建了一座叫“hotel”（饭店）的月牙形豪华大饭店，此后西方各国纷纷效仿，连“hotel”一词也成为饭店的国际标准写法。18 世纪末，西方饭店业普遍由客栈时期进入大饭店时期。

景观开发文化：继承与创新

近代旅游的发展和科技的进步，极大地推动了旅游景观的开发。一批又一批的温泉，海滨度假疗养地相继建成，城市公园越建越大，湮没千年的历史遗迹也被挖掘出来，开发成旅游景观。温泉疗养和海滨旅游推动了欧洲旅游度假地的建设。英国是旅游度假地开发的表率，18 世纪时英国已经建成巴斯、斯卡伯勒以及伦敦三大旅游度假中心。18 世纪中叶—19 世纪初，英国南部海岸的布莱顿与内陆西南部的切尔滕纳姆和莱明顿等著名温泉度假地相继建成。19 世纪后，法国、意大利、西班牙等地的众多的海滨也被开发出来。18—19 世纪，欧洲的旅游度假地开发经历了由温泉度假地向滨海度假地的转变。

园林是旅游景观的重要组成部分。西方的造园史可以追溯到旧约时代的伊甸园，但风景式造园直到近代才兴起。在近代前期，主题公园如雨后春笋般地涌现出来。其著名者如英国的摄政公园、邱园、伦敦动物园，法国的波阿德 · 布罗尼公园、比乌特 · 匈蒙公园，丹麦的蒂沃利主题公园，都是在这一时期建造的。西方古典主义园林强调驾驭自然、改造自然，强迫自然接受匀称的法则，造园艺术突出纯粹的几何结构和数学关系，基本特点是整齐划一、均衡对称，具有明确的轴线引导，讲究几何图形，甚至连花草树木都修剪得方圆规矩。这是西方传统文化在旅游景观开发中的必然反映。西方近代各类度假景观和园林景观的不断开发，虽然在很大程度上弥补了旅游景观因旅游需求的增加而显现的不足，但仍不能满足旅游人数不断扩大的需要。于是，欧洲旅游景观开发者把历史遗迹也纳入开发范围，掀起了一场开发历史遗迹的热潮，意大利庞贝古城、古罗马斗兽场、希腊雅典神庙、法国巴黎圣母院等历史遗迹就是在这一时期被相继开发出来，成为世界闻名的旅游景观。历史遗迹景观的开发，反映了人们的怀古心理，满足了人们求知、求美、求新、求异的需要。

文化取向的旅游研究

近代旅游的兴旺发达，也引起学者的高度关注。英国学者哈兹里特（1778—1830）撰写《论出游》一文，分析了旅游的魅力、目的、情感、动因，论述了旅游与求知、旅游与日常生活的关系，提出了“出游的魅力在于它的自由自在”“出游的目的就是摆脱一切牵挂和不安，摆脱旧日的自我，更重要的是不受他人干扰”等观点。虽不乏经验主义色彩，但其理论高度和思考深度远胜于培根的《论游历》，至今仍被一些学者奉为圭臬，并作为立论的基础。同前人一样，哈兹里特的旅游研究仍是以文化为取向的。

②近代前期北美的旅游文化

早在4万多年前，亚洲人迁徙美洲大陆，并在那里定居下来，他们的后裔就是现在的印第安人。15世纪，印第安人正处在奴隶制时代，本地旅游文化尚处于萌芽状态，欧洲旅游文化就随着欧洲殖民传播到美洲。1776年，美国独立，北美旅游文化开始兴起。

a. 近代前期北美的旅游体验文化

受英国和欧洲大陆的影响，近代早期北美旅游者对自然景观的兴趣越来越浓，这在美国早期旅游者的作品中已反映出来。威廉姆·巴特姆1770年对科罗拉多的野外环境表达了欢喜和惊奇，杰米·贝尔克莱姆则于1792年赞扬了白山之美。这些先驱普及了浪漫主义的社会风气：画家开始以自然风光为主题，文学界则以体验自然景观为时髦。19世纪30年代后，美国人的野外观念有了新的维度，野外景观不仅是北美人的一种荣誉，更是国家文化身份的象征。到19世纪中期，萨拉托加温泉、瑞奇菲文德温泉、伊利运河、哈得逊河、尼亚加拉大瀑布、康涅迪克湖、俄亥俄峡谷、波克夏山、白色硫黄温泉、阿迪达科山等野外景观先后被发现并成为美国人野外自然体验的胜地。在近代早期的美国旅游者当中，文人占了很大比重，其著名者有华盛顿·欧文（1783—1859）、爱默生（1803—1882）等人。华盛顿·欧文是美国第一位赢得国际声誉的文学家，被誉为“美国文学之父”，他一生曾三度赴欧，在英、法、德、西等国生活17年。在此期间他访问名胜古迹，了解风土人情，收集民间传说，积累了丰富的创作素材，写下了《见闻札记》《欧美见闻录》《布雷斯布里奇庄园》和《阿尔罕伯拉》等大量域外游记。美国文艺复兴时期的先验主义作家爱默生是一位自然的崇拜者，他游历广泛，早在 19 世纪 30 年代即形成了系统的自然观。他认为世界是由自然和灵魂组成的，自然就是灵魂的外化。在意识到工业革命使人失去个性和精神家园后，爱默生提出人们应该回到自然、亲近自然，在自然中找到自我的价值。

b. 近代前期北美的旅游文化

美国交通比较发达。1807 年，美国人富尔顿制造的第一艘汽船“克莱蒙梭”号试航成功，从此开辟了近代水上交通服务的新时代。火车出现后，美国各地迅速建起了铁路网。美国独立后，酒店业获得了巨大的发展。1794 年，纽约建造了城市酒店，这被认为是美国历史上第一座真正意义上的大酒店。19 世纪 20—30 年代，大酒店开始在美国的其他城市（如波士顿、费城、巴尔的摩等）大量出现。1829 年在波士顿落成的特里蒙特饭店被称为第一座五星级的现代化酒店，它在酒店服务的许多方面有所创新：170 间客房，有许多是单间客房并带有卫生设备；前厅、房间传呼服务、门童及服务员训练有素，为后来的酒店树立了榜样。美国有优越的温泉和滨海旅游资源，早在 1639 年北美殖民主义者就开发了罗得岛新港等滨海旅游度假地。美国独立后，很快成为北美旅游度假地开发的领头羊。弗吉尼亚的白色硫黄温泉、纽约的萨拉托加温泉等，都是近代前期美国开发的著名旅游度假地。在近代前期，北美旅游文化的欧洲色彩十分浓厚。无论旅游体验文化还是旅游文化，都有欧洲文化的印迹。尽管如此，无论是欧洲人还是美国人，都已感觉到了北美旅游文化的不同。一个新的旅游文化区——北美旅游文化区开始形成。

（2）近代后期的旅游文化（19 世纪中叶—20 世纪中叶）

①近代后期欧洲的旅游文化

a. 近代后期欧洲的旅游体验文化

自上而下：近代后期欧洲的自然观光体验

近代后期，自然旅游体验自上而下继续发展。随着城市环境的恶化，有钱的人们对自然山林的态度改变了。过去，农村山林被看作荒原，其中隐藏着各种危险；这一时期则认为，只有到这些地方才能得到真正的生活。有的人更加浪漫和富于艺术性，设计出徒步旅行。越来越多的人在休假时离开城市，到山林和海滨去。在这股自然旅游大潮中，文人仍然是主力军。

法国著名历史学家、作家儒勒·米什莱（1798—1874）是一位自然旅游爱好者，在米什莱笔下，山川、森林、海洋、禽鸟、昆虫，一草一木，无不包含着深沉的诗意。法国著名哲学家、作家戈蒂耶（笔名阿兰，1868—1951）笔下的大自然充满着精灵般的灵气，他的自然旅游体验同样冷静深邃、发人深思。英国著名作家罗伯特·斯蒂文森（1850—1894）一生到处游历，足迹遍及欧洲、美洲和大洋洲。他不喜欢名都大邑，对穷乡僻壤情有独钟；不喜欢公共交通工具，宁愿自己骑驴驾舟，因而形成了独特的自然旅游体验。

从疗养娱乐到游乐度假：近代后期欧洲的度假旅游体验

19 世纪中叶，海滨旅游进入疗养娱乐阶段，滨海旅游体验也由疗养向娱乐延伸。在英国，传统海滨度假胜地布莱克浦、布赖顿和萨斯安德人满为患，一些新的旅游度假地如伯恩茅斯、布罗德斯泰斯、克莱克顿等地游人如织。游人除获得海水、阳光、沙滩等传统的疗养体验外，也开始尝试滑水、摩托艇、空中跳伞等全新的娱乐体验。

从腹地到极地：近代后期欧洲人的探险与考察旅游体验

自 19 世纪中叶以来，欧洲人的探险与考察有增无减，探险与考察旅游体验不断向内陆腹地延伸。1841—1873 年，英国探险家利文斯顿三次来到非洲探险考察。第一次，他首先发现了恩加米湖，还组织了一次东非探险，成为横穿非洲的第一位欧洲人。回国后写成《南非考察与传教旅行》畅销一时；第二次，他与另外 6 人再次赴非洲赞比西河探险，回国后写成《赞比西河及其支流探险记》；第三次，他前往坦葛尼喀湖探险，最后病逝于非洲。1852 年，世界著名的旅行家、俄国作家伊凡·亚历山大罗维奇·冈察洛夫（1812—1891）随俄国舰队从喀琅施塔得出发，历时两年有余，横越西伯利亚，途经大西洋、印度洋、太平洋，到过许多国家，最后在鄂霍次克海阿扬港登陆，于 1855 年年初回到彼得堡。1858 年，冈察洛夫将此次旅行所见所闻写成《环球游记》一书。该书在写作方法上并不刻意描写烦琐的事实，而是抒发作者的观感，对欧、亚、非各洲不同文化的理智反思，书中随处可见。尤其重要的是，冈察洛夫对旅行有深刻独到的理解。他说："旅行好比一本书，你仔细阅读的只是那些引你入胜的地方，其余部分一目十行、不失梗概就可以了。"此书出版后备受称赞，连续再版达 6 次之多。继冈察洛夫之后游历世界的是 20 世纪旅行家、法国作家安德烈·纪德（1869—1951）和英国作家罗伯特·拜伦（1905—1941）。纪德足迹遍及欧洲、非洲和亚洲，留下了《刚果之行》《乍得归来》和《访苏归来》等著名游记，真正做到了"读万卷书，行万里路"；拜伦先后访问过意大利、匈牙利、希腊、俄罗斯、中国、伊拉克、阿富汗，留下了《驿站》《穿越内陆亚洲》等著名游记，为西方探险体验史书写了厚重的一章。

地球上冰雪覆盖的南北两极也不断遭到西方探险家的挑战。1895 年，挪威探险家南森一行 13 人乘"弗腊姆"号船漂流到北纬 85°57' 的海域，这是有史以来人类第一次到达北冰洋中心区。就在南森到达北冰洋中心区的那一年，挪威人鲍克格瑞温第一个从维多利亚地踏上了南极这块陌生而神秘的大陆。1911 年 12 月 14 日，挪威人阿蒙森率领探险队经过 50 多天的极地跋涉，到达南极极点，成为人类历史上首次征服南极点的人。

从奇幻到科幻：近代后期欧洲的虚拟旅游体验

19 世纪中叶到 20 世纪初，欧洲的幻游体验高峰连绵，儒勒·凡尔纳（1828—1905）、赫伯特·乔治·威尔斯（1866—1946）、乔治·梅里爱（1861—1938）就是站在高峰上的 3 个巨人。

儒勒·凡尔纳是法国著名作家，一生频繁出国旅游。常年的游历经验和丰富的科学知识，加之非凡的文学天赋，成就了一代科幻大师。19 世纪中期—20 世纪初，他先后出版了《地心游记》《海底两万里》《八十天环游地球》等系列科幻小说，其中大部分属于科幻旅游体验。凡尔纳的科学幻想在 20 世纪几乎全都成为现实。因此，他与赫伯特·乔治·威尔斯一道，被称作“科幻小说之父”。赫伯特·乔治·威尔斯，英国著名小说家，尤以科幻小说创作闻名于世。1895 年出版《时间机器》一举成名。乔治·梅里爱，法国魔术师、电影制片人，在早期电影的技术和讲述方法上做出了卓越的贡献，被称为法国电影第一人。他最著名的两部电影为《月球旅行记》（1902）和《太空旅行记》（1904）。

b. 近代后期欧洲的旅游文化

日益现代化的交通服务文化

19 世纪中叶后，欧洲近代交通服务文化继续向现代迈进。1841 年，英国利物浦与美国波士顿之间开通了定期轮船航班，往来大西洋的游客开始享受定时、定点的轮船运输服务。此后半个多世纪，轮船运输服务成为近代交通的主要服务项目。19 世纪中叶后，火车服务在欧洲和美国推广开来。20 世纪 20 年代前，欧美大陆的火车服务一直保持着繁荣状态，直到汽车的出现和普及，其在旅游客运服务中的地位才开始下降。不过，在世界其他地区，火车和铁路的出现及大量增加仍被看作这些地区走向现代化的标志。如果把火车的出现看作近代交通的第一次革命，那么，汽车的出现就可以看作近代交通的第二次革命。早在 19 世纪末，欧洲就已经研制出了三轮、四轮的蒸汽汽车和汽油汽车，并出现了汽车公司。20 世纪初，柴油汽车正式诞生并批量生产，出现了菲亚特、雷诺、福特通用、克莱斯勒、丰田、大众等一大批世界著名的汽车制造公司。汽车是 20 世纪最重要的发明之一，它同 20 世纪出现的火车一样，再次改变了人们陆上旅行的方式。

饭店服务文化：从贵族化到平民化

19 世纪下半叶，欧洲酒店服务文化仍以大酒店的贵族化服务为主流。20 世纪初，酒店业进入商业酒店时期（20 世纪初—20 世纪 50 年代）。商业酒店大都秉承“薄利多销”的经营思想和“顾客第一”的服务理念，在控制成本上下功夫，力求为客人提供高质量的设施和服务，酒店服务文化遂由贵族化转向平民化。与此同时，一种更受年轻人欢迎的旅馆服务模式也出现了，这就是国际青年旅舍。国际青年旅舍始建于1912年的德国，推崇回归自然的生活方式，倡导三个著名的理念：一是提倡自助，自己的事情自己做；二是提倡环保，使用太阳能热水器，不提倡一次性洗漱用品；三是提倡相互尊重的团队精神，在青年旅舍居住的人必须学会与人相处。一年后，青年旅舍在欧洲迅速发展起来。国际青年旅舍的出现和扩大，使酒店服务更加平民化。

旅行社服务文化：近代旅游服务文化的标志

古代的旅游服务文化与近现代的旅游服务文化有本质的区别。最能突显这种区别的便是近代旅行社服务的出现。1845年，托马斯·库克在英格兰的莱斯特创办了世界上第一家商业性旅行社。旅行社奉行“为一切旅游公众服务”的宗旨，为潜在旅游者提供有关旅游点、客运班次、旅游公司产品及旅游目的地情况的咨询服务；代客预订交通、食宿及游览和娱乐门票等；售、发旅行票据和证件；配备导游，提供讲解、向导服务；陈列并散发有关旅游企业的旅游宣传品；向有关旅游企业反映顾客意见。如1845年为组织从莱斯特到利物浦的团体旅游，托马斯·库克进行了线路考察，预先确定了旅游内容和食宿安排，亲自担任旅游团的陪同和导游，还编写了旅游指南《利物浦之行手册》。旅行社服务的出现，大大便利了旅游者的旅游，也彻底改变了人们旅游的经历。

景观开发文化：实践的转型与观念的超越

19世纪后，随着温泉旅游向滨海旅游的转变，欧洲景观开发由内陆转向山海。继英国之后，法国、意大利、西班牙等地的山海也被开发出来，形成了众多的假期、疗养胜地。这种假期、疗养胜地，在19世纪中下叶蓬勃发展。英国多位于海边，欧洲大陆则多集中于山上。19世纪末，英国海滨胜地已增加到200多个，形成大型海滨休闲城市、中等海滨休闲胜地和小型海滨小镇的海滨休闲城镇网络。

19世纪中叶—20世纪中叶，西方旅游景观开发观念也开始了由传统向现代的飞跃。19世纪中叶—20世纪20年代初，一般认为是西方现代景观设计的探索时期。在这一时期，资本主义大工业革命诱发出现代景观的科学和艺术两条线索。前者以19世纪中叶奥姆斯特德提出的“保护自然景观、保持园区草地、选用当地树木、道路循环、全园分区”的设计理念及19世纪后半叶出现的“城市公园、公园大道与城市中心整体化”的系统思想为代表；后者以20世纪初西方新艺术运动维也纳分离派的“弃写实、趋抽象”设计理念及现代主义浪潮设计师埃瑞克安的“吸收立体主义构图思想”设计观念为代表。20世纪20年代中期—60年代中期，一般认为是西方现代景观设计的应用时期。在这一时期，虽然现代景观在各国表现不尽相同，但是它们具有较统一的“现代主义”思想：对由工业社会、场所和内容所创造的整体环境的理性探求，反对模仿传统的模式，追求的是空间而不是图案和式样。代表性设计理念有 19 世纪 30 年代英国人唐纳德提出的“功能、移情和美学”、美国设计师埃克博等人的“人的需要、自然环境及两者相结合”的功能主义理论。

旅游宣传文化：近代旅游文化的亮点

随着近代旅游的兴旺发达，西方各国加大了旅游宣传的力度，旅游宣传成为西方旅游文化的一大亮点。开展旅游宣传的除旅游企业外，还有各国的旅游行政机构和旅游行业组织。

法国于 20 世纪 20 年代增设专管旅游事务的国务次长，每年在预算中列支国际旅游宣传经费 120 万美元。意大利政府于 20 世纪 20 年代设立了国家观光局，该局经常举办旅游摄影竞赛、旅游博览会、游历演讲会和旅游商品展，并发行旅游专利，开办旅游图书馆，促进旅游设施的美化和装饰，以吸引和招徕旅游者。瑞士设有国立观光局，由国家财政和旅馆协会、铁路及商会提供经费，仅宣传费用就高达 250 万美元。德国国有铁路与地方铁路联合设有游历局和旅行咨询局，提供旅游信息、发行旅游宣传品，鼓励游客去德国旅游。英国全国旅游协会也通过发起“来英旅游”运动，大力招徕国际旅游者。随着摄影技术的进步和旅游目的地宣传的需要，导游手册大量出现。欧洲各国的旅游信息（准确的和不准确的）大都通过导游手册为旅游者所了解，没有一个去海外的旅游者不带着一本手册。早在 1839 年就出现的“贝代克”手册逐渐在 19 世纪末成为权威的旅游信息发布书籍，并为各国旅游者所喜爱。

旅游研究文化：从文化向经济的转移

近代前期欧洲的旅游研究依然是文化取向。近代旅游业出现后，西方旅游研究的取向发生了根本性的转变。1899 年，意大利政府统计局的鲍迪奥发表了《在意大利的外国人的移动及其消费的金钱》一文，首开旅游研究经济取向的先河。此后，经济学的方法成为旅游研究的主要方法。1927 年，罗马大学讲师马里奥蒂出版《旅游经济讲义》一书，从经济学角度对旅游活动的形态、结构和活动要素进行了剖析和论证，认为旅游活动是趋于经济性质的一种社会现象。这种观点在相当长的时期内占据主流地位，直到 60 年代仍鲜受怀疑。在这股潮流当中，只有少数学者持不同意见。1932 年，柏林大学的葛留克斯曼教授出版了《旅游总论》一书，系统地论证了旅游活动的发生、基础、性质和社会影响，认为旅游活动是“在旅居地短时间旅居的人与当地人之间各种关系的总和”。

②近代后期北美的旅游文化

a. 近代后期北美的旅游体验文化

19 世纪中叶以后，北美的自然旅游体验依旧盛行。美国文艺复兴时期的先验主义作家梭罗（1817—1862）同爱默生一样，也是一位自然的崇拜者。他游历广泛，主张回归自然、亲近自然、在自然中找到自我的价值。他曾在瓦尔登湖畔隐居两年，并将在这里的所见、所闻和所思写成《瓦尔登湖》(1854）一书。在美国西部，自然旅游体验探险色彩较为浓厚，但美国人的探险旅游体验并不局限于西部。1908 年 4 月 21 日，美国探险家库克带着 2 名因纽特人和 1 架雪橇、26 条狗，到达北极点，成为人类历史上第一个征服北极点的人。

与自然旅游体验高度相关的是温泉旅游体验。19 世纪下半叶，温泉度假疗养旅游进一步发展，弗吉尼亚的白色硫黄温泉、纽约的萨拉托加温泉等，以其优质的泉水、良好的服务成为人们度假旅游的主要体验对象。利用假期全家外出，到温泉疗养地度假疗养，已成为美国多数人最重要的旅游方式。

城市观光旅游也发展起来。随着城市的繁荣、交通的便利，美国的城市观光旅游日渐兴旺。纽约、费城、波士顿、华盛顿是当时最主要的城市旅游目的地。

19 世纪下半叶，美国出国旅游也在增加。到欧洲旅游，接受欧洲古老文明的熏陶，是美国有钱有闲阶层必修的一门功课。美国的艺术家和建筑学家们一如既往地涌向巴黎、罗马和佛罗伦萨的美术学校进修观摩，新富的家眷们去古老的欧洲提升自己的文化品位，身体欠佳的美国人去那里养生，有些美国人甚至一去不复返。

建国之初，美国的文人有“在文化上低欧洲一等”的感觉。随着美国的崛起，美国文人超越了文化自卑感，增加了对美国未来的自豪感。美国诗人惠特曼（1819—1892）曾独自沿着密西西比河旅游，考察美国腹地居民的生活，观赏沿途风景，并将所见所闻用朴实的语言写成著名的长篇诗集《草叶集》，来讴歌美国这片“民主的大地”。

b. 近代后期北美的旅游文化

19 世纪中叶起，北美旅游文化进入新时代。

第一，交通服务多样化。铁路早在 19 世纪 40 年代就开始提供多样化的旅游服务，如在尼亚加拉瀑布等主要景区增开时速为 32.2~64.4 公里的旅游专线，让旅行者在从容欣赏车窗外景色的同时，获得休闲的舒适感。1865 年，美国更是推出了为大众服务的豪华旅游列车“先驱者号”。

第二，饭店服务大众化。19 世纪下半叶，同欧洲一样，北美饭店服务文化仍以大饭店的贵族化服务为主流。这些饭店崇尚豪华和气派，布置高档的家具摆设，供应精美的食物，在服务上注意保护客人的隐私。20 世纪初，北美饭店业进入商业饭店时期，标志是1908年美国水牛城斯塔特勒饭店的开业。斯塔特勒饭店首次提出“提供普通民众能付得起费用的世界第一流的服务”，首次在每套客房内设置浴室和消毒马桶坐圈，首次在门把手上配置钥匙孔，首次在房门边安置开关，首次提供通宵洗衣、自动冰水、送报上门等服务。该饭店在服务方面的多项创新被整个20世纪的饭店业奉为标准，业主斯塔特勒也因此被称为“现代饭店之父”。到1927年，斯塔特勒酒店已扩大到克利夫兰、底特律、圣路易斯、纽约等城市。

第三，旅行社服务现代化。就在托马斯·库克公司问世的第五个年头，在大西洋的另一端，美国运通公司成立。运通公司最开始只是从事运输文件、包裹等业务，在与银行和邮局的合作中受到启发开始发行自己企业内部的汇票。随着业务量的增大，在19世纪末涉足旅游行业。运通公司于1919年10月举办战后第一次赴欧旅行，三年后又举办第一次环球水陆游乐旅行，很快就成为20世纪全球著名的旅游中介服务公司。

第四，景观开发的创新。美国在景观开发上是个后起之秀，但创新意识极强，美国是世界上最早建立国家公园的国家。1872—1940年，美国已建立了数十个国家公园，号称“美国十大国家公园”的大烟山、大峡谷、约塞米蒂、黄石、落基山、奥林匹克、大提顿、锡安、阿卡迪亚、死谷都是在这一时期建立起来的。

第五，旅游宣传的兴起。随着旅游的发展，美国的旅游宣传也开始兴起。19世纪70年代，纽约中央铁路开始发行名为《四轨系列》的杂志，在社会上收获了广泛的人气。其后内容不断丰富，成为包含火车时刻表、铁路官员名单、火车路线注解、旅游者贴士、广告和笑话的火车月刊。1906年杂志更名为《旅行》（*Travel*），致力于服务旅游者和鼓励旅游活动，影响越来越大。旅游海报也是当时的主要宣传载体。旅游海报内容十分广泛，出国旅游、探险旅游、城市观光、滨海旅游、度假旅游……无所不包。

5. 现代旅游文化

第二次世界大战结束后，世界政治、经济、文化发生了深刻的变化，“和平与发展”成为世界两大主题，科技文化日新月异。旅游进入大众化时代，旅游业逐渐成为世界第一大产业。在新的历史背景下，旅游文化进一步突破地域限制，呈现出大众化、一体化的发展态势。

（1）现代前期的旅游文化（20世纪50年代—20世纪90年代）

①现代前期的旅游体验文化

a. 普通化的旅游体验行为方式

旅游体验的行为方式包括食、住、行、游、购、娱等，其中最重要的是行与游。行与游的普通化是旅游体验行为普通化的集中反映。在行的方面，现代的主要交通方式是乘坐火车、轮船、汽车、飞机外出旅游。火车、轮船是近代的产物，营运伊始，只有少数人才享受得起，不出几十年，很快成为一般大众普遍选择的普通旅游方式。乘坐火车、轮船旅游至今仍是旅游者最常用、最普通的旅行方式。汽车、飞机是近代末期的产物，同火车、轮船一样，开始也只有少数人才享受得起，不出几十年，也很快成为一般大众的普通旅游工具。在游的方面，传统游览方式有观光游、海滨游、乡村游、体育游、文化游等。第二次世界大战后，传统的贵族旅游方式普及开来，成为大众旅游普遍选择的方式。之后出现的新的形式，如奥运游、高尔夫游，原本也是少数人的享受，20 世纪 70 年代以来，逐渐成为大众喜爱的选择之一。至于文化旅游，仅奥地利的音乐旅游，每年就有数百万游客参加。

b. 普通化的旅游体验心理倾向

旅游体验的心理倾向包括旅游体验的需要、动机、兴趣、态度等。旅游体验的心理倾向趋于普通化，主要表现为在第二次世界大战后相当长的一段时间里，旅游者追求和谐、熟悉、稳定、可预见性的单一性旅游需要成为主流。典型的例子是团体包价的盛行和旅游观念的俗化。

20 世纪 90 年代前，团体包价是世界旅游方式的主导模式。在这种模式下，旅游者、从出发到返回的一切旅行活动都由旅行社统一组织和安排，包括旅行的时间、地点、线路活动内容乃至旅行过程中的食、住、游、购、娱等。即使是散客，也可以通过旅行社的小包价实现自己的旅游计划。

旅游观念的俗化也意味着旅游体验的心理倾向趋于普通化。20 世纪 90 年代前，贵族的皮肤是白皙的，农民的皮肤是黝黑的，这是雅、俗阶层的外部标志。所以，有钱有闲阶层到法国南部以及意大利休假，要带防晒油、遮阳墨镜、遮阳帽、遮阳伞等，以便保护他们的高雅标志。但是现在，西北欧的有钱有闲阶层，有的把皮肤晒成棕色，表明他（她）到南欧去休假过。普通人的肤色，又成为有钱人新的身份标志。

c. 现代旅游体验规范的建立

随着现代旅游体验的普通化，现代旅游体验规范也形成了。第二次世界大战后，随着大众旅游的出现，各国纷纷制定旅游法律法规，对旅游者的行为进行规范，如法国、比利时、日本、韩国、英国、美国、巴西、墨西哥等国家的旅游基本法中，都有关于旅游者权利与义务的规定；民主德国、联邦德国、南斯拉夫等国在民法的契约部分（续编）中补充了有关旅游契约的条文，其中有保护旅游者权益的内容。

世界各国的旅游组织还出台了旅游道德规范，其中也有针对旅游者行为的内容。1985 年，世界旅游组织第六次一般性全体大会通过了《旅游权利法案和旅游者守则》，在赋予旅游者诸多权利的同时，也对旅游者行为做出道德约束。

d. 现代科幻式旅游体验的繁荣

现代前期的虚拟旅游体验有了快速的发展。1968 年，英籍科幻大师克拉克发表了具有里程碑意义的科幻式虚拟旅游巨著《2001：太空漫游》，它的续集《2010：太空漫游》《2061：太空漫游》《3001：太空漫游》也分别于 1981 年、1987 年、1997 年相继问世。20 世纪 80 年代，网游体验开始兴起，虚拟旅游体验即将进入网游时代。

②现代前期的旅游文化

第二次世界大战后，工业革命即第二次浪潮快速向发展中国家推进，标准化（生产、管理、文化、生活都按一定标准进行）成为首要社会准则。受此影响，第二次世界大战后的 40 年，标准化成为旅游文化的主流。

a. 现代前期的旅游服务文化

战后旅游交通服务的最大革命来自航空业。20 世纪 50 年代，欧美出现了许多民用航空公司。这些航空公司先是经营跨大西洋的旅游航线，随后在世界各地为游客提供航空运输服务。受航空旅游服务的冲击，常规海运旅游服务如同 20 世纪的马车一样渐渐衰落。到 20 世纪 80 年代，常规海运服务接待量已微不足道，海运公司只得转向少数富人旅游市场，开辟海上豪华巡游服务项目。火车服务也受到航空旅游服务的冲击。为了扭转火车客运的颓势，20 世纪 60 年代以后，许多国家都对发展火车交通给予了相当大的重视，开展了以提高火车运行速度为中心的改革，致力于发展高速铁路和高速列车。为满足汽车旅游者的需要，战后各国政府交通部门还推出了多种汽车交通服务，如长途特快汽车服务、长途包价旅游车服务、城乡之间的旅游专线车服务、机场出租车和机场大巴服务、城市和乡村的观光车服务。

作为旅游业三大支柱产业的饭店业，第二次世界大战后也取得了巨大的发展，服务质量标准化程度越来越高。从 20 世纪 50—60 年代开始，国际上推出了星级饭店的评定，即按照饭店的建筑设备、饭店规模、服务质量、管理水平，把旅游饭店的等级定为若干等（或三等，如日本旅馆分为高级饭店、简易饭店和国民宿舍三大类；或四等，如罗马尼亚分为特级、一级、二级、三级共 4 个等级；通常为五等，以星的数量表示）。丽思·卡尔顿、万豪、拉·玛利德饭店集团等，率先制定了旨在推进服务质量标准化的迎宾基本准则。

作为标志性的旅游服务文化，旅行社服务文化在第二次世界大战后得到了迅速的发展，正式形成于 20 世纪 20 年代的旅行社综合服务产品团体包价旅游，第二次世界大战后已成为一种规范化的占支配地位的旅行社产品，饭店客房、一日三餐、市内游览车、翻译导游、交通集散地接送、行李运输、游览场所门票、文娱活动入场券和全程陪同、往返交通客票等服务应有尽有。

b. 现代前期的景观开发文化

第二次世界大战后，旅游的发展和科技的进步，极大地推动了旅游景观的开发。除了传统旅游景观得到进一步开发外，新的旅游景观也源源不断地被开发出来，如农业旅游景观、名人旅游景观、生态旅游景观等。

农业旅游景观开发始于农业观光旅游的兴起。最初还是小规模的开发，产品主要是观光果园形式。后来发展到观光农业园区、观光农业带，统一规划，集观光、休闲、娱乐、教育于一体。农业景观的开发改变了传统农业仅专注于土地本身的大耕作农业的单一经营思想，把发展思路拓展到“人地共生”的旅游业与农业结合的理想模式，迎合了世界生态旅游发展的大趋势。

名人遗迹游作为一种文化旅游方式，自古就已存在，但把名人遗迹作为旅游景观有组织地进行开发，主要还是在现代。为了更好地满足旅游者的需要，许多国家和地区都将与名人有关的地点开发成旅游景点。普希金的故居、梭罗在美国瓦尔登湖的小木屋、歌德在德国魏玛的庄园、海明威在古巴哈瓦那写作《老人与海》时常去的酒馆、智利诗人聂鲁达在黑岛的故居，以及伏尔泰、雨果等人在法国巴黎的墓地等，都已被成功地开发出来。

在新的旅游景观开发中，发展势头最好、最有前景的是生态旅游景观的开发。生态旅游景观开发缘于生态旅游的兴起，最初局限于自然生态的开发，后来延伸至人文生态，与乡村、农业、民俗等旅游景观开发互相渗透。新的旅游景观还包括各种新的人造旅游泉观，如微缩景观、仿古景观、主题公园等。

c. 现代前期的旅游宣传文化

现代旅游业的发展离不开旅游宣传，这一点已成共识。所以，世界上旅游发达国家和地区，都很重视旅游宣传。旅游宣传已成为现代旅游文化发展最快的一个分支。现代旅游宣传的形式五花八门、日新月异，在前期，最基本的有以下几种。

1）图书形式。这种宣传形式主要通过图片或书籍来进行，包括游览图、旅游交通图、旅游照片、明信片、说明书、宣传画、导游手册、旅游评论、游记等。现代旅游宣传的图书形式既有历史的传承，更有时代的创新，一般均设计精心，形式美观，色彩鲜艳，内容简明，具有灵活、多样、便于携带等特点，不需要借助其他媒介即可发挥作用。

2）传媒形式。这种宣传形式主要借助报纸、杂志、广播、电视等传媒工具进行。现代旅游宣传的传媒形式也有传统的因素，但主要是现代科技的结晶。传媒不同，宣传效果各有千秋。传媒形式的特点是宣传面广、影响较大、应变力强，能灵活地适应市场需求，是现代旅游宣传比较普遍采用的一种形式。

3）声像形式。这是运用现代化手段进行旅游宣传的一种很好的形式，它主要包括电影、录像带和幻灯片。声像形式有声有色、生动具体，往往给人留下深刻的印象，能起到很好的宣传效果。

4）展销形式。这是一种让产品“现身说法”的宣传形式，常借助于世界博览会、交易会、展览会等进行。展销是一种传统的旅游宣传形式，在旅游业竞争激烈的现代，展销已演变成现代旅游宣传形式的大比拼，几乎所有现代宣传形式如宣传印刷品、工艺品、图片、声像、广播、录像带、电影、文艺队等都在这里集中亮相，此外还有各项实物展览。

除了以上所列各种宣传形式外，还有派出专门人员或让驻外机构、人员在主要旅游客源国做巡回宣传；邀请外国旅行社、航空公司、旅游批发公司、旅游零售商来考察、旅游；导游宣传；户外广告宣传等。早在20世纪80年代，欧洲国家颁布了《旅游与休闲通用语言：旅游与休闲跨专业词汇》《旅游与休闲通用语言：语法结构原则》《旅游与休闲通用语言：数据的基本要求》3个旅游语言标准化文件，对旅游与休闲通用语言进行规范这应是国家层面的旅游宣传标准化的开端。

d. 现代前期的旅游研究文化

60年代前，西方旅游研究一直是在十分功利性的观念指导下进行的，因此表现出非常明显的依赖经济学方法的时代特征。60年代后，西方旅游研究开始发生根本性的变化，经济学、社会学、心理学、地理学、环境科学、生态学、管理学、符号学、政治学、史学、美学等学科的理论和方法甚至一些概念，都在旅游研究中找到了用武之地，并产出了丰硕的成果。

然而，旅游研究的真正综合并未实现。西方旅游学界大都习惯于根据学术兴趣选定研究课题，并根据自己的专业知识以及对旅游现象的理解与认识从事研究工作，重应用、轻理论的现象十分突出。这种状况不仅反映在英语国家出版的旅游研究刊物（如美国的《旅游研究纪事》、英国的《旅游管理》等）中，还反映在旅游研究的博士论文中。在各种旅游研究刊物中，占有较大比例的是案例研究，以及对相关学科成型理论的嫁接应用。从申葆嘉先生对历年国外博士论文的检索结果来看，在1951—1987年英语国家199篇与旅游题材有关的博士学位论文中，与基础理论有关的题材仅有9篇，占全部论文的4.52%，这充分地反映了在旅游研究中广泛存在的应用导向的研究思路。这一研究思路至今仍左右着西方的旅游研究，并对世界其他地区的旅游研究产生了深刻的影响。

现代标准化运动也影响到了旅游研究文化。早在20世纪70年代，托马斯·库恩（Kuhn，1970）在《科学革命的结构》中就提出学术标准问题，并将学术共同奉为标准的一系列普遍性规则、方法、概念及理论称为“范式”。一般来说，西方规范的旅游经验研究和定量研究范式可以分为问题、文献（理论）、假设、数据、测量、方法、发现和结论八大部分。在西方，已经初步形成了经验研究，特别是定量研究的普遍性方法论范式。

e. 现代前期的虚拟旅游介入

现代前期的旅游介入仍以纸游介入为主，旅游图书、影视在虚拟旅游体验中继续发挥重要作用。介入虚拟旅游的旅游图书包括游览图、旅游交通图、旅游照片、明信片、说明书、宣传画、导游手册、旅游评论、游记等。它们既是旅游宣传品，更是纸游介质。那些完整详细记载现实或虚拟旅游的纸游介质如游记、小说，极易引起虚拟旅游者的虚拟旅游。介入虚拟旅游的旅游影视包括与旅游有关的电影、电视、录像带和幻灯片。旅游影视有声有色、生动具体，介入效果更佳。

80 年代，网游体验兴起，网游介入开始出现，虚拟旅游文化即将进入网游介入时代。

（2）现代后期的旅游文化（20 世纪 90 年代至今）

①现代后期的旅游体验文化

从 90 年代开始，世界步入了大众旅游的黄金时代。在这个时代里，旅游者越来越追求个性化，旅游体验文化的个性化趋势越来越明显，主要表现有三点：一是普通旅游体验个性化；二是个性旅游体验扩大化；三是虚拟旅游体验普及化、定制化。

a. 普通旅游体验个性化

教育旅游是一种非常普遍的旅游体验方式。在欧洲，教育旅游可以追溯到大旅游时代。那时，为了出国游学，要先学习外语。现代以来，特别是 90 年代以来，语言学习旅游逐渐成为教育旅游的一个分支。旅游者，尤其是学生旅游者，已将语言学习旅游看作自我实现、自我表达、自我更新的一种方式。在欧盟范围内，这种旅游方式受到文化教育部门的鼓励，也受到学生和家长的欢迎。在美国、加拿大和澳大利亚等国，短期的语言学习旅游作为开阔视野、增长见闻的一种补充教育方式，已经纳入了许多大学的正式教学计划。

乘坐火车、游船旅游也是一种非常普遍的旅游体验方式。90 年代后，世界上不少旅游者纷纷尝试乘坐豪华列车、豪华邮轮的旅游方式。目前，豪华列车旅游在欧洲、美国、东南亚等国家发展较快，豪华邮轮旅游则在地中海、加勒比海有稳定市场，经营豪华列车、豪华邮轮旅游的公司已经将其建设成为一个相对独立的品牌。

b. 个性旅游体验扩大化

探险旅游、自驾车旅游和背包旅游发展起来。18—19 世纪，就已经有以科研为目的的登山探险、极地探险活动，但作为一种旅游方式在世界范围内流行起来，还是 19 世纪 90 年代的事。探险的目的不再是单一地为科研以及宣扬国家的威信，更多是满足猎奇和自我实现的心理。自驾车旅游从20世纪的美国诞生并逐渐流行起来，成为在发达国家非常受欢迎的旅游方式。旅游者可以根据自己的意愿调整路线，去尚未被开发的景点和传统旅行团无法去的景区。背包旅游是指旅游者背着背包徒步进行旅游，这类旅游者通常也称为背包客。他们往往在预算有限的情况下开展旅游活动，对于景点的选择、线路的规划有着自己独到的见解。

c. 虚拟旅游体验普及化、定制化

90年代以来，越来越多的人加入网游体验行列中来。大多数网络活动都是年轻人的天下，年龄稍大些的用户更喜欢参加虚拟旅游活动。城市和受教育程度较高的互联网用户也更喜欢参加虚拟旅游。有些网游者不满足于这样充满个性的体验，进一步要求定制具有特殊纪念意义的虚拟旅游产品，如独特的“旅游线路”、全套的“旅游证明”。科幻式旅游体验也快速普及开来，而且科技含量越来越高，1997年上映的科幻片《超时空接触》(《接触未来》) 就是例证。

d. 现代后期的旅游行为规范

现代后期，随着旅游的发展，旅游行为规范也越来越完善。有些国家的地方政府或旅游景区还制定了针对旅游者的专门法规，与旅游法规相伴的还有旅游道德。世界旅游组织第十三届大会1999年10月1日在智利首都圣地亚哥通过了《全球旅游伦理规范》，对旅游道德做了原则性的规定。《全球旅游伦理规范》的通过，标志着全球旅游道德的初步形成。

②现代后期的旅游文化

a. 个性化的旅游服务文化

90年代国外饭店业首先提出个性化服务的理念，即以规范化服务为前提和基础，在满足一般游客的一般要求的基础上，进一步发现与满足不同客人的个性需求，其后流行全球。

新时期旅游交通服务同样也充满个性化色彩。在航空服务方面，出现了一种新的航空业经营理念——任何一位对于交通工具选择没有偏好的顾客都有可能成为本企业的消费者。这种新的理念代替了以前忽视服务的观念，对铁路及机场的经营有很大影响。在轮船服务方面，80年代后，海运公司开辟海上豪华巡游服务项目，满足游客的个性化服务需要。在铁路服务方面，许多国家都在改善火车服务条件、提高服务质量方面狠下功夫。其中最为重要的举措是开辟观光列车和专项旅游列车服务项目。在汽车服务方面，面对铁路、航空领域的激烈竞争，从80年代起，欧美长途客运开辟了更加舒适的直达特快客运线路，并提供盥洗室及各种在途服务。

旅行社也不断调整服务战略，推出更多个性化服务产品，如小包价旅游产品、组合式旅游产品等。小包价旅游产品由非选择部分和可选择部分构成。产品灵活性强，更加尊重客人选择和活动的机会，因而颇受旅游者尤其是青年人和家庭式旅游者的欢迎。

b. 个性化的景观开发文化

为适应大众旅游从普通化向个性化的转变，欧美一些主要的海滨旅游地采取了新的开发策略，如开发新景点、提高接待质量、挖掘资源潜力、完善通信设施、改进环境质量扩大市场营销活动和开展调查研究等。传统的山地旅游地也正在尝试各种新的开发理念，以适应个性化旅游方式。

可持续旅游发展也纳入了议程。可持续旅游发展是一个全新的概念，它关心自然生态的保护，也注重改善目的地社区的社会经济发展，强调社区的发展不应以牺牲环境为代价，各种社会经济和环境指标是人们要考察的；同时，人们保护环境的意识和概念也不可或缺。所以，自 90 年代开始，在旅游目的地规划中，如何保护环境、消除社会和文化的不利影响、最大化可持续的经济收入以及最小化负面的影响成为研究者关心的核心问题。

c. 现代后期的旅游宣传

90 年代后，世界各国加大了旅游宣传的投入。1991 年，43 个主要旅游国家共投入 5.559 亿美元用于对外宣传促销，1992 年，这个数字增长到了 6.245 亿美元（增长 12.3%），1993 年又达到 6.769 亿美元（增长 8.4%）。分地区来看，同期增长率最高的依次是非洲（1992 年增长 15.1%，1993 年增 20.6%）、东亚（增长分别为 13.4% 和 43.6%）、中东（增长分别为 23.9% 和 12.1%）。按国别分，当时作为世界第三大旅游目的地的西班牙 1992 年促销预算高达 8510.5 万美元，1993 年投入了 7769 万美元。紧随其后的是当时世界第一大旅游目的地法国，1992 年投入了 7179 万美元，1993 年投入了 6925 万美元。

现代后期的旅游宣传除传统的图书、传媒、声像、展销等形式外，又多了一种手段——网络。目前网络已成为旅游城市、旅游企业宣传的重要窗口，国内外有很多省区、市、旅游景区都有了自己的旅游专业网站，如美国的 Priceline.com、Tripadvisor.com、巴西的 HotelUrbano.com、中国的携程等。

d. 现代后期的旅游研究

90 年代后，西方的旅游研究发生许多变化，学者宋海岩、张朝枝、谢雪梅等均有论述。

谢雪梅等以《旅游研究纪事》《旅游管理》和《旅游研究杂志》上发表的 1500 多篇文献为研究样本。运用聚类方法，将 1998—2007 年的西方旅游研究分为 1998—1999 年、2000—2006 年和 2007 年三个阶段。再以 1998 年、2003 年和 2007 年为样本年份，就研究内容、研究方法、关注区域和文献来源等方面进行比较分析，了解国外旅游研究近10年的发展变化趋势。结果显示：旅游者行为、旅游业、基础理论研究、旅游管理和目的地研究一直是国外研究的重点内容；国外旅游研究文献主要来自旅游业发达国家和地区，发展中国家较少；研究关注的区域依次是北美洲、欧洲、亚洲和大洋洲等；研究方法主要集中在因子分析、相关分析、回归分析、聚类分析和经济模型分析等方面。

宋海岩、张朝枝等则从研究角度、研究范式、研究导向三方面分析了本阶段西方旅游研究的发展趋势。在研究角度上，由于旅游现象和旅游有其独特的含义和特点，加之旅游专业背景的研究队伍的壮大，旅游研究视角正由传统学科转向旅游本身。在研究范式上，世界经济社会现象日益多元化，本体论发生变化，学术研究向“表演性范式”（performative paradigm）转向。在研究导向上，全球的时间与空间关系快速变化，社会流动性增强与人类的身份迷失、人类的认识论发生变化，传统的理论适用性受到挑战，学界呼吁新旅游、希望旅游。同时，学界呼吁批判旅游转型和道德转向，希望旅游更多地关注道德与伦理责任，并以此作为研究的本质价值导向。

e. 个性化的虚拟旅游介入

随着网游的兴起，网游介入文化兴盛起来。目前已经陆续开发出一些网游介入系统。网游介入系统为人类开辟了一个新的生存和休闲空间，它的出现标志着虚拟旅游文化的正式形成。

受网游体验个性化的影响，网游介入文化也日益个性化。1995年3月，卡内基·梅隆大学的罗伯特·阿姆斯特朗等人在美国人工智能协会上提出了个性化导航系统（Web Watcher）；斯坦福大学的马尔科·巴拉巴诺维奇等人在同一次会议上推出了个性化推荐系统LIRA；8月，麻省理工学院的亨利·利伯曼在国际人工智能联合大会（IJCAI）上提出个性化导航智能体Litizia：这三个系统被公认为个性化服务发展初期最为经典的系统，标志着个性化服务的开始，也标志着网游介入文化个性化的开始。其后，极具个性的定制化虚拟旅游介入也流行开来。一些网站应网游者制定虚拟旅游产品的特殊要求，已接受虚拟旅游产品的定制业务。这些虚拟旅游产品包括独特的“旅游线路”，甚至全套的“旅游证明”。如在俄罗斯珀修斯旅行社网站，只要支付300~500美元，“游客”就能得到全套证明其出国旅游的材料，包括机票、登机卡、纪念品以及用电脑制作的留念照片。不仅如此，旅行社还会为顾客写好“旅行线路”，编好“旅行故事”。

6. 旅游文化的未来趋势

（1）自然，独家，文化交流

在全球化背景下，旅游成为跨国交流的大众载体，涉及面广、实效性强的特点，是其他交际媒介所不及的。由于旅游是一种跨地域的、跨文化的创造活动，旅游者在空间位移过程中，使原本独立的客源地与旅游目的地联结成为超越单一定居地文化的社会交流与对话网络。在旅游过程中，旅游者作为文化交流的主体和一定文化的载体，感知和学习了异国文化，同时也有意无意地把自身的文化传递给了旅游目的地东道主，而东道主也在此过程中获得了异质文化的熏陶和感染。

旅游跨文化交际过程中，旅游者将自己的文化带到旅游目的地，目的地接待者为满足旅游者的旅游需求，需要从旅游者的文化视角出发，将跨文化交际中的冲突减至最低。这就对旅游从业者在语言、文化、思维、行为等各个方面提出了新的更高的要求。为适应这种变化趋势，就需要旅游从业者不断学习，提高自己在旅游跨文化交际中的基本技能，从而提升旅游者的满意度。全球文化在旅游跨文化的关联中不断冲突着，同时也在不断整合中向前发展。

（2）旅游业步入全球化时代

经济全球化、文化全球化是当今世界发展的趋势。全球化同样也是影响旅游业的因素之一。旅游行业的全球化融合时代也已经来临，并不断释放着大量机遇。越来越多的国家和地区把旅游业的发展提升到国家战略高度，增加导向性投入，改善公共服务设施，开发旅游精品，提高国际旅游竞争力，扩大国家的国际影响力。

国际旅游是输出国家文化、形象和影响的重要渠道。通过举办国家主题文化年、体育赛事、盛大展会等活动，可以更广泛地吸引国际游客，增进各层面、各领域的国际交流，扩大本国历史、文化、价值观的输出，有利于传播价值观和提升国家“软实力”。同时，随着全球化趋势的加快，国际贸易总量不断增加，贸易不平衡问题愈益突出。发展入境旅游可扩大本国外贸顺差，鼓励出境旅游可弥补外国贸易的逆差，从而减少国际贸易摩擦。

（3）效应经济化，传播网络化，去向生态化

旅游文化和经济间有密切的联系。综合性极强的旅游业与文化产业相结合，能够为旅游业开拓新的收益渠道。在发展旅游时增加文化含量，深挖文化内涵，提升文化品质，可以增添旅游地和旅游产品的吸引力。利用旅游活动吸引投资，开展贸易活动，从而推动其他产业的发展，协助经济部门实现利润或者收益的最大化。

旅游文化的发展与传播网络化也密不可分。在网络化时代，特别是大数据时代逐渐到来，旅游文化的交流影响着整个人类社会。旅游业的发展促进了跨文化群体间的交流与融合，促进各类文化向更高层次发展。将寄托于旅游吸引物的核心价值观通过网络传播进行正面输出。

生态化是未来旅游文化的重要环节。通过保护性开发旅游资源，积极发展绿

色旅游、生态旅游、文明旅游，将能够改善国家和地区的生态环境，实现可持续发展，让当地民众在参与旅游发展中实现了安居乐业，帮助相当一部分贫困地区实现脱贫致富。

（4）文化的传统与现代结合

旅游文化作为整个社会文化的一部分，具有二元文化结构，即传统性和现代化的互补，它既是传统文化的延续，又是现代文化的一部分。在发掘、展示旅游资源中的文化内涵时，如何处理好传统文化与现代文化的关系，是一个值得关注的问题。传统文化是古代文化的精华，它不同于现代文化，但却与现代文化有着密切的渊源联系。其文化精神在一定程度上渗透在现代文化的血脉之中，影响着现代人的思维方式、心理特征甚至言行举止，当然也影响其审美偏好和旅游行为。众多的古代物质文化形态以旅游资源或吸引物的形式直接呈现在现代旅游者的面前，供其赏析玩味。

（5）世界性和民族性相统一

任何具有世界性意义的文化，在向各地传播时都要以强大的民族性作为支撑。旅游文化也同样如此。旅游的综合性和多样性，给旅游文化学科贯注了多方面、多层次、丰富多彩的特性。因而研究旅游文化要有广博的知识，善于贯通古今中外，精于对比研究，把握世界性和民族性的统一，融会贯通，提高研究层次。

（6）兼容性与选择性兼具

在旅游文化的发展过程中，既有一种文化对另一种文化的包容，又会有每种文化主题的倾向性选择。21 世纪旅游市场的竞争、旅游客源的争夺、旅游目的地间的竞争，首先是文化的竞争。发展旅游需要从文化这个古今兼容、内涵丰富、动静结合的宝库中，挖掘能够吸引现代旅游者的要素，在地区的文化资源中凸显最有个性、最具特色、最能吸引旅游者眼球的要素，开发出能让旅游者有看头、有说头、有听头、有玩头的特色旅游产品，向旅游者提供有独特体验、有新鲜感受的旅游服务。旅游规划只有充分挖掘了当地的文化内涵，展现出其文化特色，提高其文化品位，才能吸引旅游者，给旅游业带来蓬勃生机和持久生命力。

（7）在生态危机中砥砺前行

自然生态环境是旅游活动赖以实现的基础。要从根本上解决生态环境的保护问题，还需要正确处理好人与自然的关系问题。从思想观念上真正树立起“可持续发展”的理念，从源头上对旅游发展的目的、规模和方式做出规定，将环境保护作为规划的硬性指标纳入，培养起环境意识，加强环境责任的监督，让旅游的良性发展与生态环境的保护紧密联系起来。

（8）虚拟旅游用技术实现梦游、仙游、幻游

虚拟旅游透过数字化的手段将旅游地的实景全貌真实地展现，将旅游文化的精髓生动演绎，能够使旅游者足不出户地接收到旅游地丰富而又鲜明的形象信息，直观地感悟旅游文化的魅力。借助虚拟旅游的优势，旅游文化能够从多个方面渗透到旅游的整个过程中。

第二章

旅游客体的视角：文化与旅游资源

第一节　概述

一、旅游客体

旅游客体是指存在于自然环境和社会生活中的，对广大旅游者产生吸引力的事物。旅游学界一般认为旅游客体即旅游资源。作为旅游客体的旅游资源是旅游业赖以生存和发展的物质基础和条件，没有旅游资源就构成不了现代旅游活动。旅游资源学着重研究旅游资源的形成、特点、分类、范畴、审美，以及旅游资源的开发、利用和保护；旅游文化学则着重从文化学的角度去审视旅游资源的类别、特点、历史范畴及文化功能。因此研究旅游客体与文化的关系，就是研究不同类别的文化如何作为旅游资源，它们的文化形成、特点、分类、审美以及文化功能，如何更好地发挥其作为旅游资源的价值。

二、文化的内涵与结构

1. 文化的内涵

本书吸取了文化社会学已概括的一个简洁明了又不失为专业性的定义："文化乃是人类创造的不同形态的特质所构成的复合体。"这个定义中包含着三重关键概念。

一是"人类创造"。文化不是天生地造的，类似星星（不包括人造卫星）、月亮、蓝天、白云、太阳黑子、大地、荒山、岩石、河流（不包括人造湖和运河）、飞鸟、游鱼等，这些自然界没有经过人类劳动改造过的都不是文化。一切非人类创造的生物、物理现象都是自然生成之物，而不是人类劳动创造的，不是人类创造的都不是文化。只有当自然存在物经过人的加工、改造、创造，化为社会的对象、化为人的对象的时候，我们才称之为文化现象。无论我们走到一个多么陌生的环境，用此概念作为界限，就很容易区分文化和非文化事物的界限。

二是“特质”。主要有两个含义。第一，指人类创造物的最小独立单位。它是独立存在的、含有一定文化意义的单位，又是最小的、不能再分的文化单位。例如驯养的马是一种特质，是独立存在的最小单位。如果再把马分割为马腿、马蹄子、马头、马尾巴，它就不是独立存在的文化了。第二，所谓小也是相对的，不是绝对的，所谓不能再分，也是从它的独立意义上讲的，分了就不再是这种文化了。

三是“复合体”。人类的文化很少是以一种单一的特质存在的，往往是由许多特质构成的复合整体。例如，马车是由马与车复合而成，衣服是由不同颜色、质料的布与特殊的制作形式、方法复合而成，其他像房屋、饮食以及各种各样的家具、日用品等，无不是复合体。最简单的复合体包含着两种以上的文化特质，而复杂的复合体则是由许多文化特质组成的系列。例如，飞机、火箭、宇宙飞船以及现代的工厂、学校、政府部门等，每一种文化都是由各种特质系列构成的复合整体。因此，文化是一个整体性的概念，它是包含着各种特质相互关联的全部总和。

这三个关键词也是认识和把握文化的三个环节。有了对文化概念斟酌明晰的把握，运用这一文化概念，旅游者无论是走在乡村中或其他旅游目的地游览观赏，它都可成为感悟诸种文化魅力的一个尺度。当然，这一概念也是一个过滤器，成为区域经济开发中认识和识别传统文化资源的一个有用工具。

2. 文化的层次和结构

（1）文化层与文化丛

文化层概念来自德国考古学家海因里希·施莱曼对古希腊荷马诗史中特洛伊城的挖掘。施莱曼在同一个地点经过一层又一层地挖掘，一共挖出九座古代城市。在最下一层，即第九座城市中，辨认出了荷马史诗中所描写的古代伊洛特城。施莱曼的发现向人们揭示了文化在历史的发展上是存在不同层次的，每一个层次都反映了不同时期各种文化要素所连接起来的平面分布特征。这种文化历史层面就是文化层。

文化层好似人类文化发展的阶梯。如果我们从最低的文化层拾级而上就会发现，每攀登一个文化层，它的文化特质就越多且越繁茂，郁郁葱葱，像一片片丛林，这就是文化丛。文化丛是在一定时间、空间范围产生和发展起来的一组功能上相互整合的文化特质丛体，也是研究文化特质的一个单位。

（2）文化圈与文化区域

文化圈是一个与文化丛相关的概念。有一定地带的、类似的文化丛相连接，其主要的文化特质内容相似或者基本相同，文化社会学把这种地理上的文化相关联的现象称为文化圈。

人类总是在一定的空间范围、场合中采集、耕种、制作、创造，这就自然而然地产生了一个地域性的范围。文化圈实际可以看作人类生活环境、生活样式的共同场合、地带、区域。生活环境、生活样式都是人类创造的，是一定的种族、民族或一定区域的民众创造的。因此，文化圈的形成又表示着一个历史的过程，表示着人与环境的交互作用的持续过程。圈有大小，大则种族、民族、国家、东西半球以及各种文化地带；小则城邦、村庄、家族以及各种民族聚居区、风俗区等。凡人类共同的生活环境所形成的社会的、语言的、风俗的、道德的、宗教的等共同的文化特质，皆可称之为文化圈。

文化层是文化圈在历史上的沉积，为了认识文化圈在现实中的空间结构及其分类现象，我们还可引入“文化区”这一概念。

文化区或文化区域虽然是一个文化的空间分类概念，但它并非与时间无关。文化区也是人类不同文化历史连续发展的结果，尽管在社会学史上它常常被一些社会学家、人类学家、民族学家用来研究文化的空间分类。仅从空间分布上研究文化区，不从时间上探讨文化区的形成和发展，要想对它的空间分布做出确切的说明是很困难的。那么什么是文化区呢？它具有什么样的性质和特征？简单来讲，文化区是指有着类似文化特质的区域，具体可以从以下三个方面作归纳。

第一，文化区是一种文化特质的区域分类。如果人们生存的区域特质不同，则必然形成相对应的文化特质，进而形成具有该文化特质的文化区。如果人们依靠土地而生存，那么人们就会为土地而进行文化创造，他们的一切文化也都会带有土地的特质；而在水乡，人们会结网而渔，楼船而居，水里来，水里往，观风察水，呼喊对歌，进而形成与水密切相关的水上特质文化。

第二，文化区具有历史性特征。最初，人类依据不同的生态环境创造了各种文化特质，其中一些文化特质由于不适合人们的需要而被淘汰，另一些文化特征则被一代又一代地传递、积累、保留下来。就世界范围而言，无论是东方文化区，还是西方文化区，从古至今都保留着它们各自不同的民族性格，也就是说，文化区的文化特质具有一定的历史稳定性。

第三，生活在文化区内的居民，其心理、性格、行为等都会受到该区域文化特质的影响。不同的文化区形成了不同特色的居民心理、性格和行为：英国人的绅士、德国人的严谨、法国人的浪漫、日本人的精巧、美国人的现代都不同程度地体现了不同文化区的居民特色。

（3）文化的结构

文化结构是指一定文化各种表现形式的内在的有机联结体，包括三个层面，即表层的物质文化，中层的制度文化和深层的精神文化。深层文化是文化的核心，最能体现一种文化的特质，是最难改变的层面。文化变迁由表层开始，随后相应变更中层，最后反映在人们的观念上，导致深层文化的变动。

首先是表层的“物质文化”。所谓物质文化，是指人们改造自然界以满足人类物质需要而形成的文化成果。简单说就是指人类衣食住行所必需的物质层面的东西。人类借助创造出来的“物质文化”，获取生存所必需的东西并享受生活，如建筑、园林等。

其次是中层的“制度文化”。所谓制度文化，是指人类处理个体与他人、个体与群体之间关系的文化产物，包括道德伦理、社会规范、社会制度、典章律法、民俗等。

最后是深层的“精神文化”。精神文化是人类的文化心态和精神活动的对象化。精神文化是文化的精髓与核心，是广义文化的本质和灵魂，如文学、音乐、戏剧、哲学、信仰等。

三、作为吸引物的文化旅游资源

研究旅游客体与文化的关系，就是研究文化如何成为旅游吸引物。从文化的形成、特点和分类出发，研究如何更好地实现旅游功能，发挥其作为旅游资源的价值。

为了更好地将文化与旅游系统进行结合，研究能够作为吸引物的文化旅游资源，从而更好地对文化进行分类，可以参考旅游资源的分类方式。按照国家的分类标准，旅游资源可以分为 8 个大类，分别是地文景观、水域风光、生物景观、天象与气候景观、遗址遗迹、建筑与设施、旅游商品、人文活动。从这个方面来看，将文化类别与旅游资源的类别一一对应起来，大致可以同样分为八大类别，依次是山水文化、地域文化、历史文化、思想文化、民族民俗文化、艺术文化、建筑文化、园林文化。旅游资源分类如表 2–1 所示。从与旅游资源对应的角度对文化进行分类，就更易于理解文化如何作为旅游资源来使用。

表 2–1　旅游资源分类

主类	亚类	主类	亚类
A 地文景观	AA 综合自然旅游地	E 遗址遗迹	EA 史前人类活动场所
	AB 沉积与构造		EB 社会经济文化活动遗址遗迹
	AC 地质地貌过程形迹	F 建筑与设施	FA 综合人文旅游地
	AD 自然变动遗迹		FB 单体活动场馆
	AE 岛礁		FC 景观建筑与附属型建筑
B 水域风光	BA 河段		FD 居住地与社区
	BB 天然湖泊与池沼		FE 归葬地
	BC 瀑布		FF 交通建筑
	BD 泉		FG 水工建筑
	BE 河口与海面	G 旅游商品	GA 地方旅游商品
	BF 冰雪地	H 人文活动	HA 人事记录
C 生物景观	CA 树木		HB 艺术
	CB 草原与草地		HC 民间习俗
	CC 花卉地		HD 现代节庆
	CD 野生动物栖息地	数量统计	
D 天象与气候景观	DA 光现象	8 主类	31 亚类
	DB 天气与气候现象		

第二节　中国文化旅游资源

一、山水文化

1. 山水文化的概念

在古代，山水作为自然的代称，具有自然的总体特征，代表着天地万物的根本品性。元人汤垕说："山水之为物，禀造化之秀，阴阳晦冥，晴雨寒暑，朝昏昼夜，随形改步，有无穷之趣。"（《画论》）可见，山水文化是人类认识自然、改造自然的产物。自然山水就像母亲般呵护着人类，人类也通过自己的聪明才智来装点自然山水。

"山水"在中华文化中是一个不容忽视的概念。它所表达的不仅是我们赖以生存的空间，也是一片养育中华民族的沃土。美丽富饶的土地和丰沛充足的水源，养育着勤劳而勇敢的华夏儿女，滋润着家族繁荣昌盛的中华民族，酝酿出了世界文明史册上绚丽夺目的一朵奇葩。

中华民族是爱山乐水的民族，中国人对山水情有独钟。中华民族围绕着"山"和"水"所进行的文化（其实质性含义是"人化"或"人类化"）活动已有数千年的历史，在这数千年的社会发展进程中，我们的祖先留下了丰富的山水文化财富。这些文化遗产如此的博大精深，让中华民族的子孙从中得到无尽的美的享受。

与此同时，山水作为一种人化自然、一种文化精神现象，深深地渗入中国人的骨髓，流淌于每个人的血液，在语言中也留下了深厚的积淀，成为中国人表达思想、交流情感的有力工具。我们的祖先还在几千年前便从"山"和"水"这两种司空见惯的自然现象中引出了许多重要的思想哲理，如"上善若水""水，善利万物而不争，处众人之所恶，故几于道"等。

（1）山水对文化的影响

关于地理环境与文化生成的关系，我国著名学者冯天瑜教授进行了卓有成效的研究。他认为，地理环境是文化创造的自然基础，如果把各民族、各国度有声有色的文化表现比喻为一幕接一幕的悲喜剧，那么这些民族、国度所处的地理环境便是这些戏剧得以演出的舞台与背景。地理环境不只是文化的消极衬托物，更是锻冶文化合金的重要元素。

综观西方古典文化，我们不难发现，人是西方艺术主要的反映对象。给人留下深刻印象的是那些展现人体美的作品，无论是维纳斯的美丽，还是掷铁饼者的强健；无论是阿波罗的庄重飘洒，还是阿里严斯的娴静优雅；无论是大蛇缠身的拉奥孔的苦苦挣扎，还是正在休息的赫拉克勒斯的刚健自在……数不胜数的艺术品，都以各种形式、各种姿态淋漓尽致地表现了人体的美。西方人之所以把人作为主要的艺术反映对象，是由于地理环境、生产条件、文化背景、心理素质等多方面原因形成的。正如黑格尔《历史哲学》分析的那样，西方文明源于希腊文明，希腊人受到希腊的驳杂地形——海湾、贫瘠的山地的制约影响，对大自然感到恐惧、崇拜，同时也感到愤怒、反抗。自然与人的永恒对立时刻地存在于他们的文学艺术中，西方人非常注意自己抵抗自然的力量，如健美，有力量的肌体，勇于竞争、反抗的精神等，渐渐建立起一种人与自然对立起来的思维方式和哲学观。

与西方社会不同的是，中华民族的始祖所居住的地区——黄河流域以肥沃的土壤和丰茂的草木为先民们创造了一个较为优越的居住环境，他们对自然的恐惧相对较少，养成了偏好平稳、趋向和谐的心理习惯，人和自然之间也追求一种和谐与统一。纵观我国的文学艺术，尽管内容丰富多彩，各种作品对人的描写刻画也千姿百态，但中国人在传统上更偏重于从自然山水中发掘自己的创作源泉，自然山水占有更重要的地位。

山水文化作为中国文化长河中的重要一脉源远流长。从春秋初露端倪，到魏晋的发轫，到唐代的兴盛，以及宋、元、明、清的补充扩展，直至今日，自然山水反复被叹咏、描绘，魅力无穷。中国的文人、画家之所以更喜欢把目光投向山水，是因为从山水中可以发掘出与自己相通的意蕴、相通的美。山水的气韵内涵无限丰富深刻，一般可以归纳为阳刚与阴柔两大类：阳刚，呈现出的是高山大河、高原大海、巨瀑洪泽、大漠荒野、长河落日等雄壮奇伟的景象，带给人们的美感是刚健、豪放、雄浑、遒劲、苍凉、悲壮的；阴柔，则展现出幽石、清泉、深涧、微波、轻烟、细柳、清风、明月等景致，往往假人以清新、典雅、婉约、冲淡、纤丽、清幽的感受。

（2）山水文化对自然山水的影响

山水文化的形成与发展，深受自然山水的制约与影响，但某种文化一经形成，又作为一种“无形的物质和能量”，反过来深刻影响地理环境。

在西方，盛行“敬天”（战胜自然）的哲学思想与人地观，这种人地观的产生有着深刻的地理根源。产生于滨海地带与近海岛屿的欧洲商业文化民族，常年在海上生活，必须承担较大风险，时刻与自然抗争；同时，由于土地贫瘠，人多地狭，沧海障碍，深感自身环境的内不足与外阻碍，遂产生强烈的战胜感与克服欲，对大自然产生敌意。这种西方文化（希腊型文化）注重于向自然的开拓，非常重视人与自然的关系，他们的目光常常看着自然，把人与自然放在对立面，注重研究人怎样去认识自然、改造自然，因而科技比较发达，在改造自然和对地理环境的影响上大大超过东方。而在东方，尤其是在中国，由于土地辽阔、土壤肥沃，加之季风气候水热资源的良好结合，这样和谐的地理条件在人的主观能动利用下，使得物产丰富，人们生活能自给自足，生计能得过且过，长期过着男耕女织、闭关自守的小农生活，并在客观上造就了人们依附于土地、满足于生存的精神面貌，促成自我满足、安土重迁的民族心态。他们不像西方人把自然放在对立面，而是强调自然与人的统一，即“天人合一”，因而不太重视改造自然，不大注重生产工具的改进和科技的创新发展，在地理环境的改造利用方面，效果不如西方显著。由上述可见，西方这种“动”与“攻”的文化与东方这种“静”与“守”的文化产生的地理背景不一样，反过来，这两种不同类型的文化在地理环境的影响上，在人与自然的关系上也大不相同。

2. 中国山水文化的形成与特征

（1）中国山水文化形成的基础

中国山水文化的形成和发展具有优越的客观自然条件。中国位居欧亚大陆的东部，太平洋的西岸，深入大陆腹地，背山面海，既有大陆又有海洋。三面环山、一面对水的良好地理位置，宽广辽阔、肥沃滋润的土壤，加上季风气候、水热资源的良好结合，为华夏山水文化的形成和发展奠定了坚实的物质基础。

（2）中国山水文化的特征

在人与自然相互作用的漫长历史中，人类创造丰富的物质财富的同时，在创造的精神财富中也积累了大量与自然山水息息相关的内容，这些精神财富构成了“山水文化”的多重内涵，在我国悠久而灿烂的古代文化中占有重要的地位。

①源于宗教的山水观

在文明发展初期，人们由于对自然的敬畏，相信山川有兴云播雨的神力，从而开始了最初的山川祭祀。我们的祖先奉祀山川之神是出于对自然山水既亲和又畏惧的心理，反映了他们的现实理想和要求，正如《韩诗外传》所说：“山者万物之所瞻仰也，草木生焉，万物殖焉，飞鸟集焉，走兽休焉，吐生万物而不私焉。”在生产力水平低下的年代，人们的生存依赖于自然提供的物质条件，离开或失去了这种物质之利，人类就将面临毁灭的绝境。中国原始宗教中崇拜山川之神所表现出来的这种既亲和又敬畏的宗教内涵，正是以农耕为主的民族的“根文化”的重要胚芽，为日后山水文化的发展奠定了基础。随着农业生产方式和思维能力的发展，这种自然崇拜被归纳为对天地的崇拜。当帝、皇出现后，与天地相交通的职权被最高统治者所掌握，天子祭祀天地的场所变得神圣起来，以彰显从自然崇拜走向神道设教的政教结合。“五岳”“四渎”的称谓，就是在这种文化背景基础上形成的。

②源于哲学的山水观

哲学是人类思维高度发展的产物，是人对宇宙、人生（社会）和自我的抽象认识。宗教在崇拜某种偶像的同时也有关于哲学的思考，但哲学思辨在原始宗教的自然崇拜中还很微弱。随着社会的进步和人类思维能力的改善，宗教中的哲学意蕴越来越浓重，以致后来的哲学史与宗教史不能不趋向合流。在我国传统文化中，哲学思辨的火花在山水文化领域也相当显著，留下了一份可观的精神遗产。先秦时代的哲学家注意到了人与外部世界的关系首先是面对自身赖以立足的大地，而大地呈现在中国人面前的鲜明形象主要是山岳河川。到魏晋时期哲学家们把“山水”作为一种环境或境界整体性把握和观照，并赋予抽象的思辨色彩，山水之所以令人向往，被誉为“欲界之仙都”（陶弘景《答谢中书书》），是因为在魏晋人看来，唯有山水胜境最能体现“道”的精神，是沟通人与天道自然的桥梁。既然通过山水的游赏可以使人的心灵与“道”相通，那么，理想的人格也应该是合于自然之性的。因此，将扭曲了的人性从世俗的情累物欲的桎梏中解放出来，恢复人类固有的自然天性，在山水与自然中最大限度地实现人格的绝对独立和个体精神的无限自由，被看成是人性的理想品格。

追溯山水意识源头。值得注意的是，远古神话传说形象而生动地透露太古先民的山水意识的特点；方块字最早将山水意识书面化，并表现其审美观念；《易经》是山水意识的升华与结晶；崇气观念是山水意识的哲理化。

散见于各种典籍中的神话传说，表现了太古时代人们对自然的原始认识。原始认识的特点之一，即凡是人类所不能理解的自然现象，如山峦群峰、河流江海、雷霆闪电、飘风暴雨，乃至于太阳、月亮都赋予神性，于是出现了山神烛龙（《山海经·海外北经》）、黄河之神河伯（《海内北经》）、闪电之神雷兽（《大荒东经》）、飘风之神风伯（《大荒北经》）、雨水之神雨师（《大荒北经》）、太阳神羲和（《大荒南经》）、月亮神常羲（《大荒西经》）等众多的神祇。它们或含泽布气、聚集群神，或湿润万物、兴风作浪，或长空划缺、声振苍穹，或呼风唤雨、暴风骤雨，或洪水泛滥、猛兽猖獗，或赤野万里、瘟疫不息……总之充满着威慑力量，俨然是自然的主宰。特点之二，即使在那个上古时代，古人仍颇具用想象和借助想象以征服自然力、支配自然力。“女娲补天”中说的“女娲炼五色石以补苍天”（《淮南子·览冥篇》）；“精卫填海”中说的“（精卫）常衔西山木石以堙于东海”（《山海经·北次三经》）等皆表明中国人早在上古时代，就有丰富的山水意识和想象力，而这种山水意识和想象力，又蒙上强烈的人性，即对自然的顽强抗争。给山水赋予神性，实际上是在生产力极低的情况下，远古人对自然的神秘观念的反映。给山水赋予人性，又雄辩地证明中国人早在童年时期就有一种自我解脱、自我解放的优良品性。

如果说中国人的上述山水意识早在六七千年前乃至于数万年前已经存在于混沌宇宙之间，那么在五六千年前就已经得到发展，将其书面化。我国的汉字，俗称为“方块字”，象形是其最主要的特点。《说文解字》将汉字的造字法分为象形、形声、指事、会意、转注、假借六种，称之为“六书”。其实，“转注”“假借”是“象形”“形声”“指事”“会意”的引申和借用，所以完全可以认为，汉字的最基本的构字法“大半是形象思维的产品”（朱光潜《西方美学史》）。引人注目的是，其中许多方块字是描摹自然景物的，这也是古人第一次将其山水审美意识书面化。从铁矿石的冶炼开始，由文字的发明及应用于文献记录而过渡到文明时代。可见，汉字的发明是从野蛮到文明的重要标志。完全可以断言，中国人一进入文明时代，就具有丰富多彩的山水审美意识。肯定这一点非常重要，因为丰富多彩的山水审美意识一旦书面化，其意义不仅仅是总结了远古先民的山水审美观念，更重要的是必将影响之后数千年的华夏子孙的山水审美观念的发展。

《易经》中的八卦可以说是古人山水意识的结晶，传说画卦之人为包牺氏。《易·系辞下》云："古者包牺氏之王天下也，仰则观象于天，俯则观法于地，观鸟兽之文与地之宜，近取诸身，远取诸物，于是始作八卦，以通神明之德，以类万物之情。"虽然包牺氏是否历史上确有其人尚有争议，且八卦画于何时也难以考定，但是此说向无异议。其实包牺氏又作伏羲氏，是所谓三皇五帝的三皇之一，是发明畜牧业的远古氏族的代称，生活于原始社会中期，后世传为帝王。他根据自己对天地万物的观察，创造八个符号来反映山水意识，分别为表明天、地、水、火、雷、风、山、泽八种卦象；且"卦"字从卜圭声、又卦形"上圆上方，法天地也"（《说文》"圭"字段注）。由此可见，八卦完全是我们祖先观察山水、重视山水的产物。令人敬赞的是，八卦高度概括地表现中国古代祖先山水审美意识最主要特色。

崇尚"气"的观念，就是古人山水意识哲理化的重要标志。在古人看来，山水是气组成的，人也是气组成的，物我同源，天人合一，山水与人之间，存在着"气"（或叫阴阳二气）这种共同的始基物质。由此而产生触景生情、情景相融的现象和观念。基于这种认识，古人根据山水景观中变化速度的快慢，又进而将其划分为"形生者"和"气化者"两类。所谓"形生者"指的是阴阳二气在虚空中斗争，落在下面结为地块的重浊之气；所谓"气化者"指的是阴阳二气斗争中上升到天空中的轻清之气。人们观赏山水风光不外乎这两大方面。这种崇尚元气的观念，将山水意识升华为哲理，使我们的祖先对名山大川、幽溪绝壑以及变化万千的气象，很早就摆脱神秘观念的束缚而进入人本主义的新境界。

早在2300年之前，孔子在《论语》中，经常赋予山水以人的德性。其主要表现是：①将山水与德性联系起来。如"为政以德，譬如北辰，居其所而众星拱之"（《为政》）。孔子认为，北辰是最亮最稳的，好似具有最善而不变的德性一般，所以众星环绕而拱围之，如果为政者犹北辰那样，那么天下仁人志士和黎民百姓就必将归附之。可见在孔子的山水意识中山水已成为德性化的山水。②将山水与言志联系起来。如"岁寒，然后知松柏之后凋也。"（《子罕》）据《庄子·让王》云："孔子穷于陈蔡之间，七日不火食，藜羹不糁，颜色甚惫，而弦歌于室……子路、子贡入。子路曰：'如此者，可谓穷矣！'孔子曰：是何言也！君子通于道之谓通，穷于道之谓穷。今丘抱仁义之道以遭乱世之患，其何穷之为！故内省而不穷于道，临难而不失其德，天寒既至，霜雪既降，吾是以知松柏之茂也，陈蔡之隘，于丘其幸乎！”身处逆境而不改其志，孔子将这种顽强的意志赋予岁寒之松柏，使松柏也具有人特有的意志，山水意识已与人的言志浑然一体。③将山水与智仁联系起来。著名的语录是“知者乐水，仁者乐山。知者动，仁者静。知者乐，仁者寿”（《雍也》）。据朱熹解释，“知者达于事理而周流无滞，有似与水，故乐水”“仁者安于义理而厚重不迁，有似于山，故乐山”。（均见《论语集注》）所以首两句，说明知者和仁者有不同的山水意识。据康有为阐发，“知者才智迸发，如机轴运转，不能自已，故动。仁者神明元定，如明镜澄澈，粹然无欲，故静”（《论语注》）。所以次两句明知者与仁者所具有的不同的山水意识的个体特征。关于末两句，朱熹说：“乐寿以效言。”（《论语集注》）确实如此，不过康有为阐发道：“动而周流自得，故乐。静而安固有常，故寿。”（《论语注》）最后两句，说明不同的山水意识形成不同的后果。显而易见，将山水意识与知仁联系起来，实际上是将山水与人的不同思想修养、气质特点、个性品质联系起来，使山水人格化、气质化。

与儒家注重道德价值的山水观相左的，是道家注重个性情感价值的山水观。儒家与道家殊途同归，他们都一致充分肯定人性的存在，都肯定人的尊严。儒家侧重于每个人都应该以最高道德标准约束自己，完善自我；道家主张顺其自然，排斥人为约束，来实现人性的逍遥，老子的《道德经》正是在这个意义上，可以称为道家山水观的开创之作。其主要表现为：①将山水与“道”联系起来。例如在二十五章，老子将人、地、天、道四者递进比较，提出“人法地，地法天，天法道，道法自然”，因而阐明“（道）可以为天下母”的观点。②将山水与“无为”联系起来。比如在六十六章，老子以江海与百谷为喻，提出“江海之所以能为百谷王者，以其善下之，故能为百谷王。是以圣人欲上民，必以言下之；欲先民，必以身后之。是以圣人处上而民不重，处前而民不害。是以天下乐推而不厌。以其不争，故天下莫能与之争”。③将山水与社会理想联系起来。在八十章中，老子所勾勒的社会理想虽然是“小国寡民”“邻国相望，鸡犬之声相闻，民至老死不相往来”，但却是一个个性得到充分重视和满足的社会，即所谓“甘其食，美其服，安其居，乐其俗”。④将山水与“无私”“不欲”“贵柔”等观点联系起来。比如在七章中，老子提出“天长地久。天地所以能长且久者，以其不自生，故能长生”。老子用天长地久是因为天地生存不为自己为喻，而推出“后其身而身存”，“以其无私……故能成其私”等道理。《道德经》将山水与人的追求自然逍遥联系起来，凡是人性所企求的自然之美都赋予山水，山水已经人格化和个性化。而庄子所言“缘督以为经”（《养生主》）、“乘物以游心”（《人间世》）、“常因自然”（《德充符》）、“天与人不相胜”（《大宗师》）、“顺物自然”（《应帝王》）、“以性养知”（《缮性》），乃至于在《逍遥游》中提出“若夫乘天地之正，而御六气之辩，以游无穷者，彼且恶乎待哉”等观点，也正是继承并发展了老子所倡导的“情感说”。可见老庄所开创的道家山水观，其重要意义正在于：表明人的山水意识已从神的羁缚中解放出来，更重要的是以人为主体，将人所企求的美赋予山水，使人真正进入与山水亲和的阶段，人的感情、个性，渗透到山水，使山水感情化、个性化。如果把人作为主体，将山水景物作为客体，那么主体和客体已经融合，而在这融合过程中，人的主体意识已经焕发出惊人的光辉。这种道家重自然个性的山水观，即可以称之为“情感说”。重情感的山水观与重道德的山水观不同，它尊重自我、表现自我，重在人的情感价值，因此山水景物都具鲜明的个性，山水的描绘意在强化感情。

比德说与情感说皆反映了古人山水意识的重大发展和进步。无论是比德说还是情感说，都将人性美和山水美有机地结合起来，充分表现和肯定人的道德价值或感情价值。我国的旅游文化发展史表明，这两种观念事实上都在影响和促进着旅游文化的发展，抑德而扬情或抑情而扬德都是缺乏根据的，也是无益的。

唐代是我国封建社会的黄金时代。与之相适应，古人的山水意识也进入一个成熟的、全新的时代，即本体论的时代。所谓本体论，就是人的本体与山水本体的合二为一，是审美主体和审美客体的合二为一，也就是常说的物我相亲、物我同化、物我合一。这是山水意识成熟完美的阶段，也是审美体验的理想境界。柳宗元的《永州八记》完整地体现本体论的山水审美观念。

从社会学观点而言，柳宗元所处的动荡时代和所遭的贬谪境遇，已使他深切感到依赖道德的自我完善或情感的自我陶醉，已不能抚平心灵的创伤。唯有忘却自我，将自己从形体到心灵都融化在山水之中，才能获得心灵的舒适和灵魂的安宁。他在《始得西山宴游记》中自叙说：“自余为僇人，居是州，恒惴栗。其隙也，则施施而行，漫漫而游，日与其徒上高山，入深林，穷回溪，幽泉怪石，无远不到。到则披草而坐，倾壶而醉。醉则更相枕以卧，卧而梦。意有所极，梦亦同趣。”柳宗元高度概括这种境界为“心凝形释，与万化冥合”。可见，柳宗元的山水观念与价值论不同。他与山水的关系，已不存在主次之别而是对应相亲的关系。柳宗元亲近山水，山水也相近柳宗元，柳宗元与山水已浑然一体。即主观世界和客观世界已融为一体。

从美学观点而言，柳宗元的山水观念不再致力于道德的象征，也不再注重情感的抒发，而是着意于情趣的陶冶，常常领受山容水态与人亲近的乐趣。他在《至小丘西小石潭记》中描绘道：“潭中鱼可百许头，皆若空游无所依。日光下澈，影布石上，佁然不动；俶尔远逝，往来翕忽。似与游者相乐。”潭中鱼与柳宗元，二者若痴若醉，互为逗趣，仿佛一对心心相印的游伴，逍遥自在，情趣盎然。由此而不禁使人联想起，《庄子·秋水》篇中的“庄子与惠子游于濠梁之上”

中人鱼皆乐的境界。柳宗元着意追求的，正是这种审美主体与审美客体相互娱乐的情趣。物我相亲，物我同化已成为一种美的追求和美的享受。珍贵的是，柳宗元这种美的观念已上升到理论高度。他一方面肯定审美主体的移情作用，所谓“美不自美，因人而彰”（《邕州柳中丞作马退山茅亭记》）；另一方面又肯定审美客体的娱情作用，所谓“夫气烦则虑乱，视壅则志滞，君子必有游息之物，高明之具，使之清宁平夷，恒若有余，然后理达而事成”，即所谓“以玩替政，以荒去理”（《零陵三亭记》），二者相辅相成，达到审美主体和审美客体的相亲、相化、相合的境界，也是美的理想境界。

从哲学观点而言，主观世界去改造客观世界，客观世界来影响主观世界，人已忘却了直接的实用性和功利性，以纯粹的物象作为追求对象，揭去价值面纱，迷恋于自然本体，陶醉于世界本源之中。在《钴鉧潭西小丘记》中，柳宗元津津乐道：“即更取器用，铲刈秽草，伐去恶木，烈火而焚之。嘉木立，美竹露，奇石显。由其中以望，则山之高，云之浮，溪之流，鸟兽之遨游，举熙熙然回巧献技，以效兹丘之下。枕席而卧，则清冷之状与目谋，瀯瀯之声与耳谋，悠然而虚者与神谋，渊然而静者与心谋。”这种境界就是人的本源与世界本源的合二为一。

从心理学观点而言，在价值论体系中，人的自我意识强烈，自然客体山水的各种排列，都是按照主体的心理逻辑组合而成。借用一个比喻，自我意识已成为山水王国中尊贵的王子。但在物我相亲的观念中，自我意识不再是王子，而是被逐渐淡化、模糊，自我意识进入心理学中更深的层次——潜意识。《永州八记》则常常表现这种潜意识而令人回味不已，如“苍然暮色，自远而至，至无所见而犹不欲归”（《始得西山宴游记》）；“曲行纡馀，睨若无穷”“视之既静，其听始远”（《石渠记》）。柳宗元善于写潜意识中的山水美，若梦非梦、似见非见，若是非是、似今非今，若动非动、似静非静，若穷非穷、似止非止，若视非视、似闻非闻，二者不分你我，物即我，我即物，物我同化，这正是主观心理与客观美景最理想境界。

从文艺学的观点而言，文艺家要达到把握形象超然境界，就须如庄子言“无不忘也，无不有也，澹然无极而众美从之”（《刻意》）的境界，才能潇洒自如地与形象同命运、共呼吸。人们常称誉柳宗元的游记是其人生的自白，即游记与人生已浑然一体，就是指艺术上的形象与思维的融合的境界。如柳宗元描绘的山，有的“侧立千尺，溪水积焉”（《游黄溪记》），有的“山之特立，不与培塿为类”（《始得西山宴游记》）。可见，山之峻峭峥嵘形象，即柳宗元“虽万受摈弃，不更乎其内”（《答周君巢饵药久寿书》）的人生，二者融合得如此天衣无缝。柳宗元描绘水声，有的“如鸣佩环”（《至小丘西小石潭记》），有的“流若织文，响若操琴”（《石涧记》），可见，水声之美妙动听。在柳宗元笔下，形象即思维，思维即形象，二者的融合已从身游到达神游，犹如庖丁解牛似的“以神遇而不以目视，官知止而神欲行”（《庄子·养生主》），真的到达了依乎天理、巧夺天工的境界。

每当我们吟读《永州八记》时，不禁为柳宗元透视一切、把握一切的风姿而叫绝，也为柳宗元所创造的山水审美的极高境界而自豪。从中可以体会到，物我相亲、物我同化、物我合一的山水意识，即本体论的山水观，不仅超越了自我的肉体躯壳，而且超脱了山水的物质外壳，是对美的更高层次的追求，是古人山水意识的更高层次的升华，是从价值论的山水意识到本体论的山水意识的重大飞跃。

从远古神话传说的山水意识的神秘论时代，发展到孔子、老子的山水意识的价值论时代，直到唐代柳宗元的山水意识的本体论时代，上下数千年乃至数万年时间，中华民族的祖先以聪慧的智力和坚忍不拔的毅力，观察山水、研究山水、运用山水、改造山水、欣赏山水、表现山水，积累和发展了丰富多彩的、独具特色的山水意识，从草创、成熟，直至完善，是如此令人骄傲。这是一份宝贵的民族文化遗产，值得炎黄子孙去发掘整理、总结，推陈出新。

③ 源于审美的山水观

旅游审美文化视域中的“山水景观”由单纯的自然山水升华为“人文山水”，自然山水文化已融入人们旅行游览活动当中，反映了中国传统旅游审美文化与审美心理。在某种意义上中国传统自然山水审美观就是中国传统旅游审美观，而当代旅游审美文化与审美心理则受当代文化观念与审美需求变化的影响而发生相应的改变与演进。全面审视中国传统旅游审美观的发展有四个重要的发展阶段，即儒家的“比德”旅游审美观、道家的“逍遥”旅游审美观、魏晋的“畅神”旅游审美观和唐以后的“审美愉悦”旅游审美观。

a.“比德”旅游审美观

中国古代将审美文化紧紧地挂靠在伦理道德和政治功利之上。人们在欣赏自然山水时，在景物中发现“德”，将人类的美好品德赋予特定的自然对象，从而在物我交融中培养人的道德情操、启迪人道德的完善。自然物的某些特征与人的伦理道德的某种品质相比拟，通过自然人格化来寻求人与自然山水间内在精神的契合。“比德”旅游审美观就是在旅游审美活动中将人的某些品德比拟为自然山水某种特征，也就是把自然山水景观人格化。“比德”的关照自然山水过程是一种主体道德观念寻求客体再现的过程，对自然山水的欣赏赞美实际上是对人自身理想人格的欣赏与赞美，人在观照自我中获得了自然山水的美。当然，“比德”旅游审美观的核心是象征或暗示，它更侧重审美主体的本体地位，还没有达到对自然山水审美的超然境地。

“比德”将美的标准设立为儒家的仁义道德，重社会美而轻自然美，具有功利主义美学的倾向，但是它已经摆脱了原始自然崇拜观中对自然山水的恐怖、畏惧心理，开始以一种人与自然平等相处的亲和态度，借自然物来赞颂人格美、精神美。“比德”旅游审美观形成了中国古代自然审美中一种独特的精神倾向，即注重自然山水审美的人伦精神和人文精神。“比德”旅游审美观对后世旅游审美文化与审美心理影响深远，成为中国古代自然山水审美的一大传统。

b.“逍遥”旅游审美观

主要指精神逍遥，以心领悟宇宙间的生命真谛，于心物交感的刹那化入山水自然生气流动的韵律之中，捕捉到自然景物之美。而“山林与，皋壤与，使我欣欣然而乐与”（《庄子·知北游》）则是以一种“逍遥无欲、自喻适志”的心境去观赏体验自然山水。在自然旅游审美观方面，道家崇尚自然山水，反对人为创造，并认为自然山水本身便是一种完美的状态，无须经过人化的过程，即“天地有大美而不言，四时有明法而不议，万物有成理而不说”。

c.“畅神”旅游审美观

“畅神说”是中国古代关于自然山水旅游审美观的一种代表性观点。在自然山水旅游审美上，先秦两汉，“比德”之风占主导地位，发展到魏晋南北朝后，“比德”之风逐步被重审美的“畅神”之风所取代。“畅神”是南朝画家宗炳提出的关于山水画功能的观点，指出山水画具有使人身心愉悦的审美作用。宗炳对于山水审美的“畅神”的理论，经过后人的继承和发展，成为中国山水审美的重要传统，影响深远。“畅神”旅游审美观注重个体情感的抒发，借景抒情，在抒发个人情感的同时，悟到自然之理、人生之理，达到情景交融、物我两忘的旅游审美愉悦境界。“畅神”是一种纯粹的旅游审美，人们在此时超越了现实功利的目的而完全进入一种精神自由畅游的境界。“畅神”是在悦形和怡情的基础上，登上了审美的最高层次，进入山水审美的自由王国。

d.“审美愉悦”旅游审美观

唐代是中国封建社会的黄金时代，与之相适应，古人的山水意识也进入一个成熟的、全新的时代，即本体论的时代。所谓本体论，就是人的本体与山水本体的合二为一，就是审美主体和审美客体的合二为一，也就是常说的物我相亲、物我同化、物我合一[74]。这是山水意识成熟完美的阶段，也是审美体验的理想境界[75]。唐朝以后审美愉悦成为旅游者在旅游中核心的追求。有学者提出唐代全面继承了魏晋开拓的自然审美三大形态：其一，自然审美直接形态——纵游山水上，柳宗元可为代表；其二，白居易“中隐”理论是唐代自然审美间接形态——园林建筑的思想基础；其三，艺术的自然化是唐代自然审美拓展形态——山水艺术的最显著特征[76]。

从唐代山水诗中，我们也可以看出唐代自然山水审美具有“畅神之山水”“感怀之山水”“人化之山水”三种形式。诗人们凭借山水，或体现个性，或感怀身世，或畅神适性，或抨击黑暗，或避世隐居，或陶冶情操。中国山水诗的发展至唐代可谓已臻登峰造极之胜境[77]。

中国人对山水的审美观照，经历了孕育、发展到成熟的漫长过程，度过了从不自强到自觉的两个阶段。初期人们的审美评价总离不开物质的功利。《说文》曰：“美，甘也，从羊大。”人们之所以觉得羊“美”，是因为它的肥硕。人们赞赏“山林川谷美”，不是从它的自然景观着眼，而是看重它“天材之利多”（《荀子·强国》）。之后儒家的伦理观念影响到美学，道德的“善”被看成审美的重要尺度。以至《说文》说：“美与善同意。”美善统一，一直是中国古代美学的一个重要原则。然而，由于我国是一个山水资源十分丰富的国度，以“农”为本的传统思想深入人心，人们与自然山水朝夕相处，大自然无限丰富之美无时无刻不在触动人们的耳目，激发人们的美感冲动。尽管这种美感冲动长期处于朴素的朦胧状态，但正是这种萌芽状态的美感经验随着历史的不断进步而发展为自觉的审美追求。

3. 自然山水与山水文化

自然山水与山水文化间有着一定的内在联系。山水文化的载体可以是一种纯客观的存在。当它为人类所赞赏，便成为一种具有文化内涵的自然景观。景观因人的实践而被纳入人的审美视野的自然山水，我们说自然山水是山水文化产生的土壤，山水文化的生成与发展不可脱离自然界的山山水水，山水文化是人类与自然不断发生交互作用的产物。“山水文化”的载体也可以是一种文化精神现象。历代建筑家都在自然山水中留下了他们无与伦比的杰作；历代高僧、名士、文人学者在自然山水中积累形成的遗迹，也引起人们无限的兴趣和追念。所有的这些形式，与其单方面地把它们说成是山水文化的载体，还不如说它们就是一个双向同构、互为载体的关系。

我国的地理环境极为复杂多样。地形大致分平原、盆地、丘陵、高原、山地5种类型结构。复杂多样的地形造就了不同种类的山水文化形式，归结为如下几类：名山文化、江河文化以及湖海文化。

（1）名山文化

中国是一个多山的国家，在《山海经》中记载的山就有451座，就现代地理的统计数据来看则远大于此数。有意思的是中国的儒、道、佛三教与名山有着一种难以释怀的独特情结，两者相互影响、互相促动，形成了山因教而闻名、教因山而益盛的美好局面。

中国历史上有儒、道、佛三大流派，他们通过思想渗透影响人们的山水观，或通过人文景观的建设来扩大本派的社会影响，于是，在华夏大地上便有了各种各样的书院、道观、庙宇和形形色色的佛教名山、道教名山及风景名山。从思想观念到生活方式影响着中国的文人，也影响着古代山水文化的发展走向。历代的儒教宗师喜欢在山林建立书院，收纳生徒弟子，传授性理之学。宋代理学大师朱熹与白鹿洞书院即为典型示例。道教以名山胜水为洞天福地，修筑宫观楼宇，炼丹服药，得道升仙。佛教也以僻壤幽境为传教道场，建造丛林，讲经说法，禅定成佛。山水和文化的联姻，人文景观与自然景观的有机结合，造就了独具中国特色的名山文化。

（2）江河文化

河流是地球上水文循环的重要路途。在中国大地上，是江河冲开了天地玄黄、宇宙洪荒，冲出了中华民族五千年的文明史。从诞生的那一天起，我们的祖先就与江河息息相关。一直以来，我们称长江和黄河为哺育华夏民族的母亲河，是华夏民族的生命之源、文明之源。从一定意义上说，华夏民族发展的历史就是一部认识江河、顺应江河和治理开发江河，从而推进文明进步的历史。人们热爱江河的同时也敬畏江河，于是先民们又对江河产生了崇拜心理，产生了围绕江河的改造活动，创造了大禹治水的传说，有了黄河大桥、长江大堤，这都汇成了人类文明史最耀眼的篇章——江河文化。

（3）湖海文化

约 300 万平方公里的“蓝色国土”、1.8 万多公里的漫长海岸线，成就了中国海洋大国的地位。我国古代就有“环九州为四海”“物产富饶为陆海”的记载。海洋构成中华民族的半壁疆域。关注海洋成为中华民族发展史上的不绝之声。从 15 世纪初起，就已经有“海洋强国”之心声传递。

大海对中国文化有深远的影响，多方面的事物都与大海联系在一起。先人们临海而居，打鱼为生，这里的居民每天需要在关注月圆月缺、潮涨潮落的同时，安排第二天的生计。大海在人们的印象中就是百川汇聚之处，是深邃、广阔、坚定的象征。在中国的文学艺术创作中，常用大海比拟人的气度、感情，用于意境的创造。有时还把内陆大湖也称作海，如青海的青海湖古时称“西海”；云南大理的淡水湖称“洱海”。生活用语中，如海阔天空、海枯石烂、海外奇谈等，不一而足。大海同时也是富有的象征，有名贵的珍珠，深海的稀有贝类，以及美味佳肴的海鲜、海味，海贝在古代还曾一度作为货币被使用。在这种情况下，人们便认为大海是各种奇珍异宝所在之处，于是把海底世界建构成为一个有水晶宫，有龙王、龙子、龙女，有蚌精、龟帅及虾兵蟹将的美丽王国，这些美丽的形象都成为各种民间艺术所描绘和刻画的对象。

4. 艺术与山水文化

自然山水是山水文化产生的土壤，山水文化的生成与发展不可脱离自然界的山山水水，山水文化是人类与自然不断发生交互作用的产物。但是不能忽视的是，“山水文化”同时也是一种文化精神现象。在长期的生产与生活实践中，山水在人们的语言、艺术中也留下了深厚的积淀，成为表达思想、交流情感、抒发情怀的有力工具。例如，历代的建筑师都在自然山水中留下了他们无与伦比的杰作；历代高僧、名士、文人学者在自然山水中积累形成的遗迹，也引发人们无限的兴趣和追念。

（1）文人与山水

中国的文化人似乎与山水、自然有着特别的情结，这是一种说不清、道不明，好像永远无法割断的情愫。古往今来，诗人们给后人留下了无数的关于山水的美妙绝伦的诗、词、歌、赋。文人们用手中的妙笔，记下了那些若隐若现，似丝似缕的感觉，用山水的意象来形容质朴的灵魂。大自然的万物是相通的，文人就像一条纽带，把世间的万物与我们的心连了起来。我们的祖先很早就与山水自然建立了亲和协调的审美关系，并赋予自然审美以丰富的内涵。孔子从自己所奉行的仁学立场出发，提出“乐山”“乐水”：“知者乐水，仁者乐山。知者动，仁者静。”他以水的奔腾不息比喻君子的博学深造和不断进取；以山的稳重静穆、参天拔地象征君子的沉静刚毅和高尚仁爱。文人给了山水文化的内涵，赋予了山水以历史的永恒；山水给了文人创作的灵性，成就了文人以亘古的才学。

（2）绘画艺术与山水

中国人对山水有着宗教一样的崇拜与敬畏，一切神灵皆隐于山水之中。山高水远，山静水动，蕴含着天体宇宙无限奥妙，人们由此而形成了独到的山水观念。中国的山水绘画艺术的本质属性也就表现于此。

不同朝代之间，绘画艺术与山水的结合表现各异。魏晋六朝，玄学进一步促进了山水观念的转换，人们并不十分关注山水所画之象，而是重视山水所蕴之道，即为“以形媚道”“与道为一”。唐代吴道子及李思训、李昭道父子的“山水之变”，其本质是在追求山水精神的同时着力表现山水的意境。宋代山水画表现了画家对自然的画理与画法的探求，通过自然变化透视社会的变革，并关注人在山水中的地位，多以论道、访友、寻幽、游乐为题材的山居图、行旅图等方式，寄情山水，表现对人生理想与生活品位的追求。元代山水画基本上以赵孟頫和“元四家”为代表，他们不仅创造了自己独特个人风格和画法，同时也推动水墨山水的形成与发展，标志着山水画的一个新的高峰，对后世影响极大。明代为中国山水画最为鼎盛的时期，画派林立，画家无数，如“浙派”“吴门派”“华亭派”等，《明画录》载有山水画家400多人。清代山水画亦多姿多彩，四僧、新安画派、金陵画派、虞山画派、娄东画派、扬州画派、京江画派、海上画派等如八仙过海，各显其长。在朝画家与在野画家或摹古或革新，以不同的风格丰富了清代山水画坛。

5. 山水文化的旅游功能

（1）山水文化是原始的旅游吸引力

我国包罗万象的旅游文化与源远流长、别具特色的山水意识息息相关。在远古的神话传说中就已生动地展露了先民们的山水意识。庄子的《逍遥游》中所描绘的，“鹏之徙于南冥也，水击三千里，抟扶摇而上者九万里”，正是庄子对旅游的一种想象。魏晋名士登山临水，于山水相融，引发无限的艺术遐思，进而创作出大量的山水诗、山水画。从曹操的“东临碣石，以观沧海”到谢灵运的“野旷沙岸净，天高秋月明”，都揭开中国艺术史上辉煌的一页，同时促进了这一时期旅游资源的大开发。柳宗元被贬永州司马期间，常在山水游玩间忘却世事的烦扰，并创作出了《永州八记》等不朽名篇，永州许多景点因柳宗元的诗文而闻名于世。显而易见，旅游文化源于山水意识。

（2）山水意识是哲理，影响和促进旅游文化的发展

旅游是一种文化活动，旅游主体在旅游过程中必然要传播原居地域的文化，同时接受异居地域的文化。这种原居地域的文化或共居地域的文化，在形式上可以表现为书法、楹联、石刻、绘画、雕塑、园艺、建筑、音乐、舞蹈、戏剧、工艺、诗文、民间故事等；就其内容而言，归根结底是人和自然、人和社会两大方面，但这两方面，就其发源和回归来说，人和自然更为至关重要。文化本来就是在人和自然的冲突中产生，又在人和自然的融合中成熟，更在人和自然的亲和中登峰造极。山水意识正是人和自然冲突、融合、亲和过程中形成的观念。这种观念理所当然地要影响、促进各种形式的旅游文化的发展，从这个意义而言，山水意识确是旅游文化的主体。

（3）研究山水意识的审美观念的演进，有助于探索旅游文化的美学意蕴

中国人的山水意识的审美观念，从直观的对偶匀称美和参差错落美的结合，发展到内在的道德美与情感美的结合，进展到物我相亲、物我同化、物我合一的更高层次上的审美观念；这些审美观念的集合，就是中国旅游文化的美学意蕴。比如石刻中，楷书的形体方正、笔画平直；草书的笔势连绵回绕，字形的变化多姿。文学中的“深于比兴”“深于取象”、情景交融、骈散相间，绘画中婉转流畅的线条、幽寂空灵的境界，音乐中的旋律思维、多种调色、“弦外之音”，舞蹈中的舒徐温婉、安详细腻，园艺中的顺其自然、曲径通幽、流通对比，建筑中的突出主体、均衡对称、廊曲墙围，桥梁中的拱形多孔、浑厚奇丽，绣中的取材以奇、绣画结合、针法多变、补色套色，诗画中的诗中有画、画中有诗，这些形式与山水意识的审美观念影响是密切相关的，是旅游文化丰富多彩的美学意蕴的表现。

二、地域文化

1. 地域文化的概念

"地域文化"可简单界定为"具有地域特征和属性的文化形态"。"地域"作为一个概念，首先是指由某种自然地理环境所构成的空间。自然地理环境自身无法构成"地域"。也就是说，"地域"概念包含自然地理环境这一地理学含义，但单纯的地理学意义无法指称"地域"这一概念。这是因为"地域"除了指明某种自然地理环境之外，更主要的是指"自然的人化"对自然地理空间加以塑造的结果，也即"地域"指一种"人化"的地理空间。"地域"本身是一个具有人文属性的概念。

2. 地域文化的形成

地域可以有多种划分，空间的、自然的、经济的、政治的、社会的、文化的等，但从历史实际和学术研究的实际来看，最值得重视的还是行政（政治的、社会的）的划分和文化的划分。今人对地域文化或地域文学的研究也大多采取这种方式，或以行政区域（比如，数量众多的以省、市为单位的文化史和文学史），或以文化区域（比如，晋、徽、闽、楚、吴越、巴蜀、齐鲁、东北之类的文化史或文学史），所以不妨从这两种划分谈起。

从现存文献来看，先秦时期地域划分中最为重要的概念应当是"九州"，"九州"不是夏禹时代真实的政区划分，也不是春秋战国时期的政区划分，它只是先秦时期人们对自然地理的一种区域性认识。这一点，只要读一读《尚书·夏书·禹贡》便不难了解。《禹贡》虽然较详细地叙及了各州的特殊贡品及运送物品之贡道，但更多的是记述自然地理。所谓"禹别九州"，其实就是以山、水为标志，将天下分为九个区域，并对各个不同区域的大小、土壤、物产一一加以叙述，不妨称之为"自然地域"或"自然经济地域"，此其一；其二，文化地域的划分与政治区域的划分并不一致。《禹贡》之时代，其政治区域是以周天子的王畿为中心和以周天子统治下的诸侯封国——无论是名义上的还是实际的——为辐射所形成的政治区域，而"九州"显然缺少这种明显的政治色彩。但这并不是说行政区域与文化区域各不相关，在某种历史背景下，行政区域有时可以转变成文化区域，而文化区域也可能会变成行政区域。这一点，从《汉书·地理志》中也可以得到印证。《汉书·地理志》先录《尚书·夏书·禹贡》和《周礼·夏官司马·职方氏》中的文字（这是叙述地理之缘起）中叙汉兴后天下郡国，上叙51郡国，下叙52郡国，计103郡国。最后以秦、韩、燕、齐、鲁、卫、吴、粤（越）九地分记各地风俗（此为汉代之文化地域）。由于长时间处在相对密切的生存环境下，许多政治区域逐渐形成了相对稳定的文化形态，因而使行政区域兼具鲜明的文化区域色彩。唐以前既已如此，自入宋后，此情况尤为明显，最直接的证据就是舆地记中所增的文化类细目。目前，我国的地域文化大致归结为如下几类：东北地区、京津冀地区、黄河中下游地区、长江中下游地区、西北地区、西南地区、华南地区、青藏高原、港澳台地区。

3. 地域文化的特征

（1）相对明确而稳定的文化形态

地域文化具有稳定性和传承性，它是在相对稳定的环境中，在自然地理环境和人文社会因素等多种要素的作用下，在一个相当长的历史时期中逐步孕育和形成的。正是因为其形成要素和机制均具有特殊性，所以造成了地域文化发展中表现较强的形态上的稳定性、历史发展上的传承性和文化外观上的独特性。从地域区划的历史来看，它可能经历过从自然地域、种族地域到政治地域、文化地域和经济地域等阶段。

地域划分中，自然的、种族的因素可能占主导地位，自然因素自不必细论，种族的因素如神话传说中的黄帝与炎帝之战、黄帝与蚩尤之战，都是种族部落之争；其后则是以政治、军事为主。《周礼·天官冢宰》中“惟王建宫以捂方正位，体国经野，设官分职，以为民极”，已经表明区域的政治性划分观念的完成。进入现代社会以后，经济、文化的因素越来越重要，许多区域主要因其经济上的原因而紧密地结合在一起，但这只是一个大致的描述，并不是十分严格的科学划分，因为有时时代会错位，有时各种类之间容易有交叉，各局部间发展也并不平衡。比如宋代，就周边地区而言，宋与辽、金、蒙之间种族的因素更重；就宋内部而言，政治的、经济的因素更突出些（如江浙地区）。尽管地域文化相对变化较缓慢，但随着交通的便利、相互间交往的增多，变化的速度和范围也在加快加大。比如，燕赵之地，古称多慷慨悲歌之士，从先秦到唐宋时一直如此（尽管其内涵并不尽同），但到了近现代，这一地域特征已不似先前那么明显。地域文化的这种历时性、变化性、多样性于研究时是必须注意的。

（2）“地域”应是立体的而不是平面的概念

自然地理或自然经济地理是最外在、最表层的东西，再深一层如风俗习惯、性情秉性、礼仪制度等，而处于核心的、深层的则是心理、价值观念等。它们都从不同方面对文化和文学产生影响，比如自然地理方面，地势平坦（如草原、平原），可令人心胸开阔；山势险峻，可能令人富有求新求奇的浪漫气质；风景秀丽，可能令人柔媚多情；面江临海，可能令人富有冒险精神；等等。经济地理方面，比如，农耕文化的安土重迁、游牧文化的富于侵略、海洋文化的富有冒险精神等。在诸种因素中，深层的心理、价值观念是最为核心的东西，但它又是在前者的基础上形成的，实际上各个层面并非如此界线分明互不相关，而是相辅相成，互为关联，互相影响并制约，共同起作用，形成一个有机的整体。

（3）模式化和符号化

地域文化是模式化的存在，不同的共同体或群落拥有不同的文化模式。文化模式既构造了行为和仪式，也构造了感知和思想，乃至塑造了个人的心理和群体的地方性、民族性和国民性。这往往以集体无意识的形式显示出来。正如怀特所说，符号是整个人类行为和文明或文化的基本单位。全部人类行为起源于符号的使用，人类行为是符号行为。正是符号使类人猿变成人，使人类的所有文化得以产生和流传不绝。文化是以社会符号为媒介的行为总和，也正是由于不同人群所使用的文化符号的不同，而造就了文化的差异性和多样性。这就意味着，研究不同地域人的文化符号、行为模式及其发生、发展规律，应是地域文化研究的基本对象。

（4）均质和异质

不同文化区之间的文化特征则是异质的，文化区的划分就是文化地域差异的体现。我们通常所说的这里的文化与那里的文化不同，无形中就意味着这里是一个文化区，而那里是另外一个文化区，但是当我们要深究这里和那里，亦即这个文化区与那个文化区的明确界限时，却往往感到十分棘手。

地域文化是由特定区域的地理环境、人们的生产方式和社会生活方式以及历史文化传统所决定的。地域文化的形成和发展虽然是多种因素综合作用的结果，但地理环境因素和社会人文因素及其相互作用是地域文化形成的主要因素。研究地域文化形成、发展的轨迹，探索地域文化构成要素间的关系，以及地域文化与社会经济发展的关系等，是地域文化研究的基本对象和主要任务。

综上所述，从概念上看，地域文化概念与文化概念没有太多的差异，无论是“地域文化”还是“文化”，都是人们行为模式和思维模式的总和，都是一套完整的行为和有关行为的模式。所不同的是，文化学是研究整个人类文明以来的文化，并因其研究对象的不同而有文化哲学、文化人类学、文化社会学和文化史学之分。地域文化则是研究在一定空间范围内，特定人群文化的起源、发展、功能，研究其行为、信仰、习惯、社会组织，以及通过这些所反映出的“地方性”。地域文化研究涵盖了文化人类学、文化哲学、文化社会学和文化史学的所有方法，但又不仅仅是这些方法的简单叠加。因此，从这种意义上而言，地域文化研究是一门研究人类文化空间组合的文化学，属于人文地理学范畴。地域文化的研究，既要涉及文化学的方法，又要借助地理学的手段。应该说，地域文化是一门涉及多种学科交叉研究的边缘学科。

4. 地域文化的分区与特点

文化区划的主要原则是：区域内部特征的相似性，区域外部特征的差异性，共同的文化中心等。而最能体现文化差异的是语言、习俗和宗教等因素。地理状况造就了不同的生存环境，社会结构和人文素质又促进了文化区域的形成，共同造就了我国的文化拼块和文化区系。从旧石器时代到三代之前，在这漫长的历史过程中，地理环境和社会人文得到和谐的汇碰，从而出现了四个大的文化区系，以地理环境、气候类型、经济方式和考古文化综合起来的“板块”形式进行划分。

一是以渭水和潼关以下黄河为轴线的“中原”区系，分为关中文化、中原文化、燕赵文化和齐鲁文化，其中的中原文化是中华文化的重要源头和核心组成部分。二是以滇北长江以下为轴线的南方区系，分为巴蜀文化、荆楚文化、吴越文化、滇黔文化、岭南文化和闽台文化。三是北方文化区系，分为西域文化、蒙古草原文化和松辽文化，这是与南方文化相对应的地域概念。它的实际地域大体上以蒙古高原为中心向外延展，就文化形貌而论，东部可以延展到白令海峡，西至阿尔泰山，北起贝加尔湖、西伯利亚南部，南至辽河流域山海关一线及长城北部的燕山山脉尾间。最后是青藏高原区，分为西藏文化和西藏亚文化。亚文化是文化由此及彼的中和地带，由于这个地带过于宽广，所以我们将其单独分列。这里是高原地带的“世界屋脊”，耸立着世界上最年轻、海拔最高的山峰，地壳变化的大陆板块运动使喜马拉雅山脉突兀而起，它的难以跨越成为东部向外发展的不可逾越的天然屏障。雄峙的高原阻挡住了印度洋大气的北袭，这里天气寒冷，空气稀薄，不利于远古文化的发展，在远古时代人们生产力相当落后的情况下，在这天寒缺氧的高原地带很难生存。因此，这里古文化遗址少而单一。旧石器时代的文化遗址十分少见，新石器遗址也是晚期居多，如马家窑、齐家、辛店、卡若等文化，反映了这个时代人们进化的历程。这些遗址多集中于青海东部、青藏高原的东边缘黄河上游地区，也恰恰是中原、蒙古、青藏三个区系的交会地带。

（1）中原文化区系

①关东文化副区

主体位于我国东北，因其位于山海关以东，故称为关东文化副区。此区历史上是少数民族文化占主导地位，在明朝以前的主要经济类型是渔猎。明清时期，此区与关内汉族文化交流频繁，因此发展速度大大加快。现在此区民族以汉为主，满族星散其间，在西部大兴安岭地区还分布着达斡尔、鄂伦春、鄂温克等民族，在长白山地区有朝鲜族。汉族和朝鲜族的传统经济类型为农耕经济，其他少数民族多为渔猎。不同的经济类型下有不同的民俗、信仰和不同的艺术形式，代表性的艺术形式有东北的“二人转”。

②燕赵文化副区

以今河北省为核心，北以燕山为界，西止太行山，东临渤海，南接中原和江淮。此区民族以汉为主，传统经济类型以农耕为主。本区的民风粗犷豪放，尚武之风普遍，历史上出现了许多豪侠之士。燕赵地区的艺术形式多样，代表性的有京剧、评剧、河北梆子、吴桥杂技等。

③黄土高原文化副区

依托于黄土高原，西迄河西走廊，东抵太行山脉，北界万里长城，南限秦岭太白山。此区是中华文明的发祥地，也是宋代以前中国政治、经济、文化的中心。本区历史悠久，主体民族为汉族，传统经济类型是农耕经济。数千年的文化发展历程，留给这里大量的物质文化景观，今陕西省被称为“地下文物博物馆”，山西省被称作“地上文物博物馆”。这里的民风热情、朴实，艺术风格高亢激越。代表性的艺术形式有秦腔、山西梆子等。

④中原文化副区

核心地带是今河南省，因位于古九州的中央，故又称为“中州”。象征中华民族的黄河横贯中原大地。历史上这里与黄土高原文化有着密切的联系，是中国古代继黄土高原之后的又一个政治、文化中心，由于这里长期为帝都所在，因此历史上曾云集了许多天下有识之士。本区的主体民族是汉族，传统经济类型是农耕经济，民风淳厚豁达，少林武功、河南豫剧名扬华夏。

⑤齐鲁文化副区

以今山东省为核心，由于春秋时这里为齐国和鲁国所在地，故又称齐鲁大地。本区位于黄河下游，土壤深厚肥沃，传统经济类型为农耕业，沿海有渔业。本区是儒家文化的发源地，在两千多年的历史长河中，儒家文化从这里扩散到整个中国，乃至世界，被世人视为中国文化的精华之一。在尊孔崇儒的上层文化影响下，形成了讲礼数、重义气的齐鲁之地民风特点。山东大鼓、山东梆子、山东快书等是本区的代表性艺术形式。

⑥淮河流域文化副区

顾名思义位于淮河流域，大体上北界陇海铁路，南濒长江，西临河南、湖北，东达江苏北部沿海，即今安徽、江苏两省的北部。无论中国古代的政治、经济、文化重心位于黄河流域，还是转移到长江下游地区，本区都位于重心区的边缘，又是自然地理的过渡带，因此也有北方文化与南方文化的过渡特点：淮河流域传统经济虽以农耕为主，但是在耕作形式上具有从旱作向稻作过渡的特点；语言具有汉语北方方言向吴语过渡的特征。本区为人熟知的艺术形式有凤阳花鼓、淮海戏、柳琴戏等。

（2）南方文化区系

①巴蜀文化副区

位于四川盆地，距今约 3000 多年前重庆曾作为巴国的首府，距今 2400 多年前蜀国王都定于成都，因此人们习惯上将这里称为巴蜀之地。本区虽偏处西南，但是以富饶的成都平原为依托，传统农耕经济比较发达。本区盆地四周形势险要，军事上利于攻防，加之与外界文化交流不畅，故形成了独特的地域文化。川剧是巴蜀地方戏曲的主要剧种，活泼生动，幽默风趣。

②荆湘文化副区（荆楚文化副区）

位于长江中游地区的江汉—洞庭湖平原，巫山、武陵山屏障其西境，东有幕阜、武功诸山与吴越相隔，北以桐柏山、大别山与中原分野，南以五岭为界。这里土地肥沃，气候温暖湿润，因此传统农耕业比较发达。有的学者认为历史上本区是中国古代的又一个文明中心，也有学者认为它是黄河文明中心扩散后的又一个中心。无论本区与黄河流域文化有何关系，人们都承认本区在文化的各个层面上都具有自己的特色，春秋战国时期的楚文化对后来本区的文化发展有着重要的影响。在戏剧方面，除了发展较为成熟的汉剧、楚剧、花鼓戏、采茶戏等外，民间的歌舞艺术形式也比较丰富。

③鄱阳文化副区

位于长江中下游南岸的鄱阳湖一带，以今江西省为主。本区一面对水（长江），三面环山。传统经济以农耕为主。本区多山，对经济的发展造成了一定的影响，但许多风景秀丽的山峰被儒家、道教和佛教选为圣地，例如庐山和龙虎山。本区的代表性艺术形式有弋阳腔，它是中国四大声腔（余者为江苏昆山腔、浙江余姚腔和海盐腔）之一，其特点是激越奔放。

④吴越文化副区

位于长江三角洲和杭州湾沿岸，北临长江天堑，西望鄱阳平原，南界雁荡山脉，东濒茫茫大海。本区河流密布，湖泊众多，土地肥沃，气候温暖湿润，传统农耕发达，是物宝天华之地。本区富庶的经济为精神文化的发展提供了很好的基础，苏州园林、西湖美景、云锦、宋锦、苏州刺绣、文房四宝等都与富裕的经济有直接关系。昆剧、越剧是本区代表性的艺术形式，充分体现了本区戏曲细腻、婉转、清丽、圆润的特点。

⑤岭南文化副区

顾名思义位于南岭以南。本区背山面海，历史上长期位于华夏文化核心地区的边缘，近代以来又处于中外文化交汇的地带，因而形成独特的文化特征。本区起步较前面述及的文化副区晚，传统经济类型为农耕业。本区艺术形式中的粤剧、广东音乐和岭南画派最有地区特色。

⑥台湾海峡两岸文化副区

基本上与今天的福建和台湾两省范围符合。本区西部与鄱阳文化副区相连，北部和南部分别与吴越文化副区和岭南文化副区接壤。尽管台湾与福建文化各有特点，但是从文化渊源上看，台湾与福建文化同脉共祖，至今许多共同的文化要素依然紧紧地联系着海峡两岸的人们，例如，妈祖信仰。本区多山，适农耕地主要分布在沿海平原。山区较为封闭的地理环境成为历史上许多文化要素的保留地或"庇护所"，如汉语的古音、高山族的文化。

⑦滇黔文化副区

以云贵高原和横断山脉为主体，包括今天的滇、黔、桂的一部分。本区以高原、山地、丘陵为主，是我国峡谷地貌、岩溶地貌最为丰富的地区。尽管传统经济类型同为农耕业，但是文化综合体的特点与东部农业文化区有很大区别。本区是一个多民族分布的地区，少数民族风情绚丽多姿，在文化方面也显现出多元化的风格特点。这种风格从物质文化层的起居、饮食、服饰到精神文化层面上的风俗、信仰、艺术等方方面面都能体现。

（3）北方文化区

①松辽文化副区

松辽地区拥有山环水绕通四邻的地域与环境。连绵起伏的大小兴安岭，巍峨高耸的长白山，逶迤分布辽西辽东的丘陵，沃野千里、富饶辽阔的大平原，共同构成松辽大地多样多姿的地貌。松辽各族大多生活在北方大草原、山林地带，气候较为寒冷，生活条件比较艰苦，造就了松辽地区各民族粗犷剽悍、质朴豪爽的民族气质和刚毅品格。从物质文化来看，松辽农耕民族的生活和生产方式是与河流相联系的，草原游牧民族是与草原相联系的，在较高的阶段上发展起来的松辽商业民族与城市是和大海相联系的。松辽地区拥有古朴而神秘的多神崇拜，因而可以说是萨满教的故乡。在松辽地区各民族文化中，普遍有这个鲜明的特征，即无不打上宗教的印记。

②西域文化副区

主要以新疆为主西部地区。古代西域是丝绸之路的枢纽，因此也就成了东西文化交流、荟萃之地，古代中华文明、古希腊文化、罗马文化、古印度文化、波斯文化和阿拉伯文化于此汇聚融合，形成了这种多源发生、多元并存、多维发展的多民族的中国西域地方文化。新疆多元文化格局的形成见证了历史发展的进程。从生产方式与自然环境的差异看，古西域文化分为南部绿洲农耕文化、北部草原游牧文化、屯垦文化三大类型；从文化结构看，又可分为西域物质文化、制度文化和观念形态文化；从民族发展历史看，可分为古代民族文化和近现代民族文化；从语种看，既有印欧语系、阿尔泰语系诸民族文化，又有汉藏语系民族的文化；从宗教传播角度看，萨满教、祆教、佛教、伊斯兰教、摩尼教、基督教等文化兼容并蓄；从文化形态看，有民族音乐、舞蹈、书面文学作品、口传民歌和故事，还有丰富多彩的民族民俗文化。

③蒙新草原—沙漠游牧文化亚区

大致包括除陕西、青海以外的西北广阔地区，这里自然环境以半干旱和干旱地区为主，因此本区的主要传统经济类型是游牧业，在沿河平原和零散的绿洲地区还有种植业、园艺业。本区的艺术特色粗犷、豪放、热情、开朗，不同民族有不同的艺术形式。

④青藏高原游牧文化亚区

位于青藏高原之上，横断山以西、昆仑山—祁连山以南、喜马拉雅山以北的地区，这些高大山脉把青藏地区与南方、北方、西北地区隔开，形成一个独特的地理单元。历史上本区有独特的发展历程，相较于高原南部的印度文化区，与中原文化区的联系更加密切，宗教在本区文化各个层面的发展中起着重要作用。

5. 地域文化的旅游功能与开发

（1）地域文化的旅游功能

当今社会，人们对于旅游区的选择从初期的满足猎奇心理转变为对文化博览的需求，旅游需求的转变，使得旅游形象策划要更积极地展现地域文化，通过鲜明的文化特色获得旅游者的青睐。具体来说，地域文化可以在以下几个方面辅助或主导建树旅游形象：独特的人文旅游景观或基于地方文化的名牌旅游产品；充满地方文化魅力的社会生活环境；具有地方文化内涵的、方便的、舒适的旅游接待服务；能够激发其他文化地区居民旅游动机的旅游广告和宣传；充满地方文化意蕴的旅游形象标志系统。

（2）地域文化资源的旅游开发

在旅游产品开发方面，可以从以下几方面考虑运用或表达地域文化内容。在市场分析的基础上推出更多具有地方色彩和文化特征的旅游产品，吸引或辅助吸引其他文化区域的潜在旅游人口；充分利用已经具有较高知名度的文化遗迹和遗产（包括各个时代的物质文化遗迹和精神文化遗产），生产和组合旅游产品，并进一步发掘其文化内涵；旅游服务在规范和标准的同时，增加地方性和民族性的内容或色彩；防止因单纯追求经济利益而出现伪地域文化和地域、民族文化舞台化的倾向，挖掘具有地方和民族特色的旅游活动和娱乐项目，开展更多能够参与和感受当地人们日常生活的旅游项目。

在旅游市场营销方面，地域文化与旅游市场营销在以下几个方面发生联系：分析研究客源地的地域文化与旅游地文化的差异及这种差异可能对旅游者旅游动机、旅游偏好的影响；分析客源地地域文化对旅游者消费行为和消费心理的影响；研究客源地地域文化环境中居民最易接受的销售方式。

三、历史文化

1. 历史文化概念

“历史”的概念是人们熟知和确定的。所谓“历史”，即客观世界一切事物的发展过程。广义的“历史”既包含人类史也包括自然史，狭义的“历史”则是指人类社会的发展过程。而“历史文化”，是指人类社会在发展过程中所展现出的文化风貌的总和，包括政治、经济、军事、思想、艺术以及人们社会生活的各个方面。历史文化所体现的不仅包括文化的方面，还与文化的创造者、自然环境、经济环境、社会制度环境以及地区间文化的相互交流相关联。中国的历史文化，是中国社会发展、演变过程中所展现出的、具有自己独特内质的文化风貌的总和。

2. 历史文化的形成

（1）三皇五帝：中国文化的源头

就广义的文化而言，自人类社会诞生之时起，人类就开始了创造和发展历史文化的伟大进程。从这个意义上，中国历史文化的源头可以上溯到几百万年前我们的祖先茹毛饮血、钻木取火的远古洪荒时代。对于上古时代的社会，我们可以从三皇五帝、盘古开天地、女娲造人、大禹治水等诸多神话传说和考古文物资料中窥见一斑，抒发怀古幽思。

（2）夏商周：华夏文明时代的开启

在中国早期文明史上，夏、商、周三代是极其重要的历史时期：甲骨文、金文等古文字的创制，使巫、史们得以对其时人们的社会生活与文化活动进行记载，这些记载成为后人可以凭据的信史，成为后人可以凭据的信史；城市、宫殿、大型青铜器和祭祀场所的出现，不但标志着早期中国国家的形成，而且奠定了中国古代许多重要文物制度的坚实基础。在考古资料方面，陕西省西安市的半坡、姜寨遗址中的大房子文化，意味着大型公共场所和超越原始公社之国家雏形的萌芽；而河南二里头的古宫殿遗址，则是早期中国国家出现的有力证据。

（3）秦汉：大一统背景下的中国历史文化定型

秦汉时期，中国历史文化致力于制度化、程序化和模式化的努力。秦统一中国后，在中央，树立起了“朕即天下”“朕即国家”的皇权至高无上的帝制观念，建立了“三公九卿”的政制。在全国范围内，“海内为郡县，法令由一统”，大规模地实行“书同文”（统一文字）、“车同轨”（统一车辆和道路制式）、“度同制”（统一度量衡）、“行同伦”（统一行为规范）、“地同域”（统一行政区划），力图将专制集权制度与中华大一统文化资源加以有机整合。汉承秦制，同时“罢黜百家，独尊儒术”，以融合了法家、阴阳家等各学派精华的“外儒内法”之术作为国家的主流思想，开展了激烈的今古文经之争。秦汉时期所形成的以农为本的经济政策、官僚政治制度、家庭制度、文化教育制度和道德伦理秩序，奠定了中国历史文化的基本风貌，其所形成的大一统的中华民族多元一体的文化格局，至今仍然是我们加强中华民族凝聚力建设的重要思想文化资源。

（4）魏晋隋唐：中国历史文化在交融中蓬勃发展

从魏晋南北朝至隋唐，是胡汉文化、中外文化的冲突与交融期。在这数百年，也是中原农耕文化与北方游牧文化的冲突与交融期。在这数百年间，中原农耕文化与北方游牧文化的冲突与交融，佛教的东传及其与以儒、道为代表的中国传统文化间的争斗和兼容，始终是这一时代的主题。在此背景下，玄学的兴盛、诗歌的繁荣、道教清整运动和佛教的中国化使得中国历史文化获得了蓬勃的大发展。极其繁荣兴盛的诗歌、绘画、雕塑、书法、音乐等艺术烘托出盛唐气象蔚为大观，作为中华文明鼎盛的标志，至今仍令我们自豪不已。

（5）宋元：中国历史文化走向理性与成熟

宋元时期，中国历史文化在中原王朝与周边少数民族政权不断的战争与交往中曲折而努力地向前发展，并且在文学艺术（如宋词、书法和绘画等）、书院教育和科学技术诸方面，都达到了新的高度。特别是“宋代理学”，作为知识分子以空前的理性与思辨，在与佛、道、儒融合的基础上发展起来的社会思潮和学术思潮，在将“三纲五常”哲理化，提出“存天理，去人欲”的口号以规范人们的道德伦理与婚姻家庭行为之同时，也创造了中国传统社会最精致、最为完备的思想理论和道德伦理体系。另外，举世闻名的“四大发明”中的指南针、火药和活版印刷术皆产生于宋代。陈寅恪先生“华夏民族之文化，历数千载之演进，造极于赵宋之世”之说得到印证，并非泛泛溢美之词。

（6）明至晚清：中国历史文化在西方文化的冲击下艰难转型

15 世纪开始，随着欧洲人环球航行和地理大发现的成功，西方商人与传教士纷纷东来，将中西文化的交流与冲突推进到了一个西学东传与汉学西渐并行的新时代。中国传统文化遭遇了自佛教东传以来的又一次巨大挑战，晚明商品经济的蓬勃发展，城市市民文化的兴起，王阳明“心学”的滥觞，导致了中国文化中众多新思想、新观念的产生。“吾心便是宇宙，宇宙即是吾心”，促进了中国人思想观念的大解放。明清之际的“天崩地解”大变局，引发了顾炎武、黄宗羲、王夫之三大思想家对封建专制主义和封建蒙昧主义的严厉批判。

然而，思想启蒙的道路曲折而坎坷。清王朝在经历了百余年的“康乾盛世”后，便因统治者的因循守旧、虚骄自大和“文字狱”的文化摧残，将中国历史文化的发展引向文化保守主义的歧途，最终在西方资本主义列强的坚船利炮轰击下败下阵来。自鸦片战争至清王朝覆灭，中国文化在西方资本主义的猛烈冲击下，先是以“经世致用”“富国强兵”为旗帜，进行了从器物上学习西方的“洋务自强运动”；之后经中日甲午战争的惨重失败，又承认政治制度上不如西人先进，而在“中学为体，西学为用”的掩护下，大力维新变法，并取得了推翻千年帝制、建立民主共和国的胜利；此后在北洋军阀的黑暗政治下，一大批先进的中国人又与时俱进，努力从文化根本上认真地反思，尝试用新思想、新观念来构筑适应现代世界形势需要的中国文化。如何建构一个具有现代意识、兼容并包又富有民族特色的中国思想文化价值体系，仍然是当代中国文化人的历史使命和当务之急。

3. 历史文化的特征

（1）中国历史文化的外部特征

在外部形态上，中国历史文化表现出相对独立、连续不断、多元统一和影响深远四个主要特点。

①相对的独立性

中国历史文化是在半封闭的北温带东亚大陆区域内发生和发展起来的。在中华文明产生与发展的这一广大地区，北有大漠，西有高原、高山，东南面是一望无边的大海。其地理区位显著的封闭性，导致了中国历史文化产生与发展的相对独立性。因此，在古代世界交通极不发达的情况下，中国作为远离其他文明古国或地区的国家，当其他几个文明古国已经发生密切的联系，彼此间进行着频繁的和平交流或者战争冲突之时，中国与他们尚无直接的联系。其后，虽然随着丝绸之路的开辟，中国经中亚或者从海路与欧洲大陆诸国有了一定的经济联系和文化交往，并且通过这种中外的经济文化交往，大量地吸取了异域文化或异质文化的若干因素，但是在“中学为体，西学为用”的框架下，这些外来文化因子始终只是作为对中国文化的有益补充，在承认并适应中国历史文化的主流意识形态的前提下，才被中国文化体系所接纳和兼容，这其中，佛教在中国的传播就是最典型的例子。根据任继愈先生的解说，佛教自它传入中国的那一天起，就一直是在按照中国文化发展的需要宣传自己的理论，当时的中国人是把它看作中国历史文化的一部分来处理的。汉代的佛教在中国被理解为道术的一种，魏晋的佛教被理解为魏晋玄学的一派，隋唐时期佛教经典已有大量的翻译和介绍，应该不会被“误解”了，但是在中国广泛流布的不是生搬硬套印度经院哲学的法相宗，而是经过中国自己引申发挥，甚至在印度佛教学说中很少有根据的一些宗派（如天台、华严特别是禅宗）。宗教如此，外来的其他思想学说也是如此，它们都必须经过中国化的改造过程之后，才能在中国大地上流传，并且始终未能成为中国历史文化发展的主流和主体。在漫长的历史时期内，中国历史文化始终是以一种以我为主的自主状态独立地向前发展着，通过吸收外来文化的有益因子而得以蓬勃壮大。

②源远流长的连续性

中国是历史最悠久的文明古国之一。自有人类以来，中国历史文化就世代延续，绵亘不已。无论是汉族中央王朝掌权，还是少数民族入主，中国历史文化都以其强大的同化力和凝聚力维持着一以贯之的历史文化传统，中间未曾稍辍。在世界文明史上，也曾有过其他若干的原生型古典文明。如我们常说的四大文明古国（中国、古印度、古埃及、古巴比伦），“三大文明”（近东文明、东亚文明、中南美文明），世界六大古文明区（希腊罗马、印度、埃及、巴比伦、中国、阿拉伯）和英国学者汤因比的“26 个古文明”等，但是除中国古文明外其他的古典文明，都曾经因为各种原因有过中断。例如，古埃及文明曾在公元前 525 年被波斯帝国所灭，后又因外族的多次入侵而曾先后被希腊化、罗马化和阿拉伯化。古巴比伦文明则因屡遭异族入侵而多次中断其文明进程，终至毁灭，以至今天我们只能通过考古发掘来想象它昔日的辉煌。其他如古希腊罗马文明、中南美洲印第安人古文明等，大都是沿着“中断——重建”的轨迹跳跃式地演进，被称为人类古文明的“突破性文化”，而与之成鲜明对比的是中华文明，历数千年而不衰，于起伏跌宕间持续发展，成为“连续性文化”的发展典范。从《春秋》《史记》到《清史稿》，中国的历史记载最为系统、完整无缺：从繁若满天星斗的几百万年前的旧、新石器时代遗址，到今天仍然在中国政治生活中发挥着重大作用的天安门城楼，中国的历史文化遗存最丰富，历史传承关系也最明确。中国历史文化的这一显著特点，在丰富了世界文明发展史内涵的同时，也雄辩地说明，在历史文化的传承上，中华民族具有坚忍不拔、兴灭继绝的优秀文化品质。

③多元统一的包容性

中国文化在起源之时，就呈现出了多元统一的格局。近年来的众多考古发掘资料已经有力地说明中华文明在萌生的过程中，便有了颇为广泛的分布。例如，远古时期的直立人遗址，从陕西省的蓝田人、云南的元谋人，到北京人、和县人，其足迹已经遍布于黄河、长江、珠江三大流域。而当中华早期文明在黄河中下游地区蓬勃发展出仰韶文化、龙山文化的同时，长江流域的河姆渡文化、良渚文化，四川的三星堆文化、金沙文化，西北甘、青地区的马家窑文化、齐家文化，辽河流域的红山文化等，显示出中华上古文明“满天星斗”式的多元化发展态势。商周王朝建立起了中原国家政权后，现今生活在中华大地上的 56 个民族都积极地参与了创造和发展中国历史文化的活动。丰富多彩的中国历史文化，不仅表现在汉文化的创造上，更显现于诸如藏族、彝族、回族、蒙古族等众多少数民族绚丽多彩的民族文化遗产中，它们都是中国历史文化中不可分割、极其重要的组成部分。

④广泛而强大的影响力

中国历史文化作为世界上著名的六大原生文化之一，在其自身蓬勃发展壮大的进程中，对世界文明的发展与进步产生了重大而深远的影响。在历史上，以今天的中国为中心，包括朝鲜半岛、日本列岛、印度支那半岛以及东南亚、蒙古高原的广大东亚地区，曾经形成了一个名曰“儒家（汉字）文化圈”的历史大文化区域。在这一文化圈中，汉字、儒学、古中华法律和政治经济制度、汉传佛教等古中国文明要素，作为大家共识的文化认同，显示了当时中国历史文化对东亚地区各地物质生活与精神生活的强烈辐射作用和巨大影响力。例如汉字，当其传播至东亚其他民族国家后，很快就被改造成为书写各种非汉语的“汉字型文字”，如日本的“假名”、朝鲜的“谚文”等。而儒家思想中的仁义忠孝、和合意识、礼制法度及茶道等，至今仍然深刻影响着东亚地区各国民众的价值观念与行为方式，以至国际上称东亚经济奇迹般地高速成长为“儒家资本主义”。

（2）中国历史文化的内部特征

①“持中贵和”的基本精神

“持中贵和”是中国历史文化的最基本精神，也是主导古代中国人物质生活与精神世界的指南。“中和”文化，合而言之，即“持中贵和”；分别言之，则“中”与“和”都有其独特而内涵深刻的意义。“中”是生育万物之本，“和”是生育万物之道。中国古代历史文化由中和思维产生，中国各类历史文化都以体现一种中和的特征为完美的目标。例如，儒家提出的“中庸之道”。“中”，在中国古人的思想文化观念里，即意味着“居中不偏，兼容两端”。在现实生活中，它有两层最基本的意义。第一，地位的“居中”。在古代中国社会，“中”是最尊贵的地位。所以，在宇宙之“天、地、人”三才中，人居其中，以表示人是万物之主，是大地的主宰，是天的代言者。入主中原的统治者们也以“中”自居。如，商王朝自称“中商”，周王朝自称“中国”。秦以后的历代中央王朝皆以其为居“天下之中”的中国、中华而显示自尊地位。中华民族也是以中国、中华为核心而形成、发展起来的。推而广之，在政治生活中，国家机关以“中央”为首脑。“事在四方，要在中央。”中央统治四方。在国家政权体制里，君主以其至高无上的领导核心身份自居中央，周围为臣民（古代中国的“大一统”思想，其要旨在于大权统一于君主，统一于中央）。在日常生活中，尊“中”的思想文化意识也随处可见。比如修造宫殿、庙宇建筑和进行城市规划，皆以中轴线为尊，呈左右对称状。举行宴会时，主人要以中座、中位来招待最尊贵的客人。第二，说话行事时的“用中”，即要做到“不偏不倚，不愠不火”。“中正”是评判人物、事情是非正误的尺度。以“中”为标准来认识和处理事物，以力求达到平衡。以“中庸之道”为天下之大道。《中庸》也是中国儒家著名的经典之一。“持中”的好处在于，可以避免为人处世走极端，激化矛盾。

“中和”的观念，是中国历史文化中源远流长的精华。史籍载称：尧禅位于舜时，已有“允执厥中”的教导，至孔子而发扬光大，成为中国古代儒家的思维模式，其后又升华为一种潜伏于中华民族心灵深处，渗透于中国历史文化之各个层面，表现于中国历史文化中的婚丧嫁娶、衣食住行、礼器文物、文字书画、诗词歌曲、宗教信仰、年节喜庆等事物中的基本文化精神。“中和”是认识、理解中国历史文化的一把重要的入门钥匙。

②定尊卑、别贵贱的礼制文化

古代中国是闻名于世的礼仪之邦。孔子云：“礼之用，和为贵。”在中国历史文化体系中，礼制是一种重要的历史文化现象。究其实质，首先，是“中和”这一中华基本文化精神的集中表现形式，是“中和”精神外化于行为、外化于器物的文化制度。其次，它又是用来确定尊卑、区别贵贱的社会等级仪式。对此，《荀子·富国》即直言不讳地说：“礼者，贵贱有等，长幼有差，贫富轻重皆有称者也。”《礼记·乐记》也说：“乐者为同，礼者为异。同则相亲，异则相敬。”《礼记·哀公问》称：“非礼，无以节事天地之神也；非礼，无以辨君臣上下长幼之位也；非礼，无以别男女父子兄弟之亲，婚姻疏数之交也。君子以此之为尊敬然。”由此可见，在古代中国，“礼”就是用来区别等级、尊卑长幼之序、体现敬意的文化制度。

中国古代社会农业生产中的男女分工之别，宗法（家族）制中的嫡庶、父子、长幼之别，民族间的华夷之别，国家机构中的君臣、上下之别等，都是礼仪制度产生的社会基础。而“礼”的贵贱、尊卑、长幼之“别”与“敬”，必须要人们通过占有各种体现等级差别的饮食、服饰、宫室、车马等“礼物”和各种体现等级差别的仪容动作——如跪、拜、揖、让等“礼仪”来表现。这些礼物、礼仪的规范化就是“礼制”。中国古代的礼仪制度甚为烦琐严厉。从个人的衣食住行、言谈举止、婚姻家庭中的伦理规范，到朝廷的君臣礼仪和国家的政治、军事、文化、宗教等大事，都有体现等级差别的礼仪规定。如周代的礼最繁多，大体可分为吉、凶、宾、军、嘉五种，但具体的分类，则多得难以计数。据《礼记·中庸》载称：“礼仪三百，威仪三千。”在中国古代等级森严、贵贱尊卑长幼秩序井然的社会生活中，人们从出生到老年，都被固定在一个相应的社会等级位置上，如夫妇、父子、兄弟、君臣等。每个人的视、听、言、行，一事一物，都要严格按照礼的规定，必须符合礼的规定。这一点，连至尊无上的君主也不例外，要做到“非礼勿视，非礼勿听，非礼勿言，非礼勿动”，否则就是“失礼”“违礼”“僭越”。轻者，要受到舆论的谴责；重者，要受到法律的严惩。其礼制之森严，即使博识懂礼如孔子，不但入太庙都得“每事问”，而且还要跑去向老子请教有关上古的礼仪形式。因此，生活在古代“礼仪之邦”，人们总是小心慎重，循规蹈矩，努力做出谦谦君子的风范。

③“大人不华，君子务实”的群体趋向

“重实际而黜玄想”，是古代中国人共同的民族心理。在这一民族性格引导下，古代中国人注重发展实用的经验理性和工艺技术，而不太注重纯科学性的玄想；执着于探讨政治、伦理等与国计民生密切相关的问题，而对抽象的逻辑性思辨不太感兴趣；在宗教信仰和对人的“终极关怀”上，并不致力于寻求通往彼岸世界以求得今世的解脱，而是在此岸世界追求“内圣外王”和“立德，立功，立言”的三不朽人生境界。有学者指出：中华民族心理的务实精神，实际上是古代中国农耕经济下农民“一分耕耘一分收获”的农耕生活现实所导致的一种群体趋向。在这种务实精神指导下，中国人追求朴实无华，实实在在，不尚空谈；但它也造成了过分看重实际利益、经验主义等消极因素[78]。例如，中国古代科学技术虽然走在世界前列，但它们大多数是与政治、生产、民众生活密切联系的实用性技术，而且这些科学技术多以具体的科技形式出现，而缺少对有关原理的深入探讨和公式化概括。又如，在实用主义理念引导下，中国文化自成一种“敬鬼神而远之”的重人生、讲入世的传统。表现在现实生活中，就是人神不分，对“天地君亲师”同时供祭，对神佛“平时不烧香，急来抱佛脚”的实用功利主义心态。

4. 历史文化遗迹的分类

历史遗址类旅游资源根据历史遗址的遗存形式，可以分为以下类型：

（1）遗迹类旅游资源

该类旅游资源具有一定的历史文化依托，空间地点较准确，但地面和地下历史遗存缺乏，无较多痕迹和遗物可寻的古代人类活动场所。如三国时期长江赤壁古战场遗迹，游客只能通过历史故事、事件、人物，面对“赤壁怀古”，抒发“大江东去，浪淘尽，千古风流人物”的情怀。

（2）遗址类旅游资源

该类旅游资源是指古代人类遗留下来，地点准确，具有较为丰富的地面和地下文化遗存的活动场所。如郑州二里岗商城遗址，发现有地上城墙残迹、地下城墙基础、大型宫殿建筑遗址及冶铜作坊、制陶作坊、骨器作坊遗址。遗址类旅游资源现在已成为历史遗址旅游开发的重点。

（3）遗物类旅游资源

一般指可移动文物，即为人类社会各个时期创造和使用、能够反映古代社会发展、保存至今的历史遗存器物。如原始社会时期的石器、陶器、骨器，奴隶社会时期的铜器、玉器以及古代碑刻、字画、图书、工具、兵器、漆器、丝帛等。

遗物类旅游资源的保存多采用博物馆展示的形式开发。

在对历史遗址类旅游资源的构成体系进行探讨时，要考虑到旅游文化是在旅游这一特殊社会生活方式中体现出来的文化内涵，可以将文化内涵作为依据进行分类，可将历史遗址类旅游资源分为九大类和28个小类（见表2–2）。

表2–2 历史遗址类旅游资源

大类	小类	说明	举例
史前人类活动遗址	原始洞穴遗址	史前人类居住使用过的各类洞窟	北京猿人遗址
	原始村落遗址	史前人类栖居的聚落和文化遗址	西安半坡遗址
	原始文化层	史前人类活动痕迹、遗物的堆积层	宁波余姚市河姆渡遗址
古代居住地遗址	城池遗址	废弃的古代城市、城堡、城镇遗址	河南安阳殷墟遗址
	村落遗址	历史时期曾使用的古代村落遗址	海南海底村落遗址
古代生产地遗址	矿山遗址	古代矿藏开采形成的矿洞、矿坑等	湖北大冶铜绿山古矿
	冶炼遗址	古代炼制矿石的场址	河南铁生沟冶铁遗址
	窑场遗址	古代制陶、制瓷、烧砖、制瓦窑址	江西景德镇古瓷窑
	作坊遗址	古代器物制作的手工作坊遗址	铜、玉、漆器作坊
古代军事活动遗址	长城遗址	历代修建的长城所遗存的残迹	湖北楚长城遗址
	烽燧遗址	古代军事报警的烽火台等遗迹	甘肃居延塞烽燧台
	战场遗址	古代著名战事、战役的发生地	辽宁萨尔浒战役遗址
	其他军事遗址	古代其他军事设施的遗迹、遗址	河北冉庄地道遗址
古代商贸活动遗址	海关遗址	古代关税交纳、报关结关场所遗址	泉州市舶司古海关遗址
	会馆遗址	旅居外地商人设立的馆舍遗址	山东聊城山陕会馆
	古商号遗址	古代票号、商号、店铺遗址	山西平遥古票号店铺
古代科教文化遗址	古书院学堂	古代读书讲学场所遗址	浙江缙云独峰书院
	古科研遗址	古代科学研究实验场所遗址	河南登封元代观星台
古代交通通信遗址	关隘遗址	古代交通关口、关城遗址	函谷关、玉门关等
	古驿道遗址	古代交通干道的遗址	子午岭的秦直道
	古栈道遗址	古代于悬崖绝壁架设的窄路遗迹	秦岭褒斜栈道
	古驿站邮站	古代用于交通通信的中途住宿、补给、换马的场所遗址	新疆塔什库尔干盖茨河畔古驿舍遗址

续表

大类	小类	说明	举例
古代水利工程遗址	古运河	古代用作航运的人工水道残段	京杭大运河北部残段
	古水渠	古代用作排水、灌溉人工水道残段	新疆坎儿井遗址
	古井	古代开挖取水的井筒	杭州唐宋古井遗址
	废堤坝	古代引水、挡水的构筑物遗址	陕西郑国渠首遗址
	废港口	废弃使用的港口、码头、渡口	台湾彰化鹿仔港遗址
革命遗址	近代革命活动所形成的活动场所、事件发生地等		延安革命旧址

5. 历史文化的旅游功能与开发

（1）历史文化遗址的旅游功能

满足旅游者了解人类历史演变的需要。遗址遗迹是人类历史发展阶段性的具体反映，是现代人认识历史、理解历史的可靠媒介之一。事实上，探寻历史遗迹也是追溯历史的过程，能够化解旅游者的思古、忆古、怀古之情，满足旅游者增长历史知识的需要。

满足旅游者了解古代科学技术的需要。遗址遗迹为旅游者深刻了解古代科学技术的发展和内容，创造了具体的实证条件。有的历史遗迹中表现出不同寻常的建筑学、铸造学的奇迹，满足旅游者了解古代科学技术的需要。

满足旅游者了解古代人们生活方式的需要。古代人们的生活方式，如住房、服饰、饮食、器物、习俗等，与现代生活方式已是大相径庭。通过历史遗迹旅游，旅游者可以更加具体地了解古代人们的社会生活方式，深刻体会古人的生活风俗和习惯，满足好奇心和神秘感，获得相关的知识文化。

满足旅游者景观美学观赏的需要。历史遗迹类旅游资源凝聚着古代浓厚而独特的美学，如天人合一的环境意境、阴阳互补的哲学理念、对称与变化的空间构想、古朴与华丽的色彩运用、稳重与精巧的结构均衡，是历史上景观美学的形象化展示。历史遗迹的美学观赏，构成吸引旅游者游览的亮点，能够满足旅游者观赏美景、体会美感、陶冶情操的要求。

（2）历史文化遗址的旅游开发

作为反映地方文化的重要留存，历史文化遗址的开发总是受到更多的重视。考虑到文化遗址的特殊性，在开发过程中要坚持可持续发展的理念，因地制宜地科学开发。目前，对于历史文化遗址类的旅游资源的开发主要从四个方面开展：

①选择性开发

突出重点，做好旅游开发的筛选工作。在中国悠久的历史长河中，留下了非常之多的历史文化遗址，首先要对其进行选择，要选取有典型性、代表性和吸引力的历史文化遗址作为开发的重点。

②内涵展陈

挖掘内涵，做好历史文化的展示工作。从总体上看，每一座历史文化遗址的各个横断面都反映出某一历史时代物质文明和精神文明的最高水平，而它的纵切面又是中国历史长卷中的一个画面，映照出时代的进步和社会风貌的变迁。应采取纵横向，线上线下、解说系统等多种展示方式并存，充分将历史文化的内涵展现出来。

③旅游策划

精心设计，做好旅游方式的策划工作。采取复制、模拟、操作、专题等系列活动相结合的方式，精心地对旅游资源做好展陈策划，让人们能更好地了解到它的历史。

④保护开发

历史遗存是非常宝贵的人类文化遗产，我们在进行旅游开发的过程中一定要做好历史文化遗存的保护与修复，遗存环境的保护、出土文物的保护以及历史遗址的修复与重建。

四、思想文化

1. 思想文化概念

意识运动的引起是为“思”，目的性的意识行为是为“想”。思想是客观存在反映在人的意识中经过思维活动而产生的结果，是人类一切行为的基础。思想，又称观念，是精神文化最重要的组成部分之一。思想包括学术、哲学和宗教等。学术是指学说和方法，哲学是对终极问题的思考（形而上），宗教是对于超人类力量幻想的反映。包括观念、制度（组织、戒律、教义）和生产方式（生产能力、生产资料、生产方法）等。

2. 思想文化的形成

历史从哪里开始，思想进程也应当从哪里开始。中国思想文化历史悠久、博大精深，从孕育发生到发展繁盛，有一个漫长而曲折的流变历程。这一历程是物质文化、精神文化日臻丰富的过程，也是人类社会从野蛮走向文明，人自身从不断觉醒、解放、完善走向文明演进高峰的历程。

（1）先秦思想文化

上古时期是中国思想文化的起源与生成时期。历史考古学上常常把发明和使用文字以前的历史阶段称为“史前史”或“远古时期”，这一时期的文化称为“史前文化”。而这一遥远的文化期正是中国思想文化的肇始阶段。中华先民原始宗教崇拜的对象特别广泛，大致可分为自然崇拜、图腾崇拜、上帝神灵崇拜、祖先崇拜等。

夏商周三代从思想意识形态而言，是中华民族由原始社会发展为奴隶社会，并向封建社会过渡的时期。夏商时期是中华民族超越野蛮状态而进入文明社会的关键阶段，中华先民在创造物质财富的同时，也创造了大量的精神财富，即古代精神文化。西周以降，奴隶制时代的政治、经济、文化发展到了顶峰。在这一时期，华夏族已成为一个较稳定的共同体，并不断发展壮大。夏商周文化经历了由神本至人本的过程，在不断损益中发展，为后人留下了宝贵的思想文化财富。这一时期是中国文化发展的关键时期，春秋战国时期的各种思潮、学术流派，都能在此寻找到渊源，因此这一时期奠定并形成了中国文化的许多重要范畴和概念，为以后春秋战国时期中国传统文化的成型打下了坚实的基础。

春秋战国时期，社会发生了翻天覆地的变化。周天子权威坠落，礼崩乐坏；诸侯权力壮大，合纵连横，竞相争霸。正如《论语》中记载“礼乐征伐自天子出”“礼乐征伐自诸侯出”“自诸侯出”“自大夫出”，甚至出现了“陪臣执国命”的现象。到战国时，战争的性质也发生了急剧的变化，军礼的束缚已荡然无存，既血腥而又惨烈。“争地以战，杀人盈野；争城以战，杀人盈城。”然而，在这充满血污与战乱的动荡年代，中国思想文化却逐渐成形、完善，走向中国文化的第一个辉煌时期。创立诸子学派的孔墨老庄，都是中国文化史上第一批百科全书式的渊博学者，他们以极大的热情、宏伟的气派和无畏的勇气，开创学派，整理、编纂、修订我国文化中“元典性”作品，并对宇宙、社会、人生等无比广阔的领域发表纵横八极的议论，使得中国文化精神的各个侧面得到充分的展开和升华，中国传统文化的走向大致确定。有鉴于此，我们可以将春秋战国称为中国文化的“轴心时代”。

（2）秦汉思想文化

秦王朝统治者在建立统一帝国的同时，还致力于思想文化的统一。战国时代，诸侯割据，“田畴异亩，车涂异轨，律令异法，衣冠异制，言语异声，文字异形”。战国后期诸子已开始尝试以自己的学术统一思想。《荀子非十二子》《韩非子显学》《庄子天下》都是这种尝试性的作品，《吕氏春秋》更系统地展示了这种努力。秦始皇统一天下，雷厉风行地扫荡这种种之异，实行统一政治思想文化的措施。秦始皇统一文化的措施固然以强化专制君主集权政治为目的，同时也有力地增进了秦帝国版图内各区域人们在经济生活、文化生活乃至文化心理上的共同性，为中华思想文化共同体的最终形成奠定了坚实的基础。秦时期的政治文化统一，还包括思想学术上的统一，而这种统一对中国思想文化其后的历程影响至深至远至巨。从消极方面来看，则是开创了中国历史上君主思想专制的恶例。春秋战国时代蓬勃的自由学术空气被窒息，广袤的思想原野上出现了万马齐喑的悲哀。见贤思齐焉，见不贤而自省也。

汉初吸取秦朝速亡的历史经验教训，奉行黄老思想，实行无为而治，最大的贡献是求得稳定，积蓄国力，但不适合于统一大帝国的发展与治理。汉武帝执政反对无为，主张有为。为了从意识形态方面维护中央集权体制，汉武帝采纳儒家出身的官僚建议，“罢黜百家，独尊儒术”，其倡导者是有“汉代孔子”之称的董仲舒。汉末，战乱与割据打破了帝国的一元化政治文化思想体制，定型于西汉中期的以经学为主干、以儒学独尊为内核的文化模式崩溃，从而诞生了富于创新活力，启人心智的玄学。加之此时佛、道教的兴起，唯我独尊的儒学被“三位一体”的儒、道、释格局取而代之，形成了多元文化发展的局面。从此，中国文化的很多基本面貌固定下来，如度量衡的统一、文字的厘定，以及教育模式、户籍控制、官吏考试方式和经学、史学体系的格局大定，汉族逐渐形成，汉语、汉字、汉方等沿用至今的文化成果，都在秦汉时代基本定格。

（3）魏晋思想文化

魏晋六朝是一个动乱而迷惘的时代，名士们思治而不得，苟全性命于乱世，心态发生了严重的裂变，对文化、思想、社会风气产生了巨大的影响。传统的无形约束消失了，法律的文明制裁无效了，对天下对自己陷入了绝望，对人生对未来丧失了信心，摆脱明教而自命通达，成了当时流行的风尚。对魏晋风度没有一个合理的诠释，便不能理解这个时代的文化与思想，不能发现怪诞外表掩盖下的闪光点。魏晋风度主要表现在以怪诞的言行、狂放不羁的姿态来表达对儒家礼教的背叛，以此来宣泄不愿与当政者同流合污的心情；此外还表现在饮酒与服药方面。魏晋名士的饮酒并非一味附庸风雅，而是为了避祸；服药与饮酒有异曲同工之妙，都是一种麻醉、一种刺激，目的无非是暂时忘却社会的烦恼和精神的痛苦，其实他们的内心极其清醒。名士们逃避现实同时保全自己最潇洒又最安全的方式是山林隐逸，他们以洁身自好的高士风范保持正直的人格和气节，委婉地显示了与当权者的不同政见以及不合作的态度。这种魏晋风度，体现对现实的不满，从反传统的意义上说，它是一种从不自觉到自觉的思想运动。正如宗白华说：“汉末魏晋六朝是中国政治上最混乱、社会上最苦痛的时代，然而却是精神史上极自由、极解放，最富于智能、最浓于热情的一个时代。”[79] 由于思想的解放，造就了可与春秋战国相比拟的文化辉煌，玄学的出现是一个最值得注意的动向。

玄学的发展经历了三个主要阶段。第一阶段：正始玄学。何宴、王弼以老庄学说解释《易》《论语》，提出“贵无”思想，主张“明教本于自然”；第二阶段：竹林玄学。阮籍、嵇康等人以老庄为师，反对明教，崇尚自然，主张“越明教而任自然”；第三阶段：以向秀、郭象为代表，使儒道合而为一，主张“不废明教而任自然”，明教即自然。魏晋玄学的兴盛，使老庄之学轻人事、任自然的价值观以前所未有的规模进入中国知识分子的心灵世界，进而开拓了知识分子功名之外的清高自赏的生活情趣。

魏晋时期玄学的产生与兴盛，体现出动乱时代人们对个体存在意义和价值的关注，而这样一种社会心理也成为道教与佛教产生发展的土壤。佛教传入一般被认为是在两汉之际开始。佛教虽已在东汉末传入中国，但只是在社会上层少数人中流传、信奉，社会影响并不广泛。至汉魏之际玄学兴起，也为佛教的流传提供了一个契机。因为玄学消极无为、悲观厌世的基调与佛教确有相通之处。魏晋南北朝时期，佛教在中国广为流传，佛风弥漫了整个六朝江南，唐代诗人杜牧的诗“南朝四百八十寺，多少楼台烟雨中”便是生动的写照。

佛教传入中国后，对中国文化产生了极其深刻的影响，佛教本身也经过改造和发展，最终成为具有中国本土风格的宗教形式，在思想领域与儒、道并驾齐驱，完全融入中华文化的长河巨流之中。

儒、玄二学在魏晋时期冲突甚为剧烈。但是儒、玄二学虽然互相排斥，却也有相互吸收的一面，一些儒者注意到老庄之学具有救名教伪弊之功，玄学中也出现了推动玄学向儒学靠拢的修正派。“儒玄双修”之士的大量涌现体现出那一时期儒玄合流的趋势。

魏晋南北朝时期儒、玄、佛、道二学二教的相互冲突、相互整合，造成意识形态结构的激烈动荡。这一时期因匈奴、鲜卑、羯、氐等北方少数民族入主中原而引发的胡汉文化的大规模冲突，更使魏晋南北朝文化呈现出多样性、丰富性。在文化的多重碰撞与融合中，中国文化得到多向度的发展和深化，强健而清新的文化精神大放异彩。

（4）隋唐思想文化

9世纪的中国，继春秋战国之际和汉魏之际以后，发生了又一次社会变革和文化转型，它同时还引起东亚文化圈内朝鲜、日本等地文化也相继发生变革。有不少日本学者和欧美学者，将此次转折看作是中世纪（或称“中世”）向“近世”的转型。中国学者陈寅恪则认为：“唐代之史可分作前后两期，前期结束南北朝相承之旧局面，后期开启赵宋以降之新局面，关于政治社会经济者如此，关于文化学术者亦莫不如此。”唐代前后期的转折，规范了中国文化史后半段的大致框架。唐宋以降的一千年间，中国文化在自身的发展中，总体上已显示出走出中古文化故辙的种种动向，孕育了部分近世文化因子，可以称为近古文化期。

隋朝结束了近三百年的分裂局面，实现了国家政治的重新统一，使思想文化方面出现了最大的南北交汇融合。而唐代是中国历史上继汉之后第二个鼎盛时期：全国统一，疆域辽阔，政治清明，经济发达，在文化方面也出现了“盛唐气象”，取得了辉煌的成就。隋唐两代博大包容、开放进取的精神使得隋唐的各项文化事业出现了生动活泼、风格各异的局面，造就了隋唐文化的宏大气象。盛世文化的宏大气象具体表现在以下几个方面。第一，实行宽松开明的文化政策。开明的政策造成了相对宽松的文化氛围，使生动活泼的多元整合格局，得以进一步的扩展和深化。第二，广采博取的民族文化融合。隋唐两代大有“胡风”，特别注重对少数民族文化的采撷吸收，这大大丰富了盛世文化的内涵。第三，争奇斗艳的中外文化交流。当时与唐代通使交好的国家多达70余个，涉及亚、非、欧三大洲。第四，隋唐文化的宏大气象还表现在其自身革新的生命力上。总之，规模空前的统一和强盛，宽容与摄取，开放和进取，造就了隋唐两代辉煌灿烂的文化。

（5）宋元思想文化

宋朝开国以后，实行崇尚文治、尊重知识、奖励儒术、重视教育的统治政策，为出现文化的繁荣创造了有利条件。两宋相对宽松和自由的文化政策，使两宋的思想家、文学家、科学家的聪明才智得以充分发挥，在继承前人优秀文化传统的基础上，在各个领域都取得了超越古人和领先于世界的卓越成就，使两宋成为中国古代文化史上最为辉煌的时代，而且表现出与汉唐开放热烈、气势博大迥然有别的一种封闭内倾、细致淡雅的文化格调。主要表现在以下几个特点。第一，理学占统治地位，成为统治阶级统治人民的重要工具。第二，平民文化开始兴起。第三，科学技术取得了空前绝后的成就。第四，文化的普及性与兼容性得到了进一步加强，极大地丰富了宋文化的内涵。

两宋文化中，理学占有重要的地位。理学是在儒、释、道融合的基础上产生的，主要讨论“人性与天道”，也涉及政治、教育、道德、史学、宗教等问题，从而成为统治阶级的官方哲学，渗透到政治、文化和社会生活的方方面面。统治阶级为了强化思想统治，必须将纲常伦理确立为万事万物之理所当然和所以然层面，理学正是为了适应这一需要而产生的。大体可以分为两派，即客观唯心主义的程朱学派和主观唯心主义的心学学派。程朱学派的代表认物有周敦颐、张载、程颢、程颐、朱熹等。朱熹是宋代理学的集大成者。心学学派的代表人物是南宋的陆九渊，他通过自身的探索，提出了以“心”为本的思想。他说：“宇宙便是吾心，吾心便是宇宙。”

两宋的士大夫文化表现出精致内趋的性格，也表现出理学的精神价值与道德理想，显得十分高雅。在文学上，诗歌“以议论为诗”“以文为诗”，诗风趋于雕饰和精致，侧重于表现理念。“不识庐山真面目，只缘身在此山中”，哲理诗、词风婉约、豪放而雅炼、艰深、精致。诗和词都是更多地表现士大夫的慨叹国耻国难和爱国忧国的民族气节，或表现士大夫个人的闺情相思，士大夫气息极浓。

宋代散文也有以上的特点。欧阳修、苏轼、李清照、陆游、辛弃疾的诗词文都体现出以上的特点：文风精致、雅炼、内容上大夫味极浓，而不是表现百姓情趣，属中上层文化世界。

在北宋和南宋帝国统治的300多年间，中国北方先后出现了三个少数民族建立的政权，分别是契丹族建立的辽国、党项族建立的西夏，还有女真族建立的金国。他们过着游牧生活，经常南下侵扰宋朝，对宋文化造成冲击，同时也从宋文化中汲取营养，这就产生了冲突与融会的双重效应。这个问题可以从两个方面来得到验证：一方面，宋朝受辽夏金的侵扰，使得宋文化里充满着国破家亡的忧患；另一方面，游牧民族从农耕文化中吸收到丰富营养。在辽朝，《史记》《汉书》被译成契丹文字，广泛流传。孔子受到朝野上下的尊崇，唐宋诗词受到辽人的喜爱。

对知识分子来说元代是一个不幸而又侥幸的时代。隋唐开始，历代王朝都是通过科举考试制度来选拔一部分知识分子参政的。元代却不是这样，蒙古灭金后，科举考试停顿了80多年。为数众多的知识分子被堵塞了仕途。一些知识分子苦闷彷徨去做隐士，而绝大多数文士则沉沦下层。元代有所谓"八娼、九儒、十丐"的说法，可见当时儒生地位的低下。元代知识分子中一些"门第卑微，职位不振"的文人，与人民比较接近，与民间艺人和社团合作，投身于杂剧的创作，以杂剧来表达心中的悲愤苦闷与抗争。在不足百年的时间内，有姓名可考的杂剧作家200人，见于记载的剧目有700多种，至今流传的剧本仍有200多种。最著名的有"元曲四大家"关汉卿、马致远、白朴、郑光祖，还有王实甫。其中关汉卿、王实甫被誉为"杂剧双璧"。

元朝疆域辽阔，在元帝国对欧亚大陆的征服过程中，也在进行规模盛大的中外文化交流。首先，外来宗教大规模涌入中国。信仰伊斯兰教的穆斯林从阿拉伯和波斯大量迁居中国，属于基督教的景教和天主教在全国各地遍设教堂。其次，中外科技相互交流。元代有大批中亚波斯人、阿拉伯人迁居内地，他们也把本国的先进科技（如天文学、数学）介绍到中国，中国至今仍在使用阿拉伯数字。元代杰出的科学家郭守敬在发展中国传统天文学的基础上，充分吸收阿拉伯的科学（数学和天文学）成果，在天文水利数学历法等方面都取得了世人瞩目的成就。特别是在天文学方面，他于1281年制定的《授时历》，以365.2524天为一年，其精密程度超过前代各朝各代，比世界上现用阳历（格里哥利历）早300年，授时历施行了360年，为我国历法史上施行最久的历法。最后，中国文化迅速向外国传播。火药传入阿拉伯，后传入欧洲，印刷术传入波斯、埃及，后传入欧洲。中国历法、数学、算盘、瓷器、丝绸、茶等，在亚欧广泛传播。马可·波罗来到大元帝国旅行之后，用《马可·波罗游记》把中国介绍给了西方人。

（6）明清思想文化

中西思想文化交汇，中国文化走向近现代化。这一阶段，已先期完成现代转型的工业西方用炮舰加商品打开了中国封闭的国门。中国文化第一次遭遇到“高势位”文化的入侵，中国文化与西方文化的冲突、调适、融合过程异常艰难也异常痛苦，但这一过程也赋予了中国文化新的发展际遇，中国文化在制度、物质、行为、精神诸层面进入现代转型期。

明清时君主专制统治超过以前历代王朝，文化专制也达到了登峰造极的程度。比起秦始皇“焚书坑儒”、汉武帝时的“罢黜百家，独尊儒术”来，明清时期的文化专制有过之，而无不及。明清时期的文化专制主要表现在以下两个方面：一是大兴“文字狱”。明清时期首先搞“文字狱”的是朱元璋，朱元璋搞“文字狱”与他的经历有关。明代君主还使用特务机构东厂、西厂、锦衣卫，监视对象以文人为重点，对文人进行迫害和镇压。文人往往因一字得祸，各个谨小慎微，写诗作文不敢针砭现实、书写胸臆，因此明代的优秀作品多出于元末明初，而且往往是民间创作。清代文字狱更为过之，康熙正是最大的制造“文字狱”的罪魁祸首，三个大案都是轰动全国的“文字狱”大案。二是崇正宗灭异端。明朝崇尚的正宗是程朱理学。在崇正宗的同时，统治者还大刀阔斧地灭异端，在灭异端方面，乾隆时期大大超过了康熙、雍正，乾隆帝灭异端的办法是比较高明的，就是集中全国的藏书来编辑一部规模空前的丛书——《四库全书》。

考据学和乾嘉学派，亦称汉学、朴学。此学派主要是通过字、音、义等校勘辑佚来解释经学，以探究儒家经典的意义，并由此形成的史料整理的专门学问，所以又称为“汉学”。又因为这种学问贵朴实、重证据的特点，故又有“朴学”之称。它源于清初，形成于乾嘉，衰落于道光，所以又称“乾嘉学派”。清代考据学派的出现和盛行有许多方面对社会原因。主要有三方面的缘由：首先，明清时期文化高压政策，大兴文字狱。其次，考据学的出现，也是明末清初理学发展的必然结果。最后，统治者笼络文人，粉饰太平，大力提倡的结果。

清朝有宋学、汉学之争。宋学即理学，尊程朱，空谈性理；汉学即儒学（释汉代经文），尊孔孟，学经世致用。汉学派的顾炎武、黄宗羲等人反对理学家主观地解释经义，从字、音、意上考据阐发，从而兴起考据学。并以经世致用（特别是抗清）为目的。但稍后由于文字狱的兴起，考据学逐渐走上了寻章摘句、烦琐考证的路子，“避席不闻文字狱，著书只为稻粱谋”。后来把这个时期以胡渭为首的考据学派称乾嘉学派。

（7）清末思想文化

道光、咸丰间（1821—1861）的情形，大异于乾嘉，内忧外患。这种空前的社会变动，使一部分以治国平天下为己任的士子惊觉起来，他们纷纷从古籍考证和玄学思辨中抬起头来，把眼光转向活生生的、充满矛盾的现实社会。道咸间的经世实学是在中国“近代早期”这样一个特定的历史阶段出现的特定的文化形态。它承袭着儒学经世的传统，同时又孕育着近代新学的某些开放、启蒙的因子。道咸间经世实学的这种双重性格，是由它产生的时代的特征决定的。中国人为寻求“过渡之道”，整整几代人惨淡经营、艰苦跋涉，而道咸间的经世派是其中的第一代，他们所致力的经世实学，是中国传统文化初入“过渡时代”所做出的第一个积极反应的产物。

19 世纪中叶，中国出现了一股模仿西方工业化模式、以“自强”“求富”为目标的军事——实业一体化浪潮。这股浪潮是由一批具有近代眼光的洋务派大臣掀起的，史称“同光新政”或“自强新政”，学术界则称之为“洋务运动”。所谓“洋务”也称“夷务”，概指与西方相交织或具有西化色彩的一系列社会行为，包括政治、经济、外交、军事、教育、思想等内容。洋务运动是一批开明的封建官僚士大夫倡导发动的，以向西方学习、谋求富国强兵为主要内容的改革运动，也是中国的早期近代化运动。

洋务派以“中学为体，西学为用”作为教育原则，“以制器为先”，顺应了历史的发展，促进了科学和生产力的进步，但由于“中体”的局限性，使洋务运动以阻碍科技进步、扼制社会发展而告终，但西学的引入使人们得以“洞见本原”，使洋务派充当了历史不自觉的工具，成为自己的掘墓人。可以说“中体西用”的教育模式从引入“西学”保存“中体”而展开，却以打破“中体”而结束。总之，洋务学堂教育的显著进步意义载入史册。

（8）近代思想文化

第一次世界大战期间，中国资本主义有了进一步发展。资产阶级强烈要求冲破封建思想牢笼，实行民主制度，以陈独秀为代表的中国知识分子发起了新文化运动。

新文化运动初期的主要内容包括：①提倡民主与科学，反对专制和愚昧、迷信。“民主”是指民主思想和民主制度，“科学”是指科学精神和近代自然科学法则。陈独秀在《敬告青年》一文中指出：“国人而欲脱蒙昧时代，羞为浅化之民也，则急起直追，当以科学与人权并重。”[80]②提倡新道德，反对旧道德。陈独秀抓住旧道德为封建政治服务的本质，指出：“主张尊孔，势必立君，主张立君，势必复辟”，“孔教与共和……存其一必废其一”。新文化运动期间，有人甚至提出“打倒孔家店”的口号。③提倡新文学，反对旧文学。胡适发表《文学改良刍议》，他认为，新文学的语言是白话的，文体是自由的，这样就可以注入新内容、新思想。主张用白话文代替文言文。陈独秀发表《文学革命论》，主张推倒陈腐、雕琢、晦涩的旧文学，建设新鲜、平易、通俗的新文学。鲁迅写出《狂人日记》

《孔乙己》等小说，深刻揭露封建礼教“吃人”的本质，他把反封建内容与白话文形式有机地结合起来，成为新文学的典范。

新文化运动猛烈地冲击了封建思想的统治地位，使人们的思想，尤其是青年人的思想得到空前的解放，中国知识分子在运动中受到一次民主与科学的洗礼，也为马克思主义在中国的传播创造了条件。

（9）当代思想文化

自20世纪80年代以来，全球化的滚滚浪潮在中国产生了巨大的互动，中国一步步走向全面开放，社会生活领域潜存的生机与活力得到了前所未有的开发，国家的政治、经济领域发生了深刻的变化，毫无疑问，这不仅是当代中国文化发展的动力和契机，也为当代中国文化的发展在深度和向度上创造了寥廓的空间。当代中国文化是什么一种状态，准确地讲描述它是困难的，原因在于当代中国文化在发展中呈现的形态的千姿百态、多种多样超出了理论的预设和实际的想象。当代中国文化的多元性呈现于若干个层面，从里到外、由浅层到深层显示出当代思想文化发展的多质、原态、开放、共生的形态。

3. 思想文化的特征

经过世代演变所形成的文化，具有自身鲜明的特点。

（1）重伦理，重治国

中国半封闭的大陆型地理环境和小农经济哺育了儒家思想。以儒家为代表的先哲对世界的认识主要不是出于对自然奥秘的好奇，而是出于对现实社会政治和伦理道德的关注。《周易·系辞下》说“作易者，其有忧患乎”。出于“忧患”意识，先哲们认为人是认识的对象和核心，探索自然只是为解释社会政治问题提供例证，因而从自然现象寻求相应的启示。儒家学说建立在血缘宗法关系基础之上，是做人的“明智之学”。思维的中心在于伦常治道，在于确立和论证君臣之义、父子之亲、夫妇之别、长幼之序、朋友之信。维护人伦关系是为了维护君臣关系和封建专制，最终为了安邦治国。政治、伦理既与哲学紧密相连，又与哲学家本人的生活紧密相关，哲学家也是政治家、道德家，又是文学家或诗人。

古代先哲以政治、伦理为视觉焦点，以维护封建宗法制的伦理道德为评判标准，主张“仁、义、礼、智、信”和“诚意、正心、修身、齐家、治国、平天下”，力求“明于治乱之道”“审于是非之实”，倡导听天由命，顺应自然，体认天道，以天道为人道，以立己为起点，以平天下为归宿，重伦理纲常，重道德修养，重人际关系，重社会秩序，重安定和谐，重现实，重致用，轻自然，轻功利，对探索自然奥秘缺乏兴趣。先哲们主要论人，也谈天说地，其目的在于“究天人之际，通古今之变”，关心的是人道，而非天道，是人生之理，而非自然之性。在科举制度下，读书人醉心于科举，埋头于八股，“学而优则仕”，对探索自然失去兴趣，科学技术也被统治者视为“奇技淫巧”，受到歧视与打击。这种政治社会环境必然造成重道轻器、重人文轻科学的致思倾向，使中国的传统思维方式具有政治伦理型的特征。

（2）天人合一

天人合一，是中国传统思想文化最根本的特色，也是中国传统文化最根本的命题。儒家认为，天之根本德性，含在人之心性之中。天道与人道，虽表现形式各异，其精神实质却是一贯的。虽然传统的“天人合一”思想是在心性论的基础上出现并发展起来的，但它作为一种哲学思想所产生的实际影响，一个很重要的方面就是它消弭了主体与客体之间的界线，主张物我之间亲密无间。认识自我，也就等于认识“物自体”，我之属性本身就是“物自体”属性的体现。通过这样一种认识方式培养起来的“感悟”式的思维方式，其逻辑性虽有缺陷，但往往能舍弃掉烦琐的表象认知过程，一语中的，切中要害，且入木三分。对事物的认识，直截根源。这种“天人合一”式的认知方式，对中国人的思维方式、文化走势、审美追求、价值观念等各个方面，都有着极大的影响。

（3）重经学

经学是研究儒家经籍的学问，包含哲学政治学、伦理学、史学、文学等多方面的内容。由于它在长期封建社会中被统治者当作官方御用学术，不仅形成了独特的治学传统，还在政治与思想文化领域里占有特殊的地位。但经学的地位与影响，在不同历史时代却又不尽相同。汉代的经学，本来就有师承家法之争，有今古文之争。后来由于谶纬神学的兴起，玄学的发达，旧的经学一再被变乱，至东晋后南、北分立，又加上南、北学风的不同，到了唐代，适应政治统一的形势，官方又把推崇与统一儒学作为思想文化政策的重要内容。这就通过学术的统一促进了思想、政治上的统一并且为经学的进一步发展准备了条件。另外，在这一时期经学的相对中衰之中，也孕育了它的新变：有关性、理等命题开始得到重视，以意说经、通经致用的新学风正在兴起，儒学发展中汉学向宋学的转变从而自此肇始。

（4）取验务实的理性思维

理性是中国传统文化的重要基因，传统的理性导向并不是基于自然观察的基础之上的理论化，而是导向人们的日常功用的归纳。

儒家倡导把精力用在解决现实问题上，具有强烈的实用特性和学以致用的特征。换句话说，儒家的理性精神主要是把握社会的具体规律，而非抽象规律。在儒家这种实用理性的思想影响下，传统中国人大都秉持积极务实的态度，很少有极端宗教思想者，不同宗教主张和信仰可以在中国社会中共存共荣。实用理性在中国全方位地深入文化骨髓，形成了独有的“经世致用”思想特征。

道家的培养元气、安静通气、宽胃养气等，或是炼丹，无不直接指向个体生命，而不像西方社会从炼金术开始而由此方法创新最终形成科学体系。中国人很早就发明了火药，但仅仅局限于用在某些实用的领域，没有去研究火药爆炸的化学原理，从而难以发展出现代化学。

中国古代数学是实用理性最典型的体现，《周髀算经》和《九章算术》中每个问题都直面日常生活，却不能提出公理体系。即使可以把圆周率算到如此精密，也难以形成“极限”的概念。

实用理性在经验推动技术进步的历史时期功不可没，而在以抽象逻辑推理发现客观规律、提炼系统理论体系以解决广泛潜在问题等方面，则有明显的局限性。实用理性往往并不重视追求科学真理，以实用为界限制了人们深入探索大自然的欲望和发展成抽象的理论体系的能力。经世致用的务实精神，将人们的视野束缚在具体可见的事物上，而不去关注更为根本性的、看不见、摸不到、高度抽象的规律性问题。

（5）隐晦折中的语言表达

中国是一个有着悠久传统文化的文明古国，语言的表达无不带上传统思想的烙印。受儒家文化特别是中庸思想的长期的浸染，追求言语表达上的隐晦折中成为汉语表达的一大特色。追求言语折中在中国有着悠久的历史。在先秦诸子的著述中，我们能读到关于言语折中的观点，如孔子的礼之用，和为贵；庄子的朴素，而天下莫能与之争美；老子的有无相生，难易相成，长短相形，高下相盈，音声相和，前后相随等和谐观，说明汉民族重视和追求言语的折中有着悠久的历史传统，而且在言语和谐观上有自己的独到的主张。客观地讲，实现言语表达折中的手段有很多种，中庸之道仅是实现语言折中的一种手段。折中的效果和辩证的手段是汉语语言观的核心。中庸和谐文化心理影响下的语言观具体涉及汉语表达的语形、语音、语意和意境等层面：语形上追求整齐和参差的对立统一，语音上追求轻重缓急、高低抑扬的适切，语意表达上讲究显隐适度合题切境，意境传达上追求意与境合、意境相生。

4. 思想文化的分类

（1）以孔子为代表的儒家思想

孔子是中华民族历史上伟大的思想家、政治家和教育家。以孔子为代表的儒家思想，数千年来经久不衰，影响着中国乃至东方世界的经济、政治与文化生活。孔子属于全世界和全人类，孔子的儒家思想是全人类的精神财富。

孔子的儒家思想集中反映在《论语》里。孔子一生没有任何著述，《论语》也是由他的弟子们后来编纂而成的。在孔子那个年代，大概还没有私人写书的习惯，只有官方的著作。所以，孔子是"述而不著"，没有著述传世。而《论语》一书，则把孔子的思想和主张，也就是孔子的儒家思想全部阐述出来了。孔子的儒家思想，大体可以用以下九个字来概括，就是仁、义、礼、智、信、恕、忠、孝、悌。

仁：爱人，是孔子思想体系的理论核心。它是孔子社会政治、伦理道德的最高理想和标准，也反映他的哲学观点，对后世影响亦甚深远。"仁"体现在教育思想和实践上是"有教无类"，春秋时代学在官府，孔子首开私学，弟子不问出身贵贱敏钝，均可来受教。"仁"体现在政治上是强调"德治"，德治的基本精神实质是泛爱众和博施济众，孔子把"仁"引入礼中，他的"德治"无疑是对"礼治"的继承和改造。爱人既为仁的实质和基本内容，而此种爱人又是推己及人，由亲亲而扩大到泛众。

义：原指"宜"，即行为适合于"礼"。孔子以"义"作为评判人们的思想、行为的道德原则。

礼：孔子及儒家的政治与伦理范畴。在长期的历史发展中，"礼"作为中国封建社会的道德规范和生活准则，对中华民族精神素质的培养起了重要作用。

智：同"知"，属孔子的认识论和伦理学的基本范畴。指知道、了解、见解、知识、聪明、智慧等。内涵主要涉及知的性质、来源、内容、效果等几方面。关于知的性质，孔子认为，知是一个道德范畴，是一种人的行为规范知识。

信：指待人处事的诚实不欺，言行一致的态度。为儒家的"五常"之一。孔子将"信"作为"仁"的重要体现，是贤者必备的品德，凡在言论和行为上做到真实无妄，便能取得他人的信任，当权者讲信用，百姓也会以真情相待而不欺上。

恕：已所不欲，勿施于人，包含有宽恕、容人之意。

忠：已欲立而立人，已欲达而达人。孔子认为忠乃表现在与人交往中的忠诚老实。

孝：孔子认为孝悌是仁的基础，孝不仅限于对父母的赡养，而应着重对父母和长辈的尊重，认为如缺乏孝敬之心，赡养父母也就视同于饲养犬，乃大逆不孝。孔子还认为父母可能有过失，儿女应该婉言规劝，力求其改正，并非对父母绝对服从。这些思想正是中国古代道德文明的体现。然而孔子论孝，还讲"父母在，不远游""三年无改于父之道，可谓孝矣"，表现了其时代的局限性。

悌：指对兄长的敬爱之情。孔子非常重视悌的品德，其弟子有若根据他的思想，把悌与孝并称，视之"为仁之本"。

（2）以老子为代表的道家思想

道教是我国汉族土生土长的宗教，是以我国社会的神灵崇拜为基础，以神仙可求，诱使人们用方术修持追求长生不死、登仙享乐为主体内容，以道家、阴阳五行家、儒家谶纬学说为神学理论，带有浓厚万物有灵论和泛神论性质的宗教。其产生的思想渊源有老子的哲学思想、中国古代的巫术鬼神思想、阴阳五行说等。

道教最基本的信仰是“道”。道教思想的“道”，本义为“行走的途径”，引申为大自然的基本规律和自然界万事万物的本源，超越现实世界一切事物的宇宙最高法则。道教把“道”看作“虚无之系、造化之根、神明之本、天地之元”，是“长生久视之道”，是永恒的，人若得到它就可凡胎成仙、长生不死。道教的一切教义、教理都是由此“道”生发而成的。道教认为，通过“精、气、神”三者归一即可得道成仙。在修道中有 7 个阶段：敬信、断除、收心、简事、真观、泰定、得道，要“形如槁木，心若死灰，寂泊之至”，而后方可得道。此外，在道家看来，万物无一例外地都同样根源于“道”的流转与“气”的聚散，由此它们也就没有本质的差别，没有价值的优劣。

（3）以墨子为代表的墨家思想

墨子，春秋战国之际思想家、政治家（约前 468—前 376），墨家学派创始人，名翟，宋国人，一说是鲁国人。宋昭公时曾为宋国大夫。出身贫贱，生活俭朴。早年曾习儒术，后另立新说，成为儒学的主要反对派。率徒奔波于齐、鲁、宋、楚、卫、魏国之间，多次制止战争。提出“兼相爱，交相利”之说，主张发展生产，限制消费；强调节用、节葬，非乐，非攻；主张尚贤、尚同，反对世袭特权。认为天有意志，为宇宙之主宰；又提出“非命”之说，认为夭寿、安危、治乱不在于天命，而在于人力，主张以强力改变生活境遇。提出“三表”法，以检证言论之是非，又有“取名”“察类”“明故”之论，奠立了中国逻辑学的基础。其学说在战国时期与儒学并称“显学”，影响颇广；学派中带有宗教迷信色彩。其思想体现于《墨子》一书。

《墨子》一书政治观点和道德观念构成的共同基本核心思想，便是墨子提出的“兼爱”（兼相爱），“兼爱”是墨家学派的主要思想观点。其非攻、节用、节葬、非乐等主张，也都是由此而派生出来的。墨子的“兼爱”，是对孔子思想体系的基本观念的“仁”的改造。墨子提倡“兼相爱”，就是说无差别地爱社会上一切人。

关于墨家学说的现实价值，如“兼爱”思想，它要求人们平等互爱，也互相援助，突出了互利互助的精神；如“尚贤”思想，这“贤”主要是指有道德、有学识的人才，这一道德价值取向，对于激励人们加强自我修身、力争成为贤者有重要作用；如“节俭”思想，墨家的这一“节俭”思想于今而言，依然具有针对性。

（4）以韩非子为代表的法家思想

韩非子是战国末期著名的思想家，他是先秦法家思想的集大成者。尽管后世对于韩非子的思想褒贬不一，大都持批判态度，然而其能够相对完整地流传至今，却又表明其作为古典政治智慧的存在价值及其正面意义不容忽视。

战国时期的百家争鸣是中国历史上有重要思想意义和政治意义，到了战国末年，法家思想占了优势，法家中的杰出代表人物则应首推韩非，他的言论突出代表了法家的进步思想。韩非是战国时期最后的一位哲学和政治思想家，他综合了前期的法家思想，在当时的乱世中，融汇并发展了道家、荀况、商鞅、管仲等人的思想，缔造出一套独树一帜的法家理论，建立了“法”“术”“势”相结合的法治理论。韩非子的“法治”思想，可以归纳为四个方面：依法管理、法不阿贵、厚赏重罚、赏誉同轨。

《韩非子》的法治思想虽然后来没有成为正统思想，但是里面反映出来的哲学思想，特别是“法家”思想对我们现代还有很重要的指导意义。

5. 思想文化的旅游功能与开发

（1）思想文化的旅游功能

①文化溯源

思想文化可以为目的地寻找根基，某个地方可能是道教、儒家、理学文化的根基，可以以此作为开发该地方的基础。比如，道教文化是武当山发展当地旅游业的精神支柱和文化依托。武当山曾被誉为“道教第一圣山”，自古以来，无论是朝圣者抑或是观光者都络绎不绝。武当山通过对景区资源的有机整合，构建系统的道家文化旅游产品体系，展示浓郁的道家文化氛围，打造其核心竞争力。

②文化审美

思想文化可以提升旅游资源的文化内涵。山、水本身没有文化内涵，是人赋予了山、水特别的文化内涵，比如说老子西出函谷关，函谷关就有自己的文化内涵所在。再如唐诗和宋词是我国古代文学宝库里两颗璀璨夺目的明珠，是当时社会各方面信息的诗意传达，是高度艺术化、凝练化的历史。对现代旅游业而言，唐诗宋词是一笔亟待挖掘的巨大财富，正如庐山、滕王阁、黄鹤楼等众多文化旅游胜地，因之唐诗宋词名篇而名扬天下。以唐诗宋词为媒，把中国的名山大川、贤人故址等推荐给世人，开发新的旅游资源。

③文化挖掘

很多仪式活动可以从思想文化中来，比如说祭孔仪式。祭孔是民间的一种对“先贤”的尊敬仰慕和追思的纪念活动。祭祀大成至圣先师孔子的典礼，称为“释奠礼”。释、奠都有陈设、呈献的意思，指的是在祭典中，陈设音乐、舞蹈，并且呈献牲、酒等祭品，对孔子表示崇敬之意。旅游目的地可以通过深入挖掘祭孔，使游客参与性更高，更具有研学意义，提升目的地的旅游吸引力。

（2）思想文化的旅游开发

①思想场所景观资源

思想场所即思想产生的地方，各种思想在其漫长的发展过程中，创造出了许多可供旅游者旅游观光的景点。如佛教自公元2世纪传入我国，经过漫长的发展在我国风景优美的名山大川修建了大量的佛寺、佛塔、佛窟，留下了大量令人叹为观止的壁画、摩崖艺术珍品。甘肃的敦煌莫高窟便是一处由“建筑、绘画、雕塑组成的博大精深的艺术殿堂，是世界上现存规模最大、内容最丰富的佛教艺术宝库”。中国土生土长的道教所追求的理想境界是超凡脱俗的“仙境”，风光秀丽的名山胜地常常被道教认为是神仙所居之处和修道成仙的理想场所，因此道教有了十大洞天、三十六小洞天和七十二福地之说。几乎天下所有的名山大川都纳入了道教的洞天福地之中。伊斯兰教和基督教在唐朝时先后传入我国，二者虽然没有佛教和道教那样以名山大川为其修行场所，但伊斯兰教各种风格的清真寺，基督教各式梦幻般的教堂不仅吸引大量信徒，还吸引了大量游客旅游观光。

②思想活动旅游资源

节日可以促进旅游业的发展。各宗教在其漫长的发展过程中都形成了属于自己的宗教节日，每逢节日来临，宗教信徒们便会从四面八方聚集到他们心目中的宗教圣地以欢庆宗教节日。不仅如此，随着宗教文化的传播，一些符合人们心理要求的宗教节日，已扩展成宗教信徒和非宗教信徒共同欢度的节日，甚至发展为民间流行的节日，如基督教的圣诞节、复活节等。作为旅游管理者应该充分把握各类宗教所特有的节日活动，吸引更多的旅游者参加到节日旅游活动中去，以此为契机促进旅游业的发展。

③宗教文化艺术资源

佛教、道教、基督教、伊斯兰教都留下了非常宝贵的旅游资源，也可以作为旅游开发的重要依托。根据宗教文化特点开发出的具有宗教特色的旅游商品，不但能丰富旅游产品的内容，而且也可以满足旅游者的购物欲望。例如，根据佛教的木鱼、进香袋、念珠等佛事活动用具开发出具有佛教特色的旅游商品；以“八仙”等各路神仙为题材开发出具有道教特色的旅游商品等。

五、民族民俗文化

1. 民族民俗文化概念

民俗文化是指民间民众的风俗生活文化的统称。也泛指一个国家、民族、地区中集居的民众所创造、共享、传承的风俗生活习惯。是在普通人民群众（相对于官方）的生产生活过程中所形成的一系列非物质的东西，民俗及民众的日常生活。而民族文化是某一民族在长期共同生产生活实践中产生和创造出来的能够体现本民族特点的物质和精神财富总和。

中国是一个具有悠久历史和丰富文化传统的国家。各族人民在历史发展进程中形成的独特的生活方式和风俗习惯，作为中国文化的重要组成部分，不仅体现了中国文化的博大精深，还直接或间接地影响着周边乃至远东国家，以及南亚、东南亚各国及太平洋诸小岛国。源远流长的中国民俗是中国人民对世界文化宝库的宝贵奉献。

中国拥有丰富的民俗文化资源。在古代社会它是作为“礼”文化的对应和补充而长期存在的。古代典籍对民俗有过许多定义和解释。《周礼》上说：“礼，履也。因人所践履，定其法式，大而婚冠丧祭，小而视听言动，皆有其节文也。”“俗者，习也，上所化曰风，下所习曰俗。”礼，是古代社会规定社会行为的法则、规范、仪式的总称；俗，则是老百姓的习俗和风气。古书上说“败常乱俗”，司马迁在《史记》里说：“孝公用商鞅之法，移风易俗。”班固在《汉书》中则进一步指出：“凡民函五常之性，而其刚柔缓急，音声不同，系水土之风气，故谓之风；好恶取舍，动静亡常，随君上之情欲，故谓之俗。”古人对礼与俗、风与俗都做了精当的注解。

民俗文化是一种基础的文化，它是特定的民族在历史实践活动中创造和积累的文明成果。它或者表现为物质载体，如建筑、民居、生产工具、生活用品；或者表现为语言、文字等符号；或者表现为抽象的性格、习惯、民族心理、思维方式、价值观念；或者表现为各种知识信息的积累、储存。民俗文化是时代的产物，是在历史发展过程中展开的。民俗文化已经不仅仅是一个概念的问题，而且是作为一种行为方式、生活模式，作为一个民族的文化认同而存在。几千年来，它已经融化在中华民族的思想意识和行为规范里，积淀在我们民族的各种文化形态之中，“物化”在社会的经济结构、政治结构和社会结构之中。我们现在仍然处处可以感觉到民俗文化的存在，仍然生活在民俗文化之中，既不可能脱离这个基础，也不可能自由地选择这个基础。

2. 民族民俗文化的形成

中国是一个具有悠久历史民俗传统的国家，在中国境内土生土长的各民族中，都有广大人民群众创造的各类民俗文化，代代传承。这些民俗不仅丰富了人们的生活，还增加了民族凝聚力。民俗起源于人类社会群体生活的需要。在各个民族、时代和地域中不断形成、扩大和演变，为人民的日常生活服务。民俗就是这样一种来自人民，传承于人民，规范人民，又深藏在人民的行为、语言和心理中的基本力量。

民族民俗与社会文化有密切的联系。我国各民族的风俗习惯是在长期社会发展中逐渐形成的。有些民族风俗习惯与一个民族的重大历史事件、历史人物有关。还有些风俗习惯是一个民族在一定历史时期的经济文化生活的反映。例如，从事畜牧业、农业、林业或渔猎业的各民族，在饮食、居住、出行、服饰、婚姻、丧葬等诸多禁忌、好恶是不同的。还有些民族的风俗习惯与宗教信仰有密切的联系，如有些宗教对于教徒的婚丧、嫁娶、饮食等方面的规定，有的慢慢地变成了民族的风俗习惯。

3. 民族民俗文化的特征

（1）神秘性与民族性

民俗文化一般具有神秘性的特点。民间传承着大量古老风习，对于异地的人来说，不了解它的起因和演变，往往呈现出一种神秘的色彩。再加上宗教对民俗生活的介入，使传统民俗的神秘色彩更为浓厚。

民族性是民俗文化的一个显著特点。中华民族的多元一体格局决定了中华文化的一体多元结构。“多元”是指各民族因地域、经济、政治、语言、历史积累、心理素质等因素的差异而各具特色。仅以葬俗为例，回族的土葬、藏族的天葬、鄂伦春族的树葬、门巴族的水葬以及部分瑶族的崖葬等，无不是本民族民俗文化传统的外化形式。

（2）趣味性与人情性

我国各地许多的民俗活动都有很强的趣味性，也体现着一个地方或民族的风土人情。如蒙古族的那达慕大会、壮族三月三歌会、苗族的花山节和芦笙舞等等，都带有浓厚的娱乐和人情性质。在旅游活动中，开展这些各具特色的传统民俗活动，可以很好地满足旅游者在旅游活动中求娱、求乐的心理需求。

（3）不可根移性与不可仿制性

民俗是地域的民俗，是民族的民俗，是与一定群体或民族久居的地域条件相适应。一旦离开了它生长、滋润的土壤与环境，就会成为无本之木，失去原有的魅力。从本质上来说，它是不可根移和不可仿制的。

（4）区域性与群体性

区域性是民俗在空间上所显示出的特征。生态环境的不同，经济生产的各异，必然导致独特的生产方式和生活方式的产生。

民俗的群体性是指民俗由群体创造、享用，并由群体保存、传承的特征。民俗事象的产生是群体创造的结果。即使个别民俗是由某个人所倡导，也必须是以群体接受和遵从为前提，否则是不能形成民俗的。而且在其流传的过程中，群体还将对其加以新的创造，融入适应时代特点的新智慧。民俗又是民众迫于生活需要创造出来的，这便决定了它必然为群体所享用，至少是被一定规模的社会群体所享用。与此同时，民俗文化的保存和传承更是社会的、群体性行为，因此各种历时久远的民俗文化现象才始终具有鲜活的生命力。民俗文化鲜明的区域性和群体性，往往会形成大小不同“民俗文化圈”。

（5）传承性与变异性

民俗的传承性是指民俗文化现象在空间上的传播和时间上的传承。任何一项民俗活动一经产生，必然要在一定范围的群体中扩散，并在一定的时间阶段中反复再现，不断复制，否则就不能称作民俗。因为内容和形式上的连续性和稳定性是民俗传承性的主要表现。

民俗的变异性是与传承性相对而言的特征。只有传承基础上的变异和变异过程中的传承，绝对没有只传承不变异或一味变革而没有传承的民俗事象。究其变异方式不外三种类型：其一，是累积沉淀，即民俗事象在原有的基础上扩充增多。其二，是化旧立新，即剔除不适应新形势的旧俗，使原有的民俗或整体或局部地发生变异。其三，是完全消亡，即一些旧时代的民俗由于不符合新时代的生活方式和价值观念，而被新的文化体系所淘汰。

（6）时间性与易逝性

很多民俗文化随着时间流逝消失或者变化。如现在人们只是赋予“清明扫墓”这一悲伤的色彩，殊不知清明节还有踏春、放风筝、插柳等欢乐的活动；冬至节大人、小孩子围成一桌“搓丸”“做鸡母狗仔”的情景也不再出现。

民俗文化的易逝性，是指民俗旅游资源在被开发和利用的过程中，因种种原因很容易遭到破坏甚至消失。如果对某一具体的民俗文化事象利用、开发不当，就会质量下降，有损其应有的吸引力，甚至被完全破坏。在民俗文化产品开发利用过程中，由于措施不当、市场化、与外界交流的加剧，都有可能使得民俗旅游资源偏离原来的轨道，甚至被歪曲、同化以致消亡。

4. 民族民俗文化的分类

（1）物质民俗旅游资源

①生产民俗

生产旅游资源文化，是指一个民族和地区人们的生产文化习俗，通过开发、组合、加工，成为吸引旅游者前往观赏、体验、感受的民俗旅游资源客体，所展现的一种生产民俗旅游资源文化形态，有采集民俗、狩猎民俗、畜牧民俗、农业民俗和手工业民俗等。

②衣食住消费民俗

饮食民俗旅游资源文化，是指一个民族或地区人们的特色膳食、饮食习俗、节日食俗、嗜食与禁忌等，通过开发、组合、加工，成为吸引旅游者前往食用、品尝、感受的旅游资源客体，所展现的一种饮食民俗旅游资源文化形态。饮食民俗旅游资源文化，给游客以民族和地区美食习俗的感受，是旅游者特别喜爱的旅游资源文化。民以食为天，开门七件事柴、米、油、盐、酱、醋、茶。中国传统饮食八大菜系有鲁菜、川菜、粤菜、苏菜、浙菜、闽菜、湘菜、徽菜。中国六大茶类指的是我国所产的茶叶分为红茶、绿茶、乌龙茶（青茶）、黄茶、黑茶、白茶六大类。中国八大名酒是茅台酒、五粮液、剑南春、泸州老窖特曲、汾酒、西凤酒、董酒、古井贡酒。

服饰民俗旅游资源文化，是指人们有关穿戴衣服、鞋帽、佩带、装饰的风俗习惯，通过开发、组合、加工，成为吸引旅游者前往观赏、体验、感受的旅游资源客体，所展现的一种服饰民俗旅游资源文化形态。民俗服饰分为头衣、体衣、足衣、佩饰等。我国56个民族服饰文化丰富多彩、绚丽夺目，对游客特别是海外游客具有很大的吸引力，是极具旅游开发价值的民俗文化旅游资源。

民居民俗旅游资源文化，是指体现民族居住的民俗资源文化，通过开发、组合、加工成为吸引旅游者前往观赏、体验、感受的旅游资源客体，所展现的一种民居民俗旅游资源文化形态。中国五大特色民居建筑有客家围龙屋、北京四合院、陕西的窑洞、广西的“杆栏式”、云南的“一颗印”。

③流通民俗

流通民俗旅游资源文化，是指一个民族和地区人们在流通过程中所产生的民俗文化，通过开发、组合、加工，成为吸引旅游者前往观赏、体验、感受的民俗旅游资源客体，所展现的一种流通民俗旅游资源文化形态。包括市商民俗、交通运输民俗和通信民俗等。比如，“抬轿子”、浙江绍兴鲁迅家乡的“乌篷船”、四川的“滑竿”等，都可能成为游客很感兴趣的旅游活动项目。

（2）社会民俗旅游资源

社会民俗是目前现存的一些风俗。家庭民俗、村落民俗、组织民俗、礼仪民俗、节日民俗等都会在不同民族民俗间有所不同。

①婚俗

婚俗，是指不同的民族，形成的不同婚姻习俗文化。如抢婚、偷婚、拉婚等习俗，存在于云南梁河一带的彝族、瑶族、侗族、布依族、高山族等民族中。这些民俗活动以其丰富多彩的形式，形成了我国瑰丽的婚姻民俗文化。这种婚姻习俗文化，是旅游者乐于观赏的一种民俗旅游资源文化形态。汉族从周代起，规定嫁娶时须行“六礼”：纳采、问名、纳吉、纳征、请期、亲迎。少数民族著名的有摩梭人的走婚。走婚是摩梭人最具代表性的婚俗。女性和男性均不结婚，除非是家族需要女性继后或男性劳动力才会娶妻或招婿。

②葬俗

丧葬习俗是一个社会政治、宗教、经济、文化的折射，是民俗文化的重要组成部分。每一葬俗都有其存在的特定时间、范围和意义。土葬是各民族普遍采用的一种葬式，贵族地主尤其重视厚葬。火葬也拥有悠久的历史，并在现代逐渐得到普及。少数民族还会有一些独特的葬式，如藏族的“天葬”“水葬”，苗族的“洞葬”“悬棺葬”。

③节日民俗

节日，是人民为适应生产和生活需要而共同创造的一种民俗文化，是民俗文化的重要组成部分。各民族和地区都有自己的节日。一些节日源于传统习俗，如中国的春节、中秋节、清明节、重阳节等。有的节日源于宗教，比如，基督教国家的圣诞节；有的节日源于对某人或某件事件的纪念，比如中国的端午节、国庆节、青年节等；另有国际组织提倡的运动指定的日子，如劳动节、妇女节、母亲节。随着时间推移，节日的内涵和庆祝方式也在发生着变化。

（3）精神民俗旅游资源

①信仰祭祀民俗

我国各族和各地域有着相同和各不相同的信仰与祭祀活动。如对于中华民族祖先黄帝、炎帝的祭典活动，蒙古族的成吉思汗祭典，赫哲族萨满教的跳神，瑶族的“还盘王愿”，藏族喇嘛教的酥油灯会、晒佛、礼佛、跳神活动，侗族的“敬萨坛”，苗族的“跳香”，佤族的“拉木鼓”，台湾渔民的“放彩船”等。

信仰祭祀的表现形式多种多样。如自然崇拜，是指人们对某一自然物和自然现象的崇拜；图腾崇拜，是指原始民族认为所崇拜的事物（动物、植物或非生物）和自己的氏族部落有“亲族”血缘关系；祖先崇拜，是指人类自身的崇拜。信仰祭祀文化，其特征主要体现在：建筑的艺术性；教义的哲理性；绘画、书法、雕塑的艺术性；气氛的神秘性等。

②口授语言民俗

口授语言民俗文化是指通过语言按照一定的规范形式，针对某一类内容进行口头传递的民俗文化。口授语言民俗旅游资源文化，是指当其成了人们游览、体念、感受的旅游客体时，所展现的一种口头传授语言民俗旅游资源文化形态，包括民歌（歌谣）、神话传说、故事等。我国有些民族还形成了传统的歌节，如白族的石宝山歌会、甘肃青海各民族的花儿会等。

③民间艺术民俗

我国各民族在音乐、舞蹈、游艺、竞技、民间工艺等方面的文化内涵是极为丰富的，而且各民族都有自己的特色，都是对游客最具吸引力的旅游资源。

④游戏娱乐民俗

游戏娱乐民俗有放风筝、打角螺、弹弓、跳房子、看西湖景、跳绳子、拈石子、老婆拳、老鹰捉鸡、斗蟋蟀、滚铁环、解绷绷、捉迷藏、骑马马、折纸、七巧板、拔纸牌、变虎猫、九连环、剪纸、跳皮筋和丢手绢等。

5. 民俗文化的旅游功能与开发

（1）民俗文化的旅游功能

民族民俗文化是最有活力的旅游吸引之一，是游客参与体验文化最简单快乐的载体，民俗文化有助于跨文化探索与涵化的重要渠道。

①民俗旅游资源能够给旅游者新鲜感

在漫长的历史长河中，由于生活环境、历史发展、社会经济、文化传统、宗教信仰等诸多方面的不同，各民族所形成的民俗文化异彩纷呈，多姿多彩。它深深扎根于本地人民生活的土壤之中，具有广泛而深厚的群众基础，对异地、异民族的人们来说十分新鲜。民俗旅游作为异域的文化参与活动，是在完全新鲜的环境中亲身体味他乡的生活情调，感受从未接触过的奇风异俗，对于旅游者来说完全是一种陌生新奇的体验。通过旅游走进不同地区不同民族中去，人们就可以获得一种全新的文化体验和一种高级的精神享受。

②民俗旅游资源能够给游客美感

民俗文化的旅游审美大量地体现在对各地域、各少数民族地区居民日常生活的参与之中。旅游者通过走访农家、操作传统农具和用品，参与当地的生产劳动；亲自动手烹调特色菜肴，参加民间宴饮活动；旅游者还可以按当地风俗过生日，参与当地婚礼等礼仪活动。这些内容的旅游审美活动，常常使人获得终生难忘的审美感受。异域的全然不同的生活时空的新感觉、新奇而神秘的习俗风气引起的陌生感受，都能激发起旅游者的审美兴趣，引发起旅游者的美感愉悦和情感的活动，推动着旅游审美的深入。陌生新奇的民俗文化审美体验，还能促使旅游者产生进一步深入了解当地奇风异俗的冲动。

③满足旅游者猎奇和增长知识的需要

目前国际旅游市场消费也正向高层次发展，旅游者已不仅仅满足于观光式旅游，而更注重在旅游目的地参与多种有趣的活动，以亲身体验异质文化模式带来的奇特感受，进而开阔视野，丰富阅历，并从中获得无穷的乐趣。民俗旅游无论在内容上还是在形式上都具有民族性、地方性、文化性和参与性的特点，这就充分满足了旅游者寻求异域情趣的需求，使旅游者能够获得原汁原味的文化享受。

（2）民俗文化的旅游开发

①充分认识民俗风情旅游资源的价值

民俗风情旅游资源是深层次开展旅游业的基础。历史文化、民俗风情是一个民族生命力的传承与延续，是一个民族智慧和传统文化的积淀和结晶，是国家统一、民族团结的精神支柱。它时刻都在影响着我们的现在和未来的发展，因此我们应充分认识民俗风情旅游资源的价值。开发民俗文化资源，打造民俗文化旅游产品，应抓精品、抓特色、抓内涵（与当地人文背景结合，充分发掘地域文化内涵），走多样化之路。在开发模式上，应根据各地的实际情况采用不同模式，如集锦荟萃式、复古再现式、原地浓缩式、原生自然式、主题附会式、短期表现式等。可举办民俗展览活动，进行民族服饰展览、民间工艺品展销，举办各种庙会及民间戏曲、歌舞表演，收集、整理、出版民间文学作品等。在开发民俗风情旅游产品时，还应注重产品的组合性，把观光与参与、民俗文化与自然风光、动态与静态、度假休闲与商贸活动有机结合，多途径多层面地展示民俗文化，推出复合型多功能的民俗风情旅游产品。

②正确处理好保护与开发的关系

民俗是社会文化的基础性资源，但在经济全球化和我国社会转型的双重境遇下，民俗文化正面临加快湮没的危机。人类应当在安享经济进步的巨大成就及其伴随的一体化和统一性之便的同时，也继续享有我们祖祖辈辈拥有过的多元文化和文化多样性。为此，我们必须以文化自觉的理性应对滚滚而来的全球化大潮和旅游开发的热潮，走出对民俗等传统文化资源的认识误区，杜绝过度的旅游开发行为，正确处理好开发利用与文化保护的关系、经济效益与社会效益的关系、本真性和商品化的关系，防止民俗文化在旅游开发中异化。

③正确认识和处理民俗风情的变异

在开发的过程中，我们要避免民俗风情庸俗化和伪民俗现象，以当地民俗为基础，开发利用丰富的民俗文化资源，如民居文化、服饰文化、饮食文化、艺术文化、节庆文化以及非物质文化遗产等，打造有特色的民俗文化旅游产品。民俗旅游开发要保证具有魅力的民族文化能真正得以弘扬和保护，就必须杜绝肆意亵渎和歪曲旅游地民俗风情资源的现象。因此，高品位开发利用民俗资源是举棋之关键。高品位开发指旅游地在民俗资源开发上，要正确瞄准本地区的资源特色，结合本地区及周边地区旅游环境，把独特的风情民俗展示出来，开发建设民俗旅游资源，就应当对当地民俗资源充分地调查和研究，在此基础上，选择开发方向，确定文化定位，尽最大可能挖掘出当地民俗资源的潜力。

④保持淳朴真实，力戒矫揉造作

民俗风情旅游资源的吸引力主要在于其与旅游者所属民族的差异性。也就是说，民俗风情的地方特色越浓，越有吸引力。因此，必须努力保持其真实性，力求突出本民族的特点。同时，还应珍惜自己的传统文化，力戒矫揉造作、为表演而表演、为经济利益而降低水准去迎合旅游者的趣味。

六、艺术文化

1. 艺术文化概念

艺术是用形象来反映现实，但比现实有典型性的社会意识形态。艺术可以是宏观概念也可以是个体现象，是通过捕捉与挖掘、感受与分析、整合与运用（形体的组合过程、生物的生命过程、故事的发展过程）等方式对客观或主观对象进行感知、意识、思维、操作、表达等活动的过程，或是通过感受（看、听、嗅、触碰）得到的形式展示出来的阶段性结果。艺术形式丰富多样，包括绘画、雕刻、建筑、音乐、文学、舞蹈、戏剧、电影、电子游戏（第九艺术）等。

2. 文学文化的分类及特点

从《诗经》起，三千年来中国文学从未中断。上古神话、《诗经》、《楚辞》、诸子散文、汉赋、魏晋诗文、唐诗、宋词、元曲、明清小说，中国文学不断产生着新的形式。中国文学的民族个性鲜明，一个表征明显的特点便是“文以载道”，通过文学的形式关注现实人生，用以抒发伟大的精神和治国之道、处事之方，更加强调文学的教化功能。带有强烈的抒情色彩，简洁、含蓄、回环。

文学按体裁可以分为诗歌、词曲、文赋、楹联、小说和传说逸闻。

赋、比、兴作为《诗经》“六义”的其中“三义”，是指《诗经》的表现手法。汉朝学者首先提出赋、比、兴的原则，作为对《诗经》表现手法的总结。首先提出赋、比、兴概念的是《周礼·春官宗伯》:“大师……教六诗：曰风、曰赋、曰比、曰兴、曰雅、曰颂。”后来汉人作的《诗大序》又把“六诗”改为“六义”。宋朝朱熹在《诗集传》中是这样解释这三者的:“赋者，铺陈其事而直言之者也。比者，以彼物比此物也。兴者，先言他物以引起所咏之词也。”因此，“赋”就是直接地铺叙陈述，如实地叙述事件;“比”则是比喻;“兴”又称“起兴”，是从其他事物写起，引到所要表达的意思上来，带有引起联想的意味。

《楚辞》是我国古代一部重要的诗歌作品集。楚辞在汉代又被称作“赋”，如司马迁在《史记》中有屈原“乃作《怀沙》之赋”。实际上，楚辞作为一种产生于楚地的独立诗体，是不应与汉赋混淆的。汉赋是适应汉代宫廷需要而发展起来的一种半诗半文或称带韵散文的作品，赋一般用主客问答为叙事的形式，它不是抒情，而是铺陈辞藻，咏物说理。楚辞则不同，它虽然也富有文采，描写细致，含有叙事成分，但它以抒发个人感情为主，是一种诗歌。它得名于公元前4世纪的战国时代在我国南方楚地形成的一种叫作“辞”的新诗体。这种诗体经屈原发扬光大，其后的宋玉等汉代作家继续从事楚辞的创作。

继《诗经》《楚辞》之后，在我国诗歌发展长河中焕发异彩的是乐府诗。乐府诗起源于汉代，主要盛行于汉魏六朝，它突出地代表了这一时期的诗歌成就。

其中的民间歌辞，即通常所说的乐府民歌，更是乐府诗中的精华，显示出历史上劳动人民无比丰富的创造力是我国文学史上最为宝贵的诗歌遗产之一。乐府诗的形式多样，二言、三言、四言、五言、六言直至七言、八言各体都有，而且有句式整齐的齐言诗，也有错综参差的杂言诗。篇幅长短不限，最长的《孔雀东南飞》长达三百五十余句，短的则仅四句，还有两句、三句的。押韵也很灵活：有句句押韵，有隔句押韵，也有隔两句、三句押韵的。唐代律、绝盛行，文人写乐府诗也有用律、绝之体的。可见各类诗体都可以入乐府，难怪宋代严羽要说它“兼备众体”了。大致说，汉代鼓吹曲和前期的相和歌辞多杂言，汉代后期的相和歌辞则多五言。魏晋以后，五言诗独擅胜场，乐府也多五言体；但七言乐府诗自曹丕《燕歌行》后也开始流行。南北朝乐府民歌以短小的五言四句体为主，但这个时期的文人乐府诗却兼承汉魏旧题。不受字数格式的限制，所以虽用旧题而形式不必句遵字循，这和它在内容上受旧题拘束刚好相反。另外，乐府诗的可歌性在结构上也留下了一些音乐标记，这就是我们在部分原先乐府中看到的“解”“艳”“道”“乱”“和”“送”等。作为一种诗体，乐府诗的内容同现实生活有着密切的联系，特别是乐府中的民歌，更反映了广阔的社会现实，暴露了封建社会内部的矛盾和冲突，具有丰富的思想内容。它又是后代诗人在反映社会生活时最常使用的诗体之一，例如，唐代诗人在大量创作抨击时政的诗歌时，就常标举“新乐府”的旗帜。乐府诗的风格以质朴自然为本色当行，语言不避俚俗，所谓“乐府入俗语则工”，而过分雕琢则常被斥为“非乐府语”，这也是乐府民歌的影响在起作用。

唐诗风骨源于国风和汉魏风骨，它继承了现实主义文学的优良传统，横扫了齐梁颓靡文风。但也借鉴了其中缘情体物、精工流丽的艺术风格，博采前代文学精华，融合儒、道、释、侠于一体，经过唐初一百余年的诗歌创作实践和理论探索，臻于完备。唐诗在继承发展前代的优良文学传统的基础上，熔铸了唐代特有的时代精神——盛唐气象，通过唐初以来一百多年“初唐四杰”和以李白、杜甫为代表的盛唐诗人的诗歌创作实践，再加以魏徵、陈子昂、殷王番等在理论上不断探索、创新和总结，用以概括云蒸霞蔚、气象万千的唐诗风格和特质的唐诗风骨得以蔚然成风，发扬光大。唐诗风骨变调于中唐，衰微于晚唐。“风”即思想内容，“骨”即辞采和表现形式。唐诗风骨即坚实的思想内容和刚健明丽的表现形式的完美统一。它表现了唐诗特有的雄浑、刚健、明丽风格。唐诗继承和发展了诗经、汉魏风骨的一脉相传的现实主义传统和楚辞汉赋的浪漫主义精神。唐诗的风骨形成于“潮平两岸阔，风正一帆悬”的盛唐，集中表现了盛唐特有的积极、乐观、向上和洋溢着英雄主义、理想主义光彩的时代精神和民族气质，是雄浑、刚健、明朗、深沉的盛唐气象的艺术体现。用陈子昂《与东方左史虬修竹篇》对风骨的诠释“骨气端翔，音情顿挫，光英朗练，有金石声”，即唐诗的表现形式端庄雅正，大气磅礴，气势浪漫飞动；唐诗的音律抑扬顿挫，思想感情跌宕起伏，声情并茂；唐诗的美学特征灿烂缤纷，明丽洗练，气象万千，唐诗的思想内容则兴观群怨，为时为事，坚实刚健。

两宋词坛灿若繁星，各具异彩的独唱，各具特色的群体合奏，犹如五音繁会，五色相暄，让人耳不暇听，目不暇观。丰富多彩的词人风格、词派风格，形成了色彩斑斓的词学风格“百花园”，而词派风格则是其中最耀眼夺目的风景。关于宋词词派风格，是词学家、词人关注的焦点。近人蒋兆兰就说：“宋代词家，源出于唐五代，皆以婉约为宗。自东坡以浩瀚之气行之，遂开豪迈一派。南宋辛稼轩，运深沉之思于雄杰之中，遂以苏、辛并称。”蒋氏的宋词“婉约”与“豪迈”二派说，显然是清人王士祯“词派有二：一曰婉约，二曰豪放”说的补充发展。所谓“婉约”，只是许多相似或相近词风的抽象“语码”，其中却含摄众多的词人风格。“豪放”被当作苏、辛一派词人的词学风格。但作为词品概念“豪放”一语最初源于古代对人物的品鉴，多指为人狂放不羁。在宋代“豪放”词义有因有革。朱弁《曲洧旧闻》卷五评东坡和章楶《水龙吟》咏杨花词“若豪放不入律吕，徐而观之，声韵谐婉”。就苏、辛词创作而言，“壮”词应是其共同特点，其他则大异。陈廷焯就说：“东坡一派，无人能继。稼轩同时则有张、陆、刘、蒋辈，后起则有遗山、迦陵、板桥、心余辈。”所谓“东坡一派”、稼轩一派，即说明其词风有别。而周济《介存斋论词杂著》对苏、辛二人的性情、才力、词风作了比较分析：“稼轩不平之鸣，随处辄发，有英雄语，无学问语，故往往锋颖太露。然其才情富艳，思力果锐，南北两朝，实无其匹，……世以苏、辛并称，苏之自在处，辛偶能到。辛之当行处，苏必不能到。二公之词，不可同日而语也。后人以粗豪学稼轩，非徒无其才，并无其情。稼轩固是才大，然情至处，后人万不能及。”其《宋四家词选目录序论》又说：“苏、辛并称。东坡天趣独到处，殆成绝诣，而苦不经意，完璧甚少。稼轩则沉着痛快，有辙可寻，南宋诸公无不传其衣钵，固未可同年而语也。”其剖析精到入微，可谓直探苏、辛词心。

文赋方面，春秋战国时期是我国古代散文蓬勃发展的阶段，出现了许多优秀的散文著作，这就是文学史上的先秦散文，它包括秦朝及秦朝之前的散文。先秦散文分为两种，历史散文和诸子散文。前者包括《左传》《国语》《战国策》等历史著作；后者是儒、墨、道、法等学派的文章，其中如《论语》《墨子》《孟子》等，是孔丘、墨翟、孟轲的弟子对其师言行的记录，《庄子》《荀子》《韩非子》等则为本人的著作。汉赋是在汉代涌现出的一种有韵的散文，它的特点是散韵结合，专事铺叙。从赋的形式上看，在于“铺采摛文”；从赋的内容上说，侧重

“体物写志”。汉赋的内容可分为五类：一是渲染宫殿城市，二是描写帝王游猎；三是叙述旅行经历，四是抒发不遇之情，五是杂谈禽兽草木。而以前二者为汉赋之代表。汉赋在结构上，一般都有三部分，即序、本文和被称作“乱”或“讯”的结尾。汉赋写法上大多以丰辞缛藻、穷极声貌来大肆铺陈，为汉帝国的强大或统治者的文治武功高唱赞歌，只在结尾处略带几笔，微露讽谏之意。汉赋分为大赋和小赋。大赋又叫散体大赋，规模巨大，结构恢宏，气势磅礴，语汇华丽，往往是成千上万言的鸿篇巨制。西汉时的贾谊、枚乘、司马相如、扬雄，东汉时的班固、张衡等，都是大赋的行家、小赋扬弃了大赋篇幅冗长、辞藻堆砌、舍本逐末、缺乏情感的缺陷，在保留汉赋基本文采的基础上，创造出篇幅较小、文采清丽、讥讽时事、抒情咏物的短篇小赋，赵壹、蔡邕、祢衡等都是小赋的高手。

元杂剧是元代文学的精华。元代把戏曲艺术推行了高峰。杂剧臻于完善，呈现出空前的繁荣局面。元杂剧是一种以人唱曲为主的戏曲，所采用的音乐称为南曲。元杂剧优秀的作家和作品极多。如关汉卿的《窦娥冤》《望江亭》《救风尘》，王实甫的《西厢记》，马致远的《汉宫秋》，白朴的《墙头马上》，郑德辉的《倩女离魂》。这些作家和作品在文学史、戏剧史上影响很大，有不少作品改编后至今尚流传在舞台上。元杂剧的歌唱艺术也有很高成就，不少知名演员都是出色的歌唱家，如名重一时“珠帘秀、梁园秀、陈婆惜”等。关汉卿可与同时代的英国戏剧家莎士比亚媲美。到了明代，杂剧逐渐衰退，传奇代之而起为主要的戏曲形式。传奇盛行于明代与清代前期。所以又称清传奇。比起元杂剧来，篇幅长大，一本戏往往分为数十出或十折，每一出（折）戏曲情节的组织、乐曲的联套布局以及词句四声的和谐、韵、脚的流畅等，都极讲究，并且非常重视曲词的可歌性。传奇的代表作品有明代高明的《琵琶记》，汤显祖的《牡丹亭》，清初有洪升的《长生殿》，孔尚任的《桃花扇》等。后来昆曲戏班入京，成了皇家大戏之一。昆曲在舞台艺术上继承了古典戏剧的遗产，形成了完整的表演体系，音乐和表演、说白都有独到之处，因此自明清以来数百年对许多地方剧种有广泛深远的影响。现在仍有不少昆曲仍在演出，如昆曲《牡丹亭》，整理改编的昆曲有《十五贯》《墙头马上》等。

汉代是我国古代小说观念的正式形成时期，也是第一批小说呱呱坠地的时代。因此，这个时期在小说史上的重要地位不言而喻；汉代人对小说的认识及小说实践，对后世小说观念的演化及小说创作的发展所产生的影响是十分巨大而又极为深远的。作为文体意义上的小说概念，是在汉代才正式产生的。尽管先秦时期已有“小说”二字见诸载籍，但不过是偶尔用之，既未固定化，也不是在文体的意义上使用的。只是到了汉代，才接二连三地提到“小说”，而且其含义已基本凝固确定；诸家虽有种种歧见，但在主要方面已是“众口一词”了。可见，这时的“小说”，已是具有相对稳定形态的词组了；而且，这种含义已是属于文体学范畴的了。所以，不但在汉代人那里已开始使用“小说家”一词，并将其与另外九家学派并列，已经正式把一批小说归在了它的名下。但是从汉代人关于“小说（家）”的论述和目前所知被他们列为小说的著述来看，汉代人关于小说的认识还是十分肤浅且极为驳杂的，还处在混沌状态。他们显然是把那些不能列入其他九家，其言又无关宏旨，其文不过是些短小片段的文字，一股脑儿都装在了“小说”这只篮子里，鄙称之为小说。所以，在其后相当长的时期里，使得小说始终被视为不过是一锅大杂烩。到唐代传奇产生，情况有了很大的改变。在艺术形式上，篇幅加长，“叙述宛转，文辞华艳，与六朝之粗陈梗概者较，演进之迹甚明”（鲁迅《中国小说史略》）；部分作品还塑造了鲜明动人的人物形象。唐代传奇的出现，标志着中国古代短篇小说趋于成熟。宋洪迈说：“唐人小说，不可不熟。小小情事，凄惋欲绝，洵有神遇而不自知者。与诗律可称一代之奇。”（《唐人说荟》例言引）他把唐传奇同唐诗相提并论，给予很高的评价。明清是中国小说史上的繁荣时期。从明代始，小说这种文学形式充分显示出其社会作用和文学价值，打破了正统诗文的垄断，在文学史上，取得与唐诗、宋词、元曲并列的地位。清代则是中国古典小说盛极而衰并向近现代小说转变的时期。小说是伴随城市商业经济的繁荣而发展起来的。明代经济的发展和印刷业的发达，为小说脱离民间口头创作进入文人书面创作提供了物质条件。明代中叶，白话小说作为成熟的文学样式正式登上文坛。代表性作品有《三国演义》《水浒传》《西游记》等。

3. 书法艺术的发展及特征

（1）书法艺术的发展与演变

在距今约 6000 年，在陕西半坡遗址新石器时代的陶片上出现了刻画符号，这是中国古代早期文字的一种雏形。在年代稍晚一些的新石器时代，如仰韶、马家窑、龙山、良渚等文化时期日常使用陶器上，也发现了各种描画或者刻画记号。大汶口文化时期的陶器中则出现了几乎成熟的象形符号。可见，中国古代文字的起源可以追溯到新石器时期。这种陶器上的刻画符号或陶符被称为最早的“象形文字”或者“意符文字”“图画文字”，汉字正是从此演化而来。象形文字经历了从发生到成熟的漫长发展过程，各种刻画符号逐渐抽象化、规范化、标准化，音、形、义三个因子融合一体，最终在夏商时期成为独特的表意文字体系。根据其造字结构，汉字包括“六书”，即象形、指事、会意、形声、假借和转注六种造字法，其中以形声字为最多。汉字演变的总趋势是由繁到简，这种演变具体反映在字体和字形的演变之中。鲁迅在《汉文学史纲要》中论及汉字之美，说“今之文字，形声转多，而察其缔构，什九以象形为本柢”“故其所函，遂具三美：意美以感心，一也；音美以感耳，二也；形美以感目，三也”。

中国文字的发展，大致可分为古文、篆书、隶书、楷书、行书、草书等几个阶段的演变过程。古文主要指秦代以前的文字，主要包括甲骨文、金文等，秦统一中国后，连续对汉字进行简化、整理，使汉字逐渐走向规范化。楷书形成后，中国文字已基本定型。中国的书法是文字的书写艺术，中国书法艺术历数千年，依时间序，可以从以下几个阶段来梳理其发展历程。

①上古至先秦——产生阶段

夏商周是书法艺术的初期阶段，可惜考古挖掘至今仍未发现夏代较完整性的文字，但商、周的文字已具有用笔、结体和章法等书法艺术必备的三个重要因素。甲骨文，或称卜辞、殷墟文字，是目前可以见到的最早的成熟汉字，是殷商时期写或镌刻在龟甲、兽骨上的卜辞，亦有少许的记事文。甲骨文绝大多数是刀刻的，有的刻好后填朱，也有少数甲骨以朱墨所写而未刻。因工具材料的限制，其线条瘦劲犀利，有直线也有曲线，有单刀也有双刀，往往是中间较粗两头尖，而点画起止仍有一些方圆之法；有的直画微带曲意，线条点画显得丰富而有变化。文字均以竖行排列，由上到下，由左到右或由右到左依次排开。甲骨文已具备“六书”的汉字构造法则。从书法角度欣赏，已经完全具备了章法、结体、用笔等主要构成因素。甲骨刻字刀法灵秀，变幻莫测而奇趣丛生，其章法或整齐或错落，结体或规则或随意，线条或纤弱或刚劲，反映出作者一定的主观审美趣味，体现了商代人早期的书法艺术技巧和艺术素养。

比甲骨文稍晚出现的是金文，亦称“钟鼎文”“大篆”“籀文”等。商周属于奴隶社会的青铜时代。青铜器包括多种用途的器物，其中礼器、乐器比重最大，而礼器中的鼎和乐器中的钟具有代表性。所以“钟鼎”即作青铜器的代名词，而金文则是钟鼎等器物上铸刻的款识文字，或阴或阳。金文的内容为记录当时祀典、赐命、诏书、征战、围猎、盟约等事件，既可祭祀神灵，显示威仪，又可记录事件，传诸子孙。普通的铭文都很简短，但较之诸甲骨文长而完整。平均每器为 20~50 字，也有少于 10 字或多于 200 字者。在甲骨文盛行的商代，青铜器有铭文的大多只有二三字，长至 10 字或多于 10 字的为数不多，书风受甲骨文的影响。从书法的角度看，商代金文近似甲骨文体势，至周的金文无论从文字还是书法，均与甲骨文拉开了距离。和甲骨文相比，金文字体古朴厚重，更为丰富多姿。金文在汉武帝时已有发掘，有人将在汾阳出土的鼎送进宫中，汉武帝于是以元鼎（公元前 116 年）为年号。

春秋战国时期的地区分裂，诸侯各自为政，致使书体也各具体格，面目多样。公元前 221 年秦始皇统一六国，建立中央集权制，不久命宰相李斯将当时流行各地的大篆、小篆、刻符、虫书、摹印、署书、殳书及隶书这 8 种书体统一起来，实施“书同文”，制定了一套规范统一的书体，是为“秦篆”，亦称小篆。关于小篆，许慎《说文解字》云："秦始皇初兼天下，丞相李斯乃奏同之，罢其不与秦文合者。斯作《仓颉篇》，中车府令赵高作《爰历篇》，太史令胡毋敬作《博学篇》，皆取史籀大篆，或颇省改，所谓小篆者也。"小篆的形体结构规正协调，笔势匀圆整齐，偏旁也做了改换归并。篆书分为大篆和小篆两种，其中大篆包括甲骨文、金文、籀文等。从大篆到小篆的文字变革，在中国文字史上具有极重大的意义。

②汉——成熟阶段

汉代廉价纸张出现，书写工具更新，汉字隶书定型，书写者具有主动追求艺术美的意识。到了西汉，书法完成了由篆书到隶书的蜕变，结体由纵势变成横势，线条波磔（磔：用笔向右下斜）更加明显。隶书的出现是汉字书写的一大进步，是书法史上的一次革命，不但使汉字趋于方正楷模，而且为以后各种书体流派奠定了基础。从小篆到隶书的第一步，最显著的变化是从婉曲的线条变为平直的笔画，从无角变成有角。从文字史的角度看，隶书的出现，结束了以前古文字的象形特征，跨进了书写符号化的疆域。从书体史上看，隶书则上承篆书，下启楷书，是书体演化的一大关键。隶书的用笔突破了篆书用笔单调的束缚，点画分明，方圆相济，轻重有致，尤具代表性的主笔捺脚——蚕头燕尾，一波三折。篆隶之外，作为隶书书写的快捷方式，作为今草之源的章草书，成熟于东汉。章草，其名称的由来有若干种说法，各有其根据和道理。一种说法是，史游作草书《急就章》（本名《急就篇》），后来省略"急就"二字，但呼作"章"。二是说，汉章帝喜好这种书体，并命杜度等奏事用之，故得名。正如唐韦续撰《五十六种书并序》云"章草书，汉齐相杜伯度援藁所作，因章帝所好，名焉"。三是说，此种书体专用以上事章奏，因以得名；四是说，取"章程书"词意，指此书体草法规范化、法则化、程式化。书后世草书，即今草（小草），源于章草。

③魏晋南北朝——繁荣演变阶段

魏晋南北朝时期各种书体走向完善，艺术风格崇尚气韵，出现了些大书法家。这是各种书体交相发展的时期，隶书已走上东汉末年程序化的道路，楷书趋向成熟，草书经章草发展到今草，行书在隶楷递变过程中从产生发展到成熟，尽管后来各朝各代的书法家擅长篆、隶、章草，但毕竟只是作为书法艺术欣赏。而真（楷）、行、今草，已为上下所接受，被广泛应用于社会交往，同时在士大夫阶层中形成了普遍的风尚，作为雅俗共赏的标准。这一时期涌现出了大量著名的书法家，产生了许多重要的书法理论著作，成为中国书法史上的光辉时代。魏晋时期著名的书法家有钟繇、韦诞、皇象、卫恒、索靖、陆机等，他们的作品有的有刻帖流传。

④隋唐——鼎盛阶段

隋唐 300 多年，是中国书法史上的繁盛时期。我国书法到东汉后期已成为欣赏艺术，此后经过魏晋南北朝书家的创作实践及王羲之父子的遗规，衣钵相传，对我国隋唐书法艺术的发展起了重大的影响。隋代的书法，上乘南北朝，下启唐代，不离规矩，兼有东晋南朝书法的疏放妍妙，北朝书法的方整遒劲。初唐大家的风范规模在此已经初步形成，“二王”的书风开始盛行。著名的书法家有丁道护、史陵与智永。智永《真草千字文》则承前启后，为真草范本。

唐代书风上乘隋代，下启宋元明清，后世众多的书法家，莫不取法于唐人。唐朝楷书发展到一个新的高峰，其楷书与南北朝楷书有明显的区别，南北朝碑帖中别体较多，除了在文字上规范严谨之外，在书写上更加严谨端丽，典雅大方。唐代书法可分初唐、盛唐和晚唐三个时期。这一时代新风格的形式，在初唐时尚处于渐变中，至盛、中唐之际，先是从草书领域中出现了新风，随后真诸体亦别开生面，取得发展。晚唐书法较少发展。唐朝初期，社会安定，经济日益繁荣，书法亦蓬勃发展。朝廷定书法为国子监六学之一，设书学博士，以书法取士。唐太宗李世民喜好书法，倡导书学，并竭力推崇王羲之的书法，这对唐代书法的发展和繁荣起了重要作用。历代盛称的唐初四家——欧阳询、虞世南、褚遂良与薛稷代表了初唐风格。盛唐时期随着社会经济、文化的发展，书法艺术水平也有了很大的提高。书法风格由初唐方正劲健趋向雄浑肥厚。这一时期出现了张旭、怀素、颜真卿和柳公权等著名书法家。在狂草和楷书方面开创了古代书法新的局面。张旭，人称“颠张”，创狂草，有草圣之称。其草书彻底变革了“二王”草书的理路，纵横跌宕，千变万化而不离规矩，书有《肚痛帖》《古诗四帖》等。他又能写极严谨的楷书，其《郎官石柱记序》被认为唐人正书无出其右。怀素与张旭合称“颠张狂素”。怀素从颜真卿、鄂彤处得张旭笔法。其字如惊蛇走虺，张雨狂风。有《自叙》《苦笋帖》《食鱼》等墨迹传世。颜真卿是一位勇于革新的书法家。他的书法多用中锋，结体丰茂，庄重奇伟，称颜体。他遗留的碑刻最多，且极富变化。如《多宝塔碑》结字匀稳，秀媚多姿;《宋广平碑》丰润圆挺，宽博疏朗;《颜勤礼碑》风神饱满，用笔奇伟;《中兴颂》宏博浑厚，意兴飞扬;《颜家庙碑》庄重遒劲，大书深刻;《麻姑仙坛记》神采舒和。其草稿《与郭仆射书》和《祭侄季明文》则顿挫郁屈，纵横磅礴，成为书法中的楷模。柳公权是继颜真卿之后的重要书法家，人称“颜筋柳骨”。其字遒劲圆润，楷法精严。传世碑刻有《玄秘塔碑》《神策军纪圣功德碑》等。晚唐时期，国势渐衰，书法也没有初唐、盛唐兴盛，但也出现一些书法家，如王文秉的篆书为后世所称道。唐代的书法作品除上面所述著名书法家墨迹、碑刻外，还有许多不知名作家所书写的大量墓志和经生所写的佛教经卷，都是重要的书法资料。

⑤宋元明清——平和发展

这一时期书法艺术的发展总体上失去了原有的活力，无法超越唐。宋元的书法可以说是行、草书时代。宋代印刷术的发达使书法家从单纯的功能性书写活动中解放出来，书法艺术特性被进一步强调。宋代书法家在楷书和狂草方面不及唐代书法家，但在行、草书方面却表现出鲜明的文人个性和品质，开二代新风。法帖的普及使王羲之、王献之的书法艺术具有绝对的典范意义。但宋代重要书法家不同程度地受到具有变革意义的中晚唐书法的影响，特别是颜真卿的影响。此外，宋人对金石学的重视和研究也使书法和篆刻艺术置于更大的历史尺度之下，汲取了丰富的源泉。

元初书法温雅平正，注重复古求新。当时，赵孟頫、鲜于枢与邓文原并称为“元初三大家”，是元代书坛巨匠。赵孟頫高举起“复古”的旗帜，主张学书法应该避开唐宋，要向更远的晋朝书法大师学习，并身体力行地施行，终成一代大师。

宋元以来的书法，基本上以帖学为主，明朝在此基础上进一步发展。明朝历代帝王大都热爱书法，因此刻帖的风气大大超过以往。这时候大型系列刻帖有《东书堂帖》《宝贤堂集古法帖》等，这在一定程度上对书法的普及起着重要作用。明成祖时大力复兴文化，招募擅长书法的人并授予中书舍人的官职，这也进一步推动了习书之风。此时期书法家们大都取法高远，以晋唐以前为学习对象，并有新的个人面目，到明末更是到了个性化的高峰。在近 300 年的发展历史上，清代书法经历了一场艰难的蜕变，它突破了宋元明以来帖学的樊笼，开创了碑学，特别是在篆书、隶书和北魏碑体书法方面的成就，可以与唐代楷书、宋代行书、明代草书媲美，形成了雄浑渊懿的书风。尤其是碑学书法家借古开今的精神和表现个性的书法创作，使得书坛显得十分活跃，流派纷呈，一派兴盛局面。清代的书法发展，按时间大致可分三段：早期（约顺治—康熙—雍正时期）是明季书风的延续，属帖学期；中期（约乾隆—嘉庆—道光时期），帖学由盛转衰，碑学逐渐兴起；晚期（约咸丰—同治—光绪—宣统时期），是碑学的中兴期。

（2）书法艺术的特征

书法艺术讲究变化，主次、虚实、奇正、开合自成。用笔贵在中锋，要以中锋行笔，笔画讲究错落，不要整齐划一。如电脑上的艺术字，虽然极为工整，但绝不是真正的书法。书法还需融入创作主体内在的精神特质，乃是主观与客观的高度融合与统一，这也体现出中国艺术的本质精神。典型的书法体有行书字体、草书字体、隶书字体、篆书字体和楷书字体等。

4. 绘画艺术的发展与特征

（1）绘画艺术的发展与演变

①先秦——前导期

先秦时期，艺术主要分为夏、商、周（西周、春秋、战国）三代美术。随着社会性质的改变艺术也在进步，各种工艺逐渐变得精湛，如青铜冶炼、陶器制作越来越成熟，艺术上有着巨大发展，如工艺美术、雕塑、绘画、书法、建筑等。绘画出现了独立的作品，如墓中之帛画等，线条生动有力。

②秦汉——成熟期

秦汉时期绘画艺术出现了无与伦比的想象，有着不同的艺术风格，有浪漫主义和现实主义不同体现。在汉朝时期是厚葬盛行的时代，当时人们通过使用画像石和画像砖来修建墓室和祠堂等，画像多以现实生活的描述为主，也有一些传播思想的绘画，以表达当时人们的精神追求。汉代的绘画还做不到细致的描绘，只是在画像砖石进行粗略的形体的大致勾勒，虽构造简单，却也有着自己独特的质朴风格，给人的感觉自然平实，线条明显颜色分明，有着自己独特的装饰趣味。这些坚硬砖石流传至今仍有着独特艺术特色，散发着独特的艺术魅力。汉代墓室中的壁画、帛画已发展成熟，如马王堆西汉帛画、咸阳秦宫遗址壁画等，内容丰富，色彩艳丽，具有很高的艺术水平。

③魏晋南北朝——发展期

到了这个时期绘画技巧上有了一定的提高，绘画形式以长卷为主，呈多样化风格，在这个时期出现了山水画和花鸟画。在绘画技术上开始注重细节的描绘，讲究画的气韵、气质、传神的描绘特点，主要以顾恺之和谢赫为代表。这一时期艺术文化的发展有着质的飞跃。艺术文化的发展主要有几个原因：一是社会在战乱破坏下，更需要各地之间进行文化的交流与融合；二是当时佛学兴起和士族的产生，都对美学艺术文化的发展起到促进作用。这一时期人们个性张扬，精神得到解脱，挣脱以前的精神束缚，思想的自由使绘画艺术得以蓬勃发展。壁画、漆画不再像以前只是简单勾勒，从技法到形式都有很大进步，讲究细致的描绘。这个时期，人们开始把绘画题材转向山水、动物、人物，但是思想还是有点受到传统影响。

④隋唐——繁荣期

人物画逐渐走向成熟，山水画独立成科，花鸟画分科独立。隋、唐、五代时期（581—960 年），是中国古代绘画全面发展的时期。画家在不断吸收近域与外来影响的基础上，艺术表现技巧更加丰富，创建题材也空前广泛。人物画越发注意反映现实生活和刻画人物的精神气质；山水画分出青绿和水墨两大体系，并产生南北不同的地域性风格；花鸟画创立工笔设色和水墨淡彩、没骨等多种表现方法；宗教画亦显得更为绚丽多彩。五代时期题材上注重反映现实生活，技法上力求写实，许多人物画带有肖像写真性质，刻画细致入微。南唐画院的画家顾闳中、周文矩、王齐翰、卫贤等，尤其擅长写实人物画，颇有盛名。

⑤宋元——平稳发展期

产生了院体画，特点是严密精工，注重法度，供帝王观赏。宋朝主要特点是：职业画家的活跃，宫廷绘画的兴盛，士大夫绘画潮流的形成，题材风格的多样化。城市的繁荣使绘画商业化，因而产生了一批职业画家；由于皇帝的喜好而设立画院，使一时名家都集中于宫廷；文人士大夫把绘画视为文化修养以及风雅生活的重要部分；绘画题材内容广泛，风格多样。元画家继承借鉴了宋、辽、金；元民族歧视严重，文人失意，文人画推向高潮，山水画出现“元四家”。

⑥明清——艺术革新期

注重表现个性。明初崇尚宋代画风的画家遍于宫廷、民间，明代中期文人画复兴于苏州，后期士大夫文人画更是向独抒性灵发展，以画为乐、以画为寄。明清变革，并没有割裂绘画的传统，清代仍然画派林立，摹古、创新各行其道；文人画、西洋画也对宫廷绘画产生了影响；随着商品经济的发展，文人还以画为生、以画泄愤，金石书法的刚健之风也融入了绘画。民间绘画更加世俗化、商品化；作为中国古代绘画的最后辉煌，清代绘画已呈现出发生奇变的倾向，为近代中国绘画的改革做好了准备。

（2）绘画艺术的特征

从总体上看，我国的绘画艺术具有以下的特征：

第一，形神兼备，画贵神韵。中国画注重神似、气韵，形态是否逼真在其次。重在写意，写神，这一特征与中国艺术的总体特征相呼应。

第二，诗情画意，重在意境。画如诗，有情趣，有意境。要描绘一种境界，抒发一种感情。使人与自然相通相融。

第三，心师造化，迁想妙得。以造化（大自然环境）为师，为创作源泉。在观察体验的基础上，展开想象，融主观的感受于画中，这样将会有“妙得”。“迁想妙得”是晋代画家顾恺之提出的。

5. 器物艺术的分类与特征

器物文化能够代表一个国家的历史和文化发展水平。器物蕴含生存智慧。造物能力是人区别于动物的重要标志，也是推动人类快速进化的核心因素。“百工之事，皆圣人之作也”的说法恰如其分地诠释了上述观点。造物技术，尤其是具有开创性发明能力的先祖被后世尊奉为圣人，“燧人氏钻木取火”“舜耕历山，渔雷泽，陶河滨，作什器于寿丘”等历史记载证明掌握造物技术的先哲是推动华夏早期文明进步的关键性因素。器物制造反映了原始先民“观象制器、利用易简”的生存智慧。通过对生活中各种自然现象的观察，将“天时、地利、材美、工巧”结合起来，生产出满足生活需要的各种产品，进而体现出与自然互动中的创造力。器物具有生活实用性、装饰性、祭祀礼器的功能，同时又是权利、身份、地位、品德的象征。器物可以分为陶器、瓷器、玉器、青铜器、文房四宝等，下文分别讲述其主要特征。

（1）陶器

陶器是由黏土或以黏土、长石、石英等为主的混合物，经成型、干燥、烧制而成的制品的总称。陶瓷艺术是指中国陶器烧制工艺及其造型、釉色和装饰等所呈现的艺术特点。从原始人类掌握了火的应用，陶器的出现就顺理成章。在人类文明初现的一万多年前，世界的不同地域都已经出现陶器，陶文化虽然并非是中国独有的文化现象，但却也是世界上最早制作和使用陶器的文明之一。

从国内目前已知的考古出土材料来看，距今一万多年前的新石器时代早期，长江黄河流域就已经出现了原始的夹砂红陶，出土陶片质地粗糙，厚薄不等，胎色以红褐为主，掺杂着大小不等的石英粒，质松易碎，光素无纹，没有耳足，手工捏制，工艺原始，器形较小。

到新石器时代中期，距今 7000 年左右，黄河中游地区甘肃至河南一带出现仰韶文化，仰韶文化上下两千年之久，在这其中陶器的使用已经非常普遍，日用陶器以细泥红陶和夹砂红褐陶为主，灰陶、黑陶次之，以手工捏制和泥条盘筑法拍打成型，器壁平整，并且在器表用红黑彩装饰，画出绚丽多彩的几何形图案和动物形花纹，形象逼真生动。装饰纹饰的出现，表明陶器制作已经脱离了以单纯实用为目的，先民已经有了艺术创作和审美的高层次需求，美来自生活，纹饰表达了制陶人的思想和感情，也直接描绘了当时的生活的习俗和风貌。造型优美纹饰丰富的彩陶出现，有了专用的窑场和作坊，表明仰韶文化时期制陶业已发展成熟。

文明递进的脚步到了距今 4500 年左右的龙山文化，龙山文化泛指黄河中下游地区的文化遗存，以山东半岛为主，涵盖河南、陕西、江苏等地区，龙山文化的制陶业非常发达，在仰韶文化制陶的基础上，制陶技术更加进步，出现了轮制技术和接底成型工艺，烧制温度普遍达到 1000℃，器型相当规整，器壁厚薄均匀，产量和质量都有很大提高。此时以黑陶为主，有少量的红陶、灰陶和白陶，其中的蛋壳黑陶是龙山文化中最有代表性的陶器，细泥制作，胎骨紧密，薄如蛋壳，造型秀美，乌黑发亮，以素面无纹最多，少量装饰弦纹、镂空、刻画等，体现出单纯的质朴美，也反映出当时高超的制陶水平和审美需求。

南方长江流域中下游地区的良渚文化，比龙山文化发展稍早，良渚文化陶瓷以泥质黑陶、夹细沙灰黑陶和灰胎黑皮陶为主，良渚泥制黑陶，多为轮制，泥质细软，打磨光亮，器壁规整匀薄，但由于烧制温度较低而胎质松软，少数高温烧制的薄胎黑陶，与龙山的蛋壳陶颇为相似，但却比龙山文化早 500 年左右。

（2）瓷器

瓷器始于商代，从原始瓷过渡到近代瓷是东汉时期，它贯穿中国封建社会的发展，也是中国传统农业文明带给世界的一份艺术瑰宝。在英语中瓷器

“CHINA”和“中国”是一个词，在世人眼中，中国的瓷文化最能代表中国文化，称它为“传统文化的徽章”毫不为过。

“瓷”这个字第一次出现，是在西晋潘岳的《笙赋》:“披黄苞以授甘，倾缥瓷以酌醽。”可见“瓷”这个字在三国魏时期在民间就已使用，最终由文人开始收录使用。同时“陶”“瓷”两字在汉语中是一个词组，事实上陶与瓷本质是完全不同的东西，从原料到工艺都不同，但观察两者的制作过程可以发现，制瓷是在制陶的基础上发展而来。

传统瓷器在发展过程中在不同时期主要产生以下几类:

始于商代的原始瓷。早期的瓷器胎体粗糙，釉色不稳，处于由陶向瓷的过渡阶段。陶瓷界一般认为，最早原始瓷出现于商代，萌芽于江南，这与江南的瓷土资源是有关系的。瓷器烧制使用高岭土，温度在1200℃左右，吸水率在1%以下，含铁低于3%，表面施釉，晶莹光洁。瓷器在江南萌芽除了自然条件以外，中国传统文化中的崇尚玉的习惯对此也有重大影响。瓷器的坚硬光泽，好的瓷器釉色的色泽润滑可与上等美玉相比。

以浙江越窑、龙泉窑，南宋官窑为代表的青瓷。青瓷是使用青釉的结果，它主要的美感来自较好的玉质感。越窑瓷器是世界上成熟瓷器的发源地，青瓷中最著名的应以“秘色瓷”为绝品，在当时是御用贡品。唐人有这样的诗句形容青瓷:“九秋风露越窑开，夺得千峰翠色来。”秘色瓷如玉类冰，在五代吴越国时期发展到顶峰后逐渐衰落。但越窑工匠大批迁到龙泉一带，促进了龙泉窑的发展，同时也延续了青瓷的工艺，龙泉窑成为宋代名窑。

以河北邢窑、定窑为代表的白瓷。出现于北朝末期，成功烧制于隋代。陆羽在《茶经》中对邢窑瓷有“白如雪”的称赞。白瓷的成功烧制使北方瓷器有了与南方一争长短的实力，形成了南青北白的局面。定窑崛起于邢窑之后，并曾作为宋代官窑为宫廷烧制瓷器。定窑白瓷枕有“定州花瓷枕，颜色天下白”之称。白瓷的诞生为青花瓷、粉彩瓷的制造提供了基础。

以江西景德镇为代表的青花瓷、彩瓷。青花瓷始于元代，景德镇成功烧制，白底蓝花，相较于其他窑口的瓷器更加具有美感和质感，因而迅速占领瓷器主导市场。景德镇也成为中国瓷都。青花瓷的产生是与时代有关的，它是应用元代时引进中东的钴料，再罩上透明釉，并且起初是主要销往中东地区。与元朝蒙古帝国繁荣的外贸是息息相关的。景德镇除青花瓷外彩釉也是它的一大贡献，在传统的基础上进行了创新。明清时期，景德镇在中国制瓷业占据中心地位。

瓷器是中国人民的独特创造，并以其独特的民族文化特色代表着中国悠久的文明。对中国文化和世界文化发展的交流起到了一种互通往来的桥梁和纽带作用。从瓷器的特色和内涵来看，它比较完美地体现中国文化的面貌。作为传统文化的内在传承和外在载体，瓷器值得我们认真品味。

（3）玉器

玉是中华民族的瑰宝，是中国的“国石”，在中国历史文化中放射出灿烂的光辉，是中华民族道德精神的象征。玉器时代是中国文明的起源时代。早在新石器时代，昆仑山下的先民们就发现了和田玉，并作为瑰宝和友谊媒介向东西方运送和交流，形成了我国最古老的和田玉运输通道“玉石之路”，即是后来的“丝绸之路”的前身。和田玉在东西方文化和经济交流中起着重要的作用。作为历史的见证，和田玉历来是中国各民族友谊的象征物，雄辩地证明了玉是中华民族的瑰宝。

中华民族中形成了民族爱玉心理。对玉的爱好，可以说是中国文化特色之一。三千多年以来，玉的质地、形状和颜色一直启发着雕刻家、画家和诗人们的灵感。历代诸子百家以儒家学说诠释和田玉并赋予“德”的内涵。于是，玉有十一德、九德、五德之说广泛传播，并被全社会接受，成为我国玉器久盛不衰的精神支柱。这种寓德于玉、以玉比德的观念把玉和德结为一体；同时，又将玉与君子结缘，物质、社会、精神三合一的独特玉意识是我们华夏民族的思想建树，成为中国玉文化的丰富思想和精神内涵。

中国的玉文化经历了漫长而辉煌的历程，度过了萌生、发展、成熟、创新的时期，是中国古老文明和灿烂文化耀眼的瑰宝。中国玉文化向世界展示了华夏文明博大精深的文化底蕴和悠久的历史。精美绝伦的中国玉器向世人不断诉说着中国玉文化的灿烂历史和无限的生命力，释放着璀璨的民族艺术光芒。2008 年举办的北京奥运会，用和田青玉做奥运徽宝（中国印），用昆仑玉做奖杯，把中国玉器的艺术魅力淋漓尽致地展示给全世界，充分说明中国人爱玉、崇玉、敬玉、藏玉、品玉、玩玉。

（4）青铜器

青铜器作为中国传统文化内容的一个重要组成部分，具有其独特的风格、精湛的工艺美术水平与深厚的文化底蕴。中国古代青铜器源远流长、绚丽璀璨，有着永恒的历史价值与艺术价值，是中国悠久文明的缩影和重要的历史见证。它不仅是中国古代文明的瑰宝，也是中华民族对世界文明所做出的杰出贡献。青铜器是艺术、文化和人类文明的产物，不会随时间的沙尘掩埋其艺术的魅力，也不会随时间的锈迹退化其文化的内涵，更不会随时间的流逝抹杀其文明的价值，而是随着时间的沉淀越发光彩。

青铜，又名金或古金，是红铜与锡的合金，色青灰、熔点低于红铜，硬度高于红铜。有的青铜也是红铜与锡、铅的含金。青铜的发明是划时代的伟大创造，传世和近年发现的大量青铜器表明青铜器自身有着一套完整的发展演变系统。自夏、商、周至秦、汉，其中商周时期是中国古代青铜文化最辉煌的时期。商周青铜器主要是作为宗教祭祀活动中的祭器。在商周两代，宗教活动特别盛行，一为占卜，二为祭祀。特别是在商代的时候宗教活动尤为多。商朝时对卜辞的迷信，已发展到了极致。古籍曾记载“商人尚鬼”，在商人看来，神鬼的世界是和有形的世界同样实在，而且这两个世界关系极密切。鬼神充斥于他们的四周，他们自身及其环境的一切变动，操纵着他们的一切利害吉凶祸福，需要他们不断地供给和贿赂。在日常生活中每遇有可容犹豫的事情或不能解答的疑问，照例要听命于龟壳和牛骨。《左传》中有记载曰：“昔夏之方有德也，远方图物，贡金九牧，铸鼎象物，百物而为之备，使民知神奸，故民入川泽山林，不逢不若，魑魅魍魉，莫能逢之，用能协于上下，以承天休。”说明青铜器的造型和装饰作为一种特殊的符号，要传达出“协上下，承天休”的时代精神。

纹饰是中国古代青铜文化的重要组成部分，它的发展历史与青铜器器形的发展历史相始终。青铜器纹饰在其发生发展过程中，受到中国古代政治制度，宗教思想及社会习俗的深刻影响。这种形式与内涵紧密相连的纹饰与各种奇巧造型的器物相结合，也构成了独具特色的中国青铜艺术。

我国古代青铜器的纹理图案中，可以看到丰富的文化内涵。首先，浓厚的祖先崇拜与宗教崇拜意识。青铜器中盛行饕餮图案，该图案形似奇怪，实则是镇鬼驱邪的图腾标志，象牙鸟羽结合而成的非牛非羊、非虎非豹的狰狞恐怖图案。其次，青铜器体现的是礼制文化。从墓葬中的随葬铜器可以看出，墓主人等级越高，随葬的青铜器数量越多，品质越好。礼器中最有代表性的是鼎。礼制规定，天子使用九鼎，然后依次下降，诸侯七，卿大夫五，士三。最后，青铜器的艺术内涵丰富深邃。从造型看，青铜器造型精致、质地细腻，处理精到，结构匀整，式样规范，衔接自然；从气势看，青铜器气魄雄伟，如商后母戊鼎重达875千克；从装饰看，商周青铜器装饰奇特生动，给人神秘之美。

青铜时代是一个以青铜器为文化和生活代表的历史时期，不以朝代为界限，从夏王朝初期开始，直到礼制被打破、铁器开始流行的战国时期，青铜时代才渐渐画上了句号。在这一时期，青铜器不仅作为国家政治的象征，还是社会等级、地位的象征，在很大程度上代表了中国早期的文明。

（5）文房四宝

中国独有的文书工具，即笔、墨、纸、砚。文房四宝之名，起源于南北朝时期。历史上，“文房四宝”所指之物屡有变化。在南唐时，“文房四宝”特指诸葛笔、徽州李廷圭墨、澄心堂纸、婺源（原属歙州府，现属于江西）龙尾砚。自宋朝以来“文房四宝”则特指湖笔（浙江省湖州）、徽墨（徽州，现安徽歙县）、宣纸（现安徽省泾县，泾县古属宁国府，产纸以府治宣城为名）、端砚（现广东省肇庆，古称端州）和歙砚（现安徽歙县）。

湖笔的产地在浙江吴兴县善琏镇。湖笔选料讲究，工艺精细，品种繁多，粗的有碗口大，细的如绣花针，具有尖、齐、圆、健四大特点。尖，指的是笔锋尖如锥状；齐，指的是笔锋撮平后，齐如刀切；圆，指的是笔头圆浑饱满；健，指的是笔锋挺立，富有弹性。湖笔分羊毫、狼毫、兼毫、紫毫四大类；按大小规格，又可分为大楷、寸楷、中楷、小楷四种。湖笔，又称“湖颖”。颖是指笔锋尖端一段整齐透亮的部分，笔工们称为“黑子”，这是湖笔最大的特点。这种笔蘸黑后，笔锋仍是尖形，把它铺开，内外之毛整齐而无短长。这一带的山羊，每只平均只出三两笔料毛，有锋颖的也只有六钱。一支湖笔，笔头上的每一根具有锋颖的毛都是在无数粗细、长短、软硬、曲直、圆扁的羊毛中挑选出来，具有尖圆齐健、毫细出锋、毛纯耐用的优点。

徽墨产于徽州地区的屯溪、歙县、绩溪等地，距今已有千年历史。徽墨以松为基本原料，渗入20多种其他原料，精制而成。成品具有色泽黑润、坚而有光、入纸不晕、经久不褪、馨香浓郁及防腐防蛀等特点，宜书宜画。高档徽墨有超顶漆烟、桐油烟、特级松烟等。

宣纸因产于古宣州而得名，有1000多年的历史，宣纸生产主要集中在泾县。宣纸因质地细薄、棉韧、洁白、紧密而著称于世，以耐老化、拉力强及不变色为最大特色，有“千年寿纸”之称。红星牌宣纸获全国著名品牌。

歙砚是我国四大名砚之一。因取石于古歙州（今歙县）的龙尾山，故称“歙砚”。歙砚已有1200多年的历史。歙砚石质坚韧，具有下墨快、不损笔锋、墨水不涸、洗之易净等特点，其中“坚润”二字体现了歙砚的特色。歙砚的品种繁多，其中以罗纹、眉子为上品。

6. 艺术文化的特征

（1）较高的文化品位

中国诞生了各种不同的艺术产品，都具有很高的文化品位，为中国的文化画上了浓墨重彩的一笔。例如中国书法是一种以汉字为表现形式，以线条造型为表现手段的艺术。书法艺术以独特的魅力和广泛的实用性深受人民大众的喜爱。我国的书法艺术经过历代书法家们的千锤百炼，可以说已达到了炉火纯青的程度。历代书法大家给世人留下了丰富的书法艺术珍品，供人们学习、观摩和欣赏，成为我国民族文化宝库中的宝贵资源。我国许多风景名胜地有不少优秀的书法作品（如石刻、匾额、楹联等），它提高了旅游地的文化品位，为旅游地增辉添色。人们每到一处游览，若看到优秀的书法艺术作品，往往会深深地为书法的美所陶醉。

（2）较好的群众基础

苏轼的《饮湖上初晴后雨二首》家喻户晓：“水光潋滟晴方好，山色空蒙雨亦奇。欲把西湖比西子，淡妆浓抹总相宜。”寥寥数语，把杭州西湖晴雨皆宜的美景传神地勾勒出来，湖也因诗而名“西子湖”。直到今天，人们到西湖也会想起苏轼的这首诗。再如李白《望庐山瀑布》:“日照香炉生紫烟，遥看瀑布挂前川。飞流直下三千尺，疑是银河落九天。”它夸张而又自然，新奇而又真切，形象地描绘了庐山瀑布雄奇壮丽的景色。天下瀑布不可胜数，唯庐山瀑布名声极大，太白诗宣扬之功不可小觑。这些都展现出了艺术文化具有较好的群众基础。

（3）较强的艺术感染力

文学艺术作为一种社会意识形态，具有相对的独立性。不过作为旅游资源的文学艺术往往不是独立存在的，而是渗透于其他类型的旅游资源之中，从而使这些旅游资源附着上了浓厚的人文色彩，使其具有较强的感染力。虽然没有具体形象来展现有关的文学艺术作品，然而因其早已深入人心，正是它们激发了人们前往某地旅游的愿望。游客在实地游览的过程中，往往会自觉地将景物与相关的文艺作品联系起来，从而增加游兴，获得更高的审美感受。

（4）各类艺术的交融性

各类艺术之间相互交融，形成了更加多样绚丽的艺术文化。“艺术的分类，通常把建筑、雕刻、绘画称为造型艺术或空间艺术；把舞蹈、音乐、诗歌称为音律艺术或者时间艺术。”在传统意义上，画，是以“再现自然”为基调，偏客观；而诗，是以“托物言志”为基调，偏感性。诗歌与绘画艺术的交融，画中有诗，诗中有画，在某一个留白之处，往往还会有画者本人或者旁人为画而题的一首诗，诗的存在不仅是对画作的一种解读，诗的本身也构成了画面的一部分，与画合二为一、融为一体。就这样，一代代的诗人、画家把以山水为主的绘画进行了人格化与精神化，使中国画不但是“看得见”的艺术，也变成了“感受得到”的艺术。

7. 艺术文化的旅游功能与开发

（1）艺术引致为旅游资源

这主要包含两个方面的内容。一方面，文学艺术作品本身即为旅游资源。文艺作品中的一些基本类型，如摩崖石刻、雕塑、绘画、工艺制品等，因其自身的吸引力而直接构成旅游资源。久负盛名的陕西西安碑林、广西桂海碑林、山东泰山石刻、重庆大足石刻、内蒙古阴山岩画、宁夏贺兰山岩画、江苏连云港将军崖岩画、广西花山崖画、云南沧源崖画等即属此类。

另一方面，文学艺术作品以其独特的艺术魅力促成旅游资源的形成。按其产生的方式，可以分为如下三种基本类型：一是确定型。某些文学艺术作品以确定地点、实有建筑为故事背景随着文艺作品的流传，其所涉及之处的知名度便相应提高，对游客具有强烈的吸引力。譬如，山西永济市普救寺的出名，首先有赖于唐代元稹所撰的《会真记》（又名《莺莺传》）。以普救寺为背景，叙述张君瑞与崔莺莺的爱情悲剧故事，文笔优美，刻画细致，为唐人传奇中之名篇，流传甚广。正如鲁迅先生所说："其事之振撼文林，为力甚大。"后世戏曲作者以其故事人物创作出许多戏曲，如金代董解元《西厢记诸宫调》和元代王实甫《西厢记》等。由《西厢记》说唱体进而被改编为杂剧，搬上了舞台，这就使普救寺得以深入民间。"史以戏传"的作用很大，无论戏中的故事和人物是否真实，一旦被之管弦，流传于民间，其影响则很难消失。其他如小说《水浒传》之于山东梁山泊、《西游记》之于江苏连云港花果山，戏剧《苏三起解》之于山西洪洞县的明代监狱（俗称"苏三监狱"），均属此类，不一而足。二是附会型。即原有的一些条件不具备旅游开发潜力，但文艺作品使它们具备了一定的影响力，提高了知名度，从而引起人们的广泛关注，经开发后成为现实的旅游资源。例如，陶渊明的《桃花源记》脍炙人口，因而湖南省桃源县一个风光优美的旅游地便被逐渐按照该文的描写修建成了"桃花源"，将作者的理想世界变成了一个真实的景观。再如三国时期赤壁之战实际上发生于湖北省蒲圻县（现名赤壁市），而苏轼谪居黄州（今黄冈市）时，常在黄州的赤鼻矶游憩，此地断崖临江，地势险要，引起了东坡居士的兴致，写下了《前赤壁赋》《后赤壁赋》《念奴娇·赤壁怀古》。"一词两赋"后来成了流传千古的佳作，使黄州赤壁名声大震，其知名度甚至超过了蒲圻赤壁，人们不得不称蒲圻赤壁为"武赤壁"，称黄州赤壁为"文赤壁"或"东坡赤壁"，以示区别。并在山上修建了碑阁、二赋堂、酹江亭等亭台楼阁，成为至今不衰的一个著名的游览胜地。"不是当年两篇赋，为何赤壁在黄州"，清人汪煦的诗从一个侧面证明了杰出文艺作品的深刻影响。三是人造型。即本来并不存在，按照文艺作品描述而建造的人造景观，比如河南开封的清明上河园即是，它是以北宋著名画家张择端的《清明上河图》为蓝本建造的一座以宋文化为主题的大型历史文化主题公园。再如，根据中国古典名著《红楼梦》的意境，运用中国传统艺术手法建造的北京大观园、上海大观园等大型主题公园。

（2）艺术对其他各类旅游资源的渗透

艺术可以分为有形的和潜在的艺术。有形的，即文化艺术内容通过具体的表现出现于各类旅游资源之中。潜在的，即没有具体形象来体现有关的文艺作品。敦煌石窟艺术是集建筑、雕塑、绘画于一体的立体艺术，古人在继承中原汉民族和西域兄弟民族艺术优良传统的基础上，吸收、融化了外来的表现手法，发展成为具有敦煌地方特色的中国民族风俗的佛教艺术品，为研究中国古代政治、经济、文化、宗教、民族、中外友好往来等提供了珍贵资料，是人类文化宝藏和精神财富。而其壁画艺术则是敦煌石窟艺术中数量最大、内容最丰富的部分，这些壁画既有反映宗教题材的，也有反映当时一些生产劳动场面、社会生活场景的，为研究4世纪到14世纪的中国古代社会提供了宝贵的资料。莫高窟的壁画也具有很高的艺术价值，盛唐时期的壁画水平最高。学者都将敦煌壁画称作“墙壁上的图书馆”。石窟壁画富丽多彩，各种各样的佛经故事、山川景物、亭台楼阁等建筑画、山水画、花卉图案、飞天佛像以及当时劳动人民进行生产的各种场面等，是十六国至清代1500多年的民俗风貌和历史变迁的艺术再现。在大量的壁画艺术中还可发现，古代艺术家们在民族化的基础上，吸取了伊朗、印度、希腊等国古代艺术之长，是中华民族发达文明的象征。各朝代壁画表现出不同的绘画风格，反映出我国各朝代封建社会的政治、经济和文化状况，是中国古代美术史的光辉篇章，为中国古代史研究提供了珍贵的史料，从很大程度上加强了敦煌石窟的文化底蕴。

（3）文化艺术是旅游宣传的重要手段

诗词绘画等艺术形式都可以作为旅游的宣传。寒山寺位于姑苏城外枫桥边，始建于六朝，距今已有1400多年的历史，唐贞观年间改名为寒山寺。它坐东朝西，门对古运河，旧临官道（今属江苏苏州金阊区枫桥镇）。“月落乌啼霜满天，江枫渔火对愁眠。姑苏城外寒山寺，夜半钟声到客船。”唐代诗人张继途经枫桥，写下的这首七言绝句，写了霜天、残月、栖鸦、枫树、渔火、旅客、桥、树、水、寺、钟，经过诗人艺术的再创造，就构成了一幅情味隽永、幽静迷人的江南水乡夜景图，成为流传古今的名作，千百年来被人们吟唱不绝。由于张继《枫桥夜泊》这首千古绝唱，使一个荒村小寺寒山寺、江南小桥枫桥成为千秋名胜，从此诗韵钟声千古传颂。如今每到新年，人们都有到寒山寺听钟声以抛弃烦恼忧愁的习俗。寒山寺每年都要接待成千上万的日本旅游者，其中许多日本游客专到寒山寺去度过除夕之夜，聆听寒山寺的钟声，自1979年开始一年一度的寒山寺除夕听钟声活动，这是苏州市旅游史上十分突出的具有地方特色的旅游项目，这项活动在我国旅游界有较大的影响，在海内外享有很高声誉，千年古刹寒山寺由此更加名扬海内外，并引发我国许多城市都在年终岁末举办各种各样的敲钟和听钟活动。

七、建筑文化

1. 建筑文化概念

建筑文化是人类社会历史实践过程中所创造的建筑物质财富和建筑精神财富的总和。建筑文化本身是广义文化中的一个分支，同时建筑也是其他文化的容器，是其他文化的综合反映。文化的多元性、地域性、时代性和层次性不可避免地会对建筑的发展产生深刻的影响。建筑文化既是社会总体文化在建筑活动中的体现，同时也是建筑活动对社会文化的反馈，两者是相互促进、同时发生的。从物质方面看，指城市、乡村、建筑物、园林、道路等人为的空间环境实体；从精神方面看则指通过物质（空间环境实体）体现出来的建筑理论、人的审美观、价值观、哲学观等。中国古代建筑的文化内涵为风水观，五行观，宗教等级制度，写意建筑，吉祥、重道德。中国古建筑反映出了中国人的思想观念，追求务实精神，注重结构逻辑的真实性，很少刻意附加装饰，并且以人体尺度为出发点，不求高大永恒。

2. 建筑文化的形成

任何生物形式，都是在与自然界抗争与共生的过程中，获得自己的生存权。在我国境内人类活动伊始，也就是在原始社会初期生产力发展水平极度低下的状况下，人类对于生存空间的要求，也只是能够遮风避雨，抵御猛兽侵袭。在我国境内，一向居住着文化不同、祖先不同的各个民族，他们各自在所居住的不同地区内，与自然发生交互作用。在我国辽阔的土地上，南北地理和气候的差别很大，东西地质和河湖的变化各不相同，为了适应各个地区不同的自然环境，先民们经过一番奋斗创造了各式各样的建筑形式。例如，我国北方雨量较少而风力较大，故建筑上采用平顶或者囤顶的形式，我国南方天气炎热而且湿润多雨，故建筑采用楼房或者敞厅的形式；黄河中游为黄土平原，土厚而结实，因而产生厚重的窑洞民居；江南为丘陵地带，盛产竹木，因而出现了轻快的房屋；还有许多其他不同地区，有着不同的建筑做法等，都能尽可能适应各地的自然田间和地区特点。简单点说，中国建筑发展史就是中国先民们不断与自然发生交互作用，不断认识自然、改造自然的历史过程。我国的建筑发展史大致可以分为如下几个阶段。

（1）原始人类和氏族社会的建筑

“南巢北穴”是我国原始人类居住地的简练概括，古文化遗址提供的证据充分证明了这一点。考古发现提供的充分证据表明真正具有“土”的成义的中国古代建筑最早萌芽于新石器时期：当时的黄河流域一带植被茂密，雨水丰沛，气候宜人，自然生态条件极为优越，穴居、半穴居的居住形式大量流行于黄河流域及北方地区。穴居、半穴居的“土穴”建筑形式正式代替自然洞穴形式的居室建造。与北方流行的穴居方式不同，南方湿热雨的气候特点和多山密林的自然地理条件，形成了南方民族“构木为巢”的居住模式，出现了木结构形式的树枝搭盖和简单构架“屋舍”。

农耕文明的进步，使中国古代“建筑”的一部分不仅告别洞穴，出现木建筑，而且慢慢向远离山林的田畴迁移，空旷的田野找不到现成的居所，于是人们不得不动手营造简单的庇护所，房屋建筑的木构架技术便开始出现了。从先民们居住的遗址中可以了解到，早期的建筑以窝棚、树巢、窑洞之类为主要形制，在此基础上还发展了屋顶和土墙技术。

（2）奴隶社会至封建社会初期的建筑

奴隶社会至封建社会初期具体指的是从公元前 20 世纪到公元前 5 世纪的夏、商、西周及春秋时期。这段时间大致就是中国古代建筑文化的发展和基本形成时期。从遗址发掘的情况可以断定，至少在商代就已经出现以梁柱式木结构为骨架的高台基、封闭式廊院建筑组群和布局了，房屋面积宽大，排列整齐，方位准确。从河南安阳小屯出土的夯具和立柱垫石看，已有土方和木架结构法等先进建筑技术运用的痕迹。住室的屋顶，也出现了前后两坡式。从殷墟甲骨文的家、宅、官、室等字形看，屋顶建筑的“益”形式已经非常普遍。殷居室艺术显然比前商住室进步，已由穴居、半居的窟升上地面，出现堂基。虽仍然是“茅茨土阶”，但大型建筑、帝王宫殿在这一时期开始出现。殷周时代的居室，是这个阶段最典型的代表。从河南二里头、安阳殷墟的考古发掘中，我们发现埋没了 3000 多年的殷商宫殿建筑基址、商王陵墓、贵族和平民墓葬等建筑，以及四合组织、奠中式庭基、日影定向法和测平法等已盛行的建筑技艺。周出现大屋顶住室，有了瓦屋，如《春秋》隐公八年（前 715 年）“盟于瓦屋”。在陕西的考古发掘中发现，西周已有形制完整的四合院型的居室。东周，斗拱技术发展，彩绘流行；筑台成沼、筑城出池的奢靡建筑风格大兴。

这一时期改进、创造了三种基本住宅形制：一种是沿着“窟”式发展演变，构成了窑洞式建筑，现在北方许多地区仍然保留着窑洞式建筑；一种是沿着“庐”式发展演变，构成了更为坚固的窝棚，有了粗大木构架，并发展为四合院居室形式；一种是将“庐”衍化成可以拆卸、迁移的帐篷建筑形制（早期的毡房，是用兽皮、兽毛、桦皮、粗织物或其他敷盖物等搭盖在树干架上可拆迁建筑的住所），如鄂伦春族“歇人柱”帐篷及蒙古族毡帐的早期居室形式。这一时期另一特点就是出现了早期城市建筑。至周代，中国城市建筑已形成礼约规制，城市建筑基本模式按《周礼·冬官考工记》载，“匠人营国，方九里，旁三门，国中九经九纬，经涂九轨。左祖右社，面朝后市，市朝一夫”，并一直成为整个中国封建社会古代城市建筑布局、安置等的基本依据。

（3）封建社会中晚期的建筑

经过夏、商、周三朝的发展，至秦汉时，已经出现了成熟的砖、瓦、夯土等技术，标志着中国古代建筑体系基本形成。之后数朝，中国古代建筑文化逐渐进入成熟阶段，无论在城市建设、木架建筑、砖石建筑、各式宗教建筑，还是在建筑装饰、设计和施工技术方面都有巨大发展。

秦汉时期，建筑气势宏伟，如秦汉长城、秦汉陵墓和咸阳城等；宫室建筑豪华壮丽，如秦阿房宫、汉未央宫、建章宫等。汉代统治者还建立完善了祭祀天、地、山川和祖先等的建筑类型。这一时期由于石建筑发达，明器、画像砖、画像石、石室等建筑元素大量运用，魏晋南北朝大量塔庙和石窟等宗教建筑的出现，丰富了中国古代建筑体系。

隋唐建筑，在形制艺术上更趋进步，施工技术和组织管理愈加严密完善，建筑思想也开始主动追求比较舒适的生活环境，而且居室的坚固程度有了极大提高。建筑文化的突出表现是斗拱与木架构技术成熟、砖石建筑和拱券结构有了很大发展，城市建筑规划理念亦基本形成定式。

宋代建筑风格，没有唐代的雄浑、阳刚，但创造出自己时代的阴柔之美，建筑造型更加多样。北宋出现了我国第一部有关建筑设计及技术经验总结的完整巨著《营造法式》，反映出宫式建筑系统的发展水平。

明清时期，单体建筑的技术和造型上没有新创，但突出了梁、柱、檩的直接结合，减少了斗拱这个中间层次的作用。在建筑群体组合、空间氛围的创造上，也有更显著的成就。尤其是园林建筑，成为中国建筑的最辉煌的代表。

3. 建筑文化的特征

（1）以木构架为主的结构方式

使用木材作为主要建筑材料，从而创造出独特的木结构形式。建设的一般过程为：先在石头的基础上建立柱子，然后在柱子上架上梁，再在梁上数层瓜柱和梁，最上层立脊瓜柱，构成了一组木构架。这种木结构体系最大的特点就是承重和围护结构分工明确，使建筑物上的重量都由柱子承受，而墙壁只起围护和分割的作用。由此门窗的配置不受限制，具有“墙倒屋不塌”之妙，除此之外，这种结构还有其他优点，如便于适应不同的气候条件（可随意安排房屋的高度、屋面的材料、窗户的变化）；减少地震危害的可能性（各结点有一定的收缩余地）；提供材料方便。

（2）院落组织齐全

庭院组群平面布局一般是以间为单位构成单座建筑，再以单座建筑组成庭院，进而以庭院为单位，组成各种形式的组群。主要表现为两种方式：三合院（在纵轴线上安置主要建筑，再在院子两侧安排次要建筑相对峙，形成H形或T形）和四合院（在三合院的基础上，在主要建筑对面建造次要建筑，构成矩形的形式，通常用走廊、围墙将四座建筑连接起来，成为封闭性较强的整体）。其原则是内向、含蓄、多层次，力求均衡对称。除特定的建筑物如城楼、钟鼓楼等外，单体建筑很少露出全部轮廓。每一个建筑组群少则有一个庭院，多则有几个或几十个庭院，组合多样，层次丰富，弥补了单体建筑定型化的不足。平面布局取左右对称的原则，房屋在四周，中心为庭院，组合形式均根据中轴线发展。唯有园林的平面布局，采用自由变化的原则。

（3）变化多样的装修和装饰

室内间隔采用棉扇、门、罩、屏等便于安装、拆卸的活动构筑物，能任意划分，随时改变。庭院是与室内空间相互为用的统一体，又为建筑创造小自然环境准备条件，可栽培树木花卉，可登山辟池，可搭凉棚、花架，有的还建有走廊，作为室内和室外空间过渡，以增添生活情趣。关于颜色的运用，也存在很独特的地域特色。中国北方的建筑很善于运用色彩的对比与调和，往往具有鲜明活泼的特点。房屋的主体部分，也可以经常照到阳光的部分，一般用暖色，尤其是用朱红色；房檐下的阴影部分，则用蓝绿相配的冷色。这样就更强调了阳光的温暖和阴影的阴凉，形成一种悦目的对比。朱红色的门窗部分和蓝绿色的檐下部分往往还加上金线和金点，蓝绿之间也间以少数红点，使得建筑上的彩画图案显得更加活泼，增强了装饰效果。

4. 中西方建筑文化的差异

由于地理环境、民族性格、历史文化（如传统文化与哲学观念等）等因素差异的影响，中国古建筑与西方古建筑在建筑材料与结构、建筑布局、装饰色彩、艺术风格、美学价值等方面存在着诸多差异。

（1）在材料方面的差异

中国古建筑主要是土木制品，采用框架式结构，榫卯安装，梁架承重。外观富有曲线美，气韵生动。而西方古建筑主要是石质制品，采用围柱式、券柱式结构，墙柱承重。重视块、面的应用，形态厚重。中国古建筑的砖木结构适应小家小户的个体生活，凭借经验和巧思即可成功，故中国古建筑始终没有上升到近代力学的理论高度。西方古建筑多兴建大跨度的拱门、穹隆以容纳成千上万的会众，要有精密的力学知识，由此促进了结构力学的理论发展。

（2）在细节特色方面的差异

中国古建筑由于是木构件，需要油漆或涂料保护，色彩以红、黄、绿、蓝为主色调，台基多为汉白玉，鲜艳夺目，具有强烈对比的特征。而西方古建筑由于多使用石质材料，色彩以白、灰、米黄为主色调，朴素淡雅，具有调和特征，但内部装饰色彩鲜艳，追求一种光怪陆离、梦幻、朦胧的宗教感应氛围。

（3）在空间布局方面的差异

中国古建筑为群体组合，即由一个个的单位建筑组合而成一个大的建筑群，空间上横向扩展，讲究中轴对称，追求纵深效果。城市布局多为矩形或方形。整体风格是内向的、封闭的、严谨的，追求内在的含蓄和私密性；而西方古建筑多注重单体的建筑艺术效果，空间上垂直扩展，讲究突兀高耸，追求立体效果。城市布局多同心放射状，整体风格是外向的、开放的、活泼的，追求外在的进取和自由性。

5. 建筑文化的分类

中国古建筑的种类繁多，形式多样。我们这里介绍的古建筑主要是指在历史上具有一定的纪念意义并且现在仍具有一定观赏价值的建筑物。主要有古代城池、宫殿建筑、帝王陵寝、长城和关隘、古代桥梁、古代园林与亭台楼阁、宗教祭祀建筑、装饰性建筑、衙署与会馆、各地民居。

（1）古代城池

中国古城极具特点，筑有高大雄伟的城墙，城墙外有护城河，有的城内还有皇城、宫城、内城等，可谓“城中有城”“固若金汤”。城市建筑布局封闭、严谨，强调中轴对称，如北京古城的中轴线从永定门经前门过紫禁城（故宫）直至安定门、最后到德胜门，长达 8 公里，这条中轴线如同人的神经中枢，统率着整座北京城变化起伏和左右对称的空间分配，使北京城具有独特、壮美的秩序。都城的布局为前朝后市，左祖右社，城市轮廓多呈正方形或矩形，城内街道房屋呈棋盘状分布，秩序井然（如西安、北京等）。这与西方古城所具有的活泼、开放、自由的风格（同心圆、放射状）形成鲜明的对比。其根源在于不同传统文化的影响（中国是封建礼制文化，具有封闭、严谨的特质，西方是推崇自由与民主的开放文化，具有开朗、活泼的特质）。

我国的古都古城包括民居的选址布局比较讲究风水，一般追求背山面水、左右护围、坐北朝南的地理环境。祈求平安顺利，渴求人居环境与自然环境的和谐是人们的共同愿望，或许是这样一种心理，使风水文化在人居建筑中至今仍具有一定的生命力。

在我国，古都古城风貌目前仍保存得较好的历史文化名城有西安、北京、南京、曲阜、平遥、荆州、襄阳等（其中现存规模最大的古城是南京城），这些古城的古城墙、护城河吸引着众多的游人。

（2）宫殿建筑

宫殿建筑是皇帝为了巩固自己的统治、突出皇权的威严、满足生活享受而建造的规模巨大、气势磅礴的建筑群。其最主要的特征是规模宏大、结构规整、气势非凡、装饰华丽、多姿多彩。宫殿建筑具有等级森严的大屋顶，金黄色的琉璃瓦铺顶，硕大的斗拱，绚丽的彩画，高大的盘龙金柱，雕镂细腻的天花藻井，汉白玉台基以及众多的建筑小品，以显示宫殿的豪华富贵。建筑物的布局上强调中轴对称（前朝后寝、左祖右社、三朝五门），装饰多具吉祥含义。在旅游审美上以其巍峨、崇高、雄伟、辉煌、森严、肃穆为特色。

我国宫殿建筑较著名的有秦代咸阳宫、阿房宫，西汉长乐宫、未央宫、建章宫（汉三宫），唐代太极宫、大明宫、兴庆宫（唐三宫），明代凤阳中都城，明清北京紫禁城等。其中北京故宫（紫禁城）是我国古代宫廷建筑保留最完好的一处，占地面积72万平方米，建筑面积15万平方米，有大小房屋上万间。主要建筑有太和殿、中和殿、保和殿及御花园等。故宫周围是10米高的红墙，周长逾3400米，城墙外是护城河。故宫是一处豪华壮丽的殿宇之海，这处宏伟的古建筑群充分显示了我国宫殿建筑艺术的高超水平。

（3）帝王陵寝

大约到了周代，始有封土出现，爵位越高，封土越大，大者如丘山。后来，大得如同山陵一样，因而帝王的坟墓称为“山”或“陵”，加上陵前供死者灵魂起居的寝殿和子孙祭祀用的祭殿等，合起来就是通常所说的“陵寝”。

位于陕西省临潼区骊山秦始皇陵，其规划和造型建制也都十分严格整齐。陵丘为三层方形夯土台，顶部建有寝殿；坟上遍植柏树，以象征山林。秦始皇陵周围有二层围墙，围墙正中建门阙，整齐对称；陵墙外还有规模宏大的兵马俑坑。

汉承秦制。西汉陵墓大部分位于长安西北咸阳至兴平一带，陵丘都是正方形截锥体，称为方上。陵上面建寝殿，四周建围墙，呈十字轴线对称。帝陵旁还有后妃、功臣贵戚的坟墓，形式与帝陵相似，但规模大为减小。帝陵周围还建有官署、贵戚第宅、苑囿，外绕城墙，称为陵邑，是一种很特别的贵族居住区。东汉帝陵大部分集中在洛阳（北魏）北邙山上，形制继承西汉，但体量缩小，而且没有陵邑。

南朝帝陵规模不大，坟丘上不建寝殿，但开始在陵前设置纵深的神道，神道两侧对称排列石刻的麒麟（辟邪）、墓表和碑。唐代陵墓是汉陵以后的又一种典型形式。唐代十八处陵墓中有十五处是利用自然山丘作为陵体，周围建方形陵墙，四面正中建阙门，外置石狮，正南设置很长的神道，南端建大阙门。两侧布置石人、石马、朱雀、华表等。陵顶不建寝殿，而改在门内设献殿。五代十国帝陵规模都不大，从已发掘的南唐二主和前蜀王建墓来看，更多注重墓内装饰，雕刻、壁画的构图和技法水平都很高。

北宋陵墓综合了汉唐的特征，但更规格化。帝陵的主体称为上宫，为十字轴线对称，方形围墙，四面正中设门，转角处建角楼，南面设神道，建阙门。神道两侧对称排列大朝会的仪仗，有宫女、官员、使臣、马、象、羊、虎等石刻，最南端建阙门，称为乳台。另在上宫的北面建下宫，为一组供奉帝后遗像和祭祠使用的祠祀建筑。帝陵西北方为后陵，形制与帝陵相同而规模减小。宋以前帝王陵墓至今只发掘了很少几座，很难全面判断墓室形制，但从已知的有关材料来看，大体上汉以前多为土穴木椁方形单室；汉以后多为砖石拱券结构，有前、中、后三墓室或前后二墓室。

明代陵墓继承了宋代集中建陵，组成陵区环境的传统，同时加强了神道建筑处理，突出陵墓前导部分的气氛，但对陵体做了大的变动。明陵的陵体完全宫室化，是对朝会格局的模拟，其中前朝部分为宫室型的纵向院落，而将后寝部分改为明楼宝城。清代陵墓与明陵基本相同，只是规模略小，每个陵墓都设神道，并有独立的后妃陵墓。墓室都是多室型拱券结构。

我国现保存的古代陵墓较多（如第一批公布的180处全国重点文物中就有19处是属于陵墓建筑），规模壮观，保存较为完好，这与我国古人崇拜祖先、“厚葬以明孝”“来世转生”的文化意识有关。西安及其附近是我国帝王将相陵墓最为集中的地方。帝王陵墓除了骊山秦始皇陵墓以外，还有西汉11个皇帝的陵墓，唐代18个皇帝的陵墓等，其中著名的帝王陵墓有昭陵（唐太宗李世民之墓）、乾陵（武则天与唐高宗李治的合葬墓）、茂陵（汉武帝刘彻之墓）等。北京明十三陵，辽宁、河北的清陵等也是帝王陵寝集中之地。除了帝王陵寝外，我国还有许多名人陵墓如孔子墓、关陵（头葬洛阳，身葬当阳）、岳坟、昭君墓，以及近现代的中山陵、毛主席纪念堂等都是重要的陵寝旅游资源。

中国陵墓建筑是建筑、雕塑、绘画、自然环境融为一体的综合艺术，古代中国陵寝除了追求强烈的礼制色彩和大规模建筑组群的空间组织处理方面的精湛造诣外，还刻意追求山川自然形势的完美，细心探究自然景观美与人文景观美的有机结合，力图使整体环境给予人很强的艺术感染，营造神圣、永恒、崇高、庄严、肃穆而又充满生气的感应氛围。

陵墓景观的鉴赏，主要应从建筑的艺术形式、雕塑的艺术形式、祭品的艺术形式等方面把握，并注意从外观结构（地面建筑部分的祭祀建筑、神道，地下建筑部分的地宫建筑）和内在意蕴（风水观、礼制观）两个方面去鉴赏。

（4）长城和关隘

长城是古代中国在不同时期为抵御塞北游牧部落联盟侵袭而修筑的规模浩大的军事工程的统称。长城的修筑始于西周时期，曾出现过著名的“烽火戏诸侯”事件。春秋战国时期长城的修筑进入高潮，但当时长城都较短。秦统一天下后，秦始皇对原有的各国长城进行了连接和修缮，达到万里。此后，历朝都或多或少地进行了修筑或修缮，尤以汉、明两朝规模最大。长城最著名的九大关隘有山海关、黄崖关、居庸关、紫荆关、倒马关、平型关、雁门关、偏关、嘉峪关。

（5）古代桥梁

我国桥梁建筑的历史悠久，至少已有3000多年的历史，不少桥梁建筑经历了千百年的风雨考验，至今仍然坚固完好。我国地理环境上多山多水，为交通便利，遇山则开路，遇水则架桥，故桥梁遍布祖国山河。有的桥长若垂虹，有的桥环如半月，有的如玉带浮水，有的雄伟壮观、气贯长虹，有的小巧玲珑、柔美纤巧，可谓千姿百态。很多古桥已成为游览、观赏的重要对象，吸引着众多的游客。

桥梁大致可以分为梁桥、拱桥、索桥、浮桥几种基本类型，具有交通运输、遮风避雨（如风雨桥）、点缀河山、观景赏景等功能和用途。我国著名的古代桥梁有所谓的“古代三大名桥”——河北赵县的赵州桥（又名安济桥，系隋代李春设计建造）、福建的泉州与惠安交界洛阳河上的洛阳桥（万安桥）、北京永定河上的卢沟桥。驰名全国的古代桥梁还有西安附近的灞桥（我国最古老的桥梁，系汉代建造），苏州的宝带桥、枫桥，广东潮州的广济桥，福建的安平桥（又名“五里桥”）等。江南水乡更是“小桥流水人家”，如诗如画。历朝历代，古代桥梁比比皆是，浙江绍兴有“古代桥梁博物馆”之美称。

我国古代桥梁，特点主要有三个。一是它的地区性，即各种不同的桥形、构造及其用料都因地区不同而不同。二是它的实用性，即古人造桥，讲究实用，注意发挥桥梁的最大效益。三是它的社会性，即为全社会共同享用。

（6）古代园林与亭台楼阁

壮丽的宫殿、雄伟的长城和曲折多变的园林，是中国建筑文化中的三大瑰宝，一起构成中国古代建筑的主调。宫殿体现崇拜与信仰，长城体现意志和力量，园林则体现趣味和感情，物质外壳的内部有丰富的精神蕴藏。按其所属，中国园林分为四类：皇家园林、私宅园林、寺庙园林和公共园林。

亭台楼阁泛指建造在园林庭院中供游憩欣赏的建筑，是古代园林建筑中的佼佼者，是古代园林的重要组成部分。我国古代园林，都有亭台楼阁点缀其间，使园林增添古朴典雅的色彩。一般来说，亭台楼阁必有妙联点缀。这些楹联，意境高远，凝聚着景点的深厚文化内涵，为亭台楼阁增光添色，为园林增添了几分雅趣。

（7）宗教祭祀建筑

在中国的封建社会里，宗教祭祀活动是社会各阶层很重要的精神生活，所以不惜花费巨资来构建宗教祭祀建筑。其规模之巨大，建筑之精美，分布之广泛，都是令人惊叹的。主要种类有寺、观、祠庙、塔。迄今保存最多最好的古建筑，正是以前的宗教祭祀建筑。坛庙建筑大体分为四类：第一类，据周礼“左祖右社”之制建于皇城前，即帝王主持祭祀的“太庙”和“社稷坛”。第二类，依郊祭古制，建在近郊，有天、地、日、月坛等。第三类，祭祀曾对中国各项事业做出过重大贡献的历史人物的庙、祠。第四类，按社会地位与等级，在民间为祭祀祖宗而建的家庙族庙。

（8）装饰性建筑

人们常见的华表、牌坊、碑阙、照壁都是这一类建筑。

华表：一般立于宫门口、桥头、墓前。从史书记载和出土的画像砖知道，华表在汉代已经比较常见了，有的设于路口，有的立于墓前。汉代的华表用木制，很像一朵花，古代“化”“花”通用，所以叫“华表”。东汉时开始以石柱作表，立在墓前作为神道的标志。华表在宋代已是桥头的一种装饰建筑了。

牌坊：随着里坊制度被取消，坊门单独立于街口，演变为牌坊，成为装饰性的建筑，设于桥头、庙前、墓前、街口，同时也保留了它的旌表功能，所以古代多为贞女、烈妇、孝子、忠臣、状元立牌坊。牌坊进一步发展，出现了牌楼。

碑阙：碑起源于先秦时代。据考，西汉时已有人单独竖立这种纪念性的墓碑，到东汉时已成一种风气。到了隋唐，立碑之风更盛，碑的制作也越来越精细和考究。现存最大的墓碑，是江苏省苏州市城外灵岩山的韩世忠墓碑，高达三丈，碑文13000多字，领全国之冠。阙是古代宫室门前的高大建筑，古时又称“观”，作用包括张贴布告和法令，以及表示宫室主人的尊卑等级。

照壁：又叫“影壁”，多建于府门、宅门、庙门及园林大门内外。

（9）衙署与会馆

衙署，指中国古代官吏办理公务的处所。《周礼》称官府，汉代称官寺，唐代以后称衙署、公署、公廨、衙门。衙署是城市中的主要建筑，大多有规划地集中布置，采用庭院式布局，建筑规模视其等第而定。会馆是旧时代科举制度和工商业活动的产物，是北京一种独特的文化现象。明朝至清中叶，北京公开演戏的场所很少，大部分戏剧的演出是在会馆的戏楼里举行，所以较大的会馆都建有戏楼。保留下来的湖广会馆大戏楼、银号会馆的正乙祠戏楼、平阳会馆戏楼和湖南会馆戏楼等，都是难得的北京戏剧活动的历史见证。

（10）各地民居

传统民间建筑主要包括民居和村落。它有着悠久的历史传统，在建筑的群体组合、院落布局、空间处理、外观造型、地形利用等方面，人们都积累了丰富的经验。不同地区、不同民族的民居和村落都有着自己独特的艺术风格和特色，这些风格和特色的形成与当地的地理环境、民风民俗和生活方式有密切关系，可谓“地域环境的一面镜子”。传统民居的外观虽然种类繁多，但大致可以归纳为合院式（如四合院、三合院）、干栏式（用竹、木等构成的底层架空的楼居）、碉房（青藏高原的住宅形式，用土、石砌筑形似碉堡的房屋）、毡帐（如蒙古族的蒙古包、哈萨克族的毡房、藏族的帐房）、阿以旺（新疆维吾尔民居，房屋连成一片，平面布局灵活，庭院在四周）等。我国传统民居建筑很有特色的有北京的四合院、黄土高原的窑洞、西南地区的吊脚楼、福建的土楼、安徽古民居、广东的碉楼和围龙屋等。

6. 建筑文化的旅游功能与开发

（1）建筑文化的旅游功能

①建筑文化是各种文化的集中体现

建筑是物质外显和文化内涵的有机结合，是历史文化的一面镜子，是一定时期社会文化的缩影，在古建筑的欣赏中，若能从文化底蕴上来发掘，将趣味大增。如北京天坛以圆形为基本构图，蓝色为基本色调，翠柏为基本背景，并使用了一、三、五、九等与“天”有关的尺度，突出地象征与体现了“天”这个主题。中国古代传统思想对古建筑的影响极大，这主要表现在我国古建筑在审美文化上具有四大特点：以大称威，如万里长城、北京故宫、承德避暑山庄、阿房宫等无一不是以大称威的杰作；以中为尊，如国都选址上要“择天下之中而立国（都）”，在都城规划上，要“择国之中而立宫”。建筑群的主要建筑应建在中轴线上；礼制至上，即建筑上有十分森严的等级制度观念，这从屋顶形式、台基高低、面阔间数等可见而知；祈吉为尚，我国古建筑的装饰和内外陈设都有祈求吉祥的含义。如龙、凤、龟、麒麟、狮、象、松柏、灵芝等图案，鸱吻、藻井等为镇火的装饰物。在我国，建筑大师梁思成曾经这样说：“建筑是一面镜子，它忠实地反映着一定社会的政治、经济、思想、文化。”欣赏中国传统建筑应该从文化内涵上去仔细体会和把握。

②建筑文化是重要的旅游吸引物

我国是一个历史悠久的文明古国，古建筑是我国优秀文化遗产的一部分。我国古建筑比比皆是，千姿百态，丰富多彩，装点在祖国美丽辽阔的大地上。其中有许多古建筑享有盛名，蜚声海外，如万里长城被称为世界七大奇迹之一；北京故宫、承德避暑山庄、山东曲阜孔庙堪称我国三大古建筑群；还有著名的“江南三大名楼”——黄鹤楼、岳阳楼、滕王阁。在中国十大风景名胜中，古建筑占据4项；中国旅游胜地四十佳中，古建筑占据12项。由此可见，古建筑在我国旅游资源中的重要地位。众多的古建筑是我国发展旅游业的优厚资源条件。中国传统建筑的结构与布局形式、组合方式与造型特征是旅游者很感兴趣的赏景对象。中国古建筑以丰富的文化内涵、鲜明的文化个性、高度的鉴赏价值、强烈的艺术魅力吸引着广大的中外游客。西方古典建筑如众多的神庙、教堂、宫苑也有很高的艺术水平和审美价值，同样是重要的旅游资源，对游客产生巨大的吸引力。

③建筑是旅游接待业的基础承载

住宿、游客接待中心等基础承载都是建筑，住宿设施的建设应在保护古建筑的基础上进行，许多开发商为了追求经济利益忽视古建筑的承载力，随意开发住宿设施。古建筑都是历史沉淀下来的瑰宝，但是因其年代久远，也面临一系列修复问题。同时，住宿设施的修建必定会对古建筑产生一定的影响，所以在保护的基础上实施修复计划是很有必要的。

（2）建筑文化的旅游开发

①成为吸引物

旅游产品要靠建筑去表达、表现出来。建筑美学传达给旅游者是这些建筑作为一种旅游产业的产品，旅游者往往是通过建筑物的形式达到对建筑美学所包含的历史文化、风俗文化以及宗教文化的欣赏和了解。建筑美学把所在城市的人文历史及现实特点展示一览无遗，并以文化传递的方式，满足旅游者对于建筑所在地的生活阅历、文化素质等的精神需求，创造极具个性的地方历史文化特色环境，以此展示其丰富悠久的文化内涵，使所在地积累了几十年甚至近百年的富有文化韵味的传统文化得到继承和发扬光大，创造一种独特的建筑美学特色，使建筑美学更好地融入旅游中来，营造独特、鲜明的个性，表现出与众不同的旅游布局形式。

②成为目的地文化背景

建筑能够成为体现目的地文化的背景。文化是建筑的灵魂，我国建筑大师梁思成曾说过："欣赏优秀的建筑，就像欣赏一幅画、一首诗。建筑最吸引人的地方是蕴藏其间的一系列的'意'。"（即文化内涵与创意）建筑文化资源的旅游开发，关键在于采用适当的方式表现这一系列的"意"，使之具有文化内涵。

旅游景区（点）建筑设计应顺应自然，从传统建筑文化中吸取精华，做到人工建筑与环境融为一体。建筑在风格特点、造型体量、比例尺度、色调对比上要服从环境整体，不能喧宾夺主。建筑物宜低不宜高，宜小不宜大，宜分散不宜集中，宜淡雅的乡土之风而不宜有华而不实的商业气息。正如美国建筑大师莱特说的"建筑要像从地里自然生长出来的那样""建筑物应该是自然的，要成为自然的一部分"。北京大学的景观设计专家俞孔坚曾经提出"天地人神"合一的观点。他曾对忽视自然环境在旅游区和城市绿地系统中的重要地位而仅仅强调匠意的花园构筑意识提出了强烈批评，认为建筑景观设计应遵从自然、体现文化。目前我国不少地方的旅游景区建设在建筑上存在不少败笔，商业化、公园化、城市化现象严重。还有些地方搞宗教旅游，把笔直的大路修到庙宇前，汽车停到山门，附近还盖起了西洋式的宾馆，美其名曰是为了便于旅游，实则大煞风景，严重破坏了寺庙建筑所需要的环境气氛。中国的旅游开发者应该注意向古人学习，继承和弘扬中国传统建筑文化的精髓（如"人地和谐"的风水观等）。

③承载接待设施

建筑文化元素可以在旅游接待设施中体现。旅游接待建筑应与周围环境相协调。建筑与所处地段环境之间相互关联是以"场景"的形式共存的。建筑形式要体现出这种关系，就应创造性地去配合"场景"，并力争把这种"场景"组织在风景环境之中。出色的风景环境，并不只在于其中自然景点或某一人文景观，还在于自然与人工统一美的表现力和富于变化的整体性。新的建筑不能只注重自身的完善，还需与所处环境有机结合，互为补充，保持和发展环境的完整特性。风景区旅游接待建筑不仅要求本身具有完整的功能特性，满足游客的要求，还应与风景环境相协调。总之，旅游接待建筑布局，应以尊重和保护风景区环境资源为前提。

八、园林文化

1. 园林文化概念

园林，是指特定培养的自然环境和游憩境域。在一定的地域运用工程技术和艺术手段，通过改造地形（或进一步筑山、叠石、理水）、种植树木花草、营造建筑和布置园路等途径创作而成的美的自然环境和游憩境域，就称为园林。在中国传统建筑中独树一帜，有重大成就的是古典园林建筑。园林还包括庭院、宅园、小游园、花园、公园、植物园、动物园等，还包括森林公园、风景名胜区、自然保护区或国家公园的游览区以及休养胜地。园林是传统中国文化中的一种艺术形式，受到传统“礼乐”文化影响很深。通过地形、山水、建筑群、花木等作为载体衬托出人类主体的精神文化。

中国园林历史悠久、风格独特、分布广泛，园林文化源远流长、博大精深，在世界园林史上负有盛名，被誉为“世界园林之母”。中国古典园林不仅荟萃了自然美，而且集人工美、艺术美于一体，堪称综合艺术类型的典范。同时，古典园林是中国重要的旅游吸引物，以苏州园林为代表的中国园林吸引了数以万计的中外旅游者，园林文化在中国文化中占有很高的地位，与京剧、烹饪、山水画并称为中国的“文化四绝”，是我国旅游文化资源中的瑰宝。

2. 园林文化的形成

（1）起源：殷商时期

典籍中记载的“囿”可以看作中国古典园林的前身，囿是利用天然山水林木，挖池筑台而成的一种游憩生活境域，供天子、诸侯狩猎游乐。囿的主要构筑物是用土堆成的“台”，可以用来观天象、通神明、登高望远、观赏风景。历史上最早的有史可证的园林是商朝末代国君商纣王所建的“沙丘苑台”和周朝开国君主周文王所建的“灵囿”“灵台”“灵沼”等。

（2）萌芽期：秦汉时期

秦汉帝国的统一促进了皇家园林的发展，最具有代表性的就是秦始皇始修、汉武帝扩建的上林苑，它的范围已经扩展到了渭河的南岸。除此之外，大型的皇家园林层出不穷，例如，未央宫、建章宫、甘泉宫，这些园林都采用了“一池三山”的模式，这种模式不仅体现了秦汉统治者的求仙思想，还对后世园林的布局影响深远，被称为“秦汉典范”。总而言之，先秦至两汉，中国古典园林以皇家园林为主流，风格比较庄严、粗犷，虽然人工雕琢的痕迹不断加强，但是景色以原生态取胜。特点为：面积大，周围数百里，保留囿的狩猎游乐的内容；有了散布在广大自然环境中的建筑组群。苑中有宫，宫中有苑，离宫别馆相望，周阁复道相连。

（3）转折期：魏晋南北朝

魏晋南北朝时期社会动荡、政治腐败，是思想激荡、艺术繁荣的时代，也是中国园林史上的重大转折期。首先，在这一时期园林的风格发生了转变。文人士大夫阶层将自己的审美理念与园林建筑结合起来，推崇山水自然的园林，摒弃了秦汉时代以宫室建筑为中心的建筑原则，山水成为园林的主体，初步确立了中国文人园林的美学理想。由于文人雅士巨大的号召力，文人园林的审美原则对皇家园林也产生了深刻影响，由此，中国古典园林的风格大变，山水园林成为主流。其次，园林建筑在数量和类型方面也有了很大的进展。私园从利用自然环境发展到模仿自然环境的阶段，筑山造洞和栽培植物的技术有了较大的发展，造园的主导思想侧重于追求自然精致。如北魏张伦在宅园中“造景阳山，有若自然”，产生了“自然山水园”。同时佛教自东汉传入，盛行于魏晋，南朝梁武帝将其定为国教，寺庙园林开始兴起。它并不表现多少宗教的意味和特点，而是更多地追求人间的赏心悦目、畅情抒怀。群众参加宗教活动，同时也游览寺、观园林。在当时的洛阳，著名的报恩寺、龙华寺、追圣寺都拥有大型的园林。这些园林定期或经常开放，游园活动盛极一时。

（4）成熟期：隋唐宋

唐宋时期中国造园艺术也由兴盛到成熟，展现出了前所未有的活力。在唐代，豪华绮丽的皇家园林如华清宫遍布于两京的城郊，规模之大、数量之多，映射了泱泱大国的气概；清新雅致的私家园林洒遍名山大川，布局之优美、意境之清幽，体现了“城市山林”的美学概念；寺庙园林更是借唐代宗教兴盛发达的东风，以势不可当的趋势出现在中国的大地上，大型寺观多已成为包括殿堂、寝膳、客房、园林四部分的庞大建筑。宋代造园艺术中模山范水的艺术达到了成熟水平，古典园林的风格基本定型。文人画家参与到园林建筑中来，园林与诗歌、绘画、音乐等艺术形式结合得更加紧密，无论是私家园林还是皇家或寺庙园林，都自觉地熔铸诗画意趣，重视园林意境的创造。这一时期著名的写意山水园以汴京（今开封）西北角的皇家园林“寿山艮岳”为代表，园林的设计者就是以书画著称的宋徽宗赵佶。苏州园林的造园艺术已经十分精湛，叠石艺术已经达到了神似的地步，布局与造景更具诗情画意，著名的苏州园林沧浪亭就是宋代私家园林的杰作。

（5）顶峰期：明清时期

明清时期中国造园艺术总结几千年造园的经验，达到了光辉灿烂的顶峰。皇家园林、私家园林、寺庙园林均出现了精品珍品，同时还出现了园林艺术专著《园冶》。现存的皇家园林北京颐和园和承德避暑山庄都是古典园林艺术集大成之作。现存的私家园林以江南园林为代表。江南地区河湖密布，盛产湖石，造园条件得天独厚。江南园林以扬州、无锡、苏州、湖州、上海、常熟、南京等城市为主，其中又以苏州、扬州最为著名。《园冶》由明末著名造园家计成撰写，全面论述了园林建筑的原理和具体手法，反映了中国古代造园的成就，总结了造园经验，是研究中国古代园林的重要著作。

（6）延展期：鸦片战争以后

以公园的出现为明显标志，以1840年为界线，我国造园史完成了由古代到近代的转折。人们把1840年以前的园林称为古典园林，而1840年以后则称为近代园林。公园首先出现在上海，是西方文化影响的产物。它改变了中国古代园林的性质，由供封建帝王、文人、士大夫等避暑、听政、居住、休憩、游乐场所转变为向大众开放。1868年建造的“公花园”（今黄浦公园）是最早的一个公园。之后，1905年建设有“虹口公园”；1906年，无锡、金匮两县乡绅俞仲等筹资建“锡金公花园”，该公园具有中西合壁的特点，与上海早期的公园有着明显的不同。1949年以后，我国园林在城市建设中蓬勃发展，分布广泛，但近些年西方园林文化对我国园林建设影响较大，具有欧式风格和中西合璧风格的园林广场在城市中分布广泛。

3. 园林文化的特征

（1）追求人与自然的和谐统一

天人合一的概念反映了中国古人对于大自然的强烈感情，追求人与自然的和谐统一。而中国古典园林作为“第二自然”，是人工写意山水的自然再现，是人与自然相互依存，相互作用的最好例证。与天对话，构成了中国园林艺术的深层文化意境。它本于自然而高于自然，把人工美与自然美巧妙地结合起来，从而达到“虽由人作，宛自天开”的艺术境界。它所抒发的情趣可以用“诗情画意”来概括，而这些原则、特征却并不见于其他类型的建筑。

（2）注重体现人的意趣和精神追求

中国古典园林被称为“凝固的诗，立体的画”，它与中国传统的诗歌绘画艺术关系极为密切。造园者有极高的文化修养，将诗画艺术的很多理念灌注园林意境的创造，追求神似与韵味，将其特有的恬静淡雅的趣味、浪漫飘逸的风格、朴实无华的气质赋予古典园林，形成了特有的自然和谐与朦胧含蓄之美。造园艺术早已超越了赏心悦目的境界，具有追求诗情画意的艺术境界。中国园林寄托着人们对祖国大好河山的眷恋之情，并表达了中国传统文化中的经典美学思想。

（3）在造园手法上含蓄、曲折、变化，反对僵直、单调、一览无余

在有限的空间里，要再现自然山水的美，寓意曲折含蓄，引人探求、回味，避免全盘托出，一览无余；造山挖池，要巧夺天工，避免矫揉造作；建筑物的设

置，要与周围环境有机结合，避免画蛇添足或争奇斗胜；景物的安排，要有构图层次，突出重点，避免喧宾夺主；景物的组织要统一，有连续性，避免杂乱无章，断径绝路。

4. 园林文化的种类和历史发展

按其所属，中国园林分为四类，分别为皇家园林、私宅园林、寺庙园林和公共园林。由于历史造成的原因，皇家园林（或称帝王园林）主要在北方，私宅园林主要在南方；寺庙园林所剩无几，公共园林则多分布于山水胜地。见于史书记载的第一座中国园林是殷纣王的沙丘苑台，同时也是最早的帝王园林。秦始皇修建的“上林苑”，规模极大；汉武帝在其基础上进一步扩大。清代以圆明园、颐和园等为较著名。私宅园林始于西汉，园主人多为贵族、富豪。寺庙园林出现于佛教传入和道教产生以后，现存较大的是山西太原市的“晋祠”。公共园林约略出现于唐代，长安城外的“曲江池”是突出的代表。

（1）皇家园林

皇家园林属于皇帝和皇室所私有，古籍里称为苑、苑囿、宫苑、御苑、御园等。主要集中分布在我国北方的古都北京和黄河中下游的西安、洛阳、开封等地。皇家园林中的典型代表有北京颐和园、河北承德避暑山庄等。其突出特点是规模较大、宏伟壮观、富丽堂皇。布局比较严整、分区明确、园中园。建筑物的色彩浓重，比较富丽，色调以红、黄为主。造园受儒家文化影响较大。建筑体量相对较大，主体建筑物高大显赫，以此象征封建皇权的至高无上。局部平面布局中轴对称，空间序列比较规整，以此体现封建王朝强烈的等级制度。同时，还具有风格粗犷，各种人工建筑厚重有余，轻灵、委婉不足的特点。如果用一个字来概括，即“雄”。

（2）私宅园林

私宅园林，又称私家园林，属于民间的贵族、官僚、缙绅所私有，古籍里称园、园墅、池馆、山庄、别业等，主要分布在江南的苏州、无锡、南京、扬州、杭州、湖州等地。私家园林的典型代表有苏州网师园。选址多在城市，功能上居住、休憩、游赏三者合一。其主要特点是规模较小，布局灵活，营造精巧，建筑体量相对较小，多假山奇水，玲珑秀雅，韵味隽永。第宅园林的主人多是文人士大夫，或由文人、画家参与设计营造，因此表现出士大夫阶层的清高淡泊、寓意深远的思想意识。第宅园林风格富有文意与书卷气，清雅质朴，个性鲜明。多以写意式的山水为主体，将大自然的山水景观浓缩提炼到诗情画意的境界，并致力于创造和表现“小中见大”的空灵玄远的精神空间。私家园林的造园艺术受禅宗文化影响较大。江南园林建筑物色彩与北方园林明显不同，其色彩处理朴素淡雅，色调以黑、白、棕（或栗）为主。黑色的小青瓦屋顶与水磨砖窗框，栗色或棕色的木梁架和装修，白粉墙等，既与青山、秀水、绿树的环境十分协调，也迎合园林主人追求闲适宁静的心理需要，整个园林显得十分秀丽、雅致、幽静，如果用一个字来概括，即“秀”。

（3）寺庙园林

寺庙园林是以佛寺、道观为主的庭园或佛寺、道观的附属园林，其总体布局常反映“旷达放荡、纯任自然”的老庄思想的追求，通常选取环境优美或险要之地，用以象征仙境。刻意体现宗教宣扬的“天国”的感应气氛，并致力追求肃穆、庄严、神秘色彩，以达到对人产生强烈的宗教感应目的。佛教、道教多在深山名川建造寺观，以自然景观为主，形成山林型的寺观园林。地处山巅的寺观，其地理特色是高山峻岭，地势险要，寺观居高临下，视野开阔，寺观建筑巧妙利用地形，朴实无华，与周围自然环境融为一体。地处山坳山麓的寺观地理特色是山深林静，环境幽邃，寺观布局取宁静清雅之利，层叠曲折之巧，具有“曲径通幽处，禅房花木深”的意境，与自然环境很融洽。总的特点是幽深恬静、自然和谐。寺庙园林与皇家园林、私家园林相比，带有一定的开放性，它定期或常年向公众开放，是我国古代的“公园”。

（4）公共园林

公共园林，在古代具有一定的开放性，离城市不远，不像皇家园林和私家园林那样锁闭。像杭州的西湖、扬州的瘦西湖、济南的大明湖、兰州的五泉山等，都可以划入这一类园林之中。这一类园林是在自然山水的基础上发展起来的，历代都有所兴毁，甚至有的园林几经兴毁而保留到现在。由于公用性和位于地处交通方便的自然景区里，公共园林与市民生活关系密切，与乡土文化、民间传说、地方人物关系源远流长。更有闻名遐迩的景区，四方来游，骚人墨客题咏不断，成为历史人文景观。公共园林的内容又极其丰富多彩，楼台亭阁种种点景自不必说，更有道观、佛寺、私园置于其中，还有英雄、美人、忠臣、名士的陵墓加以点缀，有的还是前朝皇家的弃苑。这种园林大小不一，自然景色各有不同，但分布最广，为当地人士所珍爱，尤其在许多历史文化名城中，更是少不了的组成部分。

此外，园林分类还可以按地理分类，如北方园林、江南园林、岭南园林、巴蜀园林、西域园林以及风景园林、城市园林等。北方园林以皇家园林为主，江南园林以私家园林为主。其中岭南园林主要分布在珠江三角洲的广州、番禺、佛山、顺德、东莞。岭南园林发展历史较晚，曾师法北方园林与江南园林，风格介于北方的皇家园林与江南的私家园林之间，近代又受到西方的影响，吸收了一些西方的造园手法。岭南园林具有浓郁的热带风光特色，建筑物洗练简洁、轻盈秀雅。

5. 园林文化艺术的构成

古人云：山是园林的骨骼，水是园林的血液，建筑是园林的眉目，花草树木是园林的毛发。一座优美不俗的园林必定是山水相映，建筑点睛，花木繁盛，叠山、理石、建筑、花木是构成园林的基本要素。

（1）叠山

山是园林的骨骼，它不但可以分割空间，供游人登高远眺，而且山本身也是游人审美的对象。古典园林中的假山按照材质可以分为石山、土山和土石并用的山；按其大小，则又可分为园山、院山和单峰三类；按位置又可分为庭山、壁山、楼山和池山等类型。

常见的假山主要由石头构成，主要的石材有湖石、黄石、房山石、青石、英德石、黄蜡石等，其中以湖石和黄石为上。古人对于石料的选择颇有讲究，宋代书法家米芾提出了“瘦、漏、透、皱”的标准，苏东坡又提出了“石文而丑”的标准，而计成在《园冶》中总结前人经验，提出了不同规模的假山应该选择不同的石材，例如，选择石峰形体，要注意凹与凸、透与实、皱与平、高与低的变化，而单峰石材大多采用玲珑剔透、完整一块的太湖石，并需具备瘦、透、漏、皱、清、丑、顽、拙等特点。

现存园林中以假山闻名的有苏州的狮子林、环秀山庄等，著名的单峰有苏州留园的冠云峰和上海豫园的玉玲珑。

（2）理水

水是园林的血液，它给园林带来活力与灵气。水通过不同手法的处理，可以产生不同的美学效果，宁静的池塘、潺潺的小溪、飞溅的瀑布都给人以美感。此外，水还可以养鱼植莲，浇花灌木，洒扫庭院，清凉消暑，而且，山与水的有机组合可以形成静与动、刚与柔、实与虚的对比，产生美的张力。可见，水是园林中必不可少的要素。理水要根据水源和园内地势的具体情况，顺应自然地进行安排。水体要活，分聚处理要得当，小则聚，大则分，岸曲水洞，似分似连。这样可增加借景机会和画面层次，密切水面同其他园林要素之间的相互联系和相互映衬，使整个园林脉络相通、气氛协调。

在苏州园林中，拙政园的水域面积占全园的3/5，景观以水取胜。

（3）建筑

建筑是园林的眉目，要做到眉清目秀就要在建筑上巧妙构思，多则乱，少则野，因此建筑的安排通常是造园者煞费苦心的地方。概而言之，建筑的功能不外宴饮、吟诗作画、娱乐、赏景、休息，种类不外宫殿、楼、阁、厅、堂、轩、馆、斋、亭、台、榭、舫、廊、桥等。

中国园林建筑主要有四个特点：多曲，由于自然景物很少呈笔直方向的形状，园林建筑也要与之呼应，尽量多“曲”，以保持其与环境的和谐，如曲径、曲桥、曲廊、飞檐翘角、卷棚屋顶等。多变，适应山水地形变化，因地制宜，灵活布局。雅静朴实，不用繁缛艳丽的装饰，追求宁静自然、简洁淡泊、朴实无华、风韵清新的风格。空透，便于人们自由自在地环顾四周，尽情赏景，以达“纳千顷之汪洋，收四时之烂漫”的观赏效果。

（4）花草树木

花草树木是园林的毛发。从造景的角度来看，植物可以围合空间，反映时间，点缀山池，修饰建筑，组织道路，陪衬主景，丰富层次，美化环境。从另外一个角度来说，植物的自然属性还往往给人以某种象征意义和精神寄托。基于后一种考虑，很多园林的主人喜欢在园林中种植松、竹、梅、莲、兰、菊等植物，以寄托自身的道德理想。同时，造园者已经意识到四时景物轮换，应该种植不同的植物，使园林景色四时可赏。而且不同地域的园林在植物种植方面有很大的区别，北方的园林落叶乔木比较多，而江南园林中常绿植物占主要地位，岭南园林中就会出现榕树等本区域特有的植物。

与西方园林相比，中国古典园林的花草树木主要以自然的姿态出现，带给人们自然的美感。同时植物的存在又引来了飞禽走兽，形成了鸟语花香的自然景观，但需要注意的是，园林中的花木栽植要与其他要素协调，才能淡化人工造景的痕迹，使园林显现出自然情趣。

除了上述四大要素外，园林的构成还需要楹联匾额、动物、道路等要素。中国古典园林主要是由山石、水、花木、建筑等基本要素组合而成的综合艺术品。

6. 园林文化的旅游功能与开发

（1）旅游功能

①园林可成为目的地

园林文化与旅游关系十分密切。园林本身就是重要的旅游资源之一，古典园林在我国旅游资源中占有重要地位，苏州园林、承德避暑山庄已成为当地旅游经济快速增长的重要支撑，是苏州、承德旅游发展的核心品牌。因此，园林可成为旅游目的地的重要吸引物。

②园林是其他目的地的背景和基础

当旅游目的地本身就是旅游吸引物时，例如，大型主题公园，可以将园林融入其中，使园林成为主题公园的背景或基础。

③园林是中国文化精神的软性体现

中国自古以来就有崇尚自然、热爱自然的传统，“天人合一”的思想促使人们不断去亲近自然，开发自然。对自然景观的开放以及独树一帜的自然式山水园林建筑就是这种观念形态的软性体现，它也是中国文化区别于日本、欧洲等文化的体现。当我们要去表达某一种文化或是文化精神时，可以借园林来表达。小到草木的纲目，大到建筑的风格，无一不体现着不同的文化的内在特质。

（2）旅游开发

①依托文化成为资源

倡导园林文化旅游，将有一定文化基础或文化传承的园林开发成新兴的旅游文化资源，使旅游者认识到古典园林旅游是一种体验旅游，是一种较高层次的文化旅游。园林旅游不是简单地看风景，而是在看风景的过程中，慢慢地品味古典园林的内在文化。比如，西安的曲江新城，依托曲江池的文化开发成新的旅游资源。

②成为资源背景

无论是建筑资源还是人文资源的开发，都离不开景观资源，即园林资源。园林可以作为旅游目的地整体开发的资源背景，使旅游目的地与园林很好地融合在一起。

③成为接待业设施

园林本身就可以成为很好的接待业设施，增强游客的体验感；此外也可以通过在接待业设施周边开发园林，提升其价值和吸引力。例如现在有许多宾馆、酒店在建设时会设置一方区域作为园林。

第三节　世界文化旅游资源

一、世界文化概念

世界文化指世界一切群族社会现象与群族内在精神的既有、传承、创造、发展的总和。全球化背景下的文化多元化，即多个文化单体以平等的地位参加世界文化的融合，最终形成由各个民族文化中的优秀部分融合而成的一种全新文化。世界文化分为三个层次，第一个层次是最基本的物质文化层次；第二个层次是制度文化；第三个层次是精神层次的文化。

二、世界文化的挑战

1. 战争与和平

当今世界正处在大变革的历史时期。两极格局已经终结，各种力量重新分化组合，世界正朝着多极化方向发展。新格局的形成将是长期、复杂的过程。在今后一个较长时期内，争取和平的国际环境，避免新的世界大战，是有可能的。同时也要看到，目前国际形势仍然动荡不安。世界各种矛盾在深入发展，不少国家和地区的民族矛盾、领土争端和宗教纷争突出起来，甚至酿成流血冲突和局部战争。国际经济竞争日趋激烈，许多发展中国家经济环境更加恶化，南北差距进一步扩大。

霸权主义和强权政治依然是威胁世界和平与稳定的主要根源。“冷战”结束以来，由于国际战略力量对比失衡，美国经济的持续、强劲发展，强权政治明显抬头。冷战结束后，民族矛盾、宗教分歧和领土争端导致的局部冲突，不仅没有减少反而呈上升之势。究其原因，除了强权政治、霸权主义以保卫人权的名义、打着“新干涉主义”的旗号，挑起争端以外，极端民族主义、宗教极端势力和国际恐怖主义成为全球局部冲突连绵不断、此起彼伏的重要原因。一系列紧迫的全球性问题摆在国际社会面前，包括人口爆炸、粮食危机、资源匮乏、环境恶化、毒品泛滥和疾病蔓延等。

谋求上述问题的解决，关键是和平与发展。这两大问题的存在与发展规定和影响着其他国际问题的存在与发展。民族矛盾、宗教分歧、领土争端和国际恐怖主义问题说到底是和平问题；至于人口、粮食、环境、疾病等问题则是发展问题。因而，当今国际社会重大问题的解决都离不开这两大问题。只有抓住了这两大问题，才能提纲挈领，带动其他问题的解决。

2. 政治与经济

世界正在走向多极化，这是当今国际形势的一个突出特点。无论是在全球还是在地区范围，无论是在政治还是在经济领域，多极化趋势都在加速发展。极少数大国或大国集团垄断世界事务、支配其他国家命运的时代已一去不复返了。大国关系不断调整，多个力量中心正在形成。广大发展中国家总体实力增强，地位上升，成为国际舞台上不容轻视的一支重要力量。各类区域性组织日趋活跃，显示出强劲的生命力。世界多极化格局的形成尽管还是一个长期的过程，但这种趋势已成为不可阻挡的历史潮流，对促进世界的和平、稳定与发展具有十分重要的意义。当今世界潮流呈现三大发展趋势：一是世界经济技术合作加强，全球化趋势愈益明显。经济市场化、贸易与投资国际化、区域经济合作化的步伐加快，各国经济联系日益紧密，相互依存度增加，合作增强，摩擦和竞争也在加剧。全球市场、资金、资源的争夺矛盾更加尖锐，世界范围的贸易竞争和国与国之间经济实力的较量越来越激烈。二是世界科技革命突飞猛进，各国更加重视发展高新技术和关键技术。三是国际金融越来越活跃，对经济发展的影响越来越大。近些年，国际资本流动加快，但金融风险也随之加大，金融市场动荡不定。

3. 第三世界

亚洲、非洲、拉丁美洲以及其他地区的发展中国家，共同构成了第三世界。这些国家数量众多，现已有 130 多个，土地辽阔（约占世界陆地的 60%），人口庞大（约占世界人口的 73%），拥有极为丰富的资源，是重要的战略要地。第三世界国家历史上长期遭受帝国主义和殖民主义的侵略、压迫和剥削，经济上大多比较落后。尽管他们中大多数国家已宣告独立，但仍然受到帝国主义特别是超级大国的经济渗透、政治控制和军事威胁，面临着彻底实现政治独立和经济独立的严峻任务。

从第三世界的崛起到今天，发展中国家已经成为国际舞台上一支不可忽视的重要力量，在国际关系中占有重要的地位，在国际事务中的影响力和发言权不断增大，发挥着积极的重大作用。第三世界的崛起也向大国垄断国际事务、主宰世界的局面提出了挑战，是促使世界格局发生演变的重要力量。第三世界国家也是改变联合国面貌的主要力量，促使联合国发生了深刻的变化。作为世界经济发展的重要组成部分，第三世界也是改革不合理的国际经济旧秩序的基本力量。

4. 知识与文化多元

进入 21 世纪，当代社会呈现出全球化、多元化的趋势，传统的民族国家的边界受到挑战，族群作为有相同文化背景的社会群体逐渐显现，人们的身份也随之变得日益复杂。一个人拥有美国国籍，但却可能接受的是伊斯兰教育或者中国文化的教育。先前受到压抑和排挤的文化差异群体的身份认同问题凸显出来，自由主义用一种公共的和普遍的身份取代特殊身份的做法开始显得捉襟见肘，难以再支撑下去。多元文化主义带来的差异政治、肯认政治、认同政治等表述对长久以来称霸全球政治的自由主义提出了严峻挑战。不同的社会环境、不同的文化背景、不同的政治制度纷纷要求独立出来。

5. 生态与人口

人口问题已成为一个日益严重的全球性问题。它不仅加重了环境和资源问题，也带来严重的社会问题，与资源和环境问题交织在一起，对世界可持续安全与可持续发展均产生巨大影响。人口问题主要表现为两大问题，首先是人口数量增长过快。全球人口的高速增长，导致了全球性的生态破坏、环境污染和资源短缺等严重问题，发展中国家问题尤其严重，可能会引起空前的危机。其次是人口老龄化。发展中国家以欧洲和中亚地区的老年人口比例最高，占总人口的 11.4%。人口老龄化给世界各国的经济、政治、文化、社会等方面的发展带来了深刻影响，庞大老年群体的养老、医疗、社会服务等方面需求的压力也越来越大，“未富先老”构成空前严峻的挑战。

环境问题突出表现为生态破坏、环境污染严重，它是社会运行和发展的重大障碍。目前人类主要面临十大全球环境问题主要有全球气候变暖、臭氧层的耗损与破坏、酸雨蔓延、生物多样性减少、森林锐减、土地荒漠化、大气污染、水污染、海洋污染和危险性废物越境转移。未来社会问题的主要矛盾将集中到生态环境上，如不及早解决，它将给社会带来巨大的破坏，甚至是全球性的、毁灭性的破坏。

6. 科技成就与局限

科学技术在改造自然、开发自然资源，为人类创造了物质财富的同时，也给人类带来了全球性的难以逆转的环境污染，破坏了人类赖以生存的地球的生态平衡，使人类的生存空间越来越狭小，面临越来越严重的生存危机。科技和工业结合在大大提高了工业时代人们的物质生活水平的同时，把“人”变成了一个工作和消费机器，导致了“人”的生活和人格的异化，把“人”变成了一个不健康的“经济人”，使人迷失了自己的本性。科学技术的负面效应和难以预料的可怕后果让人们越来越深刻地认识到了科技的二重性，认识到人类必须自觉控制科技成果的滥用，防范科技可能对人类产生的危害，显然，科技并非天然就是人类的福音。作为威力巨大的工具，科技如果不受人类道德的制约，用于有益于人类生活的目标，就可能成为残害甚至毁灭人类自身的可怕的恶魔。

三、世界文化的特征

把握世界文化的特征，可以有助于我们更好地将文化运用到旅游资源中去。

第一，文化的多样性和丰富性。世界各国、各民族都具有独特性，通过各具特色的文化习俗表现出来，如语言文字、宗教信仰、思想伦理、文学艺术、民居建筑、风俗习惯，等等。正是这种文化习俗的独特性，才构成了世界文化的多样性和丰富性。

第二，不同国家和民族的不同文化，有着各自的标志和代表人物。例如，提到孔子，就会想到中国以及中国的儒家文化；提到埃菲尔铁塔，就会想到法国和法国的浪漫文化；提到自由女神像，就会想到美国及其自由的文化。这些标志和代表人物把本国家和民族的文化推向世界。

第三，文化存在差异，没有优劣，各有千秋。各种文明都包含有人类发展进步所积淀的共同理念、共同追求。每一种文化都有自有生存发展的权利，不同民族的文化都蕴含着人类文明的成果。在中华文明中，早就有“和为贵”“和而不同”“己所不欲，勿施于人”等伟大思想。伊斯兰文明也蕴含着崇尚和平、倡导宽容的理念。

第四，全球化是当今世界经济发展的共同趋势。当今世界是一个开放的世界，各个国家间的经济、政治、文化等方面的联系更加紧密。在全球化的过程中，各个国家和民族的文化交流日益频繁，为文化的发展创设了有利的条件，有效推动了各文化间相互融合、相互促进，呈现出多元和谐的发展局面。

第五，平等交流、相互学习。不同民族和国家由于生活习俗和文化背景的差异，造成了处理解决问题时的态度和方法的不同。我们要了解或尊重不同国家、民族的风俗习惯，并且在交往中引起重视。既要尊重自己民族文化的价值，又要尊重其他民族文化的价值，在多样中求同一，在差异中求和谐，在交流中求发展，是人类社会应有的文明观。

四、世界文化的分类

季羡林曾将世界文化归为 4 个体系：中国文化体系，印度文化体系，波斯、阿拉伯伊斯兰文化体系和欧美文化体系。参考联合国教科文组织编写的《世界文化报告——文化的多样性，冲突与多元共存（2000）》，从世界文化的角度，将包括 41 个撒哈拉沙漠以南的非洲国家、14 个阿拉伯国家、16 个南亚和中亚国家、6 个东亚国家及地区、12 个东南亚和太平洋地区国家、22 个拉美和加勒比地区国家、2 个北美国家、37 个欧洲国家在内的共 150 个国家及地区分为 8 个体系。

1. 亚洲太平洋文化体系

也称为环太平洋文化或亚太文化。从中国的黄河、长江流域一直到东北亚地区，包括日本、朝鲜等国都属于这一文化体系。目前尚没有这种文化体系起源与迁移的具体路线。从历史上看，这种文化可能在远古时代经过白令海峡进入了美洲，另外它还分布于东南亚到南太平洋的部分地区。

2. 南亚文化体系

以南亚印度半岛为中心，形成南亚文化体系，它同样传播到东南亚地区并在这里与亚洲太平洋文化相交汇。古代南亚文化还曾经影响过东亚、中亚与西亚的部分国家与地区。

3. 地中海大西洋文化体系

最早从地中海地区的希腊罗马起源，逐渐向北欧、西欧移动，中心西移至大西洋沿岸，形成地中海大西洋文化体系，也包括东欧、北欧、西欧直到俄罗斯西伯利亚地区。中东西欧洲、南北欧洲虽然有一定差异，但基本文化类型是相同的。

4. 中东阿拉伯文化体系

阿拉伯地区包括从阿拉伯半岛、西亚到欧洲的土耳其、东南亚部分地区与南亚印度、巴基斯坦、阿富汗、非洲埃及等地。这是以伊斯兰教的传播为主要划分的文化体系。

5. 北美大洋洲文化体系

北美洲包括美国、加拿大及澳大利亚、新西兰等国家，主要是15—16世纪发现新大陆与环球海上航线开通之后，由大量的外来移民文化与当地原住民文化相结合所共同形成的文化。欧洲的外来移民所带来的地中海—大西洋文化，在北美地区占有主流地位。

6. 拉丁美洲文化体系

以拉丁美洲国家为主体所形成的文化体系。玛雅文化、阿兹特克文化与印加文化三大古代文化被西方殖民主义者所毁灭后，混合形成了一种新的文化体系。

7. 非洲文化体系

非洲古代文明历史久远，《圣经》中就已经记载了非洲的古代强国。北非地区的埃及是世界上最早的古代文明之一。环球海上航线开通之后，东、西非与南部非洲和中非陆续遭到殖民，在古代文明传统与宗教、民族的同一性基础上，在古代文化传统与外来文化影响下，形成了独特的非洲文化体系。

8. 犹太文化体系

犹太文化以宗教为中心。犹太教是一种古老的宗教。这一文明以犹太民族与宗教为主要构成。以色列是古老的犹太文明重新建立的国家，除了以色列之外，尚有大量的犹太人分布于世界其他国家（主要是欧美地区），他们相当大程度上保持了犹太文明传统。

五、世界文化的旅游功能

1. 民众深入持久的文化交流以旅游的形式开展

从交流主体的角度看，可以划分为官方层面的文化交流和民间层面的文化交流。官方层面的交流发生在政府之间，往往通过公共财政支出，弘扬本国或者本地的文化。比如我国派遣文艺团体出国表演，在国外设立“孔子学院”等，都属于这一范畴。民间层面的交流则更多是自发的，是不同国家或者不同地区居民之间基于文化差异而进行的相互访问。旅游交流属于民间文化交流，这种交流与官方交流互为补充，推动了不同文化之间的发展。

这是一种更深入、更持久的文化交流方式。旅游业推动的文化交流不是少数精英之间的文化交流，而是国民全方位参与其中的文化交流，这种文化交流不预设主题、不先入为主，是不同文化群体之间平等的交流。更为重要的是，这种交流是面对面的交流，是客源地和旅游地居民之间的互动式交流，因此，影响面更大，也更为长久。

2. 文化交流伴随的大规模旅游经济活动

自从文明诞生开始，文化交流就一直存在。在现代旅游业出现之前的文化交流是相对零散的，同经济的联系不紧密。旅游业的发展，以经济为动力，并通过经济的方式，极大地拓展了文化交流的范围。如2018年全年全球旅游总人数达121.0亿人次，较上年增加5.8亿人次，增速为5.0%。这其中，以文化交流为目的的旅游占了很大比例，可以说，在市场经济条件下，旅游业已经成为文化交流的重要渠道。总之，旅游业的发展推动了跨文化群体之间的相互碰撞、相互沟通，有利于促进文化的融合与发展。

六、世界文化的旅游开发

1. 跨文化的吸引力

不同国家、不同地区、不同民族的人在不同的生活环境中逐渐形成了各具特色的生产和生活方式，这些生产和生活方式又影响和推动着各种文化的发展，从而产生文化差异。旅游与文化有着密切的关系，从某种意义上讲，旅游实质上就是旅游客源地与旅游目的地异质文化的碰撞与融合。随着旅游业的飞速发展及人们旅游意识的提高，旅游动机已不仅仅是观光休闲或商务交流，而更多的是渴望能与客源地的人们交往互动，去感受异质文化，体验异地风俗民情。因此，在旅游开发过程中，要充分利用跨文化的吸引力，开发有特色的旅游产品。

2. 异国情调的接待业

文化具有本真性。文化的本真性是文化发展和展示中的真实性和自然性，这是旅游资源的魅力所在。旅游接待也应该充分考虑文化的本真性，使游客能体会到更浓郁自然的异国文化情调。国外旅游者游中国，对他们具有极大吸引力的，除了我国得天独厚的名山胜水以外，恐怕要数在他们眼中特具浓郁东方色彩的所谓“异国情调”了。这种“异国情调”便是我们旅游设施中的“民族化”，诸如建筑样式、庭园设计、室内布置、摆设等。一旦我们“民族化”的特色消失了，国外旅游者眼中的“异国情调”自然也无可寻觅了。可见，每个国家在发展旅游接待业中都要发扬自己的“民族化”。唯其如此，才能使其他国家的旅游者感到有“异国情调”而爱旅爱游。

3. 民族文化意识与涵化

旅游活动促进了客源地文化和旅游地文化的传播交流，引起了文化冲突与文化融合或整合，导致了文化变迁。旅游文化的冲突主要表现为：旅游者与目的地居民之间的误解，旅游者固有文化与目的地文化的对立，旅游者对旅游目的地环境文化的负面影响。旅游文化的融合或整合的主要表现为：旅游者与接待地居民之间的好奇与相互欢悦，不同旅游者与接待地居民之间的相互帮助，现代旅游企业制度在接待地的移植与扎根，不同文化集团和社会背景的人们的精神交流和情感融合（如现代国际旅游使得中西方人民在不少问题和观念上得到理解和沟通）。在文化冲突和整合的过程中，要做好本民族文化意识和涵化，保持本民族文化的先进性，做到各美其美，使文化在涵化的过程中朝着更加健康的方向发展。

第三章

旅游主体的视角：旅游者的文化过程

第一节　概述

旅游者作为构成旅游的主体，从字面意义理解，就是从事旅游活动的人们。关于旅游者的定义有许多种类，旅游者的统计定义是离开自己的居住地到另一个地区访问超过24小时的人；旅游者的研究定义是暂时离开常住地，通过游览、消遣等活动，以获得精神上的愉快感受为主要目的的人；旅游者的文化定义是为追求自由完善人格而要求拓展和转换生活空间，进行文化交流和对话的一群人。旅游者是文化的承载者和传播者，在这个过程中，同时又创造了新的文化和人格。

作为旅游主体的旅游者也是现实生活中生活在世界各地的人。从文化学的视野，一定的主体首先是一定的文化的负载者。当他作为旅游主体时，便成为传播文化的民间使臣。旅游主体负载着一定的已成文化因子，前往相异的文化区域和景观空间中旅行、游览，与当地的接待人员、世居的百姓等接触，将原有文化传播到异地的同时，深受异地文化和风俗的影响。当然，旅游者在文化传播的同时，在两种或多种文化的比较和熏陶中，创造出新的审美或文化的成果，提高自身的文化修养和素质。在实现对真善美的认同中，不断完善、成就自己的文化人格。从本质上来说，旅游是一种文化行为，核心是跨文化体验。

基于此，我们如果把旅游看成主体通过旅游活动进一步完善其人格的过程，这个过程存在三个节点：首先，是出游之前“我是谁”，是指旅游者在旅游之前的文化人格；其次，是出游过程中“我做了什么”，是指旅游者在旅行之中的文化过程，与异地文化和风俗产生碰撞；最后，是出游之后“我有何改变”，是指旅游者在旅游后的人格塑造。

第二节　旅游者文化身份

一、中国旅游者的文化根基

这里提到的“文化根基”，其实并不只是中国旅游者的文化根基，更是中国人的文化根基。所有中国的旅游者，在文化的意义上同样也是中国人。中国旅游者的文化根基的形成，主要包括以下三个方面。第一，自然地理环境。中国相对封闭的内陆环境、得天独厚的农耕条件、幅员辽阔的疆域，造就了基本的安全环境，促使形成了“天人合一”的思想基础。第二，以农耕经济为主的经济基础。农耕生产完全依赖于土地生产，使得农耕民族世世代代居住和繁衍在一定的地域范围。第三，在这样的条件下，更易于形成宗法制的社会结构；在宗法制的影响下，中国的传统社会形成了强大的宗族制度和家国同构的政治架构；在文化方面，先秦诸子百家和儒道释思想流派对国人产生了巨大而深远的影响。我们在之前已经讲过中国思想文化的轴线观，经历传统文化的洗礼，国人固定的文化思维是相对更为明确。每个中国人都能在轴线里找寻到属于自己的位置。

1. 自然地理环境

人类按照地理环境的差异，大致可以区分为大陆性民族与海洋性民族。希腊、罗马、斯堪的纳维亚、英吉利、日本都是典型的海洋性民族。虽然中国有曲折延绵1.8万公里的大陆海岸线，但本质上中国是一个大陆性民族，中国古代文化是建立在以农耕为主的生产方式上的，而中华民族的心理也是与这种深处内陆的农耕式文明相一致的。中国古代文明起源于深处内陆的黄河流域和长江流域，古代先民们在内陆勤劳地开垦农田，创造了人类文明之巅的古代中国文化，却并没有对开发海洋资源产生多大的兴趣，更多的是将大海当成一个与外部世界隔绝的天然屏障。海洋对于古代中国人来说是虚无缥缈的神仙居所，是神秘而可望不可即的。传说秦始皇为了寻求长生不老之法，派遣方士徐福带着三千童男童女出海以寻访仙境，一去而不知踪影。此后中国历代也以蓬莱、方丈、瀛洲为海上仙岛，为世人向往之地。著名哲学家冯友兰先生曾经说：“汉语中有两个词语可以译成‘世界’。一个是‘天下’，另一个是‘四海之内’。海洋国家的人，如希腊人，也许不能理解这几个词语居然是同义的。”在古代中国人心目中的世界版图，是处于四海之内的，而中国也因为居于天下之中而得名。中国古人何以产生这样一种天下观呢？我们不妨从中国古代文化产生的自然地理环境中寻找原因。

根据文化地理学者王会昌先生的研究，我国传统文化产生的自然地理环境具有以下基本特征。

（1）相对封闭的内陆环境

中国偏居欧亚大陆的东部，地理环境相对封闭。中国东濒太平洋，茫茫大海便如一道天然屏障，将古代的中国人与外界隔离开来。西北横亘高山和荒漠，西南耸立着世界屋脊青藏高原和喜马拉雅—横断山脉，将中国大陆包围起来，形成了与世隔绝的地理形势。中国大陆相对封闭的地理环境成为中国古代文化的一个较为完备的天然隔离机制，使中国文化能在自己的疆域内自由而独立地成长和演进，较少受外来民族或外界强制力量的入侵和破坏，在一定程度上保证了中国文化的延续性。在人类历史上，多次出现曾经辉煌一时的古代文明因为异族的入侵而被迫中断或消失的悲剧。如古印度文明因为雅利安人入侵而消亡；古埃及文明因为亚历山大大帝占领而希腊化，因为恺撒占领而罗马化，因为阿拉伯人迁入而伊斯兰化；古希腊、古罗马文明因为日耳曼民族的入侵而中断。但是中国古代文化却幸运地存活并延续了下来，即使是蒙元帝国和大清王朝，是少数民族入主中原，成为统治力量，也没有因此而摧毁传统文化。反而是这些少数民族的文化与汉文化在相互交流和碰撞中，不断地被同化，最终成为华夏文明的重要组成部分。中国传统文化这种强大的生命力，与其深处东亚大陆相对隔绝的地理环境经过漫长的文化积淀过程密切相关。

（2）得天独厚的农耕条件

中国古代高度发达的文明，本质上是建立在农耕经济基础之上的农业文明，农业是中国几千年的支柱经济形式和立国之本，这很大程度上源于适宜于农耕生产方式的优越的自然地理条件。从地图上看，我国地貌的总体轮廓为西高东低，地势自西向东逐级下降，东部宽阔的平原和丘陵构成地势最低的第三级阶梯。这种西高东低的地貌形势，使得黄河、长江等主要的河流自西向东流入大海，它们所携带的大量泥沙在中下游不断沉积，形成了我国东部一系列肥沃辽阔的大平原。正是黄河和长江的中下游平原肥沃的土壤孕育了中华民族灿烂的古代文明，并使其具有登上世界古代文明高峰的先天条件。

（3）幅员辽阔的疆域

中国幅员辽阔，疆域范围几乎等于整个欧洲大陆。尤其是中国古代文明诞生和发展的黄河流域平原和长江流域平原相互毗连，之间没有明显的天然阻隔，这为中国古代文化的扩展提供了充足的舞台和回旋余地。无论是气候变迁带来的不利影响，还是北方游牧民族的南下，都不至于将其逼入死角，总会找到新的适宜的立足之地。著名气象学家竺可桢先生对中国近5000年来的气候变化所做的研究表明，在过去的5000年之中，全球的气候呈现出冷、暖交替的周期性波动。

当我国气候迎来寒冷期的时候，北方气候由温暖湿润转向寒冷干燥，处于黄河流域的农耕王朝受到自然灾害的影响，农业歉收，国势日渐衰落，社会动荡，部分老百姓便向东南气候更适宜、水源更充沛的地区迁移。而位于北方草原上的游牧民族也因为气候变得干冷，受到牧草枯竭、水源干涸的威胁，也不得不南下寻找新的适宜放牧的地方。强悍的北方游牧民族的南下，不可避免地给农耕世界带来了猛烈的冲击，无法抵挡北方铁骑的强大攻势，农耕王朝往往弃都南逃，偏安江南，形成南北对峙的局面。实际上，过去几千年，历史总是呈现出频繁的朝代更替，在一个统一的王朝盛世之后，常常出现一个由于北方游牧民族的推波助澜而形成的割据分裂局面。

2. 农耕为主的经济基础

在总体上，中国传统文化是一种比较典型的农耕文化或农业文化，农耕经济贯穿于中国传统文化发展的始终。中国传统文化主要特征的形成与农耕经济的影响密不可分。处于农耕世界的华夏先民，以种植业为物质生活资料的主要来源，以家畜、家禽养殖业和家庭手工业作为补充，构成一种自给自足的农业经济模式，畜牧业和商业发展受到限制。这种倚重农业而轻视畜牧业的经济结构与欧洲中世纪农耕与畜牧并重的经济结构表现出极大的差异，华夏民族的饮食结构特点也由此而决定。自殷周以后，随着渔猎和畜牧业的萎缩，动物性食品产出较少，只能为少数统治者所享用，老百姓多以谷物和蔬菜为主食，以致先秦典籍中普遍以“肉食者”与“菜食者”来指代统治阶级与普通百姓。这种以素食为主的饮食结构对华夏民族的生活习惯、民族体质乃至民族性格产生了深远影响。

至于商业，自战国开始，中国历代王朝一贯奉行“重农抑商”政策，抑制商业最终是为了突出农业的核心地位，其本质是提倡以农业为立国之本的“农本”思想。重农实际上不仅是一个经济问题，对于历代封建统治者来说，更是一个涉及国家长治久安的政治问题。农田土地是不可移动的，依靠土地获得收益的农民也必然终生与土地捆绑在一起，固守家园。这样不仅有利于农业经济的发展，也减少了人口的流动和迁徙，相应也就减少了人们与外界的信息交流与沟通，从而保证国家的稳定。农业为立国之本，舍弃农业而从事商业等行业被视为舍本逐末，是游手好闲、不务正业的表现。这种以农业为立国之本的农本思想形成了具有浓厚东方色彩的“耕织结合”的农耕经济模式和男耕女织的生活方式。

中国农业经济作为国家经济命脉的主体地位几千年来一直没有改变过，稳定的农业生产为中国传统文化的产生和发展提供了经济基础。中国作为一个幅员辽阔、民族众多的国家，除了以农耕经济为主的民族以外，还有以游牧经济为主的民族，他们互为补充，共同组成中国经济和文化发展的重要力量。

3. 宗法制的社会结构

（1）强大的宗族制度

中国传统社会的血缘宗法制度与宗族的普遍存在紧密相连，宗族成为重要的宗法组织，而宗族制度在一定程度上就是宗法制的具体反映。在宗族中宗法制度的实质，就在于宗族的族长对于宗族的政治、经济、宗教祭祀活动拥有绝对的支配权，即对整个宗族或成员实行着家长式的统治。

家族和宗族密不可分，有时甚至合二为一。家族由若干个具有亲近的血缘关系的家庭组成，而若干出自同一男性祖先的家族又组成宗族。《尔雅·释亲》中说"父之党为宗族"，把由同一高祖父传下的四代子孙称为宗族，实际上有些宗族还可包括更多的世代。而《辞源》对"宗"的解释为"祖庙或祖先"，"族"具体解释为"直系亲属或同姓亲属，与血缘有密切关系，是对有相同血缘关系的人的总称"。宗族这一概念是将祖先崇拜和血缘关系有机地结合在一起，血缘关系是祖先崇拜的基础，祖先崇拜又是强化血缘关系的纽带。随着宗族概念被反复运用，祖先崇拜和血缘关系不断地被强化和延续，成为中国传统社会赖以存在的核心。宗族群聚而居，有着共同的土地财产，有共同的宗庙，这种共同的宗庙里祭祀着同一个祖宗，这使得血缘血统的作用在传统社会变得更加有力、更处于不可动摇的位置。

（2）家国同构的政治架构

"家国同构"是中国传统政治和文化的重要特征，这种思想观念的出现可以追溯到西周的宗法制。西周确立的宗法制是按照血缘关系的远近来确立政治关系，君臣关系往往就是父子关系。《诗经》中已经出现了家与邦连用的"家邦"一词。《尚书·洪范》说："天子作民父母，以为天下王。"后来孔子创立的儒家学说进一步强化了这种家国一体的观念，儒家学说本质就是建立在宗法制度之上的一种政治伦理哲学，将家庭和家族中的伦理道德延伸到国家君臣之间，使"孝"与"忠"相互合一。

家国同构强调家庭、家族与国家在组织结构方面的相通性与一致性，它从根本上讲，是氏族社会血缘纽带解体不够充分而遗留下来的血亲关系在社会政治上的反映，是宗法制的重要体现。宗法制度是基于同族的血缘关系和同乡的地缘关系二者的结合。在亲缘关系和地缘关系的基础上，又产生出神缘（共奉神祇）、业缘（同业、同学）和物缘（行会、协会）。而这种种带有浓厚宗法意味的关系网，其产生的根源和母体是亲缘关系。中国传统文化中的"五伦"（君臣、父子、夫妇、兄弟、朋友）之中，有三个是直属亲缘关系，而且君臣、朋友关系也是由亲缘关系推演出来的。无论是家还是国，其组织系统和权力配置都严格遵循父家长制，二者在结构上具有同一性。"家是小国，国是大家。"在家庭、家族内部，父家长地位至尊，权力最大；在国内，君王地位至尊，权力最大。父家长因为其血统上的正宗地位，理所当然地统率其族众家人，而且这一正宗地位并不因其生命的终止而结束，而是通过血脉遗传，代代相传。同样，君王自命天子，君王驾崩，由其嫡长子承袭，世代延续不绝。父家长在家里“君临一切”，皇帝通常被尊为全国的君父，各级官吏在其所管辖的区域内也具有类似于父权的地位，被视为“父母官”。简言之，父为“家君”，君为“家父”。正因为君与父本质上的一致，因此治国与齐家也相互为用。君父同伦，家国同构，宗法关系因此而渗透于整个社会系统之中。

二、传统的旅游思想

1. 旅游概念的传统文化内涵

我国古代旅游活动源远流长，与旅游概念相关的用语很庞杂，大多是以“旅”和“游”为核心概念搭配而成的词汇。“旅游”是“旅”和“游”双重行为结合的产物。“旅”是旅行、外出，“游”是游览、观光和娱乐，二者合起来称为“旅游”。“旅”偏重于行，游不但有“行”，且有观光、娱乐之义。《周易正义》云：“旅者，客寄之名，羁旅之称。失其本居，而寄他方，谓之为旅。”而古人又云，“闲暇无事于之游”，可见“旅”字更多强调告别故土，离家远行，而“游”则更强调游览和娱乐的意味。除了“旅”和“游”以外，与旅游相近的词汇还有“踏青”“观光”等。《周易·观卦》中就有“观国之光，利用宾于王”的句子，大意是观仰国家大治的光辉景象，利于成为君王的贵宾，这成为后来“观光”一词的由来。《周易·观卦》中还对观光的作用予以充分的肯定：“风行地上，观。先王以省方观民设教。”强调通过观光，体察山川民风，对文治教化的重要性，难怪从传说中的黄帝、尧舜禹到后来的历代君王都不辞辛劳，巡游天下。《周易·观卦》还对旅行和旅游活动中的各种状况做了详细的分析，卦辞有“旅贞吉”的说法，意思是旅行时谦柔守正，就能获得吉利。这表明，古人在很早就已经进行了一些旅游观光实践。

我们现在常用的“旅游”一词，在中国古代的典籍中始见于南朝梁诗人沈约的《悲哉行》。其诗云：“旅游媚年春，年春媚游人。徐光旦垂彩，和露晓凝津。时嘤起稚叶，蕙气动初苹。一朝阻旧国，万里隔良辰。”此后，“旅游”在历代的文献中便多有出现，在唐朝的诗文中更是频繁地被使用，如王勃的“岁八月壬子，旅游于蜀，寻茅溪之涧”；韦应物的“上国旅游罢，故园生事微”；张籍的“过岭万余里，旅游经此稀”；白居易的“江海漂漂共旅游，一樽相劝散穷愁”等。宋《异闻总录》载“临川画工黄生，旅游如广昌”；明吴承恩《杂著》记东园公七十寿筵，“会有京华旅游淮海浪士，闻之欢喜”，这些“旅游”已蕴含旅行游览之义，但与现代的旅游概念有较大差异。中国古代与旅游相关的词汇，蕴含着独特的文化内涵，反映出迥异于西方文化的民族文化特点。

（1）社会等级观念

中国古代的旅游概念反映出较为明显的社会等级观念，旅游概念多与旅游者的社会等级和身份相连，不同的社会等级往往使用不同的旅游词汇来表述其出游活动。在古代众多与旅游的相关的词汇和概念中，除了“观光”“踏青”等，最能反映中国旅游特色的名词是“游”。在以“游”为词根组合而成的词组中，体现了中国传统文化中重视社会等级和秩序的民族文化特征。

“游幸”是反映帝王及其后妃旅游的专有名词，《辽史》的《游幸表》就专载帝王的巡幸旅游活动。帝王旅游的概念，最初使用的是“巡狩”一词，后世则多用“巡游”概念。“游宦”是反映文人、士大夫旅游活动的专有名词，意思是做官前为入仕求官奔波各地，做官后异地为官，升迁贬谪，迁转不定的仕途之旅。它概括了文人士大夫宦海浮沉的人生经历，以及游宦过程中的游山玩水活动。陆机的《东宫作诗》有“羁旅远游宦，托身承华侧”一语。“游宦”有时也写作“宦游”，唐代王勃《送杜少府之任蜀州》“与君离别意，同是宦游人”就使用了这一概念。“游学”专指文人学士的出外游历和求学的活动，所谓“读万卷书，行万里路”，学子们常常通过游历增长见识，丰富社会阅历，将“学”与“游”合二为一，见识在书斋中无法获得的新天地。东汉郑玄年轻时便曾“游学周秦之都”。文人学子的游学活动，是士大夫游宦的先声，游学成功则进而游宦，但由于游学者尚未入仕，故在词汇上只能用“游学”来表示其身份。“游侠”是用来指代四处游荡、行侠仗义的武士的专称。游侠们为行侠仗义而游历天下，成为古代旅游活动之一。以上是反映现实社会中各入世阶层的旅游概念，不同等级身份的人被不同的专有旅游名词相互区分，以显示差别。对于僧侣道士等游离在现实社会人生之外的出世的社会阶层，他们的旅游活动概念也同样被专有名词化。“游方”就是指僧侣修行问道、周游四方的旅游活动。南朝僧人慧观“十岁便以博见驰名，弱年出家，游方受业”。僧人的“游方”有时也称作“云游”，云游僧人像闲云野鹤，游遍了天下名山大川。以上由“游”组成的名词，无论是针对入世阶层还是出世阶层，都反映出中国传统社会森严的社会等级观念。即使是描述出外旅行游览的活动，即使活动主体是分散游离的个体旅游者，也要被传统社会的伦理规范纳入相应的社会等级和秩序之中。

（2）伦理道德特征

中国传统的旅游概念还表现出浓厚的伦理道德特征，旅游概念常常与道德评价相结合，含有道德评判的价值取向。由于在几千年来，中国一直以农业为立国之本，实行以传统的农业和手工业相结合的自然经济，过着自给自足的生活。这种生产和生活方式将人们牢牢束缚在土地上，既不用像古希腊人那样出外谋生或进行海上贸易，也不允许他们四处游历奔波，除非遇到天灾人祸，被迫背井离乡。因此，本质上传统的农业社会对旅游是持保守甚至排斥态度的。固守土地、勤劳耕作成为一种被鼓励的美德，而过分游乐则被视为不务正业，玩物丧志，而受到道德谴责。因此，中国古代以“游”为词根组成的名词，多含有贬义色彩，很少有褒义的。

古代与“游”相关的旅游概念，一般可分为中性概念和贬义概念两种，前者不违背道德规范，后者则为道德所不容。中性名词常见的有“游玩”，《宋书·徐湛之传》载：“广陵城旧有高楼，湛之更加修整……招集文士，迟游玩之适。”后来游玩演变为成语“游山玩水”。宋朱熹在《与陈师中书》中称：“素闰月二十七日受代，即日出城，游山玩水。”此外通用的词汇还有“游赏”“游衍”“游豫”“游春”“游历”“游履”“游览”等。这些旅游名词，属于中性词，为道德评判所容忍。如果游乐过度，醉心旅游而放纵自己，超越了中庸和适度的界限，那么古代社会便滋生出一些专有名词来贬责之。“游燕”是游玩宴乐过度的意思，所以古人常在劝谏时使用它。徐乐就曾上书指责汉武帝“弘游燕之囿，淫纵恣之观，极驰骋之乐”。“游盘”，也称为“盘游”，是指游乐而流连忘返不知收敛的意思。《尚书·五子之歌》批评夏王太康“乃盘游无度，畋于有洛之表，十旬弗反”。“淫游”指超出应有规范的旅游，《离骚》对羿“淫游以佚田，又好射夫封狐”的行为做了指责。“游冶”原指野游，或男女同游，后用来专指追求声色，寻欢作乐的旅游活动。宋欧阳修《蝶恋花·春晓》说：“玉勒雕鞍游冶处，高楼不见章台路。”“游荡”是游乐放荡的意思。《曹瞒传》说曹操“少好飞鹰走狗，游荡无度”。“逸游”，指不拘常理超越礼度的旅游，如明《醒世恒言》卷二十四的篇名就叫“隋炀帝逸游召谴”。以上旅游名词和概念，反映出中国古代注重人伦道德的民族文化特征，这与西方有着较大的区别。

（3）人伦亲情和乡土观念

中国传统的宗法社会中，人们世代聚族而居，形成了浓厚的人伦亲情和乡土观念。如果说西方人最终的归宿是天堂的话，那么中国人最终的归宿是自己的故乡。古人始终把故土家园当作旅行的终点和自己的人生归宿。“树高千丈，叶落归根”成为中国游子的最终选择。这种观念深刻体现在中国古代旅游概念之中。

古代的“旅游”就活动本身来说，一般包含两层含义。第一层含义与中国现代旅游概念相近，即非定居性的外出旅行。它起源于南朝梁代沈约《悲哉行》中“旅游媚年春，年春媚游人”的诗句。然而，“旅游”一词自产生之日起就包含着某种悲切基调，沈约的诗名就叫《悲哉行》，虽然诗前面部分描绘出美好的出游景象，但最终的落脚点却是由眼前的美景所引发出来的更加深沉的悲叹：“一朝阻旧国，万里隔良辰。”良辰美景虽好，还是比不上故土家园。唐韦应物诗《送姚孙还河中》使用“旅游”一词时，也表示出伤感惜别的情绪：“上国旅游罢，故园生事微。风尘满路起，行人何处归。留思芳树饮，惜别暮春晖。几日投关郡，河山对掩扉。”张籍的《岭表逢故人》也有相同的悲叹：“过岭万余里，旅游经此稀。相逢去家远，共说几时归。海上见花发，瘴中唯鸟飞。炎州望乡伴，自识北人衣。”白居易的《宿桐庐馆同崔存度醉后作》仍然表达了视旅游为漂泊的悲愁心理：“江海漂漂共旅游，一樽相劝散穷愁。夜深醒后愁还在，雨滴梧桐山馆秋。”诗人高适在其《别韦五》一诗中，也使用了“旅游”一词，表现了诗人面对即将远行的朋友借酒消愁的心绪：“徒然酌杯酒，不觉散人愁。相识仍远别，欲归翻旅游。夏云满郊甸，明月照河洲。莫恨征途远，东看漳水流。”谓将远游天涯，但终归要如河水东流那样回到故乡和朋友身边之意。中国传统旅游概念中蕴含的这种悲苦惨淡的基调，乃是相对于居家的温馨和血亲的聚集而产生的。对于注重家庭和伦理亲情的中国人来说，旅游就意味着丧失亲人聚居、共享天伦之乐的温馨生活，自然是无比悲苦之事。

“旅游”概念的第二层含义是旅居他乡。唐贾岛《上谷旅夜》称：“世难那堪恨旅游，龙钟更是对穷秋。故园千里数行泪，邻杵一声终夜愁。”唐尚颜《江上秋思》谓：“到来江上久，谁念旅游心。故国无秋信，邻家有夜砧。”明文徵明《榨上闻雨有怀宜兴杭道卿》曰：“应有旅游人不寐，凄凉莫到小楼前。”清陆以恬《冷庐杂识·孔宥函司马》诗中亦云：“廿载邢江路，行吟动值秋……旅游复何事，飘泊问沙鸥。”将旅居外地视为“旅游”，是中国传统社会独特的乡土观念的产物。现代旅游概念认为，暂时性和非定居性的外出旅行才叫旅游[81]。而中国古代则将长期离乡定居的行为也称为“旅游”，也就是说对于古代的中国人来说故乡才是唯一的归宿，他乡无论居住多久始终是无法替代故土家园的，始终是漂泊之地。尽管他们离乡远居，但他们的根在故乡，无论身在何处，最终都是要回归故土的。他们或在外宦游数十年，无论功成名就或仕途坎坷，终要告老还乡；或游贾一生，最后回乡购置田产，终老乡里；即使不能在有生之年回到故地，也会梦回故里，或魂归家园。总之，中国人在精神上一直是把包括迁居在内的所有的离乡活动，都视为“暂时性”的旅游。

与“旅游”概念相应，中国古代旅游者的概念“游子”，也有暂时外出与远徙他乡的两层含义。“游子”尽管远离定居地，成为故乡宗族组织的“游离分子”，但在精神上仍然处在伦理秩序和宗法关系的观念网络之中，为血缘亲情和乡思乡愁所牵引。对于古代人而言，旅游与其说是旅行游览和游戏娱乐活动，不如说是被迫离开家园前往陌生之地的人生漂泊。这使得中国古代一些与旅游相关的词汇也都蒙上了悲伤忧愁和凄凉之色，如“羁旅”“旅愁”“天涯孤旅”等。正是旅游者对离乡远游的悲叹和"回顾望旧乡"的旅游追求，给中国传统旅游打上了鲜明的人文烙印。远离故国家园的游子始终有着强烈的寻根追祖、兔死首丘的愿望，反映出对自己安身立命和人生归宿的终极关怀。中国人把整个人生历程视为旅游的行程，把故乡既作为人生拼搏的支点，也作为人生旅程的归宿，即使游子不能在有生之年回归故里，那么故乡作为他们的精神归宿而对之梦萦神绕。

中国传统文化中的旅游概念及其文化内涵与西方的旅游概念存在较大的差异。西方社会与"旅游"一词相对应的词汇一般用英文"tourism"来表示。tourism 最早见于 1811 年英国出版的《牛津词典》，词义是"离家远行，游览参观一些地方后，又回到家里"。这一概念已经描述出来现代旅游暂时性和异地性的基本特征。在此之前，"旅游"一词的在英语中用"travel"（长途旅行、依次经过）表示，是由"travail"转化而来。后者具有"阵痛、艰苦、困难和危险"的含义，反映出旅游者对长途旅行可能遇到的种种困难的恐惧，是对旅途艰辛的一种客观恐惧，表现的是一种人与自然斗争的历程。工业革命后，随着科技的进步，旅行的条件日益改善，旅游不再意味着艰难险阻以及与恶劣的自然环境进行斗争。19 世纪，西方开始出现的"tourism"一词，更加接近现代的旅游概念，并且已经完全没有了"travel"（旅行）一词中蕴含的恐惧意味了。"tourism"来源于 tour（环游），表达的是短暂离家并最终回归的过程，它表明西方社会已经结束了旅游者可能一去不返的恐惧和不确定性，旅游者们借助工业文明创造的条件，外出旅行并顺利返回。除上述名词外，英语中的旅游词汇还有"trip""voyage""journey"等。这些概念均是从旅游方式，如交通工具、旅行距离长短等方面来界定的，而与旅游者的社会阶层无关，也不含有对旅游活动的道德评价。由此可见，如果说中国的旅游概念倾向于表达旅游的社会形式，反映出一定的等级制度、伦理道德评判和乡土亲情观念，那么西方的旅游概念则倾向于表达旅游的客观方式，在一定程度上反映出人与自然的关系。

2. 儒家的旅游观

中国古代最早提出旅游理论的是先秦儒家。孔子一生可谓游历丰富，曾经游览泰山、东山等地；游学于周，问礼于老子；周游列国，游说诸侯等。更难能可贵的是，他游中有学，游中有悟，把学习知识、传道悟道融为一体。孔子的游历生涯对其思想体系的形成影响极大。正是在游历的过程中，孔子关注的重心由"礼"走向"仁"，完成了思想理论体系的创建。"仁"以孝悌为本，它是儒家思想理论的核心和基础，克己复礼（周礼）是达到"仁"的手段和途径。因此，周礼也成为儒家旅游必须遵循的规范和前提，如《礼记·曾子问》所言"三年之丧，练，不群立，不旅行"，旅游必须符合"君君、臣臣、父父、子子"的"忠孝节义"以及修身养性、礼乐教化和"齐家、治国、平天下"等思想。儒家认为，旅游行为作为人生的一种活动，必须符合忠孝节义以及观物比德、礼乐教化等礼仪规范。其旅游思想主要表现为近游观、远游观和君子比德观[82]。

（1）近游观

中国古代的旅游活动具有很强的伦理色彩，无论是离家远游还是就近出游都需要有符合社会伦理道德的理由，即出游行为必须具有伦理上的合法性。无论是以文人士大夫等少数阶层为主的远游活动，还是以普通老百姓阶层为主的近游活动，我们都可以从儒家学说特别是孔子的旅游思想中得到符合伦理规范的理论支持和解释。

总体而言，儒家是主张近游的，孔子曾经要求做儿子做到“父母在，不远游。游必有方”，认为父母健在时，不宜远游，将出行远游活动提到了孝道的伦理高度。儒家学说以重人伦为核心。父母在世之日，儿子久游不归，一则令父母担忧，二则儿子也不能对父母尽关心赡养的义务。因此，孔子要求当儿子如果必须要出门，那么在出门之前必须制订好游览计划，把游览线路、目的地、时间、归期等告诉父母，使父母胸中有数以免他们担心牵挂。《荀子·荣辱篇》中，荀子表达了和孔子相近的近游思想：“乳彘不触虎，乳狗不远游，不忘其亲也。人也，忧忘其身，内忘其亲，上忘其君，则是人也，而曾狗彘之不若也。”受这些思想的影响，《孝经》上明文规定“孝子不登高，不临危”。

这种近游观与农耕文明安土重迁的习俗有关，更主要的是儒家注重人伦的文化体现。儒家之提倡民间近游，对远游持审慎态度，是出于人身安全的考虑，目的就是减少非正常死亡和伤残现象，以避免家庭破碎，家人离散的局面，从而实现其“老者安之，朋友信之，少者怀之”和“斑白者不负戴于道路”的仁政理想。这种近游观的出现，与当时的社会生产力发展水平是相适应的。如果既要亲近自然、修养身心、陶冶心情，又要恪守孝道、奉养父母，那该如何两全其美呢？孔子认为，解决这个问题的良策就是近游。这也是孔子对郊游大加推崇的原因。在古时生产力水平低下的情况下，人们的可支配性收入有限，而近游、郊游比较有利于发展生产，也是符合社会发展需要的。

这种近游观对我国古人的旅游心理和行为产生了深刻影响。自古以来，中国人便有稳健内敛和安土重迁的民族虚游心理，所谓“在家千日好，出门一朝难”，人们把背井离乡、出门远游视为畏途和苦旅，没有光明正大、足够有说服力的理由，是不会轻易出游的。因此，古代除了少数阶层带有一定政治功利性的远游以及宗教僧侣的出世之游外，广大的平民阶层很少有机会远游，更多的是参与民俗节日的集市和郊外近游活动。

（2）远游观

儒家主张近游但并不一味排斥远游，“父母在，不远游，游必有方”中的

“游必有方”四个字为基于伦理层面的儒家远游观埋下了伏笔。事实上，“游必有方”可以看作孔子提出的一个新的旅游思想命题，而正是“有方”，打破了“不远游”的伦理限制。《礼记·曲礼》云：“夫为人子者，出必告，反必面，所游必有常，所习必有业。恒言不称老。”这里的“有常”实际上与“有方”是一致的。这是对“游必有方”最好的说明。朱熹的理解也颇有代表性：“游必有方，如已告云之东，则不敢更适西，欲亲必知己之所在而无忧，召己则必至而无失也。”按照朱熹的解释，“父母在，不远游”的重点是体察父母之心，使远游行为纳入伦理轨道，赋予“远游”在伦理体系内的合法地位。可见，“游必有方”并不能否定孔子的远游主张，而是借助“有方”来构建合乎儒家家庭伦理的远游观。因此，孔子的近游观和远游观从根本上讲是统一的，这种统一的基础就是恪守孝道。就孔子看来，无论是近游还是远游都应该严格遵循周礼规范和人伦秩序。远游并不是被无条件否定，只是要受到伦理孝道的制约。由此可见，在中国旅游史上，儒家的近游理论和远游理论同样发达，二者看似矛盾，实则相互补充、和谐统一。

儒家的远游观对中国古代文人的旅游实践产生了极为深远的影响。孔子的远游观体现了一种积极的入世的态度，具有极强的现实功利主义的实践特色，这使得历代文人始终将旅游作为实现其人生价值的重要方式。孔子曾说：“不观高岸，何以知颠坠之患？不临深渊，何以知没溺之患？不观巨海，何以知风波之患？失之者，其不在此乎？士慎三者，无累于人。”他将远游当作积累人生经验、确立正确人生观的重要途径。孔子“登东山而小鲁，登泰山而小天下”，他自年轻时起就有着丰富的远游经历，这样的远游并不是出于休闲目的，而是在实地考察学习中不断地充实自己。孔子这种以求学、开拓视野为价值取向的旅游思想，对后世儒者影响很大，司马迁、郦道元、李白、徐霞客等著名的文人或旅行家，并非出于职务上的变动而被动旅游，他们把远游当作丰富人生经验和开拓学术视野的重要途径。明人董其昌在其《舟次城陵矶画并题》中写道：“画家以天地为师，其次山川为师，其次以古人为师。故有‘不读书万卷，不行千里路，不可为画’之语。”虽然说的是作画，但颇能道出古代文人对从游学之旅的重视。

孔子一生四处奔波，主要是为了推行自己的政治主张，他知其不可为而为之，百折不挠地周游列国，为后世树立了入世的楷模。在这种积极的入世精神的指导下，历代文人都将远游作为一种社会实践活动，是为其人生价值和理想服务的，而不是简单的游山玩水或追寻感官的享受和刺激。中国古代文人的游学之旅和士大夫阶层的游宦之旅正是受到儒家的这种远游观念的影响，在中华旅游史中书写了浓墨重彩的篇章。历代文人学士怀着“学而优则仕”的信念，寒窗苦读之后，往往会为了求取功名远离故土，积极入仕，踏上漫长曲折的宦海之旅。无论是入朝为官还是贬谪流放，为了“修身、齐家、治国、平天下”的人生理想和经世致用的社会责任感，在宦海沉浮中四处奔波而不悔。

（3）比德观

在长期的游历的过程中，孔子不仅由“礼”入“仁”，建立了以“仁学”为核心的儒家哲学思想，而且还将仁与自然山水有机融合，形成了“君子比德”的旅游思想。所谓“君子比德”，其基本含义是自然物的性质特征与人的品格道德有相似之处，人对自然物的爱赏与赞美，归因于自然物的某些特征能够比拟、象征人的某种美德；自然物之所以美，是因为它的某些属性特征“似有德者”。也就是将自然物的外观特征伦理化、人格化，从观念上将其纳入社会伦理范畴，从而使自然之美与伦理之善联系起来。

比德观念起源于孔子的名言“知者乐水，仁者乐山”。它赋予山水以仁、智（即知）的道德品格，然后要求士人君子从山水中学习或仁或智的道德规范，使人性得以陶铸，情操得以升华。后人将孔子提出的“知者乐水，仁者乐山”称之为“君子比德”说，“乐水”是由于水的丰富变化，象征德、仁、理、义、智、勇等人文精神；“乐山”是景仰山的博大和无私奉献的胸怀。“比德”说肯定游观山水能够给仁人君子美感享受，这种美感在于自然山水具有类似于仁人君子的品格特征，如大水的深不可测，象征智者的学识渊博；大山的养育万物，象征仁者的秉德无私。因此，在游山即水的时候，仁人君子不但“高山流水，得遇知音”，并且能反省自身，锻炼情操。它的精神实质是强调自然美依存于社会美、人格美；强调旅游观览是“克己复礼”，修身养性，经世致用的途径。

“比德”说奠定了儒学功利主义旅游观和自然审美观的传统。它一方面肯定了游观山水能给仁人君子以美的艺术享受，更主要的是强调观赏山水景观对君子的道德熏陶的重要功用，由此奠定了中国古代旅游实践中“比德修身”伦理特色。在儒家的眼中，山水并不是客观的自然山水，而是人文化、人格化、伦理化的山水。因此，它具有与仁人君子相似的道德属性。传统的文人士大夫把山水旅游当作道德修养的手段。人们首先通过“比德”，赋予自然山水以道德人格，然后再通过旅游从山水中获得道德启示。唐韩愈的《燕喜亭记》，生动折射出了这种以山水来比德修身的观念。文中说韩愈等人游广东连北山，为山水所醉，乃为之一一取名；把山丘取名为“俟德之丘”，说它“蔽于古而显于今，有俟德之道”；把山谷取名为“谦受之谷”，指出它有谦虚之美德；把池塘取名为“君子之池”，因为它“虚拟钟其美，盈以出其恶”；把泉之源取名为“天泽之泉”，因为它“出高而施下”。文人们通过命名的方式，先赋予自然山川以道德品性，然后通过对这些自然山川的旅游来体悟人生。

由此可见，自然与人的品质之间形成了一种天然对应关系，人们在观赏外物的过程中也获得了品格的升华。

3. 道家旅游思想

道家思想是我国古代社会中与儒家思想相互补充的又一思想支柱。道家的旅游思想是其以“道”为核心的哲学体系中不可分割的一部分。“道”是老庄哲学和美学的最高概念和中心范畴，是宇宙万物的本原，也是道家哲学经典《庄子》的基础和核心。《庄子》认为，“道”即无为，无为即逍遥。《庄子·天运》说：“逍遥，无为也。”《大宗师》又说：“圣人者，原天地之美而达万物之理，是故至人无为，大圣不作，观于天地之谓也。”这里的“观于天地之谓”即有出游观览的含义，是人对自然宇宙的观察和认识过程，也是得“道”和悟“道”的重要途径和最佳选择。

（1）逍遥游

道家的旅游思想主要体现在《庄子》一书中，以“逍遥游”为核心思想。“逍遥游”崇尚一种精神上的自由自在、无牵无绊的状态，在这种状态下，旅游活动是不带任何功利意味的游戏、游乐，其根本目的是旅游者应该获得精神上的自由和满足。这一观点对我国古代知识分子的旅游活动影响十分深远，形成了文人漫游的传统，特别是当他们仕途失意的时候，往往寄情于山水之间，在追求率性自由、无拘无束的生活方式中参悟人生的真谛，也化解着仕途惨淡的郁闷无奈。

庄子一生酷爱自然，抱着“独与天地精神往来而不傲倪于万物”的态度，钓于濮水之滨，游于濠梁之上，行于雕陵之樊，踪迹遍及齐、魏、楚诸国乃至山川树林。《庄子》一书，许多篇幅就是以“游”为主题描绘和阐述旅游的故事与思想。在《庄子·秋水》篇中，记载了关于庄子和惠子游于濠梁之上观鱼的有趣故事：“庄子曰：‘倏鱼出游从容，是鱼之乐也。’惠子曰：‘子非鱼，安知鱼之乐？’庄子曰：‘子非我，安知我不知鱼之乐？’”表面看，庄子和惠子谈论的是哲学上的认识论问题，实际上也是人在旅游中观鱼的生动记述。《庄子》内、外、杂三十三篇，内篇以《逍遥游》始，外篇以《知北游》终，杂篇以《天下》尾，这样的体例安排，与其说是庄子哲学体系逻辑结构的完美体现，不如说是庄子旅游的全过程。《逍遥游》开篇的“鲲鹏图南”，旅游活动就开始了，出发点是“北冥”，目的地是“南冥”。《知北游》又正好与《逍遥游》的旅游方向遥相呼应，出发点是南端，回归地是北端。《庄子》虽然描述的不是具体的旅游过程，可是庄子的一切思想，一切议论均是在这由北向南、又由南向北的旅游过程中生发的。阅读《庄子》，也如同在进行旅游。据统计，《庄子》一书曾多处使用“游”字，其中内篇有 30 多处，外篇有 40 多处，杂篇也有 20 多处。例如《逍遥游》“列子御风而行”，《人世间》“南伯子綦游乎商之丘”，《知北游》“知北游于赤水之上”，《天运》“子贡南游于楚，孔子西游于卫”等。庄子从各个层面对“游”

进行了描述，他所追求的养生之道、治国之道、为人之道等，均是从“游”中产生，从“游”中创立，从“游”中建构的。例如《人世间》“且夫乘物以游心，托不得已以养中，至矣”;《德充符》“游心乎德之和”;《田子方》“游心于物之外”;《应帝王》“汝游心于淡，合气于漠，顺物自然而无容私焉”;《齐物论》“乘云气，骑日月，而游乎四海之外”“游乎尘垢之外”等。可见，“游”字在庄子心目中具有举足轻重的地位。庄子不仅从旅游中得“道”，也利用旅游来论“道”。《庄子》开篇的《逍遥游》，借鲲鹏南游来阐释“道”的遥遥无为之境。《应帝王》借“天根游于殷阳”来阐述顺物而天下治之理，《山木》借庄子游于雕陵之樊来探讨逐物之忘其真，《人世间》借“南伯子綦之游”来明辨有用与无用的关系等，可谓是比比皆是，俯首可拾。“道”不仅是《庄子》的最高哲学抽象，也是《庄子》旅游思想的原始印痕。旅游得“道”，旅游论“道”，道游一体，形成了独具特色的道家逍遥游的旅游思想。

在学术思想上，《逍遥游》是庄子的哲学名篇，“逍遥游”是其哲学的主要特色和理论归属。就其哲学内涵而言，主要指一种无意志、非理智、超功利的、游于玄境的心灵自由活动和精神遨游；是一种顺应自然的思维方式之“游”，是对于一种精神现象的哲学抽象和理论概括。而在旅游方面，“逍遥游”却代表了道家的旅游思想理论，是指不计功利、不借任何外力、不受任何限制和约束的自由自在地遨游。也就是说，在无拘无束的遨游和漫游中去获得审美愉悦和精神的满足，并从中了悟自然、社会和人生的本质和规律，即“道”。道家崇尚自然，反对束缚，主张自由自在无羁无绊的旅游，即无已、无功、无名的超功利性旅游。由此可见，道家逍遥游思想的核心内容是一种以自然主义为核心、充满理想主义色彩的游乐思想，一种可以在漫游自然中获得但难以用语言表述的游乐活动的趣味和意境。

（2）游乐养生观

养生观是道家游乐思想的重要组成部分。道家的养生思想在历史的发展中，逐步融入了更多的旅游活动成分，不仅开创了古代养生游乐活动的理论先河，也提供了可贵的积极实践的活动模式。老子提出的“长生久视”的观点，集中反映了道家对人生长寿的主动追求和殷切期望。在养生理论方面，老子阐述的一条基本原则就是顺其自然。老子指出：“天地之所以能长久者，以其不自生，故能长生。”道家主张养生活动的表现形式固然很多，然而活动的核心却是静养，也即表现为静以养生的传统观念。庄子说道：“静然可以补病，眦可以沐老，宁可以止遽。”这些观点自古以来就根植于中国人的意识深处，并影响着人们的养生游乐行为。当然，道家养生思想培育的是具有中国农耕社会特色的养生保健方法，它包括养神和养形两部分内容。

首先，就养神而言，道家思想强调“清净无为”，希望借助于各种户内外的活动方式进行自我心理的调节和意识的调整，消除个人欲望取得精神疗养的效果，达到心境空明的目的。其次，从养形活动看，道家认为人们的形体美是养生的重要内容，是养生的外在表现形式。道家养生学说也被一部分人异化为梦想长生不老、进而成仙的理论依据。三国时代的曹植在《飞龙篇》中认为，从事养生活动能使人“寿同金石，永世不老”，这种观点在魏晋时期及后世的文人士大夫中有着相当广泛的影响，形成了文人隐士纵情山水的游仙传统。

（3）寄情自然观

道家思想非常注重人与自然的和谐，认为通过在自然世界中的游乐活动，人可以在精神上获得一定程度的慰藉和解脱。虽然，作为道家主要代表人物的老子，并没有具体言及应该如何进行游历活动，但是他提出还纯返朴的主张，其理论的实际内涵就是鼓励人们投身于自然、回归于自然之中。从老子所说的“众人熙熙，如享太牢，如登春台”的言论，我们可以感受到他对自然景色的热切赞美之情。相比较而言，作为道家思想重要代表人物的庄子，对漫游自然世界更是情有独钟，情感表现也更为强烈。庄子曾感慨：“山林与，皋壤与，使我欣欣然而乐与。”这里的快乐充分显示出庄子珍爱自然情系山野和逍遥无欲的游乐思想本质，折射出道家学说强烈的超越现实世界的精神倾向。

道家思想家竭力主张人们应该投身于自然之中，远离世俗尘嚣。这种出世脱俗的游乐观对于身处乱世或者仕途坎坷的文人来说无疑是一剂抚慰心灵的灵药，使他们在亲近自然、寄情山水中找到人生的价值。所谓“逍遥于天地之间而心意自得”“入深山，莫知其处”的隐逸生活和旅行经历，便是道家思想家所倡导的隐逸自然、出世脱俗游乐生活的典型表现。面对春秋战国时期社会动荡与人的自然本性被严重扭曲的现实，道家以极大的热情、不懈的努力去呼唤社会和人的自然本性的回归。在道家看来，要恢复人的自然本性，关键是摆脱迷乱人性、造成自然本性遗失的一切人为物欲的控制和奴役，远离社会尘世纷争，投身自然，走向恬淡虚静。道家思想驱使人们追求一种徘徊于世俗之间，而存志于“山林之中”的旅行生活形式；一种身居社会纷争、污秽尘垢之中，而又保持心志清高、超然脱俗的生活境界。这种道家思想在乱世，常常表现为傲世脱俗、隐逸郊野、逍遥自在的游乐生活方式。而这种寄情山水的自然游乐思想与生活方式，在相当长的历史时期内，成为古代文人士大夫聊以自慰的一种理想的人格精神和人生活动模式。自东汉起，历代功名未就的文人游子逐渐地从功利性质的宦游，转变到忘情山水、遁世避欲的道家“逍遥”游中，在文人们寄情自然的身影和足迹中，使林泉赏美的山水旅行文化成为中国古代的一大特色。

4. 审美基础

（1）天人合一

“天人合一”观念，是中国古代哲学的基本精神，也是中国古代自然审美观念产生的思想基础。对中国传统美学产生重大影响的儒家、道家和佛教禅宗三大派，都奉行“天人合一”的宇宙观，追求人与自然彼此相融、和谐统一的亲密关系。天人合一思想萌芽于西周时期，形成于春秋战国时期，并贯穿于整个传统文化发展历程之中。

①原始的天命观

中国人“天人合一”的意识在中国远古神话“盘古开天”“女娲补天”等故事中已经初现端倪。中华民族先民最早的宇宙观念中，人类与上天的关系就是密不可分，这主要取决于在中华文明产生的地理环境和农耕生产、生活方式。中华民族发祥于广阔的黄河、长江流域，先民们在浩瀚无边的土地上日出而作，日落而息。他们仰观天象，俯察万物，遵循着自然界寒来暑往的四季规律，春耕秋收，世代繁衍生息。在原始先民的宗教意识中，天是个至高无上的神，是宇宙和自然万物的最高主宰，所有自然现象都是神灵支配的结果。

中国古代思想家关于天人合一的观念与对天和天命的认识是紧密联系在一起的。据《尚书》记载，夏、商、周时代便有了天和天命的概念，而且天是有意志的人格神，是自然和社会的最高主宰，被称为天帝或上帝，天命就是天的命令。因而在相当长的时期内，天人关系就是神人关系，天人合一观念的原始萌芽就是天人感应、神人感通的天命观。《左传》中记载周室贵族刘康公的言论说：“吾闻之：民受天地之中以生。”周王朝称统治者为天子，是上天的儿子，地上的子民要与天保持一致。虽然天与人的关系为主宰和服从的关系，但总体上来说还是要求天与人的一致性，表现了天人相通思想的萌芽。

②儒家的“天人合一”思想

春秋战国时期，天的人格神含义受到怀疑，原始形态的天人关系观念逐渐向着哲学的方向演变。这种演变分化出两种主要的观点。一是视天为自然之天，是无意志的、不假人力的自然状态，天命便是自然的必然，即自然的规律，强调人事必须遵循自然规律，以道家学说为主。二是据人道塑造义理之天或道德之天，然后据天道以明人道，将天道作为人道的最高准则和终极依据，以儒家学说为主要代表。

儒家哲学从先秦开始，便在继承西周天命观的基础上，从“义理之天”和“自然之天”两个角度阐述天人合一的思想。前者强调天的道德属性，以孔子及其后继者子思和孟子为代表，后者以荀子为代表。孔子的仁学是西周天命观向战国自然观转变的过渡环节，是中国哲学关于天人合一观念的最早的理论形态。孔子没有摆脱原始宗教的束缚，仍然把天视为人世间的主宰和人格神，认为天命决定人的生死德行，决定社会的兴衰治乱，人事必须顺从天命。孔子有云“君子有三畏：畏天命，畏大人，畏圣人之言”。但是，在整理、总结周代文化的过程中，孔子更多继承和发展了周代的“德配天地”（人事与天命相结合）观点，创立仁学，重视人事的努力，认为“仁”是天人合一的基础。他一方面相信天命，一方面对周时盛行的通过卜筮探求上天意向的做法持否定态度，认为天命就蕴含在自然事物的运行中，所谓“天何言哉？四时行焉，百物生焉”；人们在自然力量面前并非无能为力，不应该消极服从天命安排，而应该根据自然事物的运行规律，顺应天命积极努力。他称之为“为仁由己”。可以说，孔子揭去了自然山水的神秘面纱，使大自然从神的祭坛走向了生机盎然的人间，使山水从“神性”走向“人格化”的转变。山和水不再是神秘莫测和恐怖威猛的神，或天的代表，而是具有各样美德的人的再现。

③道家天人合一思想

道家天人合一思想主要以老子和庄子为代表，强调天道自然，即“自然之天”。老子否定天神，强调天的自然属性，主张自然无为、返朴任天。老子所谓无为而无不为的“道”，是统摄万物的自然规律。他认为世界上的事物都是由“道”而生，又都是道的体现。万物自身的发展规律不以人的主观意愿为转移，因而不应人为地改变万物这个自然法则，而应当任其自然，“无为自化，清静自正”。他以道、天、地、人作为“域中四大”，宣称“人法地，地法天，天法道，道法自然”，要求“见素抱朴”，回到自然。庄子同样强调顺乎自然，他说，“有天道，有人道。无为而尊者，天道也；有为而累者，人道也”，认为人道有累，天道则是无累的。道家的人生理想就在于摆脱人事之累，超脱俗世，回到自然淳朴、和谐天真的境地。在他们看来，人生应当是始于“天地与我并生”，终于“万物与我为一”。而要达到这“万物与我为一”的境界，无须通过对客观世界的改造，只需通过主观精神上的“心斋”和“坐忘”来体道，消除知性的负赘。

④禅宗的“梵我合一”思想

禅宗，作为中国的佛教，是印度佛教传入中国后与中国本土道家哲学及魏晋玄学相融合后的产物。禅宗信奉“梵我合一”的世界观，追求一种超越是非、有无、生灭、得失的自由境界。六祖慧能的那首著名的偈语“菩提本无树，明镜亦非台。本来无一物，何处惹尘埃”生动地反映了这种心物合一的状态。“我心即佛”“佛即我心”，客观世界的一切色相变幻，完全是主观心灵变化的产物。东晋僧人僧肇在阐述佛教“妙悟”真谛时说：“玄道在于妙悟，妙悟在于即真。即真则有无齐观，齐观则彼已莫二。所以天地与我同根，万物与我一体。”所谓“即真”，就是彻底打通主客体之间的界限，做到“有无齐观”“彼已莫二”，从而使我（内心世界）与宇宙万物融为一体。此时，我已不再是我，而成为天地自然的有机组成部分，达到禅家所说“梵我合一”的境界。

中国古代自然审美观正是建立在中国哲学“天人合一”宇宙观的基础上的。儒、道、禅三家在讲“天人合一”时，虽然各自的角度有所不同，但他们都强调人要顺应自然，达到人与自然间的融合统一，与自然山水建立亲密无间的情感关系。总之，天人合一是中国传统文化中的核心命题和主要哲学思想，它讲究人与自然的情感交流，强调人与自然的和谐统一，这也是中国古代自然审美的产生的思想基础。

（2）自然审美

许许多多的自然景观在全人类的眼里具有相同的审美价值。自然美最直观的表现是形、色之美，除了外形的美感之外，色彩、声音和动静间的变化也能为人们带来美的体验。此外，自然景观还应具更加丰富的人文内涵。古代文明在大地上留下了无数痕迹，这些历史遗址有些可能藏于深山之中、栖于沙洲之侧，经年累月，与自然风光融为一体，为自然旅游资源增添了浓厚的历史文化气息。只有了解这些人文历史的典故、传说、名人逸事，才能更深刻地体会到自然景观当中所表现出来的精神内涵。自然物之所以会成为旅游资源，为景区带来经济价值和社会收益，是因为它符合人们的审美标准。对旅游地文化背景的了解将有助于体会自然旅游资源的文化内涵。

①前审美时期：原始的山水自然崇拜

在原始社会到西周以前，自然山水只是巫术礼仪、宗教祭祀的对象，人们将自然看成一种神秘的威慑力，对山水顶礼膜拜，其实还称不上是自然审美，而是自然崇拜，但这种自然崇拜是人类社会发展初期的必经阶段，也为自然山水审美意识的产生奠定了基础。

高山峡谷、河流大川，既是原始初民取之不尽的物质源泉，又时常对他们构成巨大的威胁。他们在同自然的对抗中，既感到自身的无力和渺小，对自然产生畏惧感，又朦胧地感到自然仿佛是被一种无法控制的神力所支配，对自然产生神秘感。于是，在万物有灵观念的影响下，人们把各种自然现象和自然事物，都想象成同人一样具有知觉和感情，赋予它们生命意识和超人的力量。《礼记·祭法》记载了先民这种原始自然崇拜的心理状况：“山林、川谷、丘陵，能出云，为风雨，见怪物，皆曰神。”人类把自身的繁衍生息、吉凶祸福都同神灵联系起来，乞求神灵恩赐保佑，由此开始了自然崇拜、图腾崇拜、灵物崇拜的原始宗教活动。在“自然崇拜”阶段，人们把自然中的许多对象，如日、月、星辰和周围的山、河、岩石加以神化，并崇拜。

原始的自然崇拜构成了原始人对自然的前审美态度。人们对自然的崇拜暗示出人对自然的依赖性。这种依赖一方面是物质方面的，另一方面也蕴含着精神方面的内容。人在对自然的依赖中产生了一种亲切感，而正是这种精神性依赖为人对自然的审美奠定了基础。原始人崇拜山峰，在万物有灵论的影响下，把山峰想象成某一种灵魂的化身。这种想象有的是根据传说，有的是根据山峰的形状。如某山形状像狮，则幻想为狮神的化身；某山形状像鹰，则想象成鹰神的化身。这种想象既神化了山峰，又美化了山峰。当初的美化也许是为了神化，但神化的效果之一又有助于美化。一旦原始宗教的观念消失，山峰的神秘色彩也日趋淡薄，然而最初的神化作为一种文化传统留下来，大大地美化了自然山水。因此，原始人类的自然崇拜与审美关系的建立有着重要的关系。它一方面受制于愚昧的宗教观念，反映出原始人低下的生产力水平和认识能力；另一方面又显示出原始人丰富的想象力量和情感力量，孕育着最初的审美意识。正是原始宗教架起了人与自然的物质关系到审美关系的桥梁，成为人与自然审美关系建立的中介环节。

②先秦——两汉："比德"说与"天然"说

先秦时期，在"天人合一"宇宙观影响下，对自然山水认识上出现的以孔子为代表的"比德"理论和以老庄为代表的"天然"理论。二者是中国古代自然审美观的最初表现形态，奠定了此后2000多年中国传统自然审美发展的基本路径。从先秦到两汉，受儒家经世致用哲学观的强大影响，特别是在汉朝"独尊儒术"的政治气候下，儒家的山水比德的审美观占据主导地位，成为当时主流的自然审美观念。而道家的"天然"说则在魏晋南北朝及此后成为中国传统自然审美思想的重要渊源，不仅对中国古代的自然山水审美发展有重要意义，还对山水诗文、山水画、山水园林等山水艺术的发展产生深刻的影响。

儒家"比德"说

随着生产力水平和社会的发展，到了春秋战国时期，人们逐渐摆脱了万物有灵的原始宗教意识的束缚，自然开始由"神化"走向"人化"。《荀子·王制》中从人与自然的物质功利关系出发，认为"天之所覆，地之所载，莫不尽其美，致其用"，天地万物之所以美，是因为它给人们提供了舟楫之利、财用之源，反映了自然从"神化"向"人化"的转变和过渡。除了认识到人与自然的这种实用功利关系外，人们也感到了自然与人的精神生活的密切联系、自然对人的道德精神的象征与暗示意义，于是产生了山水"比德"的观念。儒家"比德说"即是以山水的特点来比喻人的道德品质的思想，它认为大自然的品格是人类一切美好品德的母体，人对自然山水的欣赏不能仅仅停留在外部形象上，而应从其神态中发掘内在的精神品质之美，使观赏者得到借鉴和陶冶，从而进入更高的精神境界。

山水比德思想经过历代儒家的发挥，内容更趋丰富，对中华民族自然审美心理的影响深远，形成了中国古代自然审美中一种独特的精神倾向，即注重自然山水审美的人伦精神和人文精神。从现代审美的角度看，“比德”说无疑是有一定缺陷的。儒家注重社会道德对人的重要影响，面对山水景物，儒家首先想到的并不是景色之形式美，而是景物形象所体现出来的某种属于人的精神品质，自然万物被人为地赋予贵贱善恶等道德属性，因此不可避免地存在牵强附会之处，也有忽略自然山水形象美、形式美的倾向。但不可否认的是，儒家的这种独特的审美观念对后代美学产生了积极深远的影响。首先，“比德”说强调人和自然的互相交流，把自然美和人的精神道德联系在一起，这就使得中华民族对自然美的欣赏没有停留在仅供感官享受的层次，而是人们在徜徉自然的过程中常常有所领悟，在品鉴和学习自然事象中陶冶情操。这种寓教于游的传统，对于提高民族的文化修养、道德水平无疑是有积极意义的。其次，“比德”说对大自然精神意义的发掘和推崇，有助于人们在欣赏自然山水时越过表面现象去寻找内在含义，并为后代的美学家、艺术家从更高的层次探索山水之美开辟了道路。中华民族对山川形胜不仅注意其色彩、线条、形态之美，更看重其内在的气质之美、意境之美，好的山水必须具有诗情画意，这种艺术眼光是与“比德说”有密切联系的。最后，“比德”说不仅对中华民族的自然审美心理影响甚大，而且促进了中国自然景观得以“人化”。千百年来，随着人们不断用“比德”的眼光去注视和欣赏某些自然景观，久而久之，这些自然景观仿佛被刻上了人的精神品质和道德情操的印记。在中国文化中，一些自然景观被赋予了特殊的象征意义和精神品质，从而具有比一般自然物更高的价值。比如，在中国人的心目中，黄河是母亲河，它不仅是中华文化的发源地，也是中华民族不屈不挠、艰苦拼搏的精神的象征。梅、兰、竹、菊被称为“四君子”，是中华民族所推崇的坚贞、刚直等美好品质的写照。如果我们不了解这些积淀在自然景观中的文化精神，就不可能真正揭示它们的价值。

老庄的“天然”说

和儒家一样，道家的自然审美思想对中华民族的自然审美心理也产生了深远的影响，尤其是老庄的“天然”说。这一学说的核心体现在对不假雕饰自然之美的推崇上。老子、庄子等人主张返璞归真，回到古老的社会状态。在对待自然美上，他们认为天地之美是客观存在的，它们按照自己的自然本性表现出来，人们应该顺应，不要以外力去强行干预、改变它。《庄子·知北游》中有“天地有大美而不言，四时有明法而不议，万物有成理而不说。圣人者，原天地之美而达万物之理，是故至人无为，大圣不作，观于天地之谓也。”意思是说：自然界有自己的运行规律，天地、四时、万物都按照自身的规律和谐运行从而生生不息，它们并不是为了和谐之美而有意为之，而是客观存在着的，这种自然而然形成的美才是真实的，是真正的大美。庄子在他的著作中一再赞赏大自然的不假人工的天然之美，反对一切破坏天然之美的行为。他在盛赞大自然的天然之美的同时，鼓励人们回归自然，与山林为伍，与鸟兽同乐，“物我两忘”，获得绝对自由。

先秦以庄子为代表的道家学派对自然之美的推崇，形成了后世中国自然美学思想的主要基调。首先“天然”说在美学发展上具重要意义，矫正了先秦儒家忽略大自然形象美、形式美的弊端。道家学派高度肯定天地之美的客观存在和崇高价值，自然山水开始成为人们的审美对象而不仅仅是伦理道德的附庸，由此拉开了中国古代社会人们游历自然山水的序幕。

“天然”说对汉民族的自然审美意识的影响深远，如自然景观中的素朴、淡雅的景致特别受到古人的赏识。中国古代园林建筑中有各种流派和各种风格，但不管是什么流派和风格，都讲究浑然天成，不假雕琢，所谓“虽由人作，宛自天开”。庄子的“天然”说主张人们在欣赏自然之美时要顺应自然，完全让大自然按照自己的规律和本性去运行和表现自己，反对以外力去干预它、改变它。这种热爱自然、尊重自然、与自然和谐相处的审美态度对当代旅游目的地开发和建设、保护旅游资源和旅游环境无疑都具有重要的参考价值。

③魏晋南北朝：畅神的审美观念

在自然山水的审美上，由先秦两汉的比德之风占主导地位发展到魏晋南北朝乃至以后，出现了以山水畅神为主流的山水审美观。“畅神”是南朝画家宗炳在评论山水画审美功能时，提出的观点。

山水为什么具有审美价值而成为审美对象呢？宗炳在《画山水序》中指出欣赏山水在于“畅神”，使人的精神得到自由解脱。所谓：“圣贤映于绝代，万趣融其神思，余复何为哉？畅神而已，神之所畅，孰有先焉。”同时，他还说，“山水以形媚道而仁者乐”，可以理解为：山水以它的“形”显现“道”，从而使“仁者”得到审美愉悦。他提出了“澄怀味象”的观点，说明主体以一种虚静的情怀去玩味山水的形象，这就把握住了审美感受的重要特征。在东晋末期的连年战乱中，宗炳拒绝与统治者合作，而退隐山林，在自然山水中寻求人生快乐。

畅神的山水审美观，注重个体情感的抒发，借景抒情，在抒发个人情感的同时，体悟自然之理、人生之理，达到情景交融、物我两忘的审美愉悦境界。其审美思想的核心是精神愉悦，即侧重审美主体的审美心境，通过人与自然建立的精神关系，来达到对自然山水审美的超然境地。“畅神”是一种纯粹的审美，因为人们在此时超越了现实功利的目的而完全进入一种精神自由状态。如果说，“比德”审美观主要在象征意义上赞美自然山水美德，“天然”说强调天然去雕饰的自然本性，而“畅神”说审美观则把审美的目光投向整个大自然的同时，更注重人与自然物之间的情感联系。这无疑扩大了自然的审美范围，是真正美学意义上的自然审美理论。

在山水审美上，从“比德”发展到“畅神”，其实际上是儒家哲学思潮衰退，以道家哲学为主体的玄学思潮兴盛的反映。魏晋玄学的出现和发展，促进了魏晋南北朝时期山水审美的发展。“畅神”的审美观产生于魏晋南北朝时期，而“畅神”审美观的萌芽则可以追溯到老庄哲学的自然天道观。在老庄看来，天地自然的和谐相生是一种“大美”境界，而人也应该在与天地相融中复归自然，体验自然的宁静和谐。对老庄自然天道观作进一步发挥的是魏晋玄学。汉末以后，随着儒学地位的衰落，神学天道观被人们抛弃，取而代之的是魏晋玄学的“自然”说。玄学把儒家提倡的“名教”与老庄提倡的“自然”结合在一起，引导人们在纵情山水中寻求超然自由的人生理想。在玄学家看来，天地万物都受自然支配，而人为万物之一，也属于自然。玄学家把人们的审美视野由社会伦理引向自然山水，从自然美中获得精神的超越，摆脱那种樊笼似的人事羁绊。此时，人们开始以真正审美的眼光来欣赏自然，自然山水不再负荷沉重的道德比附，而是充满了生机和亲切感。在玄学思潮的影响下，借山水抒发感情、张扬个性的山水审美空前兴旺发达，山水“畅神”的审美观也得以产生并不断强化。

魏晋南北朝时期，人对自然美的观赏进入了自觉的时代，自然开始作为一个独立的审美对象而存在，其本身的审美价值得以体现。人们开始对自然山水进行较为细致的描绘，注意自然环境的典型形象的创造与把握，显示出一种摆脱山水景物的道德比附，进行独立的山水审美的倾向。魏晋时期的这种畅神的自然审美观，并非是老庄道家“天然”说的重复再现，而是它抛弃了老庄离世绝俗的思想，并吸收和改造了儒家的部分思想，成为对后世影响深远的自然审美思想。

④唐宋——明清：自然审美观念的整合与成熟

唐宋以后，中国传统自然审美观的发展与成熟主要表现在山水艺术的自然化，即山水诗文、山水画和山水园林的发展和成熟。唐宋时期，自然审美已经成为一种普遍现象，更多的自然景观被纳入审美范围，出现了大量的歌咏自然山川之美的山水诗文。唐宋诗人和词人不满足于自然景物的外在形式，更加注重探究山水的内在意蕴和意趣。在王维、孟浩然等诗人的山水田园诗中，不光铺陈描写大自然的美景，更注意探究自然山水的“趣”，自然的奥秘。在人与自然的关系上，追求物我交融、情景合一的意境。在唐代山水田园诗中，多采用缘物起情的方式，“愁因薄暮起，兴是清秋发”。人们的心情意绪往往因山水景物触动而感发，从山水形象描绘中自然而然地流露出来，即景造意，很少通篇说理而无具体形象，或整首形似之言而无感兴之情，力求主客体的统一、心物的感应。

宋元时期的山水画艺术空前发展，自然山水已经从后台走上画坛的前台，山水居首，人物次之，山水不再是人物的附属和陪衬。相反地，人物退居到山水之后，甚至成为“点景”之用。明清时期，山水园林艺术发展则达到了鼎盛时期，园林兴建和兴盛，拉近了人们与自然的审美距离。自然审美不再仅是对居住环境以外的自然的欣赏，建筑园林把大自然移至自己身边，对自然的审美可以在周边环境中进行，人居环境里的自然也可以成为欣赏的对象，人们关注自己周边自然环境美的营造，将自然环境的审美与现实生活环境美的创造融为一体。计成的《园冶》、李渔的《闲情偶寄·居室部》都是对人居环境的审美营构。在建筑园林中，人是自然秩序中的居住者，人尊重自然同时又营造着自己的居住环境，人通过自己的创造活动把自然美留住在身边，留在居住环境中。正是通过建筑园林，自然美由情感化的意象变成实际生活中的自然环境美，自然美由外在的对象变成人居于其中的环境美。至此，人与自然之间的精神和谐在居住层面得到体现。

在“天人合一”宇宙观的影响下，无论是把自然人格化的“比德”说，还是把人性自然化的“畅神”说，都显示了中华民族自然审美的观照方式，即通过静观默察，全身心地去体验和感悟自然美，并从赏玩山水之象中直觉地把握自然与人生，从而悟解天地之道。在中国传统审美观念中，审美的过程就是作为审美主体的个人与作为审美客体的自然山水在亲密的精神和情感交流中相互融合的过程。神与物游、物我两忘的则是自然审美的最高境界，是审美主客体的统一。无论是道家还是佛家，都强调主观精神的虚静，通过“忘我”“忘物”“忘世”，实现精神上的自我解脱和自我超越，达到绝对自由的精神境界或万念皆空的涅槃妙境。表现在自然审美中，就是通过静观默察的审美方式，使审美主体达到神与物游、物我两忘的审美境界。正如清代画家石涛所说，“山川使予代山川而言也，山川脱胎于予也，予脱胎于山川也。搜尽奇峰打草稿也。山川与予神遇而迹化也，所以终归于之大涤也”。审美主体全身心地去体验感应自然，才能以虚静清明之心纳自然万物之精魂，实现人与自然的相融为一，这是自然审美的最高境界。一旦达此境界，审美主体就会自觉地以审美眼光看待自然山水，既不会拘泥于自然山水的外在形态，也不会受囿于伦理道德的理性制约，而是在人与自然生命的神遇迹化中，把心完全融化为物，物也完全融化为心，从而达到物我融为一体的相谐相忘。道家称此为“物化”，禅家称此为“梵我合一”，儒家称此为“天人合一”。中国古代自然审美观所追求的，就是这样一种心与物之间相交相游，自然与人之间浑然一体的审美境界。

三、中国旅游者的基本文化人格

旅游主体文化人格的塑造是建立在人性发展的基础上的。旅游的发展正体现着主体人性从必然到自由的发展过程。旅游最初的起源是劳作性的旅行，是人类在生活和生产的功利目的驱使下所进行的旅行，诸如商旅、游戏、宦游、巡游等。人性在此时表现为生活的必然。当人类的物质生活条件得到发展，人性发展需要更为广阔的空间时，旅游也开始逐步摆脱物质的羁绊，容纳更多文化的和审美的内容。如果说劳作性旅行尚带有人类被动适应性生存意味的话，那么审美性和休闲性旅游则是人们主动开拓生活乃至生命力再创造的活动。人一旦从与自然界的原始统一性中分离出来成为人之后，就逐步摆脱与自然原始统一时形成的被动适应的特征，人将挖掘自己主动适应的能力，并在现存的文化环境条件中通过开拓、创造为自己的生存获取更为丰富的物质财富，发展精神生活，使自己活得欢快、浪漫而多彩，活得更有意义。主体的艺术化生存和自由的实现是人类本性追求的理想目标，是人本质的规定。旅游从古往今来的劳作性旅行向文化的审美性旅游发展，表明旅游主体从求生意志向求胜意志的超越。求胜意志使旅游主体追求高层次的文化审美享受和精神满足，并在此活动中不断完善旅游者的文化人格。

旅游者文化人格是旅游者在旅游活动中，以个体人格为基础，融合异国他乡的异质文化品格后形成的一种扩展而多元整合的旅游性格特征。旅游是一种高尚的文化活动，具有塑造旅游者文化人格的功用。最先是浪漫主义大师庄子对旅游主体理想人格的憧憬和描画。他将旅游主体自由意志的发挥推至极致，并提出了理想的旅游主体人格——“至人”“神人”“圣人”。与道家关于旅游主体的理想人格的出世倾向不同，儒家对主体的理想人格的追求是塑造道德完善的仁智之士。旅游者把山水之游当作陶冶心性的途径，当成最终达到圣人境界的途径。当然，旅游主体的理想人格毕竟只是一种理想，这种人格的建立必须通过旅游者漫长的一次次的旅游，将旅游作为修身养性的生活，不断地塑造自己的心性来实现。旅游主体的人格塑造，包括求真、向善和审美诸方面，这些都可以在或艰辛跋涉或自由浪漫的旅游活动中得到陶冶。旅游可以塑造人类求真的人格。出于不断探索的欲望，人类永远将目光投向远方，他们怀着强烈的好奇心把每次旅行都当成对神秘世界进行了解的过程。废墟上方的明月，残碑旁的落花，引导人们的目光穿越遗忘之丘，追溯祖先文明的进程；茅檐低舍，小桥流水，使人们的思绪沉浸于永恒的安详，重温先民们恬淡质朴的生活。

旅游是人类跨文化交往中的学习。爱琴海几千年的哀怨传说，埃及金字塔陵玄奥的咒语，富士山樱花的灿烂与乞力马扎罗山下的狮群，如此多的历史之趣、自然之谜驱使着人类去学习、去思考，旅游使人类获得异质的文化、增长见识，增加人生的体悟。

旅游可以塑造人的道德人格。旅游净化并充实了人类一己的、幽闭的心灵，有助于形成自由、远大而高尚的理想，通过艰辛的或欢畅的旅程使人们更珍惜平日看来习以为常甚至理所当然的东西。只有背着沉重的行囊跋涉在不期而遇的风雨中，才知道冬日围炉的温馨；只有饥肠辘辘啃着干硬的面包，才会想起家常便饭的香甜；只有面对困难孑然无助时，才知道亲情的可贵。此时此刻，一个会心的微笑，一声友善的问候，都会使人油然而生感激之情。今天，旅游所蕴含的文化禀赋正反映了当代旅游活动和观念由物质本位向人性本位的逐渐而深刻的转移。这也是旅游文化总体上的发展和成熟的必然趋势。随着这种转移，当代和未来的旅游活动将会越来越多地关注那些昔日不曾或较少为人们所关注的目的地，即那些也许是普通的、平凡的、异国他乡人的日常生活场景。然而，正是在这种对过往的自然和人文的生活充分关怀和细腻体察中，那些人类经历过又极度浪费了的境遇才又重新充满了现实的情怀和切肤的温暖，让历史回归于当今生命的存在与交往的需要，让旅游文化成为真正意义上具有历史穿透力的生命体验和融人生存哲学的冥想。

在旅游跨文化交流中，与其说人格不如用文化身份概念更能概括旅游主体的文化特征。说主体的人格，主要是从心理学角度概括其心理特质和性格特点的总和；说主体的文化身份，更多的是从文化社会学或文化人类学的角度概括包含民族性格在内的内涵。对于旅游者来说，其文化身份确认是在与他人、他群体、他民族相比较之下所认识到的自我形象的确认。当我们离开久居地前往异国他乡后，也是从这些方面来与异质文化中的“他者”交往，并在交往中既确认自身，也规范了交流、互动的实际内容和方式。相比较而言，生活方式、语言、精神世界等首先在旅游的跨文化交往中显露出来，而这些方面正是民族性格的突出表现。在当今全球范围的旅游跨文化交往中，民族性格是我们确认文化身份特征的一个首要考虑的核心方面。当我们接触到一位异质文化身份的个体时，他的语言、生活方式、精神世界里的文化特质直接表达了民族性格，我们首先会以他的民族、国籍来确认他的文化身份，在随后的交往中，家庭、家族的个性特征、宗教信仰、伦理原则、世界观等价值观念将逐渐在交往中表现出来。

1. 稳健内敛

作为东方大国的华夏民族，具有自己独特的旅游性格。与西方民族旅游性格在航海中得到锻铸不同，华夏民族的旅游性格是在中华大地的旅行中陶冶而成的。如果说蔚蓝色的地中海哺育了西方民族的开阔胸襟和勇敢性格的话，那么中华大地的黄色沃土则培养了华夏民族依恋故土、寄情家园的稳健内敛性格。华夏民族的旅游性格一经形成，便保持着相当程度的稳定性，但也不是一成不变，它既有传统文化生态塑造出来的原生特征，也有中西交汇背景下经近代转换后产生的次生特征。

华夏民族的旅游性格的原生特征主要表现在稳健和内敛两个方面：

第一，稳健是华夏民族旅游性格的主要原生特征。所谓稳健，包括如下含义：其一，在观念上注重旅游伦理，讲究游必有道，提倡适度旅游，反对过于张扬和冒险。中国传统社会把旅游，尤其是休闲性旅游，与道德规范相联系，提出“无游于逸”“非礼勿动”和“父母在不远游”观念，把旅游与中庸、孝道联系起来。其二，在旅游行为上注重仪态和安全，反对失态和冒失。古代的帝王和文官旅游时，特别讲究旅游的威仪和稳重，注重旅游时的安全系数。一般平民也被要求“不行险以侥幸”“孝子不登高不临危”。

这种稳健的旅游性格具有正反两重效应：其反面的效应是约束了传统社会中旅游者尤其是青年旅游者的前进步伐。他们深受“父母在不远游”“孝子不登高不临危”的伦理教条的影响，人性的舒张受到压抑。年轻人多被留在父母身旁伺候双亲，较少出游。由于讲究稳重而反对“轻浮”，讲究伦理而反对“淫逸”，使某些旅游者的审美判断受到了道德判断的制约，对美的欣赏受到礼仪的束缚。同时，由于讲究稳健，所以，中国人有时候不免缺少冒险精神，他们安于大地的稳定而缺乏航海的快感。

然而，稳健性格也产生了正面的效应，稳健性格使中国旅游者在某些时候和某种程度上避免了无畏的冒险和牺牲，对“孝子不登高不临危”的要求，也使他们的人身安全得到保障，并为他们的父母减少了忧虑和痛苦，保证了家庭的和谐与幸福。稳健性格所蕴含的伦理精神和善的取向，使中国旅游者注重自身道德和心性的修养，使中国的旅游者在旅游行为中注重文化人格的培养，同时重视培养对祖国大好山河的感情和深厚的爱国主义情思。

第二，内敛是华夏民族旅游性格的基本原生特征。所谓内敛是指中国旅游者一般来讲比较内向。内敛有以下含义。其一，旅游时注重内心的审美感受和道德修养，不太注重对外在事物的客观考察。其二，中国旅游者对于生之养之的故土家园十分看重，感情世界始终面向家乡，对家乡有一种执着的认同感，对于旅途和目的地的社会环境则较难敞开心扉，不易融进异乡的社会中。其三，与此相应，中国旅游者迷恋生活着的大陆和沃土，对蔚蓝色的大海及渺不可及的海外则无意追求，所以内陆旅游较多而航海旅游较少。

内敛性格对旅游也产生了两方面效应：一方面，中国古代的旅游者对于外在世界不太注重，旅游的目的主要是“观物修身”，对旅游客体如山水的观赏是为了塑造“仁者”和“智者”的品性，这样便使他们不能用客观和科学的眼光打量世界，从而未能如西方那样通过旅游建立一个科学的世界观。哥伦布等人探险旅游之后，西方社会逐步确立了明晰的全球概念；而郑和下西洋之后，直到鸦片战争时中国还不知道英国是何方“蛮夷”。由于只注重内心体验，中国古代的游记较少描述社会状况和探讨自然规律，甚至很少注意同游者的活动，大都在最后提一下：同游者有谁和谁谁。中国古代的旅游者时刻受到乡土观念的影响，在旅游时往往难以超脱乡情的羁绊。与迷恋故乡相一致，中国旅游者一般习惯于在陆地上旅游，而不爱到海上作航海旅游。翻开中国旅游史，中国旅游者的旅游足迹遍及名山大川，东岳泰山、西岳华山、北岳恒山、南岳衡山和中岳嵩山是中国文人游客经常涉足的旅游胜地。庐山、黄山、天目山、雁荡山、武夷山、武当山等也是游人遗踪遍布的旅游景观。然而，中国旅游者对于航海旅游则缺乏足够的兴趣，尤其是中国的上流社会很少有航海旅游者。秦始皇、汉武帝虽然曾坐过海船，但多在近海活动；魏晋贵族恣意旅游，玩遍了世间，却独缺航海旅游活动（谢安与孙兴公是例外）。

另一方面，内敛性格也对旅游产生了正面效应。内敛性格使中国旅游者注重内心对审美客体的体验，重视主体与客体的交融，从而产生具有中国特色的旅游文学作品，如旅游诗词和游记等。中国旅游者所写的游记，注重天人之间的和谐与统一，注重自然对象与人心之间的对应与联系，记述主体对客体的心灵感应和审美感受，如苏辙在《黄州快哉亭记》中就描写了自然景观与主观感受之间的密切关系："盖亭之所见，南北百里，东西一舍。涛澜汹涌，风云开阖。昼则舟楫出没于其前，夜则鱼龙悲啸于其下。变化倏忽，动心骇目。"袁枚在《游桂林诸山记》中对自己重游桂林的心灵活动做了表述："一丘一壑，动生感慨。"中国人内敛的旅游性格促进了中国旅游审美意识的早熟，丰富了游览方法和观光艺术，造就了中国旅游文化的辉煌。对故土依恋的内敛性格，常使游子有着浓烈的乡情和珍贵的情愫，使华夏民族的子孙有一种超常的凝聚力。直到今天，海外中国人仍然心向祖国，经常回国旅游，为家乡的建设出钱出力。对故土的依恋和对中华大地的迷恋，还使中国旅游者"从不作海外发展之想"，不像西方冒险家那样对外从事征服和扩张。

需要指出的是，华夏民族旅游性格稳健内敛的原生特征，并非针对某一社会阶层而言，而是囊括了传统社会的大多阶层。尽管中国传统社会旅游者的阶层差异很大，但是各阶层旅游行为所表现出的旅游性格则基本上是内敛和稳健的。帝王巡游常讲究游必以礼，"君子所其无逸"，肆意游乐则受到儒家伦理的约束。魏晋南北朝时贵族的恣意旅游，形成了一种潇洒、放达的社会旅游风尚，但仍然难以改变中国旅游者内向的性格。他们的恣游表面上旷达逍遥，实际上是一种内心忧患的掩饰，以狂放不羁来掩饰自己对国破家残的忧虑。"新亭挥泪"就是一个典型的事例。隋唐以后兴起的文官阶层，他们的宦游同样体现了稳健内敛的旅游性格特征。文官宦游是且宦且游，旅游活动与政治活动密切相关。政治成败往往影响到旅游情绪的高低和旅游线路的走向。边塞诗人和谪宦因被挤兑才作边区之游的事实，反映了中国传统旅游的内敛和保守的特征。宦游的文官是将旅游作为一种修身的方式，通过对山水的游赏，以塑造“厚重不迁”的仁德和“周流无滞”的智慧。由于品级和等级的限制，文官旅游和出行时常要与自己的身份相一致，如驰驿旅行时便只能根据自己的官阶享受相应的待遇，而不能僭越等级任意逍遥，有时不免较为矜持。文官宦游丰富的内心世界和优雅的旅游举止，是中国稳健内敛性格的集中体现。商人阶层的旅游虽然较为张扬，但常受到社会的压制。

如果说西方旅游者（教士、骑士、航海探险家等）均有强烈而狂热的宗教情绪驱动的话，那么中国以文人士大夫为主体的旅游者则具有鲜明的不狂不躁、温文尔雅的世俗特征；如果说西方旅游者定情于自然世界和物质利益的话，那么中国的旅游者则钟情于内心世界和伦理情怀。由于二者的分途，西方旅游者中普遍具有的冒险个性在中国旅游者身上并不普及，而中国内敛的个性在西方的旅游者中间也非主流。中国传统旅游有其鲜明的特色和个性，尽管中国民族的旅游性格没有西方那么张扬和外露，但却有更细腻的审美情感、更深刻的文化内涵和更丰富的人文色彩。

2. 政治传统

旅游文化极其重视伦理道德、政治事功，形成了主观修养和外在客观政治相结合的旅游文化传统。其具体表现是：

（1）政治旅游是旅游活动和旅游文化最重要的形式

旅游是一项综合性的活动。旅游活动的形式多种多样，有政治旅游、经济旅游和文化旅游，也有休闲旅游、观光旅游、考古旅游和探险旅游，其中尤以政治旅游内容最为丰富、形式最为多样、影响最为深远。人类历史上几次著名的旅游活动，如哥伦布发现新大陆、麦哲伦首次环球航行、徐福东渡、张骞通西域、郑和下西洋，都是典型的政治旅游，具有浓厚的政治色彩。充满皇家气派的“观光”一词，传承流变至今，发展成为现代“旅游”一词的同义词，在日本等国广泛使用，充分显示了政治旅游的独特魅力。

（2）具有政治身份或代表的旅行家是古代乃至近代旅游活动和旅游文化的主体

在现代大众旅游诞生以前，旅游活动始终是少数人的活动而非全民众的活动。旅游活动和旅游文化的主体也主要是以封建帝王为首的包括贵族、官僚、士大夫、文人墨客以及部分僧侣、神职人员在内的掌握着国家政治命运的统治阶级。他们皆因特殊的政治地位和身份，或者为了巡视考察，或者为了谋求仕进，或者奉命迁谪，旅游四方，周行天下。而广大的普通民众，由于政治和经济等方面的原因，出游的机会很少。因而，古代的旅游文化主要是一种政治形态的旅游文化。

（3）政治旅游形成一种制度

在世界旅游史上，形成制度而且是国家定制的旅游形式，只有政治旅游一种。以中国为例，在中国旅游史上帝王旅游占有十分重要的地位。大约从夏代始，便出现了“巡狩”这种帝王旅游活动。据说，巡狩是虞舜立下的规矩，规定天子每隔数年须巡狩天下，考察守土保民的政绩。《左传》中有“王有巡守”“王巡魏守”的记载，便是先秦时期存在巡狩制度的实实在在的事例。而且，从《孟子·梁惠王下》“吾王不游，吾何以休？吾王不豫，吾何以助？一游一豫，为诸侯度”的记载看，所谓游豫，明确是指帝王、诸侯带有巡视观光一类具有政治色彩的旅游活动，说明以帝王巡狩为目的的政治旅游已初具制度雏形。

历史上把帝王巡狩这种带有政治目的的旅游活动搞得轰轰烈烈而且正式成为封建定制的是秦始皇。秦始皇登基12年，5次巡游天下，封禅泰山，既有示强威服海内的政治目的，又有游山玩水的旅游动机。以后遂成定制，一直延续到清代。只不过清代的巡狩和封禅，政治目的退居次要，特别是清代的乾隆皇帝，几次下江南，主要是为了游乐。

（4）旅游（求仕）—政治（入仕）—旅游（归隐）是政治家理想的人生通途

为了使旅游能够在政治说教的庇护下成长和发展，历代的政治家和思想家巧妙地祭起了政治一体化旗帜，旅游遂与政治具有了相互制约和相互依赖的互生关系、相互补偿和相互协调的共生关系和循环转化的再生关系。

《论语·泰伯》记载有孔子的一句政治名言，叫作“有道则见，无道则隐”。而且孔子还曾明确表示，道不行，他将“乘桴浮于海”。孔子这种依违于仕隐之间的政治态度，对旅游文化的影响很大，旅游（求仕）——政治（入仕）——旅游（归隐）成了古代理想的人生政治模式。旅游既成了政治的起点，又成了政治的归宿。

（5）旅游和政治联姻

旅游虽是一种文化活动，但古往今来却和政治息息相关。中世纪的欧洲就有专为封建贵族提供高级服务的、不计盈亏的豪华大旅馆。旅游与政治联姻更是中国旅游文化传统的一大特征。至少从周代开始，旅游与政治就结下了不解之缘，并得到制度方面的肯定。中国古代旅游交通道路的开辟，旅游资源的开发和利用，旅游文化的继承与发展，无一不是政治最直接的产物，成为政治的附庸和内容。即使到了旅游事业高度发展的今天，仍有许多国家和地区将旅游变相等同于政治接待。可见旅游服从于政治、成为政治的内容，是旅游文化的一贯传统。

政治型旅游文化范式的架构，对于旅游文化的建设和发展，大体上起到了正负两个方面的作用和影响，可谓功过利弊、泾渭分明。

第一，政治型旅游文化传统的利。旅游与政治联姻并纳入政治的轨道，客观上使许多重大的旅游活动和旅游基础设施建设以及旅游资源的开发利用，能够在政府的统筹领导和规划下得以开展和进行。哥伦布发现美洲大陆、达·伽马印度之行、秦汉驰道的兴建、丝绸之路的开辟、徐福的东渡、五岳名山的定型、郑和的七下西洋、邮驿馆舍制度的确立，无一不是政治型旅游文化传统的产物。政府重视旅游事业建设和发展的优良传统，今天仍具有现实意义。

政治的规范和导向、伦理道德的制约和劝导也能在总体上保证着旅游文化健康有序的演进方向。由于社会、政治、经济和文化等各方面因素的制约，在现代旅游诞生以前旅游始终被视作一种奢侈行为。把旅游纳入于政治的范围，客观上可以使古代和近代的旅游能够在政治的庇荫下求得生存和发展。

第二，政治型旅游文化传统的弊。旅游文化是一种独立的文化，旅游活动也是一种有个性的活动，把旅游纳入于政治的轨道，客观上阻碍了旅游文化的自身建设和发展。特别在古代，由于封建政治呈专制独裁的统治格局，旅游几乎成了政治的附庸，这是古代旅游在形式上不免单调、在内容上不免陈旧的一个主要原因。

政治型旅游文化传统，虽然利弊互见，但从总体、主流而论，毕竟是利大于弊、功大于过，起到了推动和促进旅游业发展的作用。

3. 与民同乐

与民同乐的旅游文化传统虽非中国所独创、独有，但是就世界范围而言，由于世界各民族观察问题的角度不同，重心不同，因而形成了迥然有别的内容和风格。由于中国的政治和文化十分重视民众的力量，因而旅游文化的重民传统表现得尤为突出和充分。

与民同乐旅游文化传统的思想基础和理论基础，崛起于春秋战国时期的民本主义思潮，也即民为邦本、与民同乐的中国文化精神。

（1）民为邦本

民为邦本的思想有一个漫长的历史发展过程，它的源头可以追溯到遥远的殷周之际。《尚书·盘庚》中所记载的“重我民”“罔不惟民之承保”“施实德于民”“视民利用迁”，可以视作我国民本思想发轫的开始。

殷周交替的社会大动荡显示出了民众的力量和作用。周初统治者从殷亡的教训中意识到：民意是上帝意志的一种反映，“民之所欲，天必从之”“夫民，神之主也。是以圣王先成民而后致力于神”。因而提出了“保民敬德”的思想，这不能不说是一个巨大的思想飞跃。但是这些记载所反映出的重民思想，显而易见是在敬天的前提下萌动的，也就是说它并不给民众以人格的尊严，而仅仅是为了维护统治秩序的需要。

春秋战国是中国封建制度的确立时期，民众的力量日益展现出来，并为新的统治者所认识和重视。纵观晚周文献，可以发现民本思想已经形成为一股声势浩大的潮流。最先提出民为邦本思想的哲学家是道家学派的创始人老子。老子说“无常心，以百姓心为心”“民之饥，以其上食税之多，是以饥”。

民为邦本也是儒家思想和理论的基石，在儒家学说中有集中的反映。孔子主张富民、教民，提出“节用而爱人，使民以时”，孟子则坚持“民为贵，社稷次之，君为轻”，强调政得其民，失民必定亡国灭身。荀子认为，“用国者，得百姓之力者富，得百姓之死者强，得百姓之誉者荣”。他的关于“君舟民水”“水可载舟亦可覆舟”的著名比喻，更是集中地反映了民为邦本的思想。

宋元明清时期，民本思想得到进一步强化。如朱熹认为“天下之务莫大于恤民”。明清之际的思想家黄宗羲针对“天下受命于天子”的尊君论观点，甚至高呼“天下之治乱，不在一姓之兴亡，而在万民之忧乐”。这类命题与春秋战国时期“民贵君轻”的思想一脉相承，体现了“民为邦本”的文化传统。

（2）与民同乐

“与民同乐”思想是“民为邦本”的民本思想或者说“重民”传统在旅游娱乐领域的一种具体的实践和应用。

最早提出与民同乐这一思想的是孔子，而把与民同乐思想发挥到极致的是儒家学派的另一位杰出代表孟子。他系统地阐述了与民同乐这一重民传统的旅游学意义，认为统治者要想君王天下，不仅要在经济上保证民众的基本生存条件，在政治上倾听民众的呼声，而且还要在生活上、娱乐上、旅游上“与民同乐”。孟子曾苦口婆心地劝谏梁惠王，希望他对于“台池鸟兽”一类的赏玩和“田猎”等一类的娱乐活动，能够做到与民同乐。在孟子看来，只有“与民同乐”，统治者的娱乐之“乐”、旅游之“乐”才能得到保证。孟子还进一步指出，君主应当“乐民之乐”，切不可“独乐”，因为统治者的“独乐”必然引起民众的怨愤。所以，孟子说“乐以天下，忧以天下，然而不王者，未之有也”。

与民同乐的旅游文化传统，是社会、政治、经济、文化多种合力作用的结果。一旦形成，便迅速渗透于旅游生活的方方面面。

①进一步完善发扬

孟子提出的与民同乐理论，究其实质还主要是一种政治理论和哲学理论。由政治理论和哲学理论向旅游理论的转化并最终定型为旅游文化的一个优良传统，时间上大致在唐宋时期。代表人物是宋代著名的政治家、文学家欧阳修和范仲淹。欧阳修的《醉翁亭记》作于贬官滁州期间，是为琅琊山一座亭子而作的题记。作者借山水以寄托，明确提出了与民同乐的旅游思想。范仲淹在其《岳阳楼记》中，更是写下了千古名句：“先天下之忧而忧，后天下之乐而乐。”与民同乐的旅游思想由与民同乐演进到让民先乐，可谓发展到了理论高度的极致。

②节日旅游发达

旅游文化千差万别，旅游活动多种多样，但是就旅游文化的实际而言，节日旅游最为发达、形式最为集中、旅游事象最为丰富。这一方面取决于节日本身，另一方面也取决于旅游文化与民同乐的重民传统。

节日的安排是人们对自然时间的利用和把握，体现了人的主导性和能动性。由此，生产和休闲、劳作和娱乐、敬神和事鬼、参道和礼佛都被安排得井然有序。而构成这种格局的“砖瓦”就是一个个的节日。为了充分体现“与民同乐”这一重民旅游文化传统，建立在原始崇拜和民俗信仰基础上的节日经过不断改造和衍化，大多发展成了经过高度整合的旅游佳节。

以元宵节为例。元宵节是我国传统节日中的大节，起源于道教，但它一开始就和宫廷、官府有着渊源关系。从历史记载可知，历史上有几位皇帝对元宵节节俗活动曾有所作为。比如，唐睿宗制作了巨型灯轮，唐玄宗制作了灯树、灯楼，宋太祖则把元宵灯期由三天延长到了五天。历代封建统治阶级之所以大力提倡鼓励并积极参与元宵节一类的娱乐和旅游，用他们自己的话来说完全是因为“朕非游观，与民同乐耳”类似这种体现与民同乐旅游文化传统的节日还有许多，如春节、立春、春分、中秋、重阳、冬至等。由此可见，节日旅游的发达和盛行和与民同乐的旅游文化传统有直接的联系。

③观光旅游盛行

《周易·观卦》中有许多观光旅游活动的描述和记载，例如“观国之光，利用宾于王”之句。对于“观光”一词的解释是：“言王者巡狩观民，其行从容，若游若豫。”用现代的话来说，就是通过观光这种旅游形式去落实和展示旅游文化与民同乐的重民传统。中国古代帝王、诸侯以考察民风民俗为主要内容和目的的观光旅游特别发达，原因概出于此。

④旅游以近游为主，旅游资源以人造景观见长

受到“与民同乐”这一重民旅游文化传统的深刻影响，中国古代的旅游以近游为主，人们大多不敢肆意远游，探险旅游很少。而在欧洲，特别是中世纪以来，由于重民传统影响较弱出现了许多著名的探险旅行家，远距离旅游相当发达。西方国家的旅游资源地，许多是远离城市的海滨和温泉所在地，而中国古代的旅游活动场所主要是局限在居住地附近便于与民同乐的园林和城镇公园。

4. 重人

中国旅游文化的“重人”传统表现在古人对自然界山水景观多采取欣赏的态度，将审美主体放在主要的位置，认为凡是被称为风景名胜区的地方一定是因为它和名人之间有千丝万缕的联系，而不太看重其自身的特色。

中国古代重人的思想，尤其哲学渊源，建立在元气化生万物、人乃万物之灵

的认识基础上。中国古人坚信，名山大川乃宇宙间的灵气所充，而人则是高质量的灵气凝结所致，为万物之灵。由此，在中国古代形成了“重人”的旅游文化传统。

（1）“山以贤称，境缘人胜”

名人是旅游景观成名的重要因素。一般来讲，山水景观只要能和帝王将相或文人墨客扯上联系便足以声名大振，遐迩闻名，正如柳宗元所言：“夫美不自美，因人而彰。兰亭也，不遭右军，则清湍修竹，芜没于空山矣。”（《邕州柳中丞作马退山茅亭记》）因名人的因素而使景观成名的类型和事例不胜枚举，现选择三种较为有代表性的形式介绍。

①因名人作品而成名

“山水借文章以显，文章亦凭山水以传”，自然山水依靠文人的题咏而声名鹊起，文人的艺术作品也因山水而代代相传。长江三峡令人流连忘返、叹为观止。其所以驰名中外、声名远扬，当归功于北魏郦道元在《水经注》中对三峡秀丽景色的着力描摹：“春冬之时，则素湍绿潭，回清倒影。绝巘多生怪柏，悬泉瀑布，飞漱其间，清荣峻茂，良多趣味。每至晴初霜旦，林寒涧肃，常有高猿长啸，属引凄异，空谷传响，哀转久绝。”面对如此神秘而又美妙的人间仙境，相信每个读罢这段文字的人都会因此而怦然心动，油然而生一种先睹为快的企盼之情。

②因历史事件而成名

历史事件的发生也是景观成名的重要因素之一。以帝王泰山封禅为例，自秦皇汉武始，历代帝王莫不争往封禅，勒石刻碑，以传功德于后世。汉武帝在其执政的53年中，一共进行了各种形式的巡幸、封禅、游历达30多次，“足迹遍及荆、扬、淮扬，会大海气，以合泰山……上天见象”。其他如光武帝刘秀、唐高宗李治、女皇武则天、唐玄宗李隆基等都曾来泰山封禅，就连积贫积弱的北宋真宗也利用“澶渊之盟”后的短暂喘息之机来巡游泰山。因此，从一定意义上来讲，正是帝王们的封禅活动才成就了泰山“五岳独尊”的美名。

③因名人游览地或生卒地而成名

名人的游览地或生卒地也是景观成名的因素之一。湖北宜昌的三游洞之所以有名，除了“斯境胜绝”之外，更重要的是因为先后两次有三位著名的文人曾经结伴同游此洞，留下了珍贵的诗词佳作。据白居易《三游洞序》与清人刘大櫆的《游三游洞》记载，唐元和十四年（819年）三月十二日，诗人白居易、白行简兄弟与友人元稹三人同游该洞，饮酒赋诗，三游洞由此得名。宋嘉祐元年（1056年）冬，文学家苏洵、苏轼、苏辙父子三人，慕名游览三游洞，赋诗唱和，留下一段佳话。故后人有“前三游”“后三游”之称。

（2）名人名景，等差有致

一般而言，按照历史名人对历史所起作用的大小，将其分成若干不同的等级，形成所谓的“历史名人级差”。利用历史名人的不同级别可获得不同的经济和社会效益，级差越大，知名度越高，效益越好；级差越小，知名度越低，效益越差。因此，名人知名度的大小直接关系到旅游景观知名度的高低、旅游吸引力和旅游价值的大小。

封建帝王作为封建社会最有权力和声望的“名人”，他们游览过的景观知名度也要比同类景观的知名度大得多。历史上封建帝王的巡狩和游历活动曾经造就了中国历史上诸多独一无二、独具魅力的旅游胜地和旅游线路，如乾隆皇帝下江南的“壮举”，不但使大运河的观光旅游声名远扬，更使苏州和杭州成为众多游人为之向往的“人间天堂”。除了帝王以外，著名文人对于景观成名及其级别高低也具有重要的作用。山东曲阜因诞生了儒家学派的创始人孔子——这一世界级文化名人而被称为“东方圣城”。单以黄州赤壁为例，其所以能以假乱真，则完全在于苏轼个人的名气。名人对景观成名的重要作用，由此可见一斑。

中国旅游文化中重人传统的形成，主要是受到了中国传统文化的影响。中国传统文化素来有重人的传统。道家认为，世间万物之所以产生，完全在于“气”化所致，这种“气”或称“元气”充斥于宇宙之间，万物的“形”都是由于“气”的变化而成。“气”分阴阳，阴阳二气在虚空中斗争，落在下面结为地块的重浊之气，即为山川景物；升到空中的轻清之气，便是气象景观。庄子认为“天地与我并生，而万物与我为一”，将人本身看成是物质世界的一部分，也是“元气”变化的产物。儒家主张“天亦（有）喜怒之气，哀乐之心，与人相副，以类合之，天人一也”，强调“天人合一”“天人和德”的宇宙观，认为天人可以相互感应，相互合一，整个宇宙是人格化的和谐统一体，而人是自然宇宙的中心。因此，无论是道家还是儒家，之所以都特别强调要重视“人”是因为人和自然同源于元气，重人即重自然，重主体也即重客体，这是中国传统文化重人传统的哲学基础。这种重人的文化传统必然对中国旅游文化产生决定性的影响，使中国旅游文化体现出浓重的重人传统。受哲学观念的影响，中国人始终将自己看成是自然的一部分，自然是人类精神的家园，人类从自然而来，最终还要回归于自然。因此，中国人面对自然界始终是采取一种欣赏、赞美的态度，“我见青山多妩媚，料青山见我应如是”（辛弃疾），因为要欣赏，必然要将审美主体放在首位，由此形成中国旅游文化重人的传统。

中国旅游文化的重人传统，对现代旅游活动具有重大的影响。对旅游者来说欣赏旅游景观的关键之处在于体会和感受旅游景观的文化内涵，而对与旅游景观相关的贤哲人士的传说、故事、事迹、思想、影响的把握和理解，常常是旅游欣赏的关键。从一定意义上讲，只有理解了和旅游景观相关的名人，才能真正理解旅游景观的文化内涵，使对旅游景观的欣赏由“形似”进入“神似”，获得心理满足和精神愉悦。对于旅游资源开发而言，充分发掘与历史名人相关的文化因素，往往是旅游资源开发的起点和归宿。因为旅游资源和名人相关才值得开发；因为同名人相关，才能利用“名人效应”，提高旅游景观或旅游产品的知名度和竞争力，最终获得最佳的经济效益和社会效益。正因为“名人”的因素对旅游景观的成名具有至关重要的影响，才出现在全国几个城市或地区为争同一名人“出生地”或“故居”而各不相让等局面。虽说有些过分，但名人效应无疑为旅游资源的开发找到了理论依据，为旅游资源的开发注入了一剂强心剂，促进了旅游资源的开发建设。对于其他旅游企业来讲，中国旅游文化重人的传统，为旅游经营和旅游服务与管理指明了方向，不管饭店的硬件设施是如何的先进、管理水平是如何的高超，由于服务的对象是活生生的“人”，我们必须牢固树立“顾客至上”的意识，提供文明、优质、周到、耐心、舒适的服务，努力提高服务质量，重视“软件”建设，提高在旅游市场上的竞争力。

5. 重文

中国古代旅游者，特别是帝王官宦、文人骚客等在旅游过程中创作了大量的诗、赋、词、曲、楹联、碑文、刻石、题名、散文、游记等，形成了中国旅游文化的重文传统。重文传统与重人传统有一定的相似之处，凡是曾被历史名人留下游记、诗词、楹联、题名的地方大都被后人看重，视为旅游名胜。而多数名人也热衷于在旅游地留下片言只语，试图通过金石文字来和无情的时间抗衡，流芳千古。古人外出旅游的目的，除了为满足开阔眼界、增长知识、修养道德、颐养精神的需要之外，一个重要动机就是希望通过自己在旅游过程中的文学创作，将自己的见闻、体验、感受、感悟、理想、追求、主张、见解等告诉他人，令山水增辉，与天地同寿。在这种思想的影响下，中国旅游文化中的重文传统千百年来相沿不绝，不断发扬光大。中国旅游文化的重文传统凝聚着历史文化、民族精神与我们祖先的聪明才智，不断给人以思想启迪、精神鼓舞和艺术熏陶，是我们应当继承的宝贵财富。

（1）名人辈出，名作众多

中国旅游文化重文的传统，首先表现在伴随旅游活动的发展，历朝历代文化创作活动代代相续，名人辈出，名作众多。

文学创作需要才情，而才情的激发则来自山水的灵性。正如李渔所言：“才情者，人心之山水；山水者，天地之才情。使山水与才情判然无涉，则司马子长何所取于名山大川，而能扩其文思，雄其史笔也哉？”因此，作家的“风骚之情”离不开“江山之助”。许多著名文人墨客都是在遍游名山大川，在自然中得到灵感后才创作出众多脍炙人口的文学作品的。如司马迁的《史记》堪称史家之绝唱，其文笔雄浑浩荡、大气磅礴，这完全是因为其取天下奇观之神魄而灌注笔端。对此，苏辙曾评价道："太史公行天下，周览四海名山大川，与燕赵豪俊交游，故其文疏荡，颇有奇气。"李白"一生好入名山游"，创作了众多歌颂自然的诗篇，其笔下的泰山雄浑、崇高，"平明登日观，举手开云关。精神四飞扬，如出天地间。黄河从西来，窈窕入远山。凭崖揽八极，目尽长空闲"；黄山险要、奇特，"丹崖夹石柱，菡萏金芙蓉"；黄河壮美、磅礴，"君不见黄河之水天上来，奔流到海不复还"。每一篇诗作都充满浪漫的激情，每一处景观的描写都令人怦然心动，是我国旅游文化、特别是旅游文学中绚丽的奇葩。

总之，中国历史上众多的文化名人及其旅游文化作品不断丰富和发展了中国的旅游文化，使其重文的传统不断发扬光大，充满勃勃生机。

（2）门类众多，内容丰富

中国旅游文化重文的传统还表现在旅游文学作品门类众多，内容丰富，几乎涉及文学创作的各个层次，以及书法、绘画、雕塑等方面，内容包括诗、赋、词、曲、散文、对联、碑文、刻石、故事、传说等不同门类。这些作品不但因其丰富的思想感情和哲理幽思感染着众多的读者而千古流传，更使中国的旅游文化不断进步和繁荣。

山水诗是中国旅游文化最早的表现形式之一，其内容大多描写自然景物、人文景观，以及抒发作者的情怀。早期山水诗以谢灵运的作品最负盛名，隋唐前期以王维、李白为代表，后期则以柳宗元为代表。游记是我国散文中的一个独具特色的文体。"记"原是古代一种以记事为主的文体。东晋末年陶渊明的《桃花源记》是所见到较早以游记的笔法来写的散文。唐代柳宗元在《永州八记》中丰富了描写自然山水的艺术手法，确立了山水游记作为独立的新型文学体裁在文学史上的地位。此后，随着旅游活动的不断深入和发展，游记的创作不断增多。对联是我国特有的一种体制短小、文字精练、雅俗共赏的传统文学形式。历代文人墨客在旅行游览的过程中，特别注重对联的创作，许多对联点缀在名胜古迹之中，或反映其人情风物，或见证其历史遗迹，或借景抒情等。这些对联常常与景观融为一体，成为名胜古迹不可缺少的组成部分，并在旅游欣赏中起到某种意义上的画龙点睛的作用，对旅游者具有较大的吸引力。

中国古代文人墨客在旅游景区所留下的大量石刻与题名从另一方面体现了中国旅游文化的重文传统。这些景点题名或石刻往往是对某一景区的全体或局部特征的概况，起着一语点破景观审美内涵的作用。如天柱山山南佛光寺一带翠谷幽深，青峰豁朗，瀑布层叠，其石刻或题名有"翰龙飞瀑""极乐大地""人世仙境""山高水长"，恰如其分地揭示出了这里风光奇异、幽远深长的特点。有些景点的题名则意境深远，充满诗情画意，令人回味悠长。如杭州西湖小瀛洲有一亭，名为“亭亭亭”，游客至此多有不解。原来，该亭距“三潭”不远，故引元代聂大年的诗句“三塔亭亭引碧流”而得名，构思独到，虽仅三个字，却令游人难以忘怀。驻足黄山玉屏楼，面对眼前的云海缥缈、山石耸翠的奇观，忽然间刻在石壁上“如何”二字跃入眼帘，好似在问询：黄山如何？玉屏楼如何？君心似我心，我心似君心，霎时间升起的惬意与情思常常令游人如醉如痴、流连忘返。

中国旅游文化的重文传统不但在当时促进了旅游文学的发展、培养了一大批旅游文学作家、积累了浩如烟海的旅游文学作品、造就了中国千古称颂的著名旅游景观，还对现代旅游活动产生了深刻的影响。这种影响涉及现代旅游活动的各个方面。首先，旅游者在进行旅游欣赏或游览时不但可以欣赏旅游文学所带来的美妙感受和情景，更可以用前人的眼光、心态、思维方式来细心体验和感受当前的旅游景观，提高旅游审美能力，提高旅游欣赏和鉴赏的水平，进而提高旅游质量。其次，中国旅游文化重文的传统为我们提供了一个评判旅游景观旅游价值的标准，这个标准就是宋代滕子京谪守巴陵郡后在重修岳阳楼致书好友范仲淹求记时所说的“窃以为天下郡国，非有山水瑰异者不为胜，山水非有楼观登临者不为显，楼观非有文字称记者不为久，文字非出于雄才巨卿者不成著”，这对当今的旅游资源开发具有重要的借鉴意义。旅游开发者应当充分发掘旅游资源所蕴含的旅游文学因素，增加旅游景观的文化含量，来吸引海内外的旅游者。其他旅游经营者亦应从中受到启发，高度重视旅游企业的文化建设，用文化参与未来的旅游企业之间的竞争，提高竞争力，提高企业的知名度，以获得更大的经济效益和良好的社会效益。

6. 重游

重游是一个民族的思想，一个民族处事的态度，也是一个民族的传统。旅游文化的重游传统既受民族传统心理结构的影响，也受一定历史阶段政治、经济和文化的制约，常于不知不觉之中，相演、相嬗。从本质而言，重游是一个民族对于旅游的一种深层次的心理恐惧，对于旅游文化的演进起到了很大的影响。主要表现为惧游、慎游、限游和重游等旅游观念、习俗，以及与之相呼应的旅游活动程式。

（1）惧游

旅游风俗和传统，就影响和渗透面而言，恐惧旅游的一面似乎占据着主导地位。西晋著名文学家陆机《拟行行重行行》诗写道：“悠悠行迈迈，戚戚忧思深。”唐代诗人张籍的《行路难》诗中写道：“湘东行人长叹息，十年离家归未得。敝裘羸马苦难行。僮仆饥寒少筋力。君不见，床头黄金尽，壮士无颜色。”温庭筠在《商山早行》中写道：“晨起动征铎，客行悲故乡。”韩愈被贬潮州刺史赴任途中作《左迁至蓝关示侄孙湘》一诗以寄情，写道："一封朝奏九重天，夕贬潮州路八千。欲为圣明除弊事，肯将衰朽惜残年。云横秦岭家何在？雪拥蓝关马不前。知汝远来应有意，好收吾骨瘴江边。"字里行间透出面对艰险行途的忧悸不安。宋代诗人陆游在《太息·宿青山铺作》中写道："太息重太息，吾行无终极。冰霜迫残岁，鸟兽号落日。秋砧满孤村，枯叶拥破驿。白头乡万里，堕此虎豹宅。道边新食人，膏血染草棘。"范成大在《两虫》诗中写道："鹧鸪忧兄行不得，杜鹃劝客不如归。"不难看出，旅游者的心境完全为沉郁灰暗的惧游基色所笼罩。

（2）慎游

慎游旅游文化传统是慎游观念的一种发展和补充，而慎游观念的形成主要是为了平衡和消融因旅行和旅游带来的诸多恐惧和不安。慎游传统的原则，是谨慎小心，尽量少游甚至不游。

旅游文化的慎游传统，主要表现为三个方面的内容：

1）保重身体。旅游者出门在外，往往要经历生死险境，也就是陆游在《自兴元赴官成都》诗中所说的"此生均是客，处处皆可死"。所以，旅游文化的慎游传统，要求万里之外以保重身体为第一要务。

2）结伴而游。根据许慎《说文解字》的解释，旅行犹侣行，是一种结伴而走的集体性行为。按照《礼记》的观点，是因为结伴而游总比单独行走来得安全可靠。

3）游必有方。中国古代的封建礼教有一条不成文的规定就是外出旅行和旅游必须谨慎小心，并且有正当的理由，否则就应受到限制。中国古代认为外出旅行或旅游的正当理由主要是经商、游学、游宦、游方、镇戍和游豫等。

旅游文化的慎游传统传承至今，仍时有表现。"一路小心"的叮咛和嘱托，便是这种表现的最好说明。

（3）重视旅游

"重游"是旅游风俗的核心，是由惧游、慎游等观念演变而来，在一定程度上左右着旅游风俗的性质，并为后代所继承。另外，重游风俗中的许多观念和习俗，在长期的发展中演变成了一系列的行旅程式，其中有的还上升为礼俗，成为传统。旅游文化的重游传统具体表现为这样的内容：卜行、祖道、送行、离筵、饯饮、折柳、唱离散曲、赠物、赠言、赋诗、执手、书报平安、软脚、洗尘和接风。

卜行。旅游是人生中的一件大事，所以古代人们在外出旅游前一般都要先行占卜择日，以示吉凶：吉则行，凶则避。1975 年我国考古工作者在湖北云梦睡虎地秦墓中发现一部秦简《日书》，总计 423 支简。内容涉及出行归返，即规定所谓“行归宜忌”，也就是规定什么日子和时辰可以出行回归，什么日子和时辰则绝对不可以出行回归，多达151支简，不仅数量相当可观，而且规定的禁忌也相当繁密。其中有关于行归时日的禁忌，如“达日利以对”“外害日不可以行”；有关于行归方向的规定，如“午，北吉，东得，南凶，西不反（返）”；还有久行、长行、远行的限制，如“十二月甲子，（毋）以行，从远行归，是谓出亡归死之日也”。《日书》中规定的行忌，共列有14种，全年行忌日合计多达151天，可见当时出行禁忌的苛严繁密。这种卜行择日的重游习俗，一直延续到清代。时至今日，在许多国家和地区仍盛行不衰。

祖道。是古代送行祭道的一种宗教习俗。祖，道神。汉朝应劭《风俗通义》卷八有这样的记载：“共工之子曰修，好远游，舟车所至，足迹所达，靡不究览，故祀以为祖神。”除了定期祭祀祖神之外，行旅之人上路时也要进行类似的殷勤祭祀，这就是祖道。有关祖道祭祀记载的文字很多，如《诗经·大雅·韩奕》：“韩侯出祖”；《左传·昭公七年》：“梦襄公祖”；《汉书·李广利传》：“丞相为祖道”，等等。许多作家还专门写了祖道诗以记其盛：如晋孙楚写有《祖道诗》，张华写有《祖道征西应诏诗》，王濬写有《祖道应令诗》，陆机写有《祖道潘正》……可见，祖道风俗在古代的盛行，上自帝王将相，下至普通百姓，无不浸沉其中。

送行。“长亭外，古道边，芳草碧连天。晚风拂柳笛声残，夕阳山外山。天之涯，地之角，知交半零落。一觚浊酒尽余欢，今宵别梦寒。”这是近代著名音乐家李叔同创作的那首脍炙人口的《送别》曲中的歌词，它形象地展现了绵延数千年的送行重游风俗。送行传统在我国形成很早，《诗经》中就有关于送行活动的记载。送行的路程长短不一，一般以城郊分界为限，唐宋则多以灞桥、劳劳亭为界。灞桥又名销魂桥，在长安东灞陵，因迎来送往皆至此，所以人呼为销魂桥。李白的《忆秦娥·箫声咽》词中那句“年年柳色，灞桥伤别”即是古代灞桥送行的例证。劳劳亭在今江苏江宁县境内，也是古代闻名的送别之所。李白的《劳劳亭》诗“天下伤心处，劳劳送客亭。春风知别苦，不遣柳条青”说的即是劳劳送客亭。

离筵。亲人外出，家人和好友为之设宴，这种重游送行风俗古代叫作离筵。离筵，也叫设宴。《元史·王磐传》：“王磐以资德大夫致仕，太子闻其去，召入宫赐食……行之日，公卿百官皆设宴以饯。”反映的就是古代离筵送行这一习俗。

饯饮。是送行即将结束时亲朋好友在路边为行人举行的一种敬酒道别仪式。《诗经·大雅·韩奕》：“韩侯出祖，出宿于屠。显父饯之，清酒百壶。”晋何敬祖《洛水祖王公应诏诗》：“游宴绸缪，情恋所亲。薄言饯之，于洛之滨。”表达的就是这种亲朋好友对行人的惜别之情。道别饯饮有三种用意，一是为了在感情上加强游子的家乡观念；二是借酒浇离别之愁；三是饮酒壮胆，以壮行色。

折柳。离别是人生最大的痛楚，所以亲朋好友与外出游子道别分手的时候，往往要折柳相赠，以寄托相互间的依依不舍之情。折柳有两种寓意，一是柳树生命力强，用它赠友送别，意味着无论去到天涯海角，都能枝繁叶茂；二是柳与“留”谐音，有“挽留”的意思。折柳风俗在我国出现很早，《诗经·小雅·采薇》中就有“昔我往矣，杨柳依依。今我来思，雨雪霏霏”的描述，被誉为描写离愁别绪的千古名句。杨柳袅娜多姿，显示着家乡的美丽，又似含有无限的柔情，依恋着即将外出的游子。所以到了汉代，折柳赠别的风俗相当流行。据《三辅黄图》卷六记载：“灞桥在长安中，跨水作桥，汉人送客至桥，折柳赠别。”这种风俗一直盛行并延续，直至明代，才渐趋淡薄。梁元帝《折杨柳》诗：“同心且同折，故人怀故乡。”明杨慎《折杨柳》：“白雪新年尽，东风昨夜惊。芳菲随处满，杨柳最多情。染作春衣色，吹为玉笛声。如何千离别，只赠一枝行。”中国古代的折柳赠别之盛由此可见。

唱离散曲。主要是为了增加思念忧伤的色彩。中国古代的离散曲出现很早，《汉书·王式传》有“歌骊驹”的说法，服虔注说：“逸诗篇名也……欲去歌之。”所以，骊驹歌大概是目前我们所知最早的一首离散曲。到了汉代，开始出现了著名的专写离别之情的曲调《折杨柳》，离别歌唱开始定型为一种习俗和传统，并为后代所继承。历代提到唱离散曲的很多，如梁简文帝《咏柳诗》：“欲散依依采，时要歌吹人。”《折杨柳诗》：“曲中无别意，并是为相思。”李白《赠汪伦》诗：“李白乘舟将欲行，忽闻岸上踏歌声。”而王维的一首《送别》，则更使《阳关三叠》成为千古流传的送别名曲。可见，唱离散曲是古代常见的一种重游送别风俗。

赠物。睹物思人，所以，旅游有赠物道别的习俗。所赠之物，则不外乎钱、扇、衣服或其他随身携带的细软之物。古代送行中还流行赠相离草的习俗。《诗经·郑风·溱洧》有“伊其将谑，赠之以芍药”之句。《古今注》注曰：“将相离赠之以芍药，何也？董子曰：‘芍药，一名可离，故将别以赠之。’”

赠言。也是旅游文化中的一种送别习俗，所赠之言则不外乎“一路平安”“多多保重”一类的临别嘱托。

赋诗。这种习俗和传统在文人骚客中风靡。古代因离别而赋的诗作举不胜举，著名的有汉李陵的《赠苏武别诗》、苏武的《别李陵》、魏曹植的《送应氏诗》、南朝宋谢灵运的《相送方山诗》、梁简文帝的《饯别诗》、唐沈佺期的《古别诗》、陈子昂的《送客诗》、李白的《金乡送韦人之西京诗》、宋黄庭坚的《赠别李端叔》等。

执手。即握手，也是旅游文化广为流行的一种送别程式。李陵《赠苏武别诗》:“屏营衢路侧，执手野踟蹰。”《三国志·曹休传》:“为镇南将军……执手而别。”等，这些都可以作为离别握手习俗存在的见证。

书报平安。旅游在外，一般都要写封家书以报平安。韩愈《寄皇甫湜》:“敲门惊昼睡，问报睦州吏。手把一封书，上有皇甫字。”杜甫《酬韦韶州见寄诗》:“深惭长者辙，重得故人书。”杜甫《暮秋枉裴道州手札率尔遣兴寄递呈苏涣侍御》:“久客多枉友朋书，素书一月凡一束。”岑参《送窦渐入京诗》:“水底鲤鱼幸无数，愿君别后垂尺素。”现代则多以电话、短信等即时通信方式进行。

软脚。慰劳行旅远归者的一种礼仪。其直接意义原本可能是说让旅游者疲惫僵硬的行脚得以休息、放松，所以又叫洗软；后来逐渐演变为具有饷食即用饮食慰劳款待的含义。

洗尘和接风。宴请刚刚经历了长途行旅生活的客人，称之为“洗尘”。“洗尘”一说最初的由来，可能是源于行旅在外必然多蒙风尘需要洗濯的缘故。“接风”一语的应用，推想可能发生于以风作为交通运输动力的帆船客运开始兴起的年代，后来逐渐形成为家人亲友经历行旅生活之后“摆酒”“治席”款待的一种礼节规范。

以上这些旅游程式、旅游习俗和旅游风俗，实实在在折射出的是旅游文化的一种重游传统。它植根于丰富的历史土壤，体现了一个民族的智慧和精神。时至今日，仍有不少内容和形式（如道别握手、送行赠言、洗尘接风）为人民大众所宗所本，在现实旅游生活中显示出活力。

7. 尚和

“和”字在中国文化里，从古到今一直是灵魂，无论是从官方话语体系、知识精英话语体系或市井民众的话语体系中都普遍存在。“和”字不是僵化的文化遗产，而是鲜活的文化。

（1）“尚和”传统在饮食文化中的表现

从菜肴制作看，中国菜最大的特色是五味调和。湖北农村过年，常见各家各户的厨房门上，贴着“一人巧做千人饭，五味调和百味香”的对联。看了对联后总免不了对在厨房操劳的女性肃然起敬，因为这对联既赞美了她们的勤劳和智慧，又肯定了她们高超的烹调艺术。如果没有家庭主妇们的双双巧手，春节这样的传统节日将会黯然失色。讲究烹调，追求五味调和，特别是“调和”二字，真可谓中国饮食文化的精髓。而古代饮食文化作为文化传统，仍在现代饮食活动中存在和发展，它们并没有因为现代社会的到来而悄然离去。

在我们中国人看来，烹饪的产品其价值不仅仅在于果腹，它同时应具有善和美两种功能。正因为此，我们总是习惯于把名特菜肴呼为美味佳肴。汉代学者郑玄在解释《周礼·天官冢宰》中“膳夫”这个官名时指出:“膳之言美也，今时美物曰珍膳。”在《周礼》中关于王室膳食的安排，有一套相当庞大的专门班子负责，包括哪些动植物可用作菜肴的原料、什么季节用什么都有严格详细的规定。如“兽人”手下管着五十八人，按规定他们的职责是“掌罟田兽”“供膳羞”，意思是负责网罗野兽以供王室烹饪之用。其中关于献野味，有一条规定为“冬献狼，夏献麋”。为什么要这样规定呢？郑玄注曰：“狼膏聚，麋膏散。聚则温，散则凉。以救时之苦也。”唐代学者贾公彦疏曰：“狼，山兽，山是聚，故狼膏聚，聚则温，故冬献之。麋，是泽兽。泽主销散，故麋膏散，散则凉，故夏献之。云以救时之苦者，夏苦其大热，故献麋，冬苦其大寒，故献狼。”一言以蔽之，在选择食品原料时亦需考虑与季节调和，与人之生理需要调和。从这个意义上讲，调和也可释为适应。这是较初级意义的调和。

调和还指菜肴能体现季节的变化。随时节的不同，原料的选择、烹饪的方法俱应随之而变。如清代袁枚的随园菜就很重视这一境界的追求。时至今日，我们到祖国各地游览，无论是在祖国的哪个角落，也无论正规宴席还是普通的街头小吃，“调和”的特点随处可见，甚至在我们普通家庭的一日三餐中，也十分容易看出这个特点。

中国菜讲究色、香、味、形、艺的有机统一。色、香、味、形这四个字分别指视、嗅、味三种感觉器官对菜肴的感受境界。“色”和“形”是视觉的事，一道菜做成后，用眼睛看去，觉得舒服好看。“香”是嗅觉的事，一道菜端到桌上，扑鼻而来的香气使人食欲顿增，胃口大开。“味”是味觉的事，食客在大快朵颐时，舌头上的味蕾对菜肴的美味有强烈的感受。“艺”是注重质和量的配合以及菜肴的命名，要搭配和谐，给人以艺术的美感。不仅菜肴的烹制可以达到这种境界，就连日常饮用的茶也同样可以做到色、香、味、形的统一。

在进食方式上，中国人喜欢共食。作为饮食文化，它的内涵不仅指烹制特点，同时还包括进食方式。用通俗的话说，前者解决的是如何烹制的问题，后者则要解决的是怎么吃的问题。

中国人对待饮食，从来都不把它仅仅看作果腹的手段，而习惯于用它作为联络人与人感情的纽带。在进食方式上，多喜采用“共食”的方式。“有朋自远方来，不亦乐乎！”孔子两千多年前说过的这句话集中体现了中国人民热情好客的美好传统。在历代正史中，在外国旅游者的旅游记中记载和歌颂了许多中国人对待“远人”的热情接待情景。这里就牵涉中国旅游饮食文化的另一个特点，即重情：追求感情的融洽，宴会气氛的亲切，强调主人和客人感情的交流。唐代杜甫旅居四川期间，曾写了一首《遭田父泥饮美严中丞》的诗。诗中那个田父（农民）举止粗鲁，然而热情好客，真气感人。他“叫妇开大瓶，盆中为吾取”；他“高声索果栗”，诗人“欲起时被肘”。虽然这个农民在杜甫这位有教养的士人眼中未免“指挥过无礼”，但他仍觉此人真实可爱——“未觉村野丑”。李白的《将进酒》写自己在元丹丘的颍阳山居中痛饮狂歌，那诗篇一旦读后便经久难忘。什么原因？原因当然和写出了李白奔放不羁、傲岸狂放的性格有关。但对宴会场面宾主融洽无间的气氛的成功描写，恐也是重要的原因。“陈王昔时宴平乐，斗酒十千恣欢谑。主人何为言少钱，径须沽取对君酌。五花马，千金裘，呼儿将出换美酒，与尔同销万古愁。”试问，谁能不为李白那种率真坦荡的性情所感染呢？谁又能不为那样亲密的宴会气氛倾倒呢？我们在安排宴席名单时，总是想方设法将有芥蒂的当事人分在不同的席面上，这显然是为了避免冲突，担心因一二人之间的不愉快而影响整个宴会的和谐气氛。大家外出旅行，在进餐地点的选择、对服务人员的要求、对同桌人员的选择上无不可以看出这种重情的心理。

（2）尚和在建筑文化方面的表现

建筑与自然的和谐。在中国传统文化的体系中，主张少人为而任自然的心理从老、庄时代就已初步形成。老子和庄子都极力主张人类回复到与鸟兽杂处的时代去，他们认为文明进步使人与大自然融洽无间的关系日渐疏远，是对那种宁静状态的破坏。

老子、庄子的这一思想曾经深刻地影响过和正在影响着我国传统的和现代的旅游文化，这种影响表现在风景区的建筑上。中国人对于自然山水，除了讲究游观外，还讲究休息和居留。因为山水之美，一年四季不同，一日四时也不同，晴天的美和雨天的美也风格各异。要全面领略山水之美，走马观花、蜻蜓点水是不行的，需要长时间生活其中，或者在春秋佳日、月夜雨天亲临观赏。为此，亭台楼阁、茶房酒肆的建筑则势所必然。此类建筑一则可以避风雨骄阳，二则可为进餐之所，许多建筑同时也是欣赏景观的驻足之处。在我国名山大川乃至许多普通的风景区，这类建筑触目皆是。令人最感兴趣的是汉代以来历代旅游者对这类建筑的描绘，因为从他们的叙述中可以归纳出中国人对旅游建筑的审美倾向，或者称作传统也未尝不可。

它通常要求：建筑物必须与自然山水协调，只能锦上添花，不能喧宾夺主；建筑物应具备可行、可游、可居的综合功能；建筑物本身的色调宜朴素自然而不能雕饰过分。这种强调建筑物本身质朴自然，同时又强调与所在山水相协调的审美理想，从发展旅游、保护环境、美化生活诸角度观之，实不失为中国文化之一优良传统。武夷山大王峰下的“幔亭山房”，是一幢有着浓厚山野情趣的建筑，系中国建筑学会原理事长、已故著名建筑大师杨廷宝先生的杰作。这幢改建的宾馆不仅外观和武夷山的色调相吻合，内部装饰乃至家具风格都极具山野情趣。竹编的天花板、竹编的地面、竹编的墙壁，加上整套原木家具，其古朴清新的神韵曾使许多长期生活在拥挤的大都市中的游客流连忘返，不愿离去。杨先生继“幔亭山房”后，又设计了一幢60张床位的小型宾馆，即“武夷山庄”。山庄内部自然拥有现代游客所希望享用的旅游设施，而从外表看，这幢60张床位二层楼的小宾馆，屋面随山坡自然错落，檐口挑廊挂柱，白墙红瓦，赤石勒脚，房舍以曲径回廊相呼应。游人到此，往往误以为是一般民居。

园林艺术是我国传统文化的精华所在。在世界范围内，中国园林素有“世界园林之母”的美誉。1984年英国利物浦国际园林节上，中国的燕秀园得了大金奖。这个燕秀园的设计者是中国园林建设公司女工程师李志敏。燕秀园是仿北京北海公园静心斋的沁泉廊和枕峦亭建造的，很有中国古典皇家园林的气派。除了获大金奖外，还获最佳造型和最佳亭子两个奖。许多经营园林的外国老板，都请中国园林建设公司为他们建造中国园林。在美国的纽约，也有以苏州网师园殿春簃为蓝本的复制园林——明轩。

中国园林虽为人工创造，却能于叠山理水中，造成一种“虽由人作，宛自天开”的神似真山水的境界，造园家取真山真水作造园之素材，取诗的意境为造园立意之根据，取山水画作创造园景的蓝图。考察我国的园林历史，无论是汉代皇宫内苑的“聚土为山，十里九坂”的园林土山，抑或是富人袁广汉的北邙山下“构石为山，高十余丈”的园林石山，一个共同的特点是，它们都是以真山水为蓝本而加以模仿的。晋宋以来，由于对自然山水美欣赏能力的提高，造园规模普遍变小，当时士大夫所造的私家小园，山水都是以浓缩、写意的形式表现出来的。尽管如此，它们没有抛开真山水。即使到明清以后，园林中的山水发展到或表现真山之一片，或表现真水之一角这种成熟程度，尽管造园者做了大刀阔斧的省略，只保留了最能表现某处山水特色的片段，从造园者的创作中仍不难看出其概括、提炼同样源于真实自然山水。宋人郭熙在《林泉高致》中曾经说过：“千里之山，不能尽奇；万里之水，岂能尽秀。太行枕华夏而面目者林虑，泰山占齐鲁而胜绝者龙岩。一概画之，版图何异！”此虽论画，亦可通造园概括之法。

我们发现，宋代以来的造园家们的造园理论，几乎无一例外都提到要迹近自然。或者说，山水画家的山水欣赏和批评见解，完全为造园家所借用。《林泉高致》中写道：“山以水为血脉，以草木为毛发，以烟云为神彩。故山得水而活，得草木而华，得烟云而秀媚。水以山为面，以亭榭为眉目，以渔钓为精神，故水得山而媚……石者，天地之骨也，骨贵坚深而不浅露。水者，天地之血也，血贵周流而不凝滞。”这些画家欣赏山水美的经验之谈，被造园家毫不费力地借用过去作为鉴定园林中的人造假山、假水优劣的理论根据。

4. 尚真

崇尚真实，是我国旅游文化的一个显著特征，同时也是一个十分古老的传统。这个传统的形成，是与中国人历史感特强的民族文化心理相联系的。在古代，我国有左史记言、右史记事的制度。帝王的一言一行，都有随行史官加以记载。这些原始记录保存下来，是为了给后人写历史提供第一手资料。中国历史上，秉笔直书一直是受人们尊重的史学传统。《左传》襄公二十五年（前548）记载说，齐大夫崔杼杀齐庄公后，当时的史官太史写上“崔杼弑其君”，崔杼杀害了太史。在古代，史官是世袭的，太史被杀后，他的两个弟弟分别继任，仍是秉笔直书，又先后被崔杼杀害。待太史的第三个弟弟继任后，仍大书“崔杼弑其君”，崔杼这才放手。当时另一个史官南史氏听说太史氏一家兄弟数人都被杀害，为了捍卫史官的尊严，“执简以往，闻既书矣，乃还”。这个历史故事告诉我们，中国古代史官对史料真实性的看重超过了对其生命的珍惜。

这一优良传统在中国旅游文化中亦有明显的体现。从《山海经》《穆天子传》《水经注》到《法显传》《大唐西域记》《真腊风土记》《徐霞客游记》乃至各个名胜古迹所在地留下的历代建设碑刻和浩如烟海的游记著作，均有体现。

和意大利等地中海沿岸国家的海洋文化背景不同，中国从很早的时候，便是一个封闭型的国家。内陆为主的地理环境、自给自足的农业经济、宗法制的国家，一体化的稳态社会结构以及植根于农业社会所特有的朝后看的心理习惯决定了中国古代的旅游历史感极强，极其看重真实性的特点。

对于中国旅游文化的这一特点，国际学术界曾给予了极高的评价。印度和柬埔寨等国的考古学家，根据晋代法显、唐代玄奘和元代周达观的旅行记上所记载的方位道里，成功地发掘了好几处古文化遗址。印度史学界甚至认为如果没有中国游方僧人的真实性极强的旅行记，印度的历史、中亚的历史特别是佛教的历史，将无从写起，由此观之，中国旅游文化崇尚真实性、注重历史感的优良传统已为世界人民所认同。

5. 尚古

古人喜爱前人留下的东西，我们也同样如此。历史类旅游景观或历史文化之所以令游人心驰神往、沉醉其中，一个重要原因就在于历史的遥远为想象留下了广阔空间。中国文化的尚古传统，使历史上曾经存在或流传至今的山水名胜、城市景观、园林设施、寺庙建筑等常常吸引着众多的游人前往参观或歌咏。从某种意义上讲，中国旅游文化的尚古传统造就了一批历史文化名胜，至今仍散发着绚丽的色彩。

（1）“越古越好”“越旧越好”

中国旅游文化尚古传统的一个重要表现就是“越古越好”“越旧越好”，它不但代表着古人的一种好恶倾向，更成为古人进行景观评价的一个重要标准。在根深蒂固的宗法观念和儒家强调稳定思想的影响下，古代中国形成了“尊老”“尊古”的社会倾向，认为凡是传统的东西，凡是饱经沧桑的东西，总是会展现出非凡的价值，故而受到各方人士的珍爱。

孔子就多次表达对上古文化的崇拜，认为周代的政治制度和学术文化达到了前所未有的高度，并对尧舜统治时期向往不已，其立身行事的准则就是“信而好古，述而不作”。中国旅游文化的尚古传统体现在旅游景观的评价上，就是看其是否有悠久的历史、古老的传说，是否和著名的历史人物相关联，坚信“越古越好”“越旧越好”。

这种尚古的传统至今对中国旅游景观的建筑与修缮及其旅游活动有重要的影响。就旅游景点的建设来看，建设新景点的热情远没有在有古迹的地方修建、重建、改建旧景点的热情高，而古迹或历史文物修缮的一个重要原则就是“修旧如旧”，绝不能改旧换新。从旅游者对旅游景点的喜好程度来讲，游览古迹的人常常要多于观山水的人。看来国人“尚古”的情结在相当长一个时期内仍不能解开。

（2）“寻根问底”“沿坡讨源”

中国旅游文化尚古传统的另一个表现就是“寻根问底”“沿坡讨源”，它不但代表古人的一种传统思维方式，更成为古代游记创作的一种写作模式。在中国古代游记中，凡所游览的风景名胜有关涉古代文化遗迹的，作者极少不加以追根溯源式的介绍。如果游记中没有对其游览地的历史追溯，不但被认为对古人有失崇敬，其文化价值也会因此大打折扣。因此，古代游记很少撇开人文景观而专写自然风景。

王安石在《游褒禅山记》里写道：“褒禅山亦谓之华山。唐浮图慧褒始舍于其址，而卒葬之，以故其后名之曰‘褒禅’。”“距洞（华阳洞）百余步，有碑仆道，其文漫灭，独其为文犹可识，曰‘花山’今言‘华’如‘华实’之‘华’者，盖音谬也。”上述字句不但详细地交代了今安徽含山县褒禅山的得名原因，还使人们便于查考九百多年前就“已仆倒漫灭”、至今已不复存在的石碑。

刘大櫆在《游三游洞记》中除了记述游览“三游洞”时的所见所闻之外，也讲述了“三游洞”名称的由来：“昔白乐天自江州司马徙为忠州刺史，而无微之适自通州将北还，乐天携其弟知退，与微之会于夷陵，饮酒甚欢，流连不忍别去，因共游此洞，洞以此三人得名。其后，欧阳永叔暨黄鲁直二公皆以挨斥流离，相继而履共地，或为诗文以纪之。”

游记创作中的这种“寻根问底”“沿坡讨源”的写作模式，不但有利于我国历史文化的传承与发展，更有利于旅游资源开发与建设中对历史文化内涵的发掘，对于增强旅游资源的文化品位、提高旅游资源与旅游景观的吸引力具有重要作用。

中国旅游文化的尚古传统对中国现代旅游业和旅游活动产生了重大的影响。

由于尚古，使我们国家一大批古代遗址、遗迹、文物、古城池、古寺庙、古道观、古长城、古桥梁、古民居、古园林、古风俗、古艺术等得以保存，成为我们宝贵的旅游资源；由于尚古，对今天的多数旅游者而言，寻访、参观名胜古迹，思古怀旧，体验灿烂、悠久、源远流长的中华传统文化，仍是一个重要的旅游需求和动机；由于尚古，在旅游资源开发中即使是新建筑也会披上一层仿古的外衣。香港的宋城、西安的唐城、上海的大观园、河北的宁国府、山东阳谷县的狮子楼、梁山县的忠义堂、武汉的黄鹤楼和晴川阁等都是较有影响的重建、改建景点，至于各种形形色色的仿古建筑、仿古城、仿古街，更是不胜枚举。虽然有的景点在建造过程中存在粗制滥造、生搬硬套的现象，但足见尚古传统对现代旅游业的重要影响。旅游服务企业也可从尚古的传统中得到启发，如在古色古香的饭店中有身着古代服装的服务员提供古典式的服务，使整个服务活动都笼罩在浓重的“古代文化”的氛围中，只要水平不是太差，相信总会给旅游者耳目一新的感觉，增加旅游服务的吸引力。

6. 重自然

如果说游人到作为人文景观的历史文化中去观光是一种“寻梦之旅”，那么，到作为自然景观的大自然中去旅游则是一种“回归之旅”，美丽的自然是其精神的家园和心灵的港湾。将自然景物作为审美欣赏的客体，通过对自然景观的欣赏来获得感官的满足乃至心理和精神上的欢畅与愉悦，在中国有悠久的历史。《论语》记载，孔子对其他学生的人生志向皆不以为然，唯独对曾皙“暮春者，春服既成，冠者五六人，童子六七人。浴乎沂，风乎舞雩，咏而归”的追求表示赞同。庄子在《庄子·知北游》中写道：“天地有大美而不言，四时有明法而不议，万物有成理而不说。”他认为大自然的美是最美、最合乎法则的，要求人们的一切行为都要顺其自然、返璞归真。此后，历代的山水诗词、山水游记莫不通过对自然山水风光的描摹体现出对大自然的向往与热爱，形成了崇尚自然的传统。

（1）“山水之美，古来共谈”

“山水之美，古来共谈”，中国旅游文化崇尚自然传统的表现之一就是对自然形式美的爱恋。古人认为，自然是美的，由山水草木、风花雪月、云霞鸟兽等自然地理要素和天象、天气要素构成的自然景观之所以打动人，首先在于它的形式美，即构成自然界外观的各种物质材料的自然属性及其组合规律所呈现出的审美特征。换言之，在古人眼里，自然万物，无论是形态、色彩，还是声音、态势等都符合整齐一律、对称、均衡、比例匀称、节奏、韵律、调和、对比、和谐等形式美的规律和要求，具有美的特征。古人之所以爱恋自然，还在于自然除了供给人类衣食之需之外，也满足了一种更高层面的要求，即满足了人类的爱美之心。“自然界用些许简单的风云变幻，竟然使我们生超凡入圣之感！”总之，自然景观使人的感官感到舒适惬意，进而由感动到心动，满足了人的精神需求。

对自然景观形式美的酷爱，是中国旅游文化崇尚自然传统的重要组成部分。无论是“登昆仑兮四望，心飞扬兮浩荡”的屈原，“性本爱丘山”“久在樊笼里，复得返自然”的陶渊明，“五岳寻仙不辞远，一生好入名山游”的李白；还是“我生性放诞，雅欲逃自然”的杜甫，“空知返旧林”的王维，视山水为“盛世补偿”的郭熙等都从不同侧面、不同程度上阐释和演绎着古人酷爱自然、依恋自然的传统。面对优美的自然景观，古人沉醉其中，流连忘返，今人也同样如此，人类对大自然形式之美的热爱成为中国旅游文化崇尚自然传统的重要组成部分，源远流长。

（2）“仁者乐山，智者乐水”

“仁者乐山，智者乐水”，中国旅游文化崇尚自然传统的另一种表现就是将自然景观视为某种品格和道德的象征，在爱恋自然的背后蕴涵着对某种品格和道德的赞美与推崇。象征是一种人类文化现象，“当一个字或一个意象所隐含的东西超过明显的、直接的意义时，就具有了象征性”。中国古代的山水意识是一种把人的生存状态与人类生活环境结合在一起的精神文化形态。古人视自然为人生，认为自然像人生一样充满生命的韵律，是一种蕴藉着生命之流的美。这样，人和自然万物之间就较为顺利、较为合理地建立起了一种“山水比德”关系，人与自然的交流或人对自然的观赏，实质上变成了人与自然人格象征的交流或人对自然人格象征的欣赏。因此，古人对自然景观的象征之美经常是情有独钟，在一定意义上促进了中国旅游文化中崇尚自然传统的形成。

中国古代有钟爱自然景观的象征之美的传统，最早可以追溯到孔子“仁者乐山，智者乐水”的主张。在孔子看来，仁者之所以喜欢山，完全在于滋养万物的山所具有的甘于奉献、永无索取的特征恰好和仁者宽厚无私的品德相契合；而智者之所以喜欢水，也完全在于川流不息的水所具有的灵活、变通的特征恰好和智者的活泼行远的智慧相对应。因此，在这种乐山乐水的旅游欣赏中，外在的自然山水便被赋予了人的品格，具有了道德象征的意义。

此后，在中国旅游文化的发展中，这种“山水比德”的审美欣赏方式不断被发扬光大，许多自然景观在“感物咏志”“托物寄情”或“触景生情”等传统文化心理的影响下，纷纷被赋予了某种象征意义，表现出某种具有人文内涵的象征之美。如荷花生长在池塘沼泽，“出淤泥而不染”，象征高洁；兰花生于幽谷，不与芜草为伍，色洁、香醇、质朴，象征清雅；竹子修直不弯，潇洒淡泊，象征高风亮节；松柏不畏严寒，斗风傲雪，象征坚忍不拔，等等。

作为中国旅游文化重要组成部分的山水文学，更是将古人这种钟爱自然的象征之美的传统推向了新的高度。“在中国的山水文学描写中，自然万物如天地日月、春夏秋冬、晨昏昼夜、风云雷电、江河湖海、花草树木，以及鸟兽虫鱼，等等，大都被拟人化了，结果转变为千姿百态的象征符号，用以表现或寄托人的情感、意趣、精神与品格。甚至连冰冷僵硬的石头，也被赋予了新的意味。”可见中国旅游者对自然景观象征之美的钟爱之深。

由于很早就将自然景物作为审美的客体加以欣赏，中国古人对自然之美有深刻的理解和独特的体悟。在中国旅游文化中，“自然”不仅指自然界和其他未被人类加工过的客观物质世界，还被广泛地用作衡量旅游文学、建筑、艺术、工艺品、风景区建设优劣的重要标准。受此影响，中国绘画讲究“外师造化，中得心源”，几乎所有的杰出画家在绘画之前都曾对真山真水饱游饫看，静观默察，其独特的风格、所表现的境界、独特的技法常常就是画家本人对自然特征的准确把握、受山水启迪的结果；中国古代建筑讲究“穴石作户牖，垂泉当门帘”，要求各类游览建筑的设计与布局须与周围的自然环境相互协调，与之融为一体，使建筑的美（人工的美）与自然的美（自然风景的美）紧密地联系起来，将人的情感融于自然之中，再以自然之美与艺术之美来陶冶人的精神，以满足人的精神需要；中国园林建筑讲究“虽由人作，宛自天开”，要求在造园艺术宗旨上“师法自然”，在园林布局上通过分隔空间“融于自然”，园林中的“叠山理水”要“再现自然”，各类园林建筑的构建要“顺应自然”，各种花草树木的配置要“表现自然”，并巧妙地利用各种造景手法和借景手法使整个园林与周围的自然环境融为一体，使人不出城郭而相林泉之乐。总之，受崇尚自然的传统影响，“自然”二字几乎成为所有中国艺术的审美标准，足见其对中国文化影响之广、之深。

中国旅游文化崇尚自然的传统对现代旅游活动的影响是巨大的。由于崇尚自然，使各类以自然为主的旅游风景区始终成为旅游的首选目的地，人们纷纷走出纷扰的街市，到大自然中去寻求精神慰藉，通过纵情于山水之间来感悟宇宙和人生的真谛，以至于“游山玩水”一度成为“旅游”的代名词。由于崇尚自然，各类旅游景区、景点的建设必须因地制宜，顺应自然，将自然之美与人工的雕琢之美融为一体，并注意在开发过程中的环境保护问题。各类旅游企业也应将“自然”视为服务质量优劣的一条标准，提供真诚、自然的旅游服务，避免牵强和做作，使游客感到舒适、自然，获得一种“家”的感觉。

四、地域化的人格特征

俗话说，“千里不同风，百里不同俗”“一方水土养一方人”，一方人有一方人的品位，这品位或许就是长期因地理环境和文化熏陶而成的个性特点，如最具儒家传统的山东人“重义轻利”，容易包容和接受外来文化和新鲜事物的广东人，舍生忘死的湖南人，安逸勤劳的四川人等。

北京地处北方内陆，气候条件较为恶劣，春天沙尘弥漫，夏天酷热难耐，冬天寒流滚滚，唯有秋天天高气爽，比较可爱。据说，老派北京人重礼数，善待人，颇有尊贤礼让之风。此地市民身居京畿之地、首善之区，棋盘式的城市格局宏伟整齐，老北京建筑极尽皇家气派，所以北京人见多识广，既受官文化熏染，又承八旗子弟余风沐浴。

上海人的品位就大不同于北京。上海商业繁华，建设突飞猛进，高楼林立，霓虹闪耀，除香港外可算国内最具现代大都会气派的城市。上海人的公民素质和敬业态度在国内各城市中数一流，服务业发展水平较高。在公共场合，上海人也总是衣冠整洁、修饰得体。遇到纠纷至多用争吵的方式来解决，很少大打出手。

再来看广东人。广东地处华南，其原住民外貌更多地带有马来人种的特点。有人说食在成都，也有人说食在广州，这两种说法都有道理，成都小吃遍地，吃的花样百出，而能够在“吃”方面与成都媲美的，非广州莫属。与成都人相比，广州人吃得更“野”。正是这种不驯服的野性，使广东人显得敢作敢为，血性充沛。尤其是近代以来，因历史和地理的原因，广东屡次得风气之先，成为中国最早开放的地区。从鸦片战争到戊戌变法，从北伐战争到改革开放，近代以来的许多有深远影响的大事都是由广东人开启的。因此，广东近代以来名人辈出。

在祖国西部有四川盆地。四川盆地群山环抱，物产丰富。尤其是成都平原，更有天府之国的美誉。这里多奇才怪杰类人物，他们精明能干而散漫悠闲，既能享受吃喝玩乐，又很喜欢谈玄探幽。与爽直幽默的川人聊天是一桩快事。他们见识独特，有丰富的民间智慧，趣味横生。重庆古为巴国，与成都地区的蜀人相比，重庆人又有自己的独特之处。或许是多山的缘故，重庆人的性格狡黠而不乏豪放，像闻名的重庆火锅一样，既麻且辣。

中国幅员辽阔，各省区都有自己各具个性的人才，这就充分印证了这样一句话，比人是自然的产物更真实的是，人是文化的产物。

五、西方旅游者的文化身份与特征

1. 中西方传统文化的根本差异

对于中西传统文化的差异国内外学者的论述的确不少，但在论述的角度和最终的看法上又是多种多样的。梁漱溟先生说：“西方文化是以意欲向前要求为根本精神的。”“中国文化是以意欲自为调和持中，为其根本精神。”陈独秀曾在《东西民族根本思想之差异》一文中写道：西洋民族以战争为本位，东洋民族以安息为本位。西洋民族以个人为本位，东洋民族以家庭为本位。西洋民族以法制为本位、以实力为本位，东洋民族以感情为本位、以虚文为本位。也有人指出：东洋文明主静，西洋文明主动；东方文化是一种高关联文化，西方文化则基本上是一种低关联文化；中国文化是一种“耻感文化”，西方文化是一种“罪感文化”。

跨文化差异的基础是什么？或者说应该从哪些方面入手分析两种文化的差异呢？美国学者克鲁柯亨等提出五个基本问题：①如何看待人的本性（恶、善、恶或善）；②人和自然的关系是什么（屈从、协调或主宰自然）；③时间取向的本质是什么（过去、现在、将来）；④人生活的基本目的是什么（生存、自我实现、自致）；⑤人同周围人的基本关系的实质是什么（等级制的、家庭取向的、个人主义的）。在此，我们就以这五个方面为主，综合各种观点，对中西传统文化的基本差异作简要的分析。

（1）对人的本性的看法：性善与性恶

人的本性是善还是恶，这是任何文化都要探讨的问题。对这一问题的回答，也是区分文化的重要指标。在中国思想史上，人性本善、人性本恶和人性有善有恶的观点都曾出现过。战国初期，孔子再传弟子世硕最早提出人性善恶的看法，产生了一定的影响，并从而拉开了关于人性的长期讨论。孟子认为人的本性善，他继承孔子的伦理思想，把伦理范畴与性善说联系起来作了比较深刻的探讨。他说：“恻隐之心，人皆有之；羞恶之心，人皆有之；恭敬之心，人皆有之；是非之心，人皆有之。恻隐之心，仁也；羞恶之心，义也；恭敬之心，礼也；是非之心，智也。仁、义、礼、智，非由外练我，我固有之也，弗思耳矣。”通俗地说，就是恻隐、羞恶、恭敬、是非“四心”是人人生来就具有的，“四心”包含着仁、义、礼、智“四德”的萌芽，也叫“四端”，人们经过后天的努力，将“四端”发扬光大，仁、义、礼、智的品德就会不可遏止地喷射出来，足以保有四海、治理天下。战国时期的另一位思想家荀子则主张“性恶”论，提出“人之性恶，其善者伪也”的著名观点，认为人性与社会道德规范不相协调，否认天赋道德观点的存在。汉代的董仲舒将孟子、荀子的人性论予以综合和发展，提出人性分为三等：“圣人之性”，先天至善，不必教化；“斗筲（相当于今天所谓的社会渣滓）之性”，先天至恶，不可教化；大多数人属于“中民之性”，既不是至善，也不是至恶，而是“有善质，而未能善”。“有善质”因而有可能通过教化使之向善；“未能善”因而必须进行教育才能使之向善。董仲舒提高了善的标准，故未说万民之性都是善的，但其人性论归结为王者承天意以成民性，实质上并未逸出性善的范畴。至宋代，二程（程颢、程颐）、朱熹等理学家基本上把人性的本质定为是至善的，性善说从此几乎成为统治阶级共同遵奉的正统法定的人性论。

西方的人性思想则以“性恶”论为主。在基督教的基本教义里，人类犯有“原罪”。人类始祖亚当和夏娃住在伊甸园中，因受蛇的引诱而违背上帝的命令，偷吃“知善恶树上的果子”，即禁果，犯下了大罪，结果被驱逐出乐园。这一罪过株连后世子孙，成为人世苦难的根源，即整个人类的原始罪过。这个宗教传说折射出西方思想很早就形成了人性本恶观点。近代西方伦理学家大都强调人本性是自私的，与动物趋利避害的本能是一致的。这种自私本能的最基本表现即是满足个人的幸福和欲望。与之一脉相承，现代西方人对人性的假定不是以“善”为主，更多的是“恶”，这从西方管理领域“X 理论”的产生和广泛应用中能得到充分证明。

人性究竟是善还是恶，那是哲学家思考的不老命题，这里不敢妄加评析，只是要指出：在中国的思想体系中，性善论占主导地位；在西方的思想体系中，性恶论占主导地位。由于坚持性善论，强调仁、义、礼、智，中国文化基本上是一种善本位的、自我超越型文化，具体地说就是把价值之源置于个体内在之心上，认为道德修养的功夫和途径是“自反”“自省”“尽心知性”，自我修养的目的不是要“独善其身”，而是要达到“齐家、治国、平天下”，以求取个人在社会人际秩序中的和谐。西方文化由性恶论出发，突出人品质修养的社会化，重外在的社会教育和规范功能，重对“真”而非“善”的追求。中西之间在人性这一基本问题上的认识差异，进一步导致了中西文化在自然取向、时间取向、生活目的取向、人与人关系取向等诸方面的差异。

（2）人和自然的关系：协调与支配

中西方文化在人与自然关系的认识上有着明显的不同。三面高原一面海的相对闭塞的地域特点，使得古代中国文化基本上与外隔绝、独自创发。但是，这一地域自身具有明显的优点：广阔的平原，温和的气候，丰富的水资源，为农业文明的发育提供了得天独厚的条件。中国是一个农业社会，中国文化以农耕经济为基础，农业文化就成为中国传统文化的根柢。农业生产与自然界有着最为密切的关系。在生产劳动过程中，人必须同自然协调相处，以宽容态度对待自然，否则就会受到自然的报复，因此形成中国传统文化中重视“天道”、讲究天人和谐的精神，即强调人的行为要符合自然发展趋势，遵循自然发展规律，人道要与天道相适应。这种精神有其积极的方面，如对于今天治理环境污染、维护生态平衡是有显著意义的。但必须指出，从辩证的观点看，在较低的生产力水平制约之下中国传统文化中所谓的天人一体思想无疑也带有屈从自然的价值取向，即使是“制天命而用之”，中国人也不赞成宰制自然，而是要“尽物之性”，顺物之情。由此引申出重农轻商、安土重迁等思想，把人们牢牢地束缚在土地上，日出而作，日落而息，春种夏管，秋收冬藏。这种定型化的生产、生活方式使人们习惯于乐知天命、安分守己的处世之道，满足于渔歌唱晚、牧童横笛的田园生活，思想感情表现为喜一不喜多、喜同不喜异、喜静不喜动、喜稳不喜变。千百年如此，进而形成中国人闭关锁国、中庸平和的民族性格。

如果中华民族可称为内陆民族的话，那么西方民族可称为海洋民族。西方文化的活水源头是古希腊文化。古希腊境内多山、多海岛，拥有许多良好的天然港湾。这样的地理环境，不可能孕育出自给自足的田园梦想（据研究古希腊的粮食消费必须靠从海外采购接济），却为文化的开放与扩张提供了无与伦比的优良条件。因此，大规模、有组织的海上移民和海上贸易活动就成了希腊民族赖以生存和发展的必要手段。海上航行的瞬息万变，突发情况的频繁出现，生产生活的艰苦困难，使得人们不得不具备一种强烈的独立意识、怀疑批判意识和挑战意识。对力的崇拜、对命运的抗争，使西方文化从一开始就将人与外在自然分裂、对立起来，把自然界当作纯客观的、没有生命、只有规律的物质存在，人必须依靠知识体系全面征服自然。这种自然取向促成了人们对科学技术的重视，而随着科学技术的不断进步，支配自然的价值取向愈加强烈，从而塑造了人们讲求效率、勇于竞争、不怕冒险等外向的、理性的行为方式，这与中国人的行为特点是迥然不同的。譬如，中国人发明了指南针和火药，主要用它们来测风水和制作爆竹，西方人则用于指示航道和炸开沿途国家的门户；中国人喜欢说“金窝银窝，不如自家的土窝”，西方人则贯彻“哪里好，哪里就是家乡”的准则。

（3）人与人的关系：伦理本位与个人本位

在强调道德伦理的中国文化体系中，个人是通过他人、通过社会关系来定义和设计的，个人被当作血缘纽带、人伦秩序、封建等级、名分差距中的符号，不受伦理和集体关系定义的个体常常被视为是一个“不道德的主体”。儒家所推崇的“仁（反映了二人关系）”“三从四德”“三纲五常”等，最能体现这种伦理本位思想。传统中国是一个典型的农耕民族，农耕民族的典型社会载体是自给自足、守望相助的村落共同体，因此伦理本位就集中表现为家族本位或家庭本位。由于倚重家庭、家族，中国人缺乏现代意义上的团体生活，在公共观念、纪律习惯、组织能力、法制精神诸方面显得较为欠缺。

与传统中国相反，西方文化对人的个性非常崇尚，追求个体对于家庭、团体、国家、社会的优先地位，或者说是由自我去定义各种外在的关系和角色，而非中国文化那种由外在关系与角色定义自我。人们常常举生活中的两个例子来说明中西间的这种文化差异：在姓名排列顺序上，西方人先是本名，然后才是父名，最后才是本家族的姓；中国人则是先姓后名。在地点表达上，西方人习惯于先从自己家的门牌号开始，然后才说街、区、县、市、省，最后才说国家；中国人的习惯恰恰相反。西方文化具有强烈的个人主义色彩和明显的个性精神。有意思的是中西方对它的理解竟然甚为不同。在中国的词典里，个人主义被释为“一切从个人出发，把个人利益放在集体利益之上，只顾自己，不顾别人的错误思想”。《简明不列颠全书》却说：“个人主义是一种政治和社会哲学，高度重视个人自由，广泛强调自我支配、自我控制、不受外来约束的个人和自我……任何人都不应该被当作另一个人获得幸福的工具。”[83]西方的个人主义有其局限性，但它无疑塑造了西方人自主、自律、创造、奋斗的精神。受这种文化特点的影响，西方人在社会生活的各个方面喜欢标新立异、独树一帜，追求自我独立、自我发展，敢于保持个性、与众不同、出人头地。正如P. 斯坦等人在《西方社会的法律价值》一书中所说：“他们（西方人）遵守永远自视为单独个人的习惯，并十分自然地认为自己的命运都掌握在自己的手中。”[84]

（4）时间取向：现世、尚古与着眼于将来

在性善论、天人合一思想和伦理本位的支配下，中国传统文化的实用理性和现世精神非常发达，追求“经世致用”的认识功利主义，安身立命、安分守己的“身体化”倾向特别明显，相反则缺乏足够的外求的意向和超越的意向。与空间上的封闭锁国观念相对应，中国传统文化在时间取向上着眼于现世而非将来。孔子说：“未知生，焉知死？”表达了一种对于生命问题的庸常、具体而实用的态度。按照林语堂先生的分析，这种认识是中国缺乏宗教的原因和结果，进而造就了中国国民生活的特征和思考的特征。也有人说中国传统文化塑造的人是一种“终极人”——他们认为现实的世界就是眼前的世界，目前的做人方式就是最佳状态，知足才能常乐。中国传统文化又有“尚古”的特征。孔子是信而好古的，不仅曾发出“周监于两代，郁郁乎文哉，吾从周”的由衷感叹，而且一生为恢复周制而奋斗。老庄也是好古的，推崇“邻国相望，鸡犬之声相闻，民至老死不相往来”的原始的小国寡民社会。先王观念和祖先崇拜联结到一起，使得中国老百姓也具有了尚古的传统。中国传统文化有“厚古薄今”的趋向，这种趋向是有限时间观念的极端表现。既然古胜于今，何论积极着眼未来。于是，“三亩好田一头牛，老婆孩子热炕头”就成为传统型中国百姓的生活理想；于是，中国人的性格，按林语堂先生在《吾土吾民》中所说，表现出老成温厚、遇事忍耐、消极避世、超脱老猾、和平主义、知足常乐、幽默滑稽、因循守旧诸特征。

在开放的贸易经济基础上，受支配自然的价值观影响，西方文化不仅在空间观念上有趋向无限的倾向，在时间观念上也有趋向无限的倾向。尼采认为，现阶段的“人”并不是最理想的状态，“人”是必须被超越的东西，因此他提出了“超人类”的构想。正如许多人所指出的那样，尼采虽然是无神论者，但在他身上仍然有西方文化的深层结构在发挥作用——把人在世俗中的存在当作一种被“原罪”所局限的状态，认为人必须超越世俗，趋向无限，才能“得救”。所以，尼采之言虽出自一人之口，却代表了西方社会一种普遍的思想，即无限时间的观念。因为有这种观念，西方人比较富有创新、冒险、怀疑、自我批判精神，具有抽象化、系统化、思辨化的科学思维特点。

（5）生活的基本目的：合“礼”乐生与自致取向

中西文化在上四个方面的差异，必然会导致中西方人在社会生活理想上的差异。传统中国人的人生理想是什么？林语堂先生是这样阐述的：“在中国人看来，人生在世并非为了死后的来生，对于基督教所谓此生为来世的观点，他们大惑不解。他们进而认为：佛教所谓升入涅槃境界，过于玄虚；为了获得成功的欢乐而奋斗，纯属虚荣；为了进步而进步，则是毫无意义。中国人明确认为：人生的真谛在于享受淳朴的生活，尤其是家庭生活的欢乐和社会诸关系的和睦。”由于在人的本性上持“善”而非“恶”的观点，在人与自然的关系上持“天人合一”观而非支配自然观，在人与人的关系上持伦理本位态度而非个人主义取向，传统中国人必然也必须尚仁、崇义、重节，要注重整体，以行“仁”为最高境界，以“礼”作为衡量和约束人的行为的规范。追求“家庭生活的欢乐和社会诸关系的和睦”，意味着个人行为首先要合“礼”，要遵从三纲五常，将人际关系降格为自然关系。反过来说，只有合“礼”，才能实现“家庭生活欢乐和社会诸关系和睦”的目的。那么，如何才能做到合“礼”呢？按照儒家的思想，人要克己反奢，要“谋道不谋食”“正其谊不谋其利，明其道不计其功”，要“存天理，灭人欲”，一言以蔽之，就是要压抑人性，提倡禁欲主义。正因如此，有人认为传统中国人的生活目的带有明显的消极生存倾向。当然，以“礼”为中心的中国传统伦理对人的行为的约束是留有余地的，或者说它只是规定了一个范围。在规定的范围之内，儒家也提倡“乐”，以作为“礼”的补充。中国传统文化的现世取向在“礼”所规定的范围内得到很好的体现，泛化出中国人另一个生活的基本目的，即尽情“享受淳朴的生活”。林语堂先生举例说，过去的中国儿童入学伊始，第一首诗便是：“云淡风轻近午天，傍花随柳过前川。时人不识余心乐，将谓偷闲学少年。”中国人就是陶醉在这样一种人生理想之中，既不暧昧，又不玄虚，而是十分实在。似乎西方人有更大的能力去获取和创造，享受事物的能力则较小；而中国人享受仅有一点东西的决心和能力都比较大。因为缺乏宗教，人们把精力集中在世俗的幸福之上，而宗教的缺乏又使这种想法变成可能。李泽厚先生认为中国传统文化是一种“乐感文化”，甚为精辟。中国人的确是生活艺术的大家，他们从那些感官上的东西，诸如饮食、房屋、花园等，孜孜以求“持久的生活乐趣”，从而引发一个特殊的精神世界，在这方面只有拉丁文化能及其一二。但是，外部的“礼”的存在，又必然使得中国人对世俗生活的享受呈现出温和、内倾的特点。像里约热内卢狂欢节一类的东西，在中国人看来就有些粗野而不可理解。总之，礼乐思想、儒道学说的交织互补，为中国人树立了一种生活的标准和目的，一方面是忍耐、勤劳、节俭、敦厚和和平主义，另一方面是尽量享受生活所赋予人们的一切乐趣。

幸福、快乐同样也是西方人所追求的，但是在对幸福快乐含义的理解上，在追求幸福和快乐的方法上，西方文化和中国文化似乎有很大的区别，由此导致中国人和西方人人生基本目的的不同。受商品经济和基督教劳动精神的影响，西方文化体系功利意识一直非常浓重，从功利原则出发解释一切，鼓励人们追逐物质财富，物质财富的多少被视为衡量幸福快乐程度的主要指标。物质财富只能来自改造自然、征服自然的活动中，自然界的广袤无垠使财富的累积永无止境，从而刺激了西方人工作、获取、创造的积极性。国外的学者研究指出，在新教的努力工作的伦理观支配下，西方人非常重视工作的作用，把工作而非闲暇看作生活的中心以及主要社会关系的源泉，内疚之感有时还伴随着无收获的闲暇活动。林语堂先生也说过中国与欧洲的不同，似乎在于西方人有更大的能力去获取和创造，享受事物的能力则较小。可以说，西方文化在对人生基本目的看法上表现出自致取向，但这种自致取向并不意味着对享受生活权利的压抑，恰恰相反，促成了重视享乐的人生观，与中国人重视立德的人生观截然不同。

2. 西方旅游文化传统

濒海环境和民主开放的社会条件培养了西方人冒险、勇进、向外探求的旅游性格。17—18 世纪的“大旅游”所标榜的见识与教育的功利主义标志着西方古代旅游文化传统的最终形成。

（1）重物

西方旅游文化的重物传统主要表现在偏重于对山水景观外在形态美的欣赏，认为山水景观本身所具有的光泽、线条、色彩和声音等外在的形式美是其喜欢和前来欣赏的主要因素，山水景观是客观存在的自然美。他们从客观真实的角度去欣赏景观的形态，常常能使审美主体摆脱种种精神欲念的束缚，沉浸在山水自然美所激发的精神愉悦中，而不像中国古人那样赋予自然景观诸多的伦理道德。

（2）罪恶

受宗教的影响，西方文化是以原罪、赎罪、奋斗、征服、享乐为中心的“罪感”文化。西方旅游文化“罪感”传统的一个表现是，认为旅游活动中没有安逸可言，到处充满着残缺和不确定性，需要人们不断地去冒险和探索。没有这种“痛感”，也就没有审美上的“快感”可言。为此，除了喜欢“崇高”的自然景观和激烈的场景外，西方人还常常是旅游地的开发者。西方旅游文化“罪感”传统的另一个表现同宗教禁欲主义连在一起，将劳累看成是旅游的目的和效果，认为这是一种寻求生命体验的方式。因此，旅行时常常不怕辛劳，有时甚至是衣衫褴褛，风餐露宿。受此影响，直到今天西方人还保留有背包旅行的习惯。

（3）求真

在民主开放的政治制度之下，受传统理性精神和自由思考思维方式的影响，古希腊人对外部世界怀有浓厚的探索兴趣，总是用一种怀疑的、批判的眼光去观察和审视周围的所有事物。一大批哲学家、科学家和史学家因此养成了旅游考察的习惯。几乎所有有成就的学者都有过在地中海沿岸考察的经历，由此形成了西方旅游文化求真的传统。这种求真文化传统的主要表现是崇尚理性与科学，认为对世界正确的认识来自科学考察基础上的独立、自由的思考而不是书本上的记录和前人的说教。

（4）探险

环绕地中海的自然地理环境和人类生存的本能需要与逐利动机使古希腊、古罗马人形成了征服海洋、冒险勇进的旅游文化传统。第一个表现是为探奇求知，深入殊域绝境。中世纪晚期，有的旅游探险者随殖民者的船队来到非洲，深入丛林、部落，考察当地的自然环境、风俗民情；有的沿着商人、传教士的足迹，结伴来到遥远的南亚次大陆，寻找心仪已久的印度文明；有的弃海路、走陆路，从印度经中亚来到中国，证实欧洲人所说的“契丹”究竟是不是中国；有的深入西亚地区，探究两河流域文化的兴衰。第二个表现是家乡观念淡泊，流动性较强。古代西方民族由狩猎、游牧习俗逐渐养成了各自磨炼技能的个人主义，常常离开自己的故乡到处云游。在俄罗斯、波兰、匈牙利、德国、丹麦、荷兰、英国经常可发现被农民抛弃的村庄遗址，正如法国史学家布罗代尔指出的那样：“村民抛弃自己的庐舍远走他乡，永不回头。”

（5）风俗

西方人认为旅行是生活中的一部分，也是很私人的事情，不需要很隆重的送别仪式，在崇尚平等、自我尊严与自由的环境背景之下，礼俗多是上层社会的一种文明装饰与点缀。因此，西方古代传统旅游礼俗显得简单许多。

①祭祀英雄礼俗

西方人崇拜为民族历史文化有所贡献的历史人物和神话人物，盛行祭祀英雄的礼俗。祭祀就是按着一定的仪式，虔诚地向神灵致敬和献礼，以恭敬的动作膜拜它，请神灵帮助人们达成仅靠人力难以实现的愿望或是感恩于神灵已经满足了人们的某种愿望。

②赠物礼俗

西方人认为亲朋好友互赠礼品是人之常情，也是约定俗成的仪规。送礼的场合，除了逢年过节、友人生日、结婚、生病外，到别人家做客赴宴也应带点礼品。礼品虽不宜太贵重，但要有纪念意义。馈赠礼品时要尽可能考虑受礼人的喜好，“投其所好”和实用是西方人赠送礼品最基本的原则。赠礼的方式一般以面交为好。西方人在送礼时十分看重礼品的包装，多数国家的人习惯用彩色包装纸和丝带包扎。接受礼物后应即刻表示感谢，并当面拆看，无论其价值大小，都应对礼物表示赞赏。

③握手礼俗

握手礼俗是西方较为普遍的一种礼俗，当第一次与别人见面时，通常要握手。久违的朋友相见时，也要握手。关于西方握手的起源，一说是从原始人摸手礼演化而来。另一说是古代武士常佩长剑，如遇上敌手，便右手挥剑自卫相斗；如遇上友人，便伸出右手相握，表示友好和亲近。西方握手礼俗的主要内容是握手时一律用右手相握，对长辈、学者、上级、重要游客，需等对方先伸手；初次遇女士，经人介绍后，女士不主动出手与男士相握，男士不要主动伸手，点头示意即可；男士握女士手时，不可过重，只握手指部分便可；握手时不要低头哈腰；人多时要避免交叉握手；一般情况下握手时间不宜过长。

第三节　旅游者的文化过程

一、旅游行为的文化分析

1. 旅游动机的文化分析

旅游动机是个既简单又复杂的问题，它产生于人的种种需要，是文化的驱动。有的人出游是为了审美、消遣，有的人出游是为了求知求异，有的人出游是想体验异国他乡的风情，有的人出游是为了游山玩水，有人出游是为了祛病健身，有人出游是为了摆脱一时的烦恼，有人出游是为了求神拜佛……旅游是万众的权利，每人都有自己心中的梦想，都可以选择适合自己的方式。但是，不同的文化程度和各自的人生基调，会使同样的旅途迈出不一样的脚步。

那么，究竟是哪些类别的需要促成了旅游的动机呢？储九志、马波认为主要是这样四种：一是探新求异；二是谋求知识和发展；三是逃避紧张现实；四是寻求尊重和自我实现[85]。对现代人来讲，这是很有道理的。就前两类需要来说，旅游对个体生命无疑是一种文化经验，通过旅游时的时空转换，旅游者可以增加自己的知识，或改变自己的知识结构，这一点早已人所共知。至于第三类的逃避紧张现实，则是我们这个时代的共同特征。

这些年来，学界关于旅游动机的研究日渐增多，为了梳理众多的旅游动机，不少学者归纳总结了旅游动机的多种类型。如美国学者麦金托什把人的基本旅游动机分为四种类型[86]：

健康动机。参与体力的调整，体育运动，海滨娱乐，参与一些自然疗法，总之试图通过体育运动来达到健身和放松情绪的目的。

文化动机。通过旅游地的民俗、音乐、舞蹈、绘画、建筑、宗教等，了解异国他乡的民俗风情。

社会关系动机。希望结交新的伙伴，探亲访友，借此来逃避日常生活中的琐事和家居的邻人等。

地位或声望动机。这类动机有如马斯洛人类需要层次论中的受人尊重的需要和自我发展的需要。希望通过旅游受到赏识，引起他人对自己的注意，得到生活小圈子之外的人的称许，游程中常常关心的是个人的声望和追求。

应该说这个旅游动机模型是不全面的，因为里面没有包括审美、消遣的动机（审美与消遣应是旅游的主要动机）或自然观光的动机。但它的好处是给了我们一个模型，一个有用的思路。日本学者田中喜一的分类与麦金托什近似但也比较笼统，他分为精神动机、身体动机和经济动机[87]。

旅游是“在一定社会经济条件下，人们为了满足经济、文化生活的高层次需求而离开常住地的旅行和逗留活动所引起的一切现象和关系的总和”[88]。旅游从其本质上看是一种文化与审美，是旅游者在其实践中作用于自然乃至社会的特殊关系的总和。旅游的主要动机之一就是寻找文化差异、体验异地文化。

几千年的传统文明，使中华民族在观照自然的时候，强调的是内心情感的体验，旨在旅游过程中受到自然景观的潜移默化，与自然中的某些属性发生共鸣，从而使性情得到陶冶，思想受到熏陶，最终达到“物我两相忘”的审美境界。同时，古代中国人注重旅游行为中审美感受和道德修养的统一。

回归型集体价值取向在长达千年的中国封建社会里，一直是把道德的价值放在其他价值之上。也可以说，从本质上来讲，中国的封建文化就是一种伦理文化。因此，在儒家所标举的八目中，格物、致知、正心、诚意直接导致了仕游、学游这种个人行为，但修身是出游的落脚点，又是齐家、治国、平天下的始发点。由此可见，在中国旅游文化体系中，出游这种个人行为要最终回归社会才有意义，这正是强烈的“为天地立心，为生民立命，为往圣继绝学，为万世开太平”为己任的集体价值取向的影响。

（1）旅游动机的历史观照

为了深刻地认识人类旅游的动机，我们有必要将视野伸展到人类历史的长河中来进行考察。

在西方的现代旅游开始之前，中国古人早就有了久远的旅游传统。夏商时期，含有游乐成分的田猎已从生产中脱离出来。夏启的儿子太康之所以失国，是因为《尚书·五子之歌》说他“盘游无度”。到了周代，在周初的政治经典中，许多篇章都已贯穿着一种节制过度游乐的思想。周文王、周武王的游乐已是纯粹的游山玩水了，民间游乐也日渐普遍起来，帝王巡守和游乐已经有了“省方观民”和与民同乐的名义。春秋时期，人们对观光的解释是“视他人之所为外在已者”，已然看成了是对异国、异地不同天地和人文之美的赞赏。而汉代的《吕氏春秋》中，已经以很大的篇幅集中讨论游览的实践特征与规范。此后，士大夫的漫游传统在中国长期的封建社会中就没有停止过，今天流传的“读万卷书，行万里路”的说法，是过去千千万万个士大夫对成就一个有价值的人生的实践总结。就连古罗马的智者圣·奥古斯丁也说，世界是一本书，待在家里的人只读了它的一页。

我们看到，中国古代士大夫的旅游多属于“漫游”，大多绝无功利的目的，只求得回归自然，“放浪形骸”以“超脱俗务”。即便在今天看来，这样一种旅游动机，从某种意义上说，也最能体现旅游活动的底蕴，是中国古代文化生活中最具有个性色彩的现象。德国的海塞也认为，对于无拘无束四处漂泊的向往，其实是一种恋情、一种爱。我们在漂泊中从不刻意追求目的地，而只是享受到处漂泊的本身，永远在旅途中，每条道路都是回家的路。其实，“游”的原始意义正是这种天真、自由、自然状态的游走活动。但是人类进入近现代社会以来，这种体现最原始意义的旅游动机变得越来越少，而带有某种功利目的的旅游却随处可见。究其根本，乃是现代文明发展的结果，导致人类越来越远离自然，远离生命的本真状态，忙于追求更多的满足自己各种世俗欲望的东西，而把鲜活的自由的生命精神置诸脑后，人的生命在走向异化。

（2）彰显旅游的非功利精神

章海荣教授设问：“人类的内心是否存在着一个永恒漂泊的、居无定所的情结？定居生活是否出于无奈而为之？”我们认为应该是这样的。台湾的龚鹏程教授在其《旅游的精神文化史》一书中就涉及这一问题，他经过研究发现，中国古人并不是以定居为常态的。事实上，当一部分人已无须游走或迁居，居家生活已一切就绪之时，旅游或许就是深藏于他们无意识中迁徙、游走情结的必要补充。

所以，旅游从本质上说是一种无直接功利的活动，具有一般审美活动的非功利性。比如，面对一片蔚然生秀的山岭，勘探者和采掘者会认为是一个直接的功利对象；而对于旅游者来说，则仅仅是一个审美的对象。这种非功利性形成了游览中审美主体和客体的自由性和无限性特征。非功利的，也就是自由的和无限的。谢灵运在其《游名山志序》中说：“夫衣食，人生之所资；山水，性分之所适。”他把游赏山水的志趣与衣食的必需并提，认为山水是满足天赋的精神上的志趣和需求的。有这样一种动机在心中，谢灵运当然成为我国魏晋时期山水诗的一代宗师。

2. 旅游审美的文化分析

（1）旅游审美的解放：从高雅的静观者到世俗化的体验者

当代旅游审美标准逐渐泛化，旅游审美已远远超出了古代文人旅游“寄情山水”的传统范畴。这种泛化，在某种角度上可以说是旅游审美在历史上的某种进步。当今旅游审美视野的拓宽，与旅游者个体的审美价值视角、环境伦理立场、自然审美经验、情境欣赏途径等多种维度紧密相关。

旅游审美情趣发生转变，当今旅游审美情趣的转变主要包括两个方面：一是由“观光”向“游憩”转变、由“游览”向“体验”转变，这类转变大都是正面且积极的，体现了旅游活动内涵不断丰富与深化的趋势，也顺应了旅游业未来发展的主流；而另一方面的转变即是由“高雅”向“世俗”转变，突出表现为旅游者审美需求的自由化和生活化。由于旅游审美相对其他审美而言，其更具“自由性”和“生活性”，故有“旅游是审美的散步”或“旅游是人生的美学散步”之说。旅游是人的生命自由的体验和一种新的社会生活方式，因此，旅游美学既是环境的美学也是生活的美学。当今旅游审美情趣逐渐转变，并更加体现旅游活动的本质，这应该说是旅游审美文化嬗变中的演进或发展。

（2）旅游审美的异化：审美标准的模糊化与审美趣味的符号化

消费时代的到来，也是大众文化时代的到来。大众文化与消费文化、世俗精神合流，共同铸造了当下文化的新景观、新取向。这种当下文化的新景观、新取向表现在旅游审美活动中，使那些能够表现自然美、社会美、艺术美的旅游审美意象逐渐被大量凡俗的、平民化、讲求肉身闲适快乐的旅游形象所取代，这是一次由精英文化到大众文化的审美解放，但同时也是一次由崇高到世俗的审美异化。审美标准发生变化是审美泛化和异化的必然结果。传统美学观念企图建立永恒的审美准则，然而在思维科学尚不能精确解释思维程序时，一切对审美观念的标准制定只能是事倍功半。著名美学家王朝闻认为，“审美意识既具有客观的社会标准，又具有丰富的社会差异。这两个方面的复杂关系，是审美意识的一个重要问题”。但是当旅游消费文化与互联网、电子游戏、通俗歌曲、瘦身广告等其他大众消费文化一同风行于世的时候，“客观的社会标准”开始变得难以客观，“丰富的社会差异”却得到了尽情的展现，审美维度的多元化造就了审美标准的模糊和不确定。特别是千百年来文人骚客们在游山玩水中树立的审美标准，在大众美学大行其道的今天再也不可能一统天下了。

（3）审美主体的参与性高涨

作为当代审美文化主体的大众，不再是被动地接受美的熏陶与感染，而是主动地参与到审美创造活动中去，在参与中创造美和享受美。参与性的旅游审美活动已成为最受旅游者欢迎的项目。虽然相当一部分具有娱乐化的性质，属于“悦耳悦目”的感官欢愉的层次，却促使审美成为大众日常生活享受中不可缺少的一种需要。

（4）现代传媒以其巨大的力量影响着当代审美文化的趋向

电视，如同无边的博览会和没有尽期的剧场，适应着不同的需要，使“地球变小了，明星变近了，异国风情或本土往事清晰可见”，成为当代文化中最具影响力的文化形式。电视与广告不仅影响着人们的物质生活，也影响着人们的精神生活，在思维方式、审美观念和语言习惯上引导着人们。随着互联网的发展，自媒体、视频、社交媒体等迅速发展，这一趋向也给旅游带来重要影响，有着引导旅游者进行旅游审美选择的巨大作用。数字化形成的虚拟世界，给当代人以新的活动方式和活动空间，带来了崭新的文化形态，是对传统文化样式的超越，并在多方面改变着我们的生活。网络使当代人进入了一个有着无限时空的、可以参与其中进行选择与创造的“乌托邦”世界。这既是一个意象化的虚幻世界，又是一个与当代生活相关的、改变着我们现实日常生活的世界。传统文化形态和审美文化样式的影响将越来越明显。

（5）旅游审美文化具有多元化和商品化的特征

在市场规律的利益原则支配下，旅游审美文化一方面为适应不同阶层与类型的需要，没有固定的立场，以中性的面目出现；另一方面根据市场的需要将几乎所有的文化资源进行发掘和包装，使其成为文化消费商品纳入市场。这一趋向在旅游审美文化中表现得更为显明，为满足旅游市场的需要，几乎所有的文化资源和可以利用的自然资源都被发掘和包装，作为审美文化商品推向旅游市场。不管是审美的主体、内容与形式都呈现出多元化的状况，无论是高雅的或是通俗的，艺术的还是非艺术的几乎都以文化消费商品出现在市场上，并成为消费市场中一道活跃亮丽的景观。

（6）旅游审美的文化特征

旅游审美文化活动作为旅游的一个重要内容，是跨文化交流中的民间文化交流与对话的行为，具有以下作用与特征：

旅游审美活动作为人们旅游中的一项休闲性的文化享受，是在具有安全感、放松感、舒适感、信任感的异域环境下的跨文化审美体验。审美活动所具有的感情因素创造了良好的人际交流氛围，促进着不同文化间人们的了解。旅游审美中的参与性活动是面对面的人际交流，更有益于相互信息的反馈和情感的沟通。

旅游审美与其他审美行为一样具有非功利的特征。在旅游审美活动中人们的交流不同于在政治、经济活动中的交流，没有受到相互间功利目的的制约与支配，具有更大的交流自由性，易于消除因文化背景不同而产生的心理障碍、定型偏见以及识别矛盾，促进相互间的理解与沟通。

3. 消费行为的文化分析

所谓旅游消费行为，一般是指旅游者选择、购买、使用、享受旅游产品和旅游服务及旅游经历，以满足其需要的过程。它有广义和狭义之分。广义的旅游消费行为包括从需要的产生、消费计划的制订到实际消费以及其后产生的感受（满意程度）的全过程，其大部分环节都与文化有密切的关系。而狭义的旅游消费行为，它强调行为是一种外在的表现，仅指旅游者的购买行为以及对旅游产品的实际消费。

旅游消费文化主要研究旅游消费与文化之间的内在必然联系，以及旅游消费在文化系统中的运行发展规律。文化学的旅游消费理论体现在对影响旅游消费行为的各种文化因素的研究上，即个人、家庭、社会群体、社会阶层和文化五个方面。

在影响旅游消费行为的因素中，有许多是与个人特征相联系的，例如性别、年龄、性格、偏好、信仰等。对于旅游消费文化来说，所要研究的是不同的个人文化特征与其消费行为之间的关系及其规律性特征。

不同类型家庭的旅游消费特征是各不相同的。如核心家庭由于年纪较轻，往往具有年轻人的消费特征，注重时尚和风格；主干家庭则具有成年人和老年人的消费特征，旅游消费观念相对保守。以家庭生命周期而言，在家庭生命周期的不同阶段，旅游消费行为和方式也各不相同。单身阶段，旅游消费主要表现为个人消费；新婚阶段，家庭旅游消费增大；空巢阶段，则旅游消费需求明显减弱。

社会群体对旅游消费行为的影响主要表现在：调节消费行为，形成生活方式，预测消费倾向。旅游消费者一旦选择了参照群体，社会就会不断调节其旅游消费行为以保持与参照群体的一致性，而影响其一致性程度的因素则有市场规模、自信心、崇拜程度等。

社会阶层与旅游消费文化之间的关系，表现为同一社会阶层的旅游消费者的消费行为具有较大的相似性，不同社会阶层则具有较大的差异性。

任何个人或群体的旅游消费行为都发生在一定的文化背景下，并受文化的影响。文化对旅游消费行为的影响形成了旅游消费文化。旅游消费文化正是通过社会、阶层、参照群体等影响到家庭使个人从童年起就受到旅游消费文化的影响，这种影响对旅游消费者行为起着导向的作用、整合的作用和社会化的作用。

（1）旅游消费的文化属性

①从旅游消费与一般日常消费的比较看，旅游消费是一种符号消费

旅游消费不同于一般的日常消费。一般的日常消费主要是对物的消费，因而特别注重物的功能性；而旅游作为人们对另类生活方式的追求，对物的消费性质

发生了变化。旅游者不再从使用的角度来对日常生活的物进行判断和消费，而是从物品所蕴含的文化意义进行价值的认定，进而从这样的文化消费中获得身心的满足。可见，旅游中所消费物品的符号性超过了其本身的功能性。因此，旅游供给的物品，必须成为符号，必须表达出某种文化内涵与象征意义，才能被旅游消费者所接受。从这个意义上讲，旅游消费是一种符号消费，符号价值是旅游消费行为的文化核心。

②从旅游消费的心理动因上看，旅游消费主要是满足旅游者精神文化的需要

游客的旅游需求、动机往往外显为一定的旅游消费行为，旅游消费需求与动机是直接推动一个人进行旅游消费活动的内部动因或心理能源。根据美国著名心理学家马斯洛的“人的需要层次学说”，人的需要可概括为由低到高的 7 个层次，即生理需要、安全的需要、归属感与爱的需要、受尊重的需要、认知的需要、审美的需要和自我实现的需要。根据马斯洛的观点，生理和安全的需要是人的低层次需要，其他需要为高层次需要，只有低层次需要得到满足后，高层次需要才会得以产生。旅游需要正是人们在满足基本的生理和安全需要的基础上，向更高层次需要（特别是认知的需要、审美的需要、自我实现的需要）的一种追求，即主要表现为一种追求精神享受和发展需要的文化需要，而这种文化需要正是文化性旅游消费动机和行为产生的直接原因，并最终通过消费结果来满足旅游消费动机的需要。

③从旅游消费的主体内容上看，旅游消费主要是一种文化性消费

首先，从旅游消费的客体即旅游消费中的食、住、行、游、购、娱六大环节所指向的对象看，大多是一定文化的载体和反映，具有深厚的文化内涵。如“吃”的酒文化、茶文化、烹饪艺术等，“住”的酒店环境景观艺术和室内装潢艺术等，“行”的“路上文化”，“游”的旅游景观所承载和折射的文化，“购”的商品文化等。

其次，从旅游消费的主体旅游者看，他们大多是一国或地区、民族或种族特定文化的表征。在消费过程中，消费主体不断解读、破译蕴藏在消费客体中的文化“密码”。面对不同的消费客体，不同的消费主体会因自身不同的文化背景而产生不同的文化反映，即使同一消费主体也会产生由自己多层面文化背景所支持的不同的文化反映。

可见，旅游消费是旅游消费主体、客体等相互作用所表现出来的一种综合的文化性消费。

④从旅游消费的过程看，无不渗透着文化的传播、交流和发展

旅游活动作为一种文化性活动，其重要特征之一就是旅游者带着在自身文化氛围中形成的审美习惯、思维方式和旅游消费行为模式，进入另一个文化的空间

进行文化的接触和交流，并将自身的文化属性造就的消费模式带入旅游目的地。旅游者在和旅游地居民交流的过程中，即以自身的文化特性对他人产生潜移默化的影响，进而使旅游地的文化特质产生一定程度的改变，同时使自己对目的地的文化和社会有了更深入而客观的了解。这种所谓“异质文化”的部分因素可能会自觉不自觉地被旅游者接纳，并可能逐渐成为其自身文化特质的一部分。当然，不同类型的旅游者对目的地的文化影响是不同的。根据瓦莱纳·施密斯对旅游者的分类，越是大众化旅游，旅游者对目的地文化的不适应程度就越差，影响也就越大。

总之，旅游消费行为的基本出发点、整个过程和最终效应都是以获得精神享受为指向的。人们借助旅游来放松身心、释放压力、颐身养性、调整情绪。虽然旅游消费水平要受制于经济发展水平，但旅游者一般都不是把经济活动看成旅游消费的目的，而是追求一种梦想、一种经历和一种体验。而且随着社会的发展和人们生活水平的提高，越来越多的旅游消费者追求旅游产品所蕴含的时尚，从旅游的精神价值中寻求认同，以期达到对平凡生活的补偿，满足情感需求。同时，旅游消费行为本身也反映了当时人们的文化生活方式，他们对旅游产品和服务的消费与购买，总是夹杂着某种情感色彩。由此可见，从本质上说，旅游消费是一种满足人们精神文化需要的感性消费或体验性消费，它具有突出的文化属性。

（2）旅游消费行为对文化的影响

旅游消费行为与文化有着不可分割的关系。旅游消费行为不仅受旅游者原有文化的制约，而且反过来会影响文化的发展，尤其对目的地的文化产生深远且深刻的影响。

①对目的地居民思想和行为的影响

一般来说，当发达国家（地区）的旅游者在前往欠发达国家（地区）旅游的过程中，由于前者的经济发展水平和旅游消费能力普遍高于后者，因此来自发达国家（地区）的旅游者的消费观念、消费意识和消费方式往往会对目的地居民产生某种“示范效应”，尤其当高势能文化区的旅游者流入低势能文化区而引发的接待地社会文化变迁的现象值得重视。通常，当一个社会与另一个在经济和文化上都比较强大的社会接触时，这个较弱势的社会常要被迫接受强势社会的许多文化要素，这种由于两个社会的强弱关系而产生的广泛的文化假借过程，即“文化涵化”。这种“文化涵化”或“文化扩散”带给东道主最直接的影响就是，当地人逐渐远离自己的传统文化，转而模仿和学习旅游主体文化，从而改变目的地居民的思想意识、行为举止和价值观念。这种“示范效应”一方面有助于激发当地居民奋发向上的精神，促进他们改变传统观念，增强现代意识；另一方面，又对目的地居民产生诸多不良影响，如盲目攀比、从众消费，为追求更高的生活质量而迁居异地，传统家庭关系解体等。

②对目的地社会生活的影响

随着旅游者的大量涌入，旅游者的消费偏好和行为会改变当地的就业结构、基础设施条件和社会文化活动内容。如由于日本休闲旅游者是澳大利亚昆士兰黄金海岸的重要客源，因此，为了迎合日本旅游者的口味，在昆士兰地区出现了越来越多的日式基础设施、日式餐馆和符合日本游客居住习惯的宾馆。再以我国川滇交界的泸沽湖为例，旅游者的纷至沓来，对当地人特别是青年一代的生活方式造成了难以估量的影响。他们首先在穿着打扮上模仿旅游者，有的只是在表演时才会套上民族服装；在对待民族特色文化方面（如走婚制），很多人觉得无所谓，而且越来越多的摩梭青年疏离传统生活与民族文化，融入外部世界和现代商业文化。

③对目的地传统文化习俗的影响

近年来，为使游客能体验到当地文化，许多旅游区都推出了文化旅游产品，这些产品的推出，一方面，成为保护当地传统文化的有效方式之一；另一方面，不合时宜的"文化商品"又造成了真正传统文化的失真甚至丧失。如许多传统节日和风俗习惯经过人为的预先安排，以娱乐的形式被搬到舞台上进行商业化表演，俨然失去了原有的意义。此外，大众旅游者对文化纪念品的需求，一方面增强了当地居民的自豪感，使一些民间工艺和艺术得以延续和发展；另一方面也改变了旅游地工艺品的艺术风格和形式，使一些原本富有宗教和礼仪意义的工艺品变成了纯粹的商品。

（3）文化对旅游消费行为的影响

文化作为一个复合体，它是人类欲望和行为最基本的决定因素。文化通过影响个体的心理状态、生活方式、价值观念等各个方面，进而影响到消费者的消费行为。旅游消费行为与其他消费行为一样，一方面，作为个体行为，受心理等个人因素的影响；另一方面，个人旅游消费行为又是社会整体旅游消费行为的一个重要组成部分，受到社会文化因素的影响。

①文化因素制约旅游者的某些心理欲求，禁止和限制那些本民族和社会不允许或不赞同的旅游消费行为

每个人都生活在一定的文化环境中，从小受到周围文化环境的熏陶，并建立起与该文化相一致的价值观念和行为准则。因此，不同国家、不同地域和不同民族的旅游者都有本国、本地区、本民族及其他文化上的追求和禁忌，并由此引导、约束和限制自身旅游活动中的行为。如信奉伊斯兰教的穆斯林旅游者，在旅游目的地的选择上，往往把伊斯兰圣地麦加作为首选，在饮食上也严格遵守伊斯兰教的饮食习惯及相关规定。

②文化因素决定旅游主体的旅游消费观念和行为标准

不同地区的旅游者由于受各自文化因素的影响，旅游消费观念和行为方式有明显差别。例如，在日本旅游团队中，日本旅游者会按照本民族文化上的标准，如年龄、社会地位等排列次序，并以此来约束自己相应的旅游消费行为。而西方旅游者由于价值观念不同，则具有很强的自主意识，喜欢直率地表达自己的意愿和要求。即使相同文化背景下的旅游者，其消费行为也会呈现出一定的差异。

③文化因素通过社会风气、参照群体影响旅游消费行为的发展方向

文化因素对一定时代和地域的社会风气起着关键性的作用，而任何一个相关群体的旅游消费趋向和潮流都与当时的文化背景密切相关。譬如，生态旅游的兴起与可持续发展观念逐渐为人们所接受不无关系，乡村旅游最初在部分知识分子群体中兴起，他们作为参照群体对相关群体起到潜移默化的感染作用。

（4）中国旅游者消费的文化特征

①重人

虽然中国古代有“读万卷书，行万里路”的说法，文人、士大夫们还把山水之游作为修身养性的对象和工具，但是，安土重迁、不尚远行的文化特征也具有抵制旅游和反对旅游的倾向。人们缺乏冒险精神，求稳不变，甚至把旅游看作是不务正业。所谓“在家千日好，出门一时难”“金窝银窝不如自己的土窝”“父母在，不远游，游必有方”“孝子不登高，不临危”等就是这种心态的反映。

此外，重视家庭、提倡节俭的价值取向决定了中国人会多方位地考虑子女的抚养、教育、就业、婚姻以及自身的养老等问题，节制当前消费、储蓄资金。在消费内容上，中国人更热衷于饮食消费和购买生活用品、家电、住房等，以满足家庭生活的需要，享受天伦之乐，而不会优先考虑旅游消费。旅游消费被认为是奢侈的消费行为。

但是，随着我国社会生产力水平的提高和西方文化的传播，人们的社会生活发生了翻天覆地的变化。在现代人的价值观念中，旅游成为人们回归自然、提高生活质量的重要途径，抵制旅游的观念在逐渐瓦解。自进入 21 世纪以来，我国民众观光游玩和消费的热情达到了前所未有的高度。

② 出游目的地的选择

现代中国人的游娱观念、出游目的地的选择和游玩活动的形式等，不同程度地受到了传统文化和民俗习惯的影响。大多数中国旅游者都恪守“游必有方”的信条，每次出游都有一个较为固定的目标和日程。在旅游目标的选择上，中国旅游者往往不自觉地继承了中国传统的审美观念，延续着以儒家学说为中心的旅游观。人们偏好以观赏为主的园林游览和风景审美活动，喜欢优美和谐的自然景观、社会知名的历史文化古迹等。在活动项目的选择上，中国旅游者偏爱活动较

为舒缓、缺少刺激性和对抗性的项目，注重精神内涵和亲情交融，在安闲中享受旅游之乐。

③出游方式

中国旅游者受儒家文化的影响，在思想意识、思维模式上追求群体取向。这种群体意识表现在行动上是倾向于集体行动，强调互相依赖、相互合作，每个团体成员都为不会被排除在“圈外”而努力。相应的，在远程或出国旅游中，中国旅游者多选择组团的形式；在短程或假日旅游中，则往往选择全家出游或亲友同游的方式，较少单独出游。同时在决策时也是以集体为单位做出旅游决策。

④爱面子

“爱面子”是中国人受传统文化影响的一个特点。购买旅游纪念品会成为到过某个地方旅游的证据，成为某一次旅游经历的最好证明。因此，炫耀性消费在中国出境游游客的消费行为中占有很大的比重。这当中，既有中国传统文化的影响，也有西方文化东渐所产生的作用。中国游客境外购物大多瞄准了高档时装、名牌化妆品、品牌首饰、珠宝等商品。这些奢侈品的价格不受使用价值和价值的约束，而是由它们在一种文化中所代表的社会地位、权力等符号象征价值决定的。中国旅游者盲目购买奢侈品与“爱面子”的性格特点有关，同时与西方大众传媒的推动和示范作用也有密切的关系。

⑤与目的地居民的交往

中国人生来比较安稳，喜欢自娱自乐，不大喜欢与人交流。在旅游的过程中，中国旅游者不大喜欢与目的地居民过多地交流，他们与自己同行的旅游者交流较多。因此即使在出现有较大文化差异的时候，也不会发生冲突。

（5）中西方旅游消费的差异

由前所述，文化是旅游消费的决定因素，它从根本上制约着旅游者的活动和行为。中西方传统文化差异较大，由此在中西方人们的旅游消费行为中处处体现出来。

①旅游动机的强弱差异

总的来说，西方人的旅游动机要比中国人强。也许有人会说，这主要是由中西之间经济水平的差异造成的。当然，我们不能排除经济发展水平对旅游消费动机的影响，相反，我们认为这种影响是相当重要的。同时必须指出，这种差异的形成有着更为深远的文化原因。西方传统文化强调支配自然、强调着眼于未来、强调个人主义、强调自致的取向，塑造了西方民族较普遍和较明显的外倾型性格特点，而中国传统文化设计的人带有内向的性格倾向。据心理学家研究，外倾型人的民族较内倾型人的民族更乐于动，更乐于出游。孔子讲过：“父母在，不远游。游必有方。”中国民间有“好出门不如歪在家”“在家千日好，出门一时难”“看景不如听景”的俗语，这都或多或少地反映了中华民族的内倾型民族性格特征及其对中国人旅游动机的阻抑。

在内倾型传统文化的影响下，中国人的消费观（实质上就是消费文化）与西方人的消费观相比特点还是很明显的，主要表现在：

1）量入为出，重视积累，节制现时消费。中国人主张生活上要精打细算，细水长流，做到年年有余。在消费行为学研究中，人们根据家庭各目标的关系和内容的基本倾向，把家庭分为“以家庭为中心的家庭”“以事业为中心的家庭”和“以消费为中心的家庭”三类。中国的家庭以前一种居多，表现为刻意追求家庭生活的和睦、延续完善及天伦之乐，重视子女的教育和前途，为此必须或者说宁愿节制现时消费，勤俭持家。中国人过去十分推崇并争相学习的颜之推、范仲淹、朱熹、曾国藩等所谓圣贤的家训，无不告诫人们勤俭之美、奢侈之害。中国人储蓄倾向较高，异化储蓄动机也相当普遍，这对旅游动机的激发无疑是起阻碍作用的。

2）重物质产品消费，轻文化娱乐消费和劳务消费。崇尚节俭和重视积累的观念反映在消费结构偏好中，就必然表现为重视有形的特别是耐用物质产品消费（耐用品的购买实际上也是一种积累），轻视或者舍不得文化娱乐消费和其他劳务消费，因为这些消费大都是“非实用性的”、过程性的，无法积累下来。旅游消费在很大的成分上是文化娱乐消费，是劳务消费，因此不少中国人认为它是一种奢侈，只能偶尔为之。

3）重视饮食，把饮食消费当作最重要的消费活动。诚如一些文化学者所指出：中国传统文化的身体化倾向甚为明显，受此影响，中国人一直强调“民以食为天”“吃是真功，穿是威风”的传统消费观深入人心。在消费预算中，人们总是把吃放在首位考虑。在消费结构支出中，饮食消费支出占第一位。饮食需求的旺盛，导致了饮食文化的发达，吃喝不仅是满足生理需要的手段，也成为重要的享受甚至娱乐形式，这反过来又刺激饮食消费需求进一步扩张，而旅游动机在一定程度上受到阻抑。

4）受传统文化的影响，中国人的旅游动机在总体上相对疲弱。但又要看到，由于旅游活动本身独具魅力，旅游消费实际上是不能被替代的。在两难境地中，中国人往往采用一次性消费（而非习惯性消费）的方式解决矛盾。简单地说，没有尝试过旅游的滋味就想办法尝试一次，没有见识过什么就去见识一下。

②旅游方式选择上的差异

中国旅游者受儒家文化的影响，在思想意识、思维模式上追求群体取向。这种群体意识，表现在行动上就是倾向于集体行动，强调相互依赖、相互合作，每个团队成员都为不被排除在“圈外”而努力。而西方人受宗教文化的影响，则重视独立性、逻辑性、差异性，崇拜个人主义，“求变”“求动”，勇于创新和冲破传统观念，追求个性自由和自我实现的个体取向。因此，受不同文化传统的影响，中国人在长距离和出国旅游中，多选择团队形式，以便在旅游过程中相互帮助和照顾；在近程旅游和假日旅游中则往往全家同游或亲友偕行，较少个人单独出游。而西方人在旅游方式上则充分显示了西方文化“个人取向”的特点，故单独出游的情况比较普遍，也有选择组合旅游方式的，喜欢“基本结构（订房、机票）+ 自然选择”的模式。自助型的旅游方式已成为许多西方青年旅游者所推崇的时尚。

③目的地选择上的差异

首先，因为旅游动机上的差异，中西旅游者在目的地类型的选择上有不同倾向。西方人信奉天人对立的自然价值观，富有探求冒险精神，用心理学的术语说比较多地具有“他人中心人格”，因而可能选择非旅游地区或人迹罕至的旅游地，喜欢新奇的、不寻常的旅游场所，喜欢率先来到某个地区享受新鲜的经验和发现的喜悦，喜欢接触他们不熟悉的文化和人民。总之，凡是“个性”突出的目的地或景观，诸如波浪滔天的大海、挺拔峻峭的高山、水流湍急的大河、险象环生的热带丛林、民族文化色彩奇特浓郁的地区等，西方人一般颇感兴趣。另外还需指出：受自致取向和新教伦理价值观的影响，不少西方旅游者不喜欢朝着某一个具体的目的地慢悠悠地前进，更不喜欢那种没有既定目的地或既定活动的考察和旅行。与此相反，他们往往对有具体目标的旅行抱有较为浓厚的兴趣。例如，多重目的、多个目的地的旅游；迅速赶到某个目的地并在那里参加各种度假活动的旅游；尽量走遍各处并参观尽可能多的名胜古迹的走马观花式的旅游。而中国人信奉天人合一，喜欢小桥流水、流云飞鸥、波澜不惊的平和景观，多选择熟悉的甚至是人人皆知的、规划建设得相当成熟的目的地。因此，北京、上海、杭州、西安等旅游城市总是游人如织，泰山、长城、黄山等景区常常是人满为患，而张家界、神农架、九寨沟等景区景点尽管景色奇美，但对外开放后很长一段时间里游人罕至，近年来情况虽有所改观，但接待数量仍远不及那些老牌旅游城市或风景名胜区。此外，中国人有强烈的乡土、宗族观念，回归意识比较明显，尤其是海外华人，即便远隔万里，也常思叶落归根。因此，黄帝陵、妈祖庙一类景点对华侨、港澳台同胞具有强大的吸引力。

其次，由于中西传统文化在人与人关系问题上的观点不同，中西旅游者在选择目的地的决策方式上有所差别。受个人自由主义的影响，西方旅游者在选择目的地时较少受到他人的支配和影响。随着信息技术的发展，他们甚至连旅行商的建议也不愿听取，往往通过个人电脑查询有关旅游资料，选择自己感兴趣的旅游目的地。中国人具有较强的重视群体的传统观念，易受他人支配，从众现象普遍，相对而言个性不够而中庸有余。在选择旅游目的地时，容易听从他人的意见和受他人、社会流行的影响。前述国内旅游者多选择熟悉目的地的特点与此密切相关。

④旅游消费支出结构上的差异

旅游消费支出既受个人和家庭收入水平的影响，也受消费观念的影响。由于传统文化背景的不同，中国人的消费观与西方人相比，具有节制现时消费、重视物质产品消费和重视饮食的特点。中国人的基本消费观在旅游消费领域主要表现为以下几点。第一，因有节俭传统，在交通和住宿的选择上偏重经济型。第二，重有形物品的消费，轻劳务性消费。如不情愿光顾提供有偿服务的旅游中介机构，不情愿花钱聘用导游。但在购物上，由于受“面子文化”和中国传统文化中“穷家富路”思想的影响，旅游中的购物倾向相当明显且绝对数额较大，有时表现出夸富、攀比、追求奢靡等失控的消费行为。第三，重纯娱乐性消费，轻发展性消费。具体表现在，中国人花在旅游中的向导、求知、考察、探险、健身等方面（发展性消费）的开支较少，较少光顾博物馆、艺术馆一类场所，而偏重于纯娱乐、享受性的开支。这与西方旅游者注重劳务性消费（服务质量）形成了鲜明的对比。

⑤在旅游消费审美上的差异

旅游活动就是审美活动。同其他审美领域一样，旅游审美的取向和结果常常因为主体的不同而有较大的差异。究其原因，除了旅游者个体差异因素外，文化差异也是导致旅游者的旅游审美观产生差异的重要原因。旅游者不同的文化背景、价值体系使得他们对旅游审美对象的选择不一样，对于同一景观他们的审美反应也有差异。

中国人受“比德”思想影响关注山水景观所附载的人文美，而西方人则关注山水景观本身的自然美；中国人的艺术审美受“天人合一”思想影响集中于抒情的印象重现，西方人的艺术审美集中于风景的客观描写；中国人尚静，通过对静景的体悟达到陶冶性情、愉悦身心的审美目的。西方人尚动，注重体验和参与，在冒险和动态中得到美的满足和享受。

总之，中西方游客在山水审美、园林审美、古建筑审美、饮食审美、雕塑审美、绘画审美、音乐审美等方面存在很大差异。

⑥在旅游消费习俗上的差异

传统文化的积淀影响着人们的价值观、审美观，尽管时代发展变迁了，但各民族沿袭已久的文化中的习俗、道德、价值等仍然在影响着人们的行为。这实质是中西方各自独特的文化规约和风俗习惯在旅游各个环节上的体现。诸如较传统的中国人喜欢选择带 6、8、9 这些数字的日子出游，也喜欢住带这些数字的楼层和房间，但不喜欢带 4 的数字。西方人则忌讳“13”，在出游时会有意回避带这个数字的日子，进住饭店时回避这个数字的楼层和房间。在宴席上，中国人讲究劝酒甚至灌酒，而这在西方人看来是无礼之举。在斋戒日和星期五，英国人正餐一律吃炸鱼，不吃肉，以纪念耶稣受难，中国人则无此习俗。这样的差异可谓不胜枚举。

二、旅游文化震惊和文化冲突

旅游是跨文化的过程，带有一定文化身份的旅游者在旅游过程中会发现文化之间的差异，可能会产生文化的蜜月期，认为当地文化很好；也可能会形成文化震惊，产生冲突或进行调试，也就是文化涵化的过程。通过对异质文化进行理解和适应，适应是文化调节机制，将新文化、新事物纳入自已熟悉的事物和结构，企图相互有所结合。

1. 文化震惊的心理

（1）旅游文化震惊的产生

文化震惊是指某人进入一种新文化环境时所经历的情感落差或创伤性经历。很多跨文化交流的著作中也称为“文化冲击”“文化休克”和“文化震荡”等[89-95]。

旅游者外出到异地文化区域的旅行游览，是对另类文化的体验。旅游者异域文化的体验最明显的是文化震惊，就是说旅游者对他乡文化的不理解而大为震惊。文化震惊是1960年首先由文化人类学家奥伯格提出的，他认为文化震惊是“由于失去了自己所熟悉的社会交往信号和符号，对于对方的社会符号不熟悉，而在心理上产生的深度焦虑症”[96，97]。日本学者星野命认为“文化震惊一般来说指的是一个人在接触与自己的文化所具有的生活方式、行为规范、人际关系、价值观或多或少不相同的文化时，最初所产生的情感上的冲击和认知上的不一致”[98]。托夫勒说“文化震惊是某人发现自己所处的环境中，‘是’的意思变成了‘否’，‘固定的公价’变为可以讨价还价，微笑可以表示气愤”。人们发现自己处于陌生的环境，无法对信息做出相应的反应，不能问路，也不知道如何回答他人的问题，气候与自己家乡的气候完全不同，食物几乎不认识，等等，这些给人们带来的震惊犹如经历一种动乱，一场内在文化积累或文化构成上的动乱。

文化震惊产生的直接原因是旅游者的文化身份（指旅游者的所附带的客源地的文化）与目的地的文化不一致造成的，但是这只是外在的因素。从旅游者的内在心理运行来看，文化震惊表现为旅游者认知机制的变动，是由于旅游者的认知心理平衡被破坏导致的。

（2）文化震惊影响因素

旅游者以客源地的文化身份旅游，其动机就是体验旅游目的地的差异化的文化。客源地的文化与目的地的文化距离落差越大，越能够提起旅游者的好奇心，对旅游者产生的吸引力也越大，因此产生的文化震惊也越大。旅游者的不平衡越严重，心理上的失调会越严重，也就是震惊程度也越大。

如果旅游目的地的文化对旅游者是非常重要的，或者二者密切程度很高，或旅游者对目的地的文化关注度很高，对二者的文化差异非常感兴趣，那么对旅游者的心理震惊程度也会越大；反之，就越小[99]。

用一个比较形象的公式表示就是：

旅游者的心理震惊 = 文化差异性（客源地的旅游文化与目的地之间的文化差异）× 目的地文化对旅游者相关的程度（重要性、密切性、关注度等）

旅游者在旅游异域文化中出现的心理不平衡或失调正是旅游目的地经营者所追求的，这种不平衡越明显，旅游者感受的心理压力越大，他受到的刺激越大，震惊程度越高，留下的印象越深刻，目的地的旅游文化特色也就越鲜明，对旅游者的吸引力也会越大。当然，目的地的文化特色越鲜明，对旅游者的针对性也就越强，对旅游者细分度会越高，会排斥一些对这种文化不感兴趣的旅游者。

（3）旅游文化震惊的阶段

学者们对旅游者进入异质文化中产生的文化震惊，主要集中在两个阶段：①经历异文化过程中的文化震惊；②经历异文化回到自己文化群体之后的文化震惊。旅游者到外地异域文化旅游之后又回到本文化中时，还会经历一次文化震惊，其强度有时不亚于进入新的异质文化。当旅游者在外地旅游完后，回到家乡吃惊地发现家乡的文化与自己所想的不一样，这种感觉被称为反向文化震惊。这种经历一般要持续一段时间，旅游者才能再次适应家乡的文化环境。正如一位和平组织的志愿援外人员回到美国后，这样说道："当我回到俄亥俄家乡后，我回到了自己的工作岗位上。晚上像从前一样与老朋友们在房前花园里聊天。但两个星期以后，我就不去花园那里了，他们并不关心我讲的秘鲁的印度人的问题，我也不关心他们所讲的克利夫兰印度人问题。"旅游者在旅游过程中文化震惊的强度变化如图 3-1 所示。

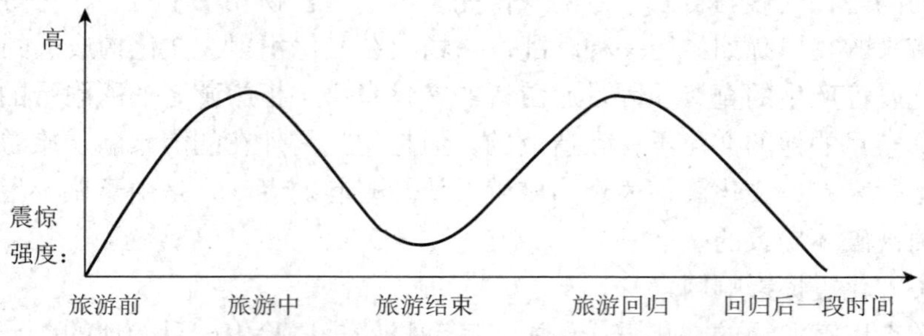

图 3-1　旅游者在旅游过程中文化震惊的强度变化

文化震惊和反向文化震惊都是旅游者心理平衡被破坏和认知失调的结果，寻求心理平衡和协调是每一个人心理的自然趋向，旅游者在这种心理压力下会寻求调适的方法。

（4）旅游者文化震惊的作用

文化震惊对旅游者可以产生两种作用，即正向作用和负向作用。

正向作用是适度的文化震惊可以给旅游者带来心理上的期待，刺激他们的好奇心理，让他们对旅游过程产生兴趣。文化震惊中产生的正向作用，会激起旅游者的兴趣，进一步去探索旅游文化产生的原因，寻找到解释理由之后，能够对旅游中所发现的文化差异进行理解，寻求两种文化的共同点，从而增加自己的知识积累和阅历。

负向作用是文化震惊也可能带来跨文化交流的障碍，旅游者会产生一些心理上的障碍，瑞辛格与特纳指出：人们已经指出了文化休克的大量症状，如紧张、源于脱离自己所熟悉的环境而产生的失落感、由于在新环境中不能应对自如而产生的无能为力的感觉、尴尬、屈辱、沮丧、被新环境中的成员所拒绝的感觉，对其本身的价值观与身份的迷茫、缺乏竞争力、挫折感、对东道主的消极情感、拒绝学习新的语言、烦躁增加、疲惫、挑剔、主动性降低，甚至对清洁状况的过度关注与担忧。詹特识别出了文化休克的两类症状：生理症状包括对健康与安全的紧张、惧怕与新国家中的任何人有身体接触、渴望感、酗酒与吸毒、过度关注清洁状况、工作质量下降；心理症状则包括失眠、倦怠、孤立、孤独、方向感错乱、挫折感、对新国家持批评态度、神经紧张、自我怀疑、易怒沮丧、气恼，以及情感与智力上的衰退，严重的甚至是旅游者到一个社会制度、文化背景完全不同的国家或民族去旅游，个人长期建立起来的信念和价值观根本不能适应新的环境，以至于发生了混乱，不知道该如何处理遇到的问题。一些人甚至丧失自己原本应有的原则，而随波逐流。如一些政府官员到我国澳门旅游的时候，看到当地的赌博很兴盛，自己也想参与赌一把，最后把赌博还当成了一门爱好，不惜贪污受贿参加赌博而走上犯罪的道路。

旅游文化震惊的负向作用破坏了旅游者旅游行为的本来目的，所以只有积极消除负向作用或者把负向作用转化为正向作用，才能够让旅游者的旅游行为成为一个增长见识和阅历的非常有意义的过程。

（5）如何消除旅游负向震惊

其一，旅游者要不断调适自己，以适应目的地文化，否则文化交流无法进行下去，导致旅游文化传播过程停止。旅游者要端正自己的心态，注意克服心理障碍，把旅游当作一种体验和交流的他乡文化的过程，不带有文化成见，充分理解他乡文化的存在价值，尊重他乡文化。旅游中既不因为异域国家或民族经济、文化先进而产生自卑情绪，也不因为异域国家或民族经济、文化的落后而产生自傲。同时在旅游中充分学习文化交流技巧，提高自己跨文化交流的能力，保持自己文化心理适度的平衡，有效地适应异域文化，促使旅游文化交往中的震惊转变为正向作用。

其二，作为旅游中介的旅游业，特别是导游要善于引导和协助旅游者对文化震惊负向作用的调适。旅游者到达目的地后，首先接待的是导游。导游是连接旅游者和目的地的桥梁，也是旅游者对目的地文化解码的工具，在旅游者理解目的地文化中起到了非常重要的作用。因此，旅游者对目的地产生文化震惊的负向作用时，导游要积极地寻找旅游者携带的文化和目的地的文化的共同点，消除二者差异过大的问题，避免导致旅游文化在传播中产生功能性障碍。同时，导游可以给旅游者传授一些文化交流技巧，使旅游者和目的地文化能够顺利沟通，而消除旅游文化传播中的隔阂，最终把文化震惊的负向作用转变为正向作用。

其三，目的地在接待旅游者时要做好本地旅游文化的解说工作，让旅游者充分了解目的地的文化，从而接受目的地的文化，二者能够在互相尊重的基础上相互交流沟通。同时，旅游目的地在展示和推介自己的旅游文化时最好能根据旅游者的文化身份背景来进行，尽量找到二者文化的共同点，再突出推介自己的旅游文化特色，这样既能让旅游者能在目的地找到自己文化的影子，在旅游中文化心理落差不会太大，从而较容易地接受目的地旅游文化，又能产生适度的文化震惊作用，对避免旅游者文化震惊的负向作用有重要意义。如马尔代夫有两种岛屿，一种岛屿为居民岛，一种岛屿为度假岛，在度假岛上根据客源地旅游者的身份来进行旅游活动和设施的安排，居民岛则保持了其原有的文化风格，尽量通过旅游目的地的旅游产业来消除旅游负向经济。

2. 旅游影响和文化冲突

（1）真实性冲突：感知差异

与地区层面的文化冲突相比，目的地形象感知的文化差异要更为具体。在基于目的地的旅游场域中，当地旅游资源是最为重要的资本。对于此资本争夺是旅游场域最核心关系，游客与东道主（开发商、投资商、地方政府、当地居民等）都希望通过对于此种资本争夺实现各自利益。旅游资源作为彰显了社会权利管理的资本，包含着自然与人文资源两个层面的内容，旅游资源资本形态呈现出自然资本、文化资本双重属性。旅游自然资本形态涵盖山川地貌、气候植被、群落环境等内容，这构成游客旅游行为最直接的体验形式。旅游文化资本具有客观化、机构化形态特征，包括遗址古迹、图画器物、制度风俗、传说宗教等诸多旅游相关的内容。外来游客通过反复的体验而非占有上述两种资本，进而实现了自我消费的基本目的，然而，现有的市场结构下，相应文化消费机制尚存在信息不对称与成本约束的问题，对于旅游而言还有很大的提升空间。

（2）环境冲突：文化体验矛盾

旅游资本是东道主开发商、投资商、地方政府、当地居民相互竞争的空间。第一，地方政府与当地居民的参与奠定了旅游良性发展的基础。随着游客的不断涌入，旅游文化场域中的资本被外来游客消费或者购买，当地居民实现了就业，增加了收入，实现了旅游资本与当地经济资本、人力资本的有机融合。第二，旅游场域中惯习的竞争也在一定程度上造成了外来游客文化落差。游客本身就是为了打破既有生活方式、寻找差异化体验而进行旅游活动的。毋宁说，旅游的客观本质就在于空间的转换和对于他者生活的体验。面对全新的社会空间，外来游客体会到的不仅仅是地理空间位移，也包括生活方式的变革。惯习的持久性使得外来游客面对异域景象时难免被既有的、固定的思维方式和行为模式所左右，暂时性地无法融入并应付东道主目的地的惯习，然而，面对具有地域特色的文化，他们又往往沉迷其中。二者的相互砥砺在外来游客身上产生了一种类似于"反结构"的体验形态。第三，对于东道主而言，旅游业发展让他们不自觉地被裹挟进旅游场域，随之而来的同样是矛盾冲突与艰难调适。从积极的角度来说，当地居民置身旅游场域，面临的是对于种种文化资本的再创造，需要他们进行新的思考，适应外来游客带来的国际化、市场化的新主张。为了获得更多的收益，东道主会绞尽脑汁进行自然与文化资本的再开发，广泛传播目的地形象，以便吸引更多地外来游客到来，这在另一个侧面也提升了当地的自然文化资本的价值，东道主在整个旅游场域中的位置也发生了跃升。从消极的角度来说，东道主地区的旅游业发展大多是政府主导的，而当地居民自身古老的思维方式往往会受到来自各方的新鲜观念的冲击，进而陷入传统与现代交往的文化冲突。与此同时，即便是在东道主构成的另一个场域中，还存在着占有较多经济资本同时占据优先权地位的人。他们在与弱势文化的交往中难免会产生优越感，这也在一定程度上挫伤了落后居民的自尊心。为了弥合这一差别，倘若东道主采取迎合的态度，放弃自身文化独特性，则势必会逐渐动摇旅游文化场域的根基。

（3）观念冲突：认知冲突

在我们看来，地区形象旅游感知的冲突是最为本质的外在表征风险。对于外来人而言，地区形象代表了其对于地区各方面的基本评价。对于地区形象的认知融合了多维度、动态特征，从事实把握与情感认同两个层面实现了文化基因的分析。地区形象旅游感知展现了外来人在旅游信息转换为内在思维的过程，强调了文化因素对外来旅游者动机、决策、偏好与满意度的影响。显然，地区形象营销涉及地区政治、经济文化等环境因素的感知，也包括设计旅游吸引物、设施等与旅游者需求相关的产品形象。囿于跨文化视域的存在，不同文化群体对于地区形象感知存在显著差异。外来人对于地区形象传播与建构大多是通过传播学、市场营销等相关内容产生，其认知冲突的焦点集中于宏观地区形象的文化认知与微观地区形象的文化认同。一方面，涉及地区体制、地区能力、国民特征、环境状况、地区关系等几个大项，包括“政治稳定”“经济发达”“现代化水平高”“居民非常礼貌”“强有力的环境控制措施”等诸多小项的文化因子分析。另一方面，也涵盖了旅游环境、吸引物、服务设施、价格与价值等公共因素层面的时空约束与认知偏差。

（4）改善方法

①完善地区形象表达方式，增加目的地文化内生动力

第一，要充分认识旅游场域基本法则，完善场域内生动力。厘清旅游场域变革动力来自场域中行动者，尤其是东道主。客观环境是客观存在，也还包含了个体的主观理念。而主观的惯习尽管是主观的，又无时无刻不充斥着客体场域的融合。也即，旅游场域与日常惯习纠合在一起，主观与客观有机融合在一起。由是观之，东道主要充分发挥旅游场的生成性，为旅游文化生产者提供完备的场域空间。文化从业者通过文化资本的多寡与权力落差而建立符号权力关系，完善文化场域不同价值路向，实现东道主文化生产符号化权力合法化。具体来说，就是要发挥东道主的积极性，强化相邻辖区共同打造旅游聚集经济，争取做到旅游景区路线方便化、服务连贯化、文化差异化。

第二，要充分解读外来游客的表达方式，理解其身体语言，进而领会其基本的意图和主张。东道主要针对外来游客的基本需求进行相应的调整，以开发出适销对路的产品与服务。在这个过程中，东道主要强化对于自身文化的梳理与再思考，对于传统的文化进行去粗取精的筛选。经过多次“符号性解读—外来游客预期反应—调整方案”的过程，东道主实现与外来游客的和谐状态。要提高旅游的服务质量，最大限度地降低外来游客的不适感，可以在外来游客集中地区增加酒店中英文照片与英文搜索名称，加大外语服务站与相关服务人员培训力度，提高个性化服务标准。

第三，要努力改变传统的惯习，推动当地文化资本的回归与创新，实现地区形象表达方式的变革。任何面向异质文化的旅游活动都是为了向外来游客提供新的话语体系与意识形态，进而实现地区形象的传播。旅游场域下地区形象体系建构要充分重视语言差异，尊重文化习俗，妥善处理意识形态，开拓新的共同话语空间。要充分借鉴旅游文化打造与传播的成功经验，切实寻找旅游场域体系构建与对外文化政策契合点，明确市场定位，探索经营模式，整合既有资源，强化旅游场域自身知名度和品牌意识，确保不同层次、不同领域、不同定位的旅游精品不断涌现，实现旅游目的地与地区形象的有效提升。

②强化旅游体验惯习养成，推动文化资本再创造

一方面，面对东道主与目的地形象之间的文化冲突，外来游客既不一味展示自身文化优越性，又要真诚地允许存在文化落差的弱势文化进行学习与模仿。对于东道主文化展示出来的调适，外来游客要充分展示其兴趣，怀着赤诚之心与之交流沟通。外来游客应该充分放低姿态，适度地进行新的惯习培养。既要按照既有的日常惯习进行旅游体验，也要怀着敬畏心态去凝视目的地的文化独特性，真正走进当地人的精神世界，体会其感情与观念，了解其基本信仰与理念。鼓励外来游客对于目的地文化进行筛选与评估，促进外来游客积极参与东道主文化的建构与重新梳理，以便消除彼此间的隔阂，实现文化的保护与发展，完成文化资本的再创造。

另一方面，旅游目的地与东道主要注重外来游客消费体验多元化需求。旅游产业发展给社会经济发展与受众消费理念上带来最大改观就是追求体验与感官享受趋势越来越明显。游客旅游的过程就是对文化体验不断深化过程，进而逐渐走向从想象到现实化、体验化。旅游景区要加大对外营销强度，基于旅游产业样态，完善与游客的交流、互动，开拓受众多样化、立体式体验，提高景区在游客中的知名度与向往度，让外来消费者能够根据自身个性化需求做出相应的变革与调适。

③加速新媒介与旅游场域融合，拓展目的地形象传播路径

一方面，旅游目的地要充分利用网络与新媒体（微信、微博、移动客户端）强化文化传播范式创新。充分利用新媒体的技术优势，实现与旧媒体的融合，综合运用各种媒体手段分众传媒受众，建立有效的旅游目的地与地区形象建构与服务提升。要强化新媒体网络文本与旅游产业融合力量，借助网络社区、虚拟平台，实现多角度展现，营造喜闻乐见的在场体验，确保地区形象塑造与文化资本良性互动。要借力微信、微博等新媒体以及Web 2.0、移动手机、平板电脑等移动终端新平台，融合旅游目的地相关群体关注度较高的全新领域，实现融合发展新动向。要强化新趋势网络素养的培训，提升旅游目的地东道主群体适应新媒体、接受新媒体、认识新媒体的水平，形成科学、合理的新媒体下信息整合管理的能力，提高网络平台掌控力构建旅游目的地形象“多次生成、多平台发力、线上线下融合”的复合传播模式。

另一方面，要充分调研外来游客的生活习惯、审美要求，强化旅游内容的文化间性，完善“求同存异”的手段，坚持“面向市场、立足本土”的原则，充分照顾游客审美取向，按照外来游客的基本习惯进行相应的调整。要做好既有旅游文化项目收集与研究工作，加大品牌开发力度。既要从政府层面出发强化旅游目的地形象的顶层设计，完善相关旅游产品的品牌布局；也要使旅游目的地打造与对外文化产业发展、文化政策制定结合起来，立足对外政策基本路向，做出相应

的改变，不断提升旅游目的地形象品牌的影响力、号召力。

三、文化涵化

有一种被称之为文化漂移的现象存在于外来游客和主人关系之间。它在外来游客行为上的表现常常体现为对接待地某种文化要素的偏爱，例如，常常可以见到一些西方游客在接待地的商贩摊位上购买简单的衣帽穿戴在身上，而离开这个接待地后也就不再穿戴这种服饰，或是保存起来作为纪念品。

文化漂移现象在当地是非常明显的，尤其体现在面向异质文化游客的服务企业及企业员工的形象和行为方面。例如，接待欧美游客的饭店大都使用欧式建筑和装修风格，员工也是欧式服装，并用英语作为沟通手段，但是这些员工在其业余时间中并不住在欧式建筑中，在日常生活中也不穿欧式制服，并仍旧用自己的母语作为日常生活沟通的手段。当一种文化进入另一种不同的文化环境时，在相互作用和沟通的过程中会对主人社会产生两种影响：一种是意识行为的改变；另一种是表现行为的改变。如果主人社会的文化改变只是体现在表现行为上而没有体现在意识行为上，那么这是一种文化漂移现象；如果表现行为和意识行为两者都有改变，则是一种文化涵化现象。

涵化是指不同文化的群体经过不间断的接触，一方或者两方的原有文化发生改变。文化的涵化一般有两种情况：一是接受，比如许多东南亚的地区接受了欧美的旅游文化，在晚上会有泡吧等夜生活；二是适应，指不一定接受异质文化，但是理解了异质文化的存在。

1. 文化涵化的因素

（1）跨文化人际交流的能力

在异质文化中，那些人际交流能力强的人适应得快、转变得快。这种能力主要表现在四个方面。首先，进行交流所必需的能力和知识，如语言能力、非语言的认知能力，有关方面风俗习惯的知识。其次，具备以多种思维方式和价值观念思考信息的能力，这样的人思想开阔，适应性强。再次，对目的地文化感情上的合拍。即是说，感情开朗，愿意尊重和体验所在地的文化。那些愿意尝试异质文化的人比那些不愿意尊重目的地人的审美观和情感的人更容易适应异质文化，更容易向异质文化转变。例如，来中国旅游的外国人可以通过游览江南园林，观看中国传统的戏剧艺术，观摩并练习中国的书法和武术等来培养自己对中国文化的兴趣，提高对中国的艺术的鉴赏能力。最后，行为能力，即按新的行为模式和思想情感开展活动的能力，那些敢于实践、不怕出错的人较容易适应异质文化。

（2）介入目的地交流网络的密切程度

这包括两方面：一是旅游者与本地人联系的密切程度，本地人是异质文化信息的直接来源，可以对旅游者不符合当地人习惯的行为举止加以修正，告诉旅游者应该做什么和怎么做。很多旅游者所必需的情感、行为举止的变化，都来自这种直接的人际交流。二是旅游者参加所在社会的公众交流与介入大众传播的程度，即光顾饭馆、商店、娱乐场所、学校、教堂、博物馆、艺术馆、图书馆、电影院、听收音机、看电视等方面的频繁程度。导游恰是旅游者和目的地东道主之间文化交流的中介，那种善于和惯于旅行的散客要比那些跟着团队在导游的带领下走马观花更容易直接接触到异质文化。

（3）与家乡文化的隔绝程度

这种交流分两种情况：一是旅游者与自己同胞的人际联系。比如，一个家庭出游，妇女、儿童总是很少直接与当地东道主接触。这种情况给这些旅游者以安全感，但却妨碍了他们的文化交往及适应和涵化的进程。虽然是同一次旅游，但跨文化交往与文化涵化的情况却不同。二是介入家乡人的生活区域和大众文化传播媒介。旅游者虽然到了异质文化的区域，但仅仅参观、寻访自己家乡人生活的区域，接触家乡的大众传播媒介。中国人到了外国，但只在唐人街转悠，听到的是中国话、华语电台的广播；看到的是中国人和中文的报纸杂志、中文的电视节目和录像带，这就会使涵化的进程滞缓。所以，同是一次美国游或欧洲游，线路与时间大致相同，文化交往和文化涵化的情况或许大不相同。

（4）目的地东道主社会的态度

这是指有些国家和地区的人们愿意接收和容纳异质文化的旅游者，有一些国家和地区的社会却不予容纳，持排斥、隔离或保持距离的态度，这就会妨碍跨文化交流和文化的涵化。这种情况是很常见的，一个开放的、旅游业发达的国度本该对外来旅游者一视同仁，但因历史的、现实的原因造成对某个国家、某个民族的游客另眼看待的情况不少。中国人到非洲，到欧美和到印度、印度尼西亚去旅游，会感到东道主不完全相同的态度；反之中国人对不同国家的外来旅游者事实上也会抱有不同的看法和亲疏关系。

（5）跨文化距离

跨文化距离既是文化扩散中的人为因素，也是影响文化涵化快慢的一个重要因素。文化和文化（不同的民族或国家）之间亲疏感或陌生感是不同的，德国人对荷兰人、丹麦人和瑞士人比较熟悉，而对印度人、缅甸人或日本人则感陌生。同样地，在美国的一个来自英国或欧洲的旅游者要比一个来自亚洲国家的旅游者更容易涵化于美国文化。“切近”和“催远”表达了一种在跨文化交往中起重要作用的距离感：民族和文化之间的距离。在确定这些不同的距离感和因素存在的情况下，两种文化的共同点越多，文化距离越小，交往和涵化更容易些；共同点越少，文化距离越大，交往和涵化就更困难些。对跨文化的交流来说：文化距离越小，越容易确切地理解对方；而这种距离越大，就越容易茫然不知所措，产生误解。

2. 文化涵化的一般优势法则

文化涵化首先是一种互动的现象，或者说从微观层次看异质文化间的涵化是相互作用，相互影响的结果。文化涵化导致的扩散是伴随着异质文化间不断碰撞、交流而创新进化的现象。文化的涵化表现为文化差异的不断减少，文化类型广泛的趋同现象和同质化的倾向。相互作用、相互影响是趋同或同质化的真谛。通过旅游，昆明、贵阳、重庆、成都等西南很普遍的蜡染纺织品，中外旅游者都十分喜欢，被旅游者接受。这种纺织品乃至蜡染的仿制品便逐步走到上海、北京、香港等大城市的街头。蜡染制成品也首先远销日本、菲律宾、印度尼西亚等亚洲国家，接着出口意大利、丹麦、法国、加拿大等欧美国家。再后来，不仅是蜡染、扎染面料、蜡染服装等制品，还有改进了的蜡染的机械化制作工艺和纺织、印染技术也走出大山。当代蜡染之所以能走出大山发扬光大，是传统蜡染和现代文明相互作用和相互影响的结果。从面料看，传统蜡染是手工纺织的粗布，改进后的蜡染则有涤棉、乔其纱、麻纺织品、丝绸等几乎所有现代面料；从工艺看，传统蜡染全部为手工，当代蜡染则创造了热蜡工艺、喷印工艺、滚筒工艺、冷蜡绢网印花、木蜡、泥浆代蜡等新工艺，最后则研制成功机械化蜡染纺织印染机；从染料看，现在都以合成靛蓝代替了传统的植物靛蓝；如从成品的种类来看，那传统蜡染更是无法比拟的。文化的相互影响和相互作用的结果必然是趋同或同质化。

人类学家对文化涵化问题研究了数十年，他们认为从宏观上看，当一个强态势文化和一个弱态势文化接触时，通常是弱态势文化要更多地受到强态势文化的影响。这就是说，从微观层面看文化涵化的相互影响，再从宏观上看则是一方更多地影响另一方。当两种文化相互接触时，不论时间长短都会产生借鉴的过程，但是这种借鉴并不是对称的，而是极大地受到接触者或团体的社会与经济背景及人口差异性质的影响。通常情况下，一般的强势文化更深刻地影响改变着弱势文化。

这个研究提出了旅游跨文化涵化中的两种基本性假设，它意味着：一是引导多种文化的均质化过程中，目的地文化会被强态势的游客文化所同化；二是旅游目的地社会传统习惯和价值观的一般强势文化会影响游客，远比外来游客对目的地的影响程度重。换句话说，是旅游地文化影响游客还是游客影响旅游地文化，要看谁的文化是一般性强势文化。

要理解文化涵化的一般优势法则须先说明两点：一是世界文化的总发展趋势，也就是文化的革命性质及其所发生的世界性影响。早期人类从石器文化开始，采集、狩猎发展到农耕文明的出现。农业文明自身发展经历了几个阶段，而后出现工业文明和现代城市文化，以至伴随工业文明发展和兴盛的现代西方文化。现代西方工业文明作为一种文化趋势，发展到20世纪60年代后，后工业即后现代社会思潮萌芽并逐步成为世界性文化思潮。每一后起的高级型，都比前一阶段的文化类型取得更为旷远和更为迅速的扩展。乃至发展到今天，我们看到所谓高度发达的工业文明不仅以其优势覆盖地球的大部分地区，还在试图向外层空间进行扩展，更为进步的文化类型所具有的潜在的扩张势力，极大地影响着整个进化的过程。

二是地球表面各种自然环境造就各种生存的区域，在某一区域环境中发展起来的特殊优势文化。这种文化或文化类型将通过加强其适应性确立自己在一个特殊环境里的地位，它是作为能最有效地利用那一环境的类型而生成的。世界各地特别是农耕文明区域存在无数特殊优势的文化类型。从一般优势看，一种文化的发展则必须具有对更大范围里各类环境的更强的适应能力，并对这些环境中的资源具有更高的利用水平。一种特殊优势的文化类型走出赖以生长的特殊环境，它便失去了优势；但在其生长起来的那个环境中，它则是经过了时代考验和文化涵化而确立起来的优势文化。

由于一般优势的文化类型能像热力运动那样，在跨文化交往不断增加的同时使自身利益变得更为多面化、更有生命力，因而它们能够战胜较其落后的类型。几千年来，狩猎和采集部落的最终解体，就是一个极好的例证。那些曾经主宰部落生活的文化模式，随着那些更灵活手段利用能源并进行更为有效生产的文化类型的到来，而逐渐退让出原有的地位。那些高级文化类型的扩张，使得狩猎和采集文化类型被一步一步地驱赶到更为边远的地区。今天，处于濒临灭绝的边缘的、只有在沙漠和北极荒原等最为原始和不适农耕的地区，才能找到它们的踪迹。在中国的大兴安岭深处，还生活着以狩猎和采集为生，以驯养、驾驭、役使驯鹿为其特征的少数民族支系。近年来，随着森林面积的急剧减少，现代文明的点点滴滴不断深入深山中，驯鹿的年轻人往往在接待外来旅游者时受到诱惑而走出深山老林。驯鹿文化看来也是难以维系了。

美国学者托马斯·哈定在《文化与进化》中这样来定义文化的优势法则，他说："我们的文化优势理论指出，有一个更为普遍的原则，可以作为犹如边缘环境中残存至今的狩猎和采集部落那样的特殊优势状态以及一般进步文化模式的广阔优势范围的共同基础。"这个原则即所谓文化优势的法则。它可以这样来规定：那些在既定环境中能够更有效地开发能源资源的文化系统，并对落后系统赖以生存的环境进行扩张。或者也可以这样说，法则揭示的是，一个文化系统只能在这样的环境中被确立：在这个环境中人的劳动同自然的能量转换比例高于其他转换系统的有效率。对于一般优势文化与一定环境中的特殊优势文化间关系，哈定说道："通常被其使用的环境如果属于特殊进化，那么，属于这种环境的优势就是特殊优势。法则同样依据下述事实：较高级的文化总是具有较之低级形态更大的优势范围。这也就是说，这个事实对于理解一般优势具有同样的确切性。高级形态的特征是它能比低级形态更有效地开发更多种类的资源。因为在大部分环境中，他们比低级形态有效，所以他们也具有更大的范围。这并不排除以下可能，一种特别适应环境的、高度专化了的文化，将不能够维持其在自身环境中的特种优势，并至少在一段时期里抵抗那些更为进步和更大优势文化的侵犯。"

3. 发展方向

（1）调动主动保护民族文化的积极性

在民族文化保护过程中，应该加强各民族人民对自己的文化价值的认识，使其主动参与到对传统文化的保护过程中，尤其是加强青年一代对于传统文化的认识。因此，加强文化倡导工作，提高各民族人民的认识，以科学技术理性和人本精神为指导主动适应、接纳工业文明的新文化，并在这种适应、接纳中重建自己文化的生命力，走向现代文明的社会生活非常重要。各级政府和民族精英在为保护传统文化所做的努力总是和一般民众对传统文化的不自觉丢弃形成极大的对比，使得已有的一些民族文化复兴现象多与民间社会生活脱节，在表面的繁荣下面隐藏着一股衰退的潜流。因为"离开了民族传统文化赖以存活的文化生态系统，民族传统文化的内隐因子将失去作用，这就像把鲜花从枝头上剪下来插入瓶中、把鱼从江河中捞出放入鱼缸内，其生命力必定是不能持久的"。

（2）坚持在文化传承基础上的文化创新发展

文化是一个民族的灵魂和血脉，是一个民族的集体记忆和精神家园，是一个民族走向全球化进程中的名片、身份证和识别码，体现了民族的认同感、归属感，反映了民族的生命力、凝聚力。失去了民族文化传统，就如同浮萍没有了根，就如同人失去了灵魂。人类已经进入了21世纪，如何应对全球化的冲击，如何在激烈的文化竞争中生存与发展核心是文化创新。创新是一个民族进步的灵魂，是一个国家兴旺发达的不竭动力，也是一种文化生生不息的源头活水。即使是优秀的文化传统，也需要适应时代的需要，实现现代化的创造性转化，同时融入民主精神、科学精神、市场精神、法治精神、竞争精神、公平精神等新理念。譬如树木，非岁岁有新芽茁长，则其枯槁可立待。譬如井然，非时时有新泉喷涌，则其干枯有时也。只有永远保持创新的精神，才能谱写新时代民族文化的新篇章，赋予其新的内涵和活力。总之，要全面认识祖国传统文化，取其精华，去其糟粕，使之与当代社会相适应，与现代文明相协调，保持民族性体现时代性。坚持文化传承创新，在弘扬中华优秀传统文化的基础上创造出中华文化新的辉煌。

（3）引导文化涵化沿着积极健康的传承发展方向前进

不同文化背景人们之间的交往既可能导致积极的文化形成，也可能形成不良的文化。要推动积极健康文化传承发展，对于外来文化，取其精华、去其糟粕；对于自身文化，扬弃继承、转化创新，不断赋予新的时代内涵。要积极推动传统文化与外来文化碰撞融合，推动积极健康的文化业态与产业结合，形成现代化表达形式，从而更好地推动本土文化的传承与发展，把跨越时空、超越国界、富有永恒魅力、具有当代价值的文化精神弘扬起来，为全面建设具有新时代文化内涵的旅游目的地提供更加强大的精神力量。

四、旅游跨文化整合

所谓文化整合，是文化涵化的结果，指不同文化交往中文化系统内各种文化因素、文化丛之间的协调平衡关系。各种文化因素、文化丛之间的相互吸收、融合、调和而趋于一体化就是整合，否则就是不整合。文化不仅有排他性，也有融合性，特别是当不同的文化相处在一起的时候，它们必然会有相互吸收、融合、调和的一面，由此逐渐整合为一种新的文化系统。各种文化因素或文化丛整合关系构成文化系统或称文化地域综合体。跨文化交流中，只有文化的整合，才能有文化的扩散。文化涵化的对立面是文化的震惊、文化冲击，两种异质文化相接触发生冲突也就不能整合，一种文化不能得到扩散，那就是封闭和稳固化。

1. 内整合：物质、精神、行为的整合

地域文化系统中物质文化、精神文化、行为文化三部分的整合关系，即内整合。地域文化系统内文化整合的关系就像自然环境中各种自然要素之间相互作用协调的关系，如果某个要素的变化超出了限度，就会导致彼此之间的不协调或不平衡，结果就会带来灾害。如：当代旅游和旅游业席卷全球，旅游是一种行为文化，一个地区外来旅游者多了，就要求旅游业的相应发展，这首先是个物质文化范畴的基础问题。同时它是服务行业，服务业的当代发展是在工业化的高度发达之后，所以，如果一个地区的服务业迅速发展，就必然要有建立在工业文明基础上的现代化管理制度和与此相适应的主层建筑。这就要求有与服务业相适应的精神文化的发展。只有行为文化而没有物质文化不行，有了相应的物质文化没有精神文化也不行，一个地域的文化得不到协调发展，就会产生一系列的矛盾和问题。只有当诸方面的变化、发展都协调、平衡，才能使一定区域里的文化系统顺利地发展。

2. 外整合：原有文化和新文化的整合

地域文化综合体文化与新文化的整合关系，即外整合。文化在时间过程中是不断变化的，地域文化系统在时间发展过程中形成自身的文化传统，当外来文化影响时，总是经过一定时间与原文化传统相整合（不是照搬），这种地域文化的新整合促进地域文化系统的发展。

现代旅游跨文化交流和文化扩散的趋势必然伴随着文化的整合或冲突两者的对立与统一。旅游文化的整合或冲突起于旅游主体在旅游过程中与目的地文化的接触之际，与目的地文化发生的接触、碰撞、震惊或冲突，以及在这同时不同文化得到的交流和融合。旅游主体在吸取目的地文化因子的同时，也将原有文化传播至目的地。文化整合实际上是不同的文化通过涵化而重新组合。原来渊源不同、性质不同以及目标取向、价值取向不同的异质文化，经过相互接近、彼此协调，它们的内容与形式、性质与功能以及价值取向、目标取向等也就不断修正，发生变化，特别是为共同适应市场的需要、社会的需要，逐渐融合，组成新的文化体系。新文化的产生不仅存在于整个文化体系的整合过程中，也存于它的各个子系统的交互作用、彼此影响的各个方面。

当代旅游并不会因为发生文化冲突而停止整合的趋势。文化的冲突与整合是文化传播过程中的两个方面，尽管旅游会带来旅游目的地社会的某些干扰和破坏，但是“通过旅游，各个不同的民族社会都进入了国际化的进程，它们逐渐同国际范围内组织起来的经济、社会、文化体制衔接起来，同时，各国本身的参照体制却在解体；这样，‘接待’旅游或‘出发’旅游的各个不同的社会都被带入了出于同一原因的变化之中”。也就是说，旅游能带来文化的世界性转型和整合。

现代旅游文化的整合是以保持各自的民族精神为前提的，中国文化在整合世界先进文化因子时是以自己求稳健、重道德、爱集体的民族精神和灵魂为基础的。例如，中国旅游企业在引进西方以经济杠杆为核心的管理经验的同时，仍然强调道德和人格在企业中发挥的作用；在引进西方个人主义的同时，将个人、集体与国家三者利益结合起来，强调中国的团队传统；在引进西方冒险精神的同时，仍然保持着稳健心理。一个国家，一个民族，它的文化体系越是整合了不同的文化特质，那么其文化体系就越丰富、越有生命力；而一个文化体系越丰富、越有生命力，它的整合能力就越强。无整合能力的文化则是脆弱的、经不起历史挫折的文化。人类历史上许多文化衰亡了、消失了，交通不便无法与其他文化交往、整合便是原因之一。中国文化之所以如滔滔江河川流不息、具有无限的生命力，就是它在各个历史时期不断整合各异质文化特征的结果。文化整合既可以使文化不断更新、发展，也可以使文化保持旺盛的生命力，立于不败之地。各国及各民族文化在旅游中走向相互整合，这种整合不是统一于什么民族为模式的单一文化之中，而是按照“和而不同”的整合方法，由各国各民族将自己优秀的文化贡献给世界，形成既适应各国具体情况又具有世界普泛性的富有弹性的新的文化。

五、旅游理想人格

西方很早就有学者提出文化的相对主义，得到多数学者的赞同[100，101]。同理，文化人格的理想与否也是一个相对的概念。因此，这里我们只想大致勾勒一个中国文化传统中旅游主体理想人格的塑造模型。

1. 古代文人的潇洒身影

对古代文人士大夫而言，自然山水是一座精神家园。

中国文人自古就有“读万卷书，行万里路”的人格塑造传统，他们很早就知道一个完满的人生应该怎样度过。于是，除了人生的功业、满纸的锦绣外，他们最不能忘怀的便是自然的山水了。“江山风月，本无常主，闲者便是主人。”在这座精神家园中，他们行其所行，得其所得，乐其所乐，可以登山临水，游览观赏，席芳草而镜清流，览卉木而观鱼鸟，在与自然山水亲和的过程中获得精神的陶冶与升华。当他们放志山水，纵意游肆，与自然的一丘一壑、一草一木亲和交流时，既是在进行一种心灵的汲取与补偿，更是在从事一种精神的洗礼与创造。这种心灵的创造活动是文化的、哲学的、审美的、宗教的，其结果就是一种充满哲学智慧的生命情调和生活美学意趣的诞生和成熟。

从魏晋南北朝开始，到以后的唐、宋、元、明、清，一代又一代的中国传统士大夫再难割断自然山水与自身精神生活联系的纽带，自然山水最终与他们的生命情调和生活意趣结下不解之缘，形成一种“集体无意识”的文化心理积淀。他们也就是通过这种人生方式，创造出了古代灿烂的文化，塑造了自己的主体人格。

2. 现代人的精神追求

现代旅游者的文化人格该是怎样的？林语堂的旅游观具有一定的代表意义。林氏认为社会上流行着各种“虚假的旅行”，即有人认为旅行（即现在人们所说的旅游）是“以求心胸的改进”，这一点林语堂很不以为然。正是在这种不正确的观念引导下，才出现了近代的导游组织。林语堂说他们的旅行是为了谈话的资料，以便日后向人夸说。他在杭州的虎跑寺见过专门将自己持杯饮茶时的姿势拍成照片的人，“所拍的就是他重视照片，而忘了茶味”，这种事情容易使人的心胸受到束缚，“他们的时间和精力完全消耗于拍摄照片之中，以致反而无暇去细看各种景物了。这种寻求学问的动机，使人在旅行时不能不于一日中求能看到尽可能多数的名胜地”。由于有了这样的旅行观念，也就产生了预定行程的旅行家。他们事先已计划好在某地停留多长时间，在启程之前先预定好游览程序，到时候就像上课一样按部就班。

林语堂认为真正的旅行应该完全相反。旅行者出门的动机应该是“以求忘其身之所在”“旅行的真正理由实是在于变换所处的社会，使他人拿他当一个寻常人看待”。他设想的一种美妙的旅行方式，是由一个童子领着到深山丛林里去自由地游览。“一个真正的旅行家必是一个流浪者，经历着流浪者的快乐、诱惑和探险意念。”“旅行的要点在无责任，无定时，无来往信札，无嚅嚅好问的邻人，无来客和无目的地。”“一个好的旅行家决不知道他往哪里去，更好的甚至不知道从何处而来，他甚至忘却了自己的姓名。”流浪的精神使人能在旅行中和大自然更加接近。

“胸中要有一副别才，眉下要有一副别眼”，要有一颗敏感的易觉的心和善于发现美的能见之眼。如果没有这两种能力，旅行便失却了意义。我们认为，林语堂先生的这种旅游观在现代社会可能已不合时宜，但却道出了旅游的真谛和旅游者的理想文化人格。旅游是变换日常生活环境，旨在获得身心自由的体验。我们认为，“异地身心自由的体验”是旅游的本质，“自由”是从古至今人的共同追求，无论在任何时代都不会过时。

3. 如何塑造旅游理想人格

旅游与人生的关系是个值得深入研究的课题。在现代人看来，人首先要有钱才能旅游。中国自古以来的浪漫主义者都具有敏锐的感觉和爱好漂泊的天性，许多人虽然物质生活比较困苦，但情感却很丰富。所以他们觉得，人不一定非要有钱才可以出游，旅游不一定是富家的奢侈生活，没有充足的金钱也能享受悠闲的旅游生活。而在现代社会，现实主义者越来越多了，浪漫主义在远离我们的时代。经济的发达、交通的便利使得更多的人成为“旅游者”，但并不是每一个人都有理想的修养与情怀。当然，一方面，在现代社会，对于尚不具备丰富知识的大众而言，出行时没有旅行社的指引简直千难万难，从方向的易于迷失、到交通购票的紧张，还有住宿的预订、旅行线路的选择等，让人甚费心力。旅行社的确为出游的人们提供了大量的便利。另一方面，现代社会的人又日趋繁忙，旅行几乎得有预定的行程，甚至还有费用的算计。因为在今天，像样的旅游地都有高昂的门票，“浪漫的旅行家”已经不切实际。工作的竞争和生存的压力，使人们在旅行途中心里也不轻松。没有谁会把手机留在家中，有人甚至还带着笔记本电脑随时办公。这些早已失去了昔日旅游者的潇洒与飘逸，而带有浓重的功利色彩，对现代人来说也是极其无奈的事。

（1）完善自身的修养

对于现代旅游者来说，首先应明白旅游的真谛，努力充实自己，完善自我，提高自身的文化修养。谁都知道，在旅行途中面对同一片山水、同一座园林，不同素养的人所得是完全不同的，几乎有天壤之别。那么，既然我们花了同样的钱，同样的时间，收获的差异为何会有如此之大呢？这就是旅游者自身的问题了。比如在对文学艺术作品的鉴赏上，素来有深者见深、浅者得浅的说法，旅游亦同此理。因此，旅游者要想在旅游中有大的收益，充实自我、完善自我是极其要紧的事情。这是金钱买不来，权力换不来的。可以设想，一个学贯中西、兼通文理、对传统文化有很深造诣的人，在旅游中的收获肯定会大大多于一个只会在旅游点上忙于拍照的游客。

（2）放下功利心

旅游者还应抛弃庸俗的虚荣心，方能在旅游中进入大境界。虚荣之心害人，害旅游者尤甚。人是自然的婴孩，旅游在大自然中，人应该忘却功名利禄。不为谈话资料，不为向人夸说，尽可能地不预定行程。“夫游者，所以开耳目，舒神气，穷九州，览八荒，采真访道，庶几至人……”倘非如此，而一直以虚荣之心来旅游，哪怕天天旅游，到老了也收获有限。

（3）人性超越与回归

人本来是群居的社会性动物，是生活在现世的。但人既在此世就被此世的烦恼所界定，日常生活中的状态削减了人生的种种可能，而一旦出游，就离开了“此在”，到达一个不是日常生活的世界——旅游世界，成为一个“游客”。游客在外地，就具有一种在而不在的性质，新的一切在眼前展现，人仿佛获得了新生，眼前的一切都不必成为自己的负担，因为自己不必介入这个世界，他只是一个匆匆过客。李白诗说：“人生在世不称意，明朝散发弄扁舟。”这里的“散发”就意味着抛弃了旧有的生活规则。离开了自己原有的社会地位，摆脱了日常生活与工作的一切社会关系，成为另一个人。这种假扮“神游”的生活就使游人获得了生命转化的意义，体现了人类深层的文化属性。

总之，旅游是人性超越与回归、文化人格塑造和促进人的自由全面发展的重要领域，旅游与人生关系密切，旅游者应正确认识旅游的本质与真谛，自觉地在旅游活动中实现旅游的价值并塑造自己的理想人格。

第四节　旅游对于主体文化身份的完善

一、旅游人格塑造

旅游主体的文化人格既是一个相对抽象的概念，又是一个充满现实意义的问题。它关乎一国一民族的文明素质，关乎整个旅游业的兴衰成败，故是一个值得深入讨论的大问题。旅游者文化人格是旅游者在旅游活动中，以个体人格为基础，融合异国他乡的异质文化品格后形成的一种扩展而多元整合的旅游性格特征。旅游是一种高尚的文化活动，具有塑造旅游者文化人格的功用。旅游主体文化人格的最高标准是理想人格，旅游者理想的旅游人格是可望而不可即的，但却可以作为一个灯塔照亮旅游者的人格追求航程。

旅游是最具有文化意味的行为。哲学和心理学的研究告诉我们，在人的内部起决定作用的要素是人格结构，是人格结构决定着人将要做什么以及如何做、为什么做，而这正是人的文化特质之所在。旅游作为一种有别于动物生活的人类活动，最能表现出人的根本特质。

旅游是一种完全反动物本能、反世俗原则的行为，最具有文化的意味。动物的本能是趋利避害，随气候而迁徙，逐水草而居，简单而直接地满足温饱、生育等本能的需要。而人类的旅游则是放弃安逸，甘冒风险，本来有稳妥的衣食住行保障，却弃置不顾，偏要去过一种食不惯、住不安的生活，风吹日晒，奔波劳累，不以为苦，反以为乐。这与动物本能完全相反。同样地，世俗原则的根本在于功利计较，计算投入产出的比例，以尽可能少的付出换取尽可能多的回报。而旅游则根本就无账可算，旅游中付出的代价是有形的，而得到的精神享受却是无形的。本来有了安稳的生活秩序与舒适的生活环境，旅游却与之背道而驰，对世俗的功利毫无增益，因而同样是反世俗的。这种与动物不同的行径，正是旅游的价值意义所在。

二、旅游人格塑造的空间

旅游主体文化人格的塑造，应该表现在两个空间领域：一个在旅游途中，一个在日常的生活世界里。

1. 旅游途中

旅游的意义在于借助空间的力量舒展自由的生命。因为日常的俗世生活往往是我们生命的历时展开，这只是生命的一个维度，只能让我们发现生命的一部分潜质，实现生命的部分可能。而只有在旅游途中，在一种不断变化的、不确定的时空中，才能映照、激活我们多方面的人格品质，开拓我们的心灵视野，放宽我们的情智世界，使我们对人生价值、生命意义有所品味，有所体验，有所享受，这也是旅游最根本的魅力。人旅游的距离越长，空间越宽广，这种舒展生命的力量也就越大，这种游历带给我们的精神满足也就越丰富。这种自我直觉、自我确认虽然没有带来世俗的功名利禄，但却使我们的视听敏锐了、灵性活跃了、感情丰富了、心胸开阔了、身心自由了，人的文化人格在旅行途中渐趋丰满。

2. 日常生活

日常生活世界是一个狭窄、封闭、固定的天然共同体。从日常时间的特征来看，日常生活领域是一个凝固、恒常的世界。这种窒息人类生命自由的日常生活世界，韦伯将其称为“理性铁笼”，它对人格具有异化作用。一方面，工业革命以来，人类借助先进的科学技术，似乎可以很容易地走出了动物本能的束缚，却不提防又跌进了机器附庸的陷阱。另一方面，商业魔力的无孔不入，更彻底地变世俗生活为简单的商业生活，人也面临着作为一个潜在的旅游者的人格塑造问题。旅游让人们走出日常生活世界的“理性铁笼”，体验生命的自由，这对旅游者文化人格的塑造具有重要作用。

当代社会急剧变迁，这使生活世界中人格的自我塑造面临巨大的挑战。社会的变迁表现在诸多方面，如人口结构和移动的变迁，家庭功能与结构的变迁，家庭关系婚姻关系的变化，社会阶层的变迁，政治结构的变迁，经济体制的变革，思想文化的变迁，社会心理的变迁，生活方式的变迁，以及社会转型期的环境、贫困、医疗、犯罪等问题。凡此种种，无不影响着旅游主体文化人格的塑造，影响着人对旅游方向的选择，影响着旅游业的走向。

三、旅游的文化哲学

旅游，作为一种生活方式，已经成为现代社会的时尚，成为社会普遍关注的话题。旅游的本质是人的异地身心自由体验或精神生活，没有人的精神世界对外部世界的投射与向往，就不会有人的旅游。

人为什么不约而同地都要去旅游呢？而且为了旅游，他们放弃了安逸的生活，花大量金钱，奔波劳顿，赶火车，挤汽车，背大拎小，忍受餐饮不调、起居无节的不适。如此营营扰扰，所为何来？心理学家荣格认为，这是一种人类共同的且无法反抗的心理因素使然。也就是说，这是一种人类的“集体潜意识”，又称集体无意识。这种要素，因不断重复而被镂刻在我们的心理结构中。只要碰上相对应的典型情境，集体潜意识的内容就会被激发并显现出来，犹如本能的冲动，可以冲破一切理智和意志。“人的集体潜意识非常复杂，荣格在其中找到了一些‘原型’，或称原始意象。旅游即其一也。”凡是人处在压抑、闭塞之环境中，旅游则可提供给人超越现状的解放感。人是因为身心自由之需要和获得解放才出外旅游的。诚如陶渊明所言：“久在樊笼里，复得返自然。”荣格说：“如果人们长期生活在他们的社会模式里，那他或许就需要有一个具有解放性的改变。而此需要，可以通过赴世界各地旅游以得到暂时的解决。”

用海德格尔的“基本本体论”或“基础存在论”的理论观点也可以很好地解释旅游的原因。人们为什么乐于远游呢？因为游人在外是一种“在而不在的存在”，旅游使人能得到环境上的逃避和精神上的解脱，并获得身心上的某些补偿。人在社会生活中，要受到生产过程、经济关系、社会制度、秩序、义务、身份与阶层系统乃至于习俗、习惯和环境氛围的种种局限。处于各种局限之中，人会受到无穷的压抑，不能自由自在地生活。一旦出游在外，情况就不同了。作为真正的旅游者，虽然是在此世的，但他不限定在某处，不显现自身，也不规定自己，不在具体的“此在”中显其本质，“此在”仿若不存在，所以具有游戏、消遣的性质。原有的一切束缚、羁绊都远去了，生命获得了超越性的解脱或自由。人存在的最大目的在于追求身心或生命的自由，而以消遣、审美为主要属性的旅游（旅游中的“游”具有无拘无束、优哉游哉的含义）则是突破日常生活的束缚、追求身心或生命自由的最佳方式之一。旅游的真正意义在于借助空间的力量舒展生命和充盈精神世界，异地身心自由的体验是其本质。

“自由”是旅游者的精神本质和最大价值所在，是旅游须臾不可或缺的灵魂，无论是旅游的目的（消遣、审美的身心自由体验）、前提条件（自由支配的收入——闲钱、自由支配的时间——闲暇、体验自由的动机——闲趣）还是旅游的过程（异地身心自由体验的系列活动）、结果（愉悦、超越有限时空、体验非惯常环境等身心自由满足），都离不开用“自由”解释。“自由”是旅游本质的“始基”或“逻辑原点”，“自由”是旅游这一事物赖以存在的根本原因，是旅游这一事物产生的初始根源，也是旅游这一事物的终极归属，即旅游的本源。从文化哲学分析，旅游是自由生命的哲学。

四、跨文化交流的实现与理想人格养成

不同文化的彼此交流，对一个人的个性和文化属性的发展以及对群体、国家文化发展的走向都会产生影响。在当今，世界跨文化交流信息量加大加快，其影响也在加大加快。跨文化交流对文化发展的影响是客观存在的，其中也是有规律可循的。人们需要认识跨文化交流的规律，只有认识了其中的规律才能在跨文化交流中走向自由，掌握和了解旅游跨文化交流的知识和能力，其目的大致有三个。

第一，通过旅游接触、观赏及参与当地人的民俗活动中去，培养人们对不同的文化持积极理解的态度。文化是有差异的，通过发现对方的不同点反过来加深对我们自身文化的理解，从而做到客观地把握各自的文化特性。在发现差异的过程中，也要注意不可忽视大量的共同之处。

第二，在旅游中学会旅游，培养跨文化接触时的适应能力。初次与异质文化接触时，往往会受到文化震惊或惊愕从而产生某种不适应。要使旅游得以顺利和愉快地继续下去，必须学习、了解当地的异质文化，设法减缓冲击，提高适应能力，融入旅游地的人文生态环境中去。俗话说见多识广，旅游本身必然包含着对旅游主体思想情操、文化修养、审美素质等多方面的影响。所以，这是旅游跨文

化交流的一项重要内容。

第三，从旅游间接长远的社会效应看，旅游的跨文化交流有积累对异质文化交流的感性认识、培养跨文化交流的理性思考的作用。随着对外开放的进一步扩大，走出国门到世界各地去旅游的人和在国内东西南北作跨文化旅游的人越来越多。无论他们旅游的具体情况如何，旅游的存在特别是大量存在的情况下，老百姓通过旅游在学习着、掌握着、传播着与不同文化背景的人打交道时的实际技能和文化素养。如果说某些有关民俗的、涉外的、宗教的专门内容可以在学校里学习这方面的课程，社会上如商业界也有机构专门负责跨文化交流技能的培训与进修以适应国际化社会的需要，但是这样的专门学习绝对不可与实际的全民的、全球性的旅游跨文化交流相比拟。可以说，正是基于此，跨文化交际研究的实践意义要大于理论意义。

一个现代化的社会，必定也是一个国际化的社会。作为“地球村”的一个村民，面对未来越来越开放的社会，我们在加深对自身文化理解的同时还必须积极参与跨文化的交流，主动地去理解对方的文化特性，认识在旅游中文化所带来的影响，努力把自己造就成具有多重文化能力、善于开展跨文化交流的现代人。这样做的结果并不是抛弃我们自己的传统文化，而是在保存自身优良传统的同时积极地吸收对方有益的一面，使自己能够自由自在地驰骋在多元文化的天地里，最终更加深刻地认识我们自己。G. 帕斯卡尔·扎卡里是这样说的：“即使你没有去什么地方或会见什么外国人，你也可以一连讲出许多外国人的样子和特征。如果你到一个陌生的地方，你可以随身展现出你的根的特征，而不与你的根分离——这样，你在增添你的从属关系的同时更容易保持你的民族根。这种情况使你自由地接受新的身份而又不伤害旧身份，使你大胆地这样做，而不必有任何顾及。”

第四章

旅游介体的视角：文化与旅游产业

第一节　概述

旅游介体即旅游媒介，是指向旅游主体提供各类旅游服务、帮助旅游主体顺利完成旅游活动的媒介。介体能够将作为旅游主体的旅游者和旅游客体的旅游产品联系在一起。旅游业是旅游介体的外线，是跨文化交流得以实现的内线，以文化服务为桥梁使旅游客体和旅游主体在旅游过程中结合，在其组织的旅游活动中提供具有文化和审美价值的产品，使旅游者实现旅游的目的。从狭义上讲，旅游介体就是旅游企业，包括“食、住、行、游、购、娱”六大旅游要素。广义上讲，旅游介体除基本要素外，还包括旅游商店、旅游工艺品企业、政府旅游管理机构、旅游协会、培训机构等。

旅游业既是一种人的跨地域流动，从文化研究的角度，也是一种跨文化信息传播与文化交流的实现方式。现代旅游业作为一种特殊的文化活动已经成为世界范围内文化交流与传播的重要途径。随着旅游业的不断发展，旅游的这种跨文化交流与传播的功效越来越显著。在旅游之前，旅游者因为地区间文化的差异与不同，产生旅游的原生吸引力。在旅游过程中，旅游者直接接触、了解旅游文化产品、感悟目的地文化，随后将目的地文化带回到客源地，传播给其它人群。旅游引起目的地和客源地文化之间的交流，旅游者和东道主通过互相接受对方的文化信息，并将其在各自地区扩散的方式来达到不同文化之间的交流和传播，这个本身也是旅游业的产品体验和旅游营销的全部过程。正是因为如此，旅游业发展中也可以借鉴文化交流与传播的相关理论与研究，探索地区间文化差异进行旅游文化营销、遵循文化开发原则进行旅游文化开发，最终促进旅游文化产品形成。

第二节　旅游营销——跨文化的吸引

一、区域个性

1. 内外特征的把握

城市个性是城市的生命表现和城市形象的灵魂。没有特色的城市很难在形象竞争的年代得以生存。可以说，彰显城市个性既是城市形象设计和建设的核心思想和最高指导原则，同时也是旅游者把握城市个性出入门和钥匙。城市形象的凸显是一个过程，是城市的自然条件、历史沿革、人口构成、社会变迁和文化创造等方面长期积累的过程。在城市形象塑造的任何阶段和任何方面，都可以说是当时的人们为当时的社会生活所创造的事件的累积和凝聚。这样的累积和凝聚会在今天的城市行为识别系统和视觉识别系统中表达出来。城市个性是一个城市在形象方面有别于其他城市的高度概括的本质特征，是城市自身各种特征在某一方面的聚焦和凸显，这种特征往往能够通过文化折射出来。城市特征可以是历史的、自然的，也可以是经济的、政治的或民族的，主要可体现在内外两个方面。

首先是直观的外部特征。一个城市的外部特征从多方面体现出来：从一个城市特有的环境空间个性看，其所处的地理位置，自然条件不同，就构成了不同城市的环境空间特征。比如重庆，地处长江与嘉陵江交汇处，房屋依山而建，建筑形式以吊脚楼为主，形成气势宏伟的山城。再如苏州市，城中河道交错，房屋沿河修建，形成白墙青瓦，小桥流水人家式的建筑特征。一个城市人文创造的物质存在也是其外部特征，这主要是建筑风格、城市规划、广场街道、花园绿地、商场设计、文化设施等方面。如巴黎一直被公认为是世界文化艺术的璀璨之地，曾吸引着世界各国的旅游者。到过巴黎的人无不为之感叹——文化的殿堂，人类文化艺术的宝库。巴黎有 3115 座古典建筑遗留至今并受到很好的保护，相比之下世界上有几个城市能与之比肩，大家熟知的卢浮宫、爱丽舍宫、凡尔赛宫不仅是文化艺术的保存地，更重要的是人类文化艺术精华的创新地。在文学艺术领域，不仅有雨果、莫奈、巴尔扎克等文化名人留下的文化作品，还有他们给后代保留下的物质与精神财富，如名人的纪念地、巴黎圣母院、玛德兰大教堂等，使人们直观巴黎文化的神圣之光。这些文化遗存构成一个城市的文化资本，成为跨越历史与时代的精神主题。

其次是城市的内在特征，这主要由当地的实体形态构成，包括政治、经济、文化、科技、军事等需要联想的方面和数字、文字等综合表述才能明了的特征。社会经济活动是城市最核心的活动内容，也是反映一个城市社会发展的个性。城市的发展过程本身承载着时代的烙印，如当今高新技术及其产业的发展就能反映时代特征和成为城市个性的要素，这些内容在城市的建筑、商业、生活、风貌等一系列外部特征中有所反映，但如果没有一连串必要的数字加以说明，就很难准确把握，也就无法明了其特征。如评价香港是最具活力的城市，除了游览香港景点、参加当地的节日活动外，还需要进一步通过文字和数字获得对香港内在实力的理性认识。20 世纪 80 年代，香港政府曾开展过“活力运动”，活力也是创造经济长期繁荣的魅力所在。香港的经济自由度名列世界第一，人均外汇储备名列世界第二，贸易量仅次于欧盟、美国、日本，名列世界第四，人均年收入早已跨过 2 万美元的全球富裕线，而香港不过是面积 1000 多平方公里，人口 600 多万的“弹丸之地”。如果没有自身的活力，怎么创造得出这样的奇迹？20 世纪 90 年代末的东南亚金融风暴也曾对香港形成强大冲击，但是香港挺过来了。除因为有祖国内地作坚强后盾外，也因为香港这个城市充满了活力。显然，也正因有了这种活力，东方之珠的风采才会浪漫依旧。香港把来自东西南北、四面八方、黄白黑棕肤色不同、贵贱贤愚身份不等的人吞进又吐出，留下成功的送走失败的。但无论成功与否，他们都给香港注入了活力。于是小龙腾飞，明珠璀璨，百业兴旺万象更新。外部特征一时间较容易把握，而内部特征就需要旅游者在事先、旅游中和旅游结束后做一定的案头工作和分析归纳的思考。

2. 地域与民族特色的追寻

在漫长的历史发展中人类根据不同的地域特征塑造出不同的地域文化，这是人类对自然环境适应、改造和利用的结果。地域文化在城市的形成与发展过程中起到了决定性作用，在城市规划布局、建筑形象、城市景观和社会风气等方面得到了充分的展示。城市历史文化、民族传统、宗教影响等反映出了城市的个性。从旅游资源的视角来划分，我国大致可划分出东北的林海雪原、中原的文化古都、华东的山水园林、华中的名山峡谷、华南的热带风光、西南的奇山异水和风土人情、西北的丝路大漠、内蒙古的草原风情、青藏高原的雪域冰峰和台港澳热带亚热带风情等区域，每个区域都相对有自己的区域特色或民族特色。如东北有独特的北国冰雪风光、寒温带自然奇景极昼极光等，成为疗养避暑胜地。那里有灿烂的满族历史文物和萨满教民族风情，聚居着满族、蒙古族、朝鲜族、鄂伦春族、达斡尔族、赫哲族等少数民族。冰雪文化构成了这里第一位的地域特色，滑雪、溜冰等冰上运动和冬季狩猎是这里得天独厚的传统项目。全国著名的吉林市的雪凇、树挂，哈尔滨市的冰灯、冰雕，也只在这些北国城市中才能展现。川南滇西北山地、云贵高原和广西丘陵盆地构成了西南的奇山异水。这里又有其独特之处。从自然环境看，是我国典型的岩溶地貌分布区，区内石林、峰林、峰丛，孤峰、天生桥、溶洞、瀑布等，堪称世界上岩溶地貌发育最典型、最完美的自然博物馆，故有“喀斯特公园”之称。这里聚居着傣族、苗族、彝族等30多个少数民族，即便是在昆明、贵阳等大城市，也常有隆重的民族节日、民族服饰、民族工艺品、民族饮食。昆明海埂民族村、贵阳红枫湖民族度假村等便是这里突出的特色之一。

一个有生活经历的人，到一座新的陌生城市时，会感受到新城市所带来的文化气息——每座城市都能够以其特有的文化内涵或个性的形象，留给游人深刻的印象。人们对于新的城市容易产生新的反差感受，并在自己的记忆“定式”中寻找相同或相似之处，以期找到城市的特点、本质和新鲜感的要素来源，与自己生活过的城市做对比，所以每个人都能够说出与他人不同的城市印象和城市感受。

二、文化品牌

1. 文化品牌

“品牌”是市场的衍生物，是市场经济自觉的一种表征。20世纪50年代，美国的大卫·奥格威第一次提出“品牌”这一概念，认为品牌是一种错综复杂的象征，它是品牌的属性、名称、包装、价格、历史、声誉、广告风格的无形组合。所谓文化品牌，是“相关文化、艺术、娱乐、休闲、新闻、传播等行业的品牌，其主要涵盖了文化艺术、新闻出版、广播影视、网络传播、休闲娱乐、文化旅游、会展收藏、体育健身8个主要领域及其他衍生领域”。一个新的有影响力的文化品牌的创立大致有以下两种方式。第一，立足于文化传统从历史、民族、民间的角度发掘具有特殊象征意义的事物，加以开发、包装、加工。例如，陕西西安在发掘、利用西安盛唐历史文化遗产的基础上，结合现代的声、光、电等技术建成的“大唐芙蓉园”。第二，着眼于潮流前沿，从时尚、新颖、稀奇的角度开发满足当代人好奇好异心理的新鲜事物，创立时尚、潮流的文化品牌。例如深受广大青少年朋友喜爱的“蓝猫卡通”。

本书认为文化品牌是给拥有的文化企业带来溢价、产生增值的一种无形资产，包括商誉、产品、企业文化以及整体营运的管理。

2. 旅游文化品牌

旅游品牌是指能给旅游者带来精神享受的利益承诺，在旅游资源或者目的地独特性之上用来识别旅游目的地或者奇特的产品或者服务的形象名称、标记或符号或它们的相互组合。成功的品牌后面是高品位的文化精品，文化承载量越大，其效益释放量就越大。当旅游文化品牌和品位与旅游者的期望值达成一致时，它将会在旅游者心目中留下极为深刻的印象，甚至可以引起旅游者心灵的震撼，此时的市场影响力和竞争力就极为强大。当一个旅游目的地能够为到访的旅游者带来精神和心灵上的收获，那么我们可以理解为这个旅游目的地创造出了自己的旅游文化品牌。

旅游文化品牌要通过一定的形式来表现，让人们在购买旅游产品或服务的过程中感受到文化的熏陶。旅游文化品牌有三种基本形式：

（1）旅游目的地或景区的文化品牌。这是游客对某个地区旅游业的总体感知，它更多地表现为旅游目的地或景区的主题旅游形象。它是旅游资源转化为旅游产品的文化过程，包括旅游资源的文化特质、目的地或景区的文化内涵、文化构思、文化形象的塑造和表现。一个旅游目的地或景区的建设必须能够巧妙地利用当地所有可利用的文化资源来塑造品牌形象，独特的文化品牌能转化成巨大的旅游吸引力，进而推动整个地区旅游业的发展。

（2）旅游企业的文化品牌。旅游企业的文化品牌是旅游企业的标志，它是旅游企业身份、整体形象的品牌。与一般商品品牌不同，企业文化品牌是独一无二的，每个旅游企业只能有一个企业文化品牌，否则旅游者将无法识别。可以说，旅游企业文化品牌是旅游经营主体的代表。

（3）旅游产品的文化品牌。旅游产品的文化品牌是旅游产品品质及满足顾客需求程度的综合体现。旅游产品的文化价值可以离开生产者而独立存在，它可以通过一定的物质载体而表现出来。品牌的定位关键是发掘出具体产品的精神、文化、人文哲学理念。任何一种旅游产品，无论其质量高低和内在品质如何，都代表着一定地域的文化品格和素质，甚至成为一种象征。

3. 旅游 IP

IP 是 intellectual property 的缩写，意为知识产权（全称为：intellectual property right）。知识产权是一种无形的财产权，也称智力成果权，是通过智力创造性劳动所获得的成果，并且是由智力劳动者对成果依法享有的专有权利。简而言之就是具有高品质内容的知识产权。

IP 具有三个基本的属性。首先，IP 具有内容性，IP 包括了诸多形式的原创内容，但并不是所有的内容都属于 IP；其次，IP 具有独创性，只有独创性的内容才享有“知识产权”；最后，IP 具有商业性，IP 具有一定的商业价值，这也是 IP 与更加强调营销性的旅游品牌的区别所在。

作为互联网发展的必然产物，旅游 IP 具有鲜明的特征：

（1）主题性：一个旅游项目用最简单、直接、感性的方式向人推介，最想说的几个字或是短语或是句子，很大程度上就是其主题。

（2）形象性：到达人的感官世界的最有效的介质就是形象。旅游目的地如果在形象上打造成功，那就事半功倍，因为一切都有形象去代言，去直接跟游客的情感世界相通。

（3）独特性：旅游 IP 的独特性是贯穿始终的。一个 IP 用旅游的方式把它落地成一个项目，项目后期所面对的线上转化、虚拟世界、品牌售卖等强大的系统构成了它的独特性。

（4）故事性：讲故事，是人类的古老手艺之一。听故事，是人类最共通的天性。

（5）引爆性：在基本的旅游功能都已具备的前提下，最需要某种力量来引爆项目。这种引爆力量可能是主题，也可能是故事，也可能是形象，也可能是它们的复合功效。

（6）吸引性：恋爱博物馆、伊甸园、达利的神奇世界这些旅游 IP 显然都已构成了初步意象的吸引力。因为它的名称、它可能的故事就是初步的种子，然后加入创造性的劳动，就能得到更大的吸引力。一个旅游 IP，在它实施的每一个阶段每一个环节，乃至在它和社会的千丝万缕的、别出心裁的联结中，都可能产生出强大的吸引力。

（7）互动性：旅游 IP 是一个开放的、活性的，不断长成、不断叠加乃至补充修正的系统，它的每一个环节，都可以产生彼此联结和互动。

（8）反馈性：旅游本就是一个系统，不论是作为一个理念，还是一种感受，一个主角，一个故事，总之，旅游 IP 的出发点一旦启动，就需要蔓延贯穿到后续的所有环节，这些环节之间既要形成一个闭环，又要各自生长。但它们都是在一个强大的 IP 系统下的共谋。

（9）符号性：旅游 IP 本身就是个符号。从细部来说，旅游吸引物、旅游地表征、旅游所售卖的“时间”、旅游营销文本、旅游体验、旅游想象、旅游形象、旅游宣传口号、旅游衍生品、旅游标志都是符号，都处在旅游超级 IP 这个符号系统之内。

（10）创新性：创新是一种常态。在这个越来越去中心化的时代，旅游比很多行业有更多的创新空间和机会。因为旅游最关注的是人，是对人、人性的情感、体验的关注总和，人一生要面对各种关系，而在每一个关系中都可以有创造性的参与，都需要创新。

（11）系统性：旅游 IP 就是一个系统。至少有四个方面，分别为旅游客源市场子系统、旅游目的地吸引力子系统、旅游企业子系统、旅游支撑与保障子系统。

（12）延展性：旅游 IP 的两个端点，一个是智慧化，一个是旅游。前一个是种子，后一个是发射平台。这两者跨界融合，是一个创意产业，一个现代文旅产业的框架。

三、文化营销

文化是影响购买决策的最基本因素。将文化因素引入企业的营销活动中，可以使产品超越物质上的意义而成为某种精神的象征，从而提升和丰富产品价值。

1. 文化营销的含义

所谓文化营销实质上是指企业充分运用文化的力量来实现企业战略目标的市场营销活动，即在营销活动的各个环节中都积极主动地进行文化渗透，提高文化含量，以文化做媒介，与顾客及社会公众之间建立起全新的利益共同体关系。其含义主要有四点：其一，企业须借助或者适应于特殊的环境文化，以开展营销活动；其二，企业在制定营销战略时，应充分考虑文化因素；其三，市场营销组合应体现文化因素，并独具特色；其四，企业应构筑起企业的文化内涵。

2. 文化营销的基本特征

（1）时代性。每一个时代都有其独特的文化特征，文化营销只有在不断追随和适应时代的变化中汲取时代精神的精华才能够把握社会需求和市场机会，抢占市场制高点，否则只能被市场所淘汰。

（2）区域性。不同的国家、民族、区域都有其独特的文化，营销方式应尊重和适应地区间文化差异，形成区域性的特点，只有这样才能做好不同文化之间的交流，消除障碍，实现文化营销。

（3）开放性。文化营销由于致力于一种理念的构建，因此具有极大的开放性。一方面，它能够产生强大的文化辐射力，提升其他营销方式的品位；另一方面，文化营销又能吸收其他营销活动的思想精华，使自己永葆创新活力。

（4）导向性。文化营销的导向性主要体现在两个方面：第一，用文化的理念来规范和引导营销活动，和消费者乃至社会进行深层次的沟通；第二，对某种消费观念、消费行为进行引导，从而改变消费者的态度、行为甚至是生活观念和生活方式。

3. 文化营销的功能

（1）增值功能。文化营销是追求真善美的营销活动，很有可能使得产品超越了物质上的意义而成为某种精神的象征，从而在精神方面提升和丰富了产品的价值。

（2）提升功能。即通过文化来提高和升华企业的社会形象，从而使消费者更加信赖某一产品和服务。

（3）调试功能。跨文化的营销活动常常会因为种族、宗教、语言、风俗等因素的差异而产生“梗阻”，造成经营的失败。而文化营销可以运用各种手段来消除或者减少这种文化障碍。如企业针对目标市场的文化环境特点，制定出自己的营销思维；用自觉性的文化理念来协调和沟通与目标市场之间的文化屏障等。

（4）差别化功能。文化范畴内如知识、情感、习俗、道德等方面都能为产品或者服务创造出独特的风格或品位，以凸显产品和服务的个性魅力。

第三节　旅游开发——以文化为中心

一、旅游开发

1. 旅游开发的概念

“开发”在《汉语词典》中的解释是“通过垦殖、开发等劳动来利用资源”。“开发”一词在文献中最早见于《汉书·孙宝传》，是指“垦殖土地”的意思。在现代，我们可以把“开发”理解为将资源转变为产业（品）的社会劳动过程。

所谓“旅游开发”可以解释为“根据当地条件运用适当的资金、技术、文化手段，通过科学地调查、评价、规划、建设、经营管理等，使未被利用的资源得以利用，已被利用的资源在深度和广度上得到加强，并对资源、市场、产品、人力资源、经营管理等进行综合研究，确定旅游发展方向，搞好相应的设施配套，创造更佳的效益”。简言之，即将旅游资源转变成为旅游产品并形成旅游产业的社会劳动过程。

2. 旅游开发的内涵

在旅游开发的定义中将其与区域旅游开发视为同义词，在理解这一概念时应着重把握以下几点。

（1）旅游开发的核心（或对象、基础）是资源。因为旅游资源只有经过开发才能转化成为对旅游者产生吸引力的旅游产品，旅游资源可以说是旅游开发最重要的物质前提与自然基础。

（2）旅游开发的出发点是市场或旅游消费者。旅游市场是旅游开发的先决条件，忽视目标市场的旅游开发是盲目的开发。

（3）旅游开发是综合工程。旅游开发既是一个技术过程，也是一个经济过程，还是一个文化过程（文化可以说是旅游开发的灵魂），并应兼顾相关产业，它是一项综合性的开发。

（4）旅游开发必须因地制宜。旅游开发应根据当地的情况，从地方实际出发。旅游开发有定规，无定法。

（5）旅游开发应注重创新。旅游开发必须突出特色和创新，它是“点子工程”。

3. 旅游开发的特点

（1）多元性（综合性）

旅游是由多种要素组成的复杂的物质体系，在旅游开发时要对旅行、游览、住宿、餐饮、娱乐、购物等消费要素进行综合考虑，统筹规划。

（2）层次性

旅游开发空间是由大小不同的区域和景点组成，因而规划设计内容与标准上有不同层次的要求，如省域、县域、景区、景点不同层次的开发规划就有很大区别。

（3）关联性

旅游业是个关联度很高的产业，旅游规划编制成功与否关键在于能否对旅游活动的社会关联性，对旅游生产的经济关联性，以及对于旅游目的地的差异性等有实实在在的把握。在旅游开发中，旅游景区应注意食、住、行、游、购、娱六要素的整合，旅游区域应注意旅游业与相关产业（如交通运输业、商业、农业、文化产业等）的整合。

（4）动态性

旅游开发是一个动态的过程，它在时间段上有着不同的要求和规定，近期开发要搞好可行性论证，中期开发要搞好可靠性规划，远期开发要有科学性预测，并注意循序渐进、滚动发展。此外，旅游规划应根据形势的发展变化定期进行修编和不断调整、补充、完善。

4. 不同类型旅游地的文化开发

（1）自然风光旅游地的文化开发

自然界固有的形态、品质、结构、规律、运动变化与相互联系等应属于自然文化的范畴，我们可以称之为自然科学或自然美学。我们要重视对自然风光景区的科学内涵、美学内涵、文化资源的发掘与利用。

①自然景观的科学内涵发掘

人类从诞生以来无时无刻不在认识自然，也无时无刻不想了解自然之谜。古往今来，人们热爱自然、回归自然，力求与自然和谐统一，除了寻求某种超脱与自由之外，也反映了人类对自然的认知需求。自然景观的开发应注重科学内涵的发掘（如溶洞、石林、天坑等）。

②自然景观的美学内涵发掘

自然美学是人类在与自然长期共存过程中沉淀的美学认知结晶。自然美的文化内涵是人类自然审美感受的总结与升华。例如山水文化就是人类对山水美认知感受的结晶，“天地有大美而不言”“万物有成理而不说”（见《庄子·天道》），是说天地万物之美、之理要由人来总结。

③自然景观的附会文化资源的发掘利用

附会文化是指那些本不是自然所固有而是人的意志所赋予自然的一种文化现象，即人类将自然事物作为某种精神理念或情感的载体，从而使自然人格化、理性化或神化。附会文化的产生可以认为是人类认识自然的一种初级形态。在人类不能解释自然现象的早期阶段，自然事物往往被认为是某种意志的产物或化身，从而许多事物被神化，并随历史演变其神秘性有增无减，许多延续至今[102]。其中比较典型的如自然崇拜、风水学说、自然事物的宗教色彩等，有相当一部分品位高雅或有一定的积极意义，演变为优美的传说或故事，从而使自然事物带有灵性，丰富了自然文化内容。

（2）人文景观旅游地的文化开发

人文景观是地域文化的历史沉淀，是人类文明创造的物质文化与精神文化的直接表现，如历史胜迹、建筑艺术、宗教文化、文学艺术、民俗风情等。但是围绕着人文旅游区和旅游点的建设，能否忠实于它原有的传统文化特色成为其能否保持生命力的关键所在。

二、文化保护与开发的平衡

1. 文化的开发

打造特色品牌文化是实现文化资源持续开发利用，推进文化建设与经济建设、政治建设、社会建设、生态文明建设协调发展的有效途径。对于文化品牌来说，对其品牌的塑造是把一个创意作品打造成一个文化品牌，然后通过衍生产品开发及异业合作进行向其他产业领域延伸业务，即将文化品牌转化成产业品牌。

（1）节庆造势法

在经济环境下，大量的信息充斥于人们的生活，可供选择的产品日益丰富。如何吸引大众的注意力直接关系到景区的生存和后续发展。因为旅游节庆具有兴奋要素、娱乐要素和炫耀要素等独特之处，所以利用节庆活动进行宣传和促销，展现景区形象，成为景区越来越常用的方法。

①个性突围法

在张扬个性的时代，在旅游产品供应极度丰富、资源禀赋相似的情况下，突出自身的个性和特色是景区突出重围的重要手段。个性化服务、个性化产品是塑造景区个性文化的基本途径。旅游已经成为现代人的一种基本生活方式，旅游的大众化使得旅游市场的需求呈现复杂化，这就决定了对景区产品的设计与策划需要具备鲜明的特性。有个性才会有特色，具有个性化的产品才能在消费者心理阶梯上打上烙印，才能吸引和刺激旅游消费者的消费需求。

②联合攻略

仅仅依靠景区自身的努力打造景区的文化特色是不够的，有时还需要其他旅游企业和环节的配合。寒山寺的旅游开发就得益于与旅行社、饭店的密切合作。寒山寺是苏州著名的景点，更因唐代诗人张继《枫桥夜泊》一诗而名扬海内外。寒山寺的旅游开发并非一开始就一帆风顺。后来在开发苏州旅游淡季时，苏州人联想到来苏州的日本游人很多，日本人有除夕夜晚去寺庙听钟声消除今岁烦恼、祈求来年平安的习俗，于是设计了除夕夜在寒山寺撞钟的活动。在许多热心的日本游客的细致指点下，旅行社在接待撞钟团的饭店大门两侧布置苍松翠柏，大堂中设供桌，桌上布放年糕、柿饼、橘子、海带和棕榈叶等日本民族的吉祥物。除夕晚宴上，在白米饭下有两只荸荠，隐喻元宝藏地的传统愿望。客人在参加撞钟活动后回到饭店，每人都能遵从日本过年的习俗，品尝一小碗热气腾腾的“越年面”（“越年面”，表示“又越一年，又长一岁”）。

2. 文化商品

（1）文化商品含义

文化商品是用于市场交换的文化产品和文化服务。文化产品一般是以物质作为文化的载体体现的，表现为实物形态，如音像光盘、电影拷贝、照片、设计图纸、书籍、雕塑、手稿、字画等。实物形态的文化产品可以脱离艺术家的艺术劳动而独立地作为商品来流通。文化产品的物质形态承载的主要是文化信息，同一个文化信息可以有多样化的物质表现形式。文化服务一般是以人的活动作为文化的载体体现，表现为以活劳动存在的非实物形态，如正在上演的舞台戏剧对消费者而言就是一种文化服务。文化服务包括文化娱乐服务、科研服务、技术咨询服务、教育服务等。活劳动形态的文化服务同艺术家的艺术生产行为不能分离，如一切表演艺术家、演讲者、教师等提供服务的情况。

（2）文化商品的分类

文化商品的种类繁多，从不同的角度可以分为不同的类型，这里主要介绍两种分类。

以文化消费形式区分，可分为四种类型：一是欣赏型文化商品。文化消费者对欣赏型文化商品的消费形式是欣赏其艺术价值和艺术水平。这类文化商品有戏剧、音乐、舞蹈、杂技、电影、电视、音像制品等；二是参与型文化商品。文化消费者对参与型文化商品进行消费时，需自身参与才能实现消费，如在舞厅跳舞、在 KTV 唱歌等。这类文化商品主要是文化娱乐活动，如舞厅、KTV、电子游戏厅、台球馆等场所提供的文化娱乐活动；三是留存型文化商品。文化消费者对留存型文化商品的消费形式是，一方面观赏其艺术价值，另一方面又作为重要的文化珍品收藏。这类文化商品有书法、绘画、民间工艺、雕塑、摄影、文物古玩、集邮等；四是发展型文化商品。文化消费者对发展型文化商品进行消费，主要是为了提高自己的文化素质，增长才干。这类文化商品主要有书刊、文化学习用品、教育科学、体育活动等。

以文化商品存在的形态划分，可分为五种类型：一是独立存在的物化形态的文化商品。这类文化商品既有独立的物质形态，又有文化符号的象征意义。这类文化商品是文化商品生产者根据自己的生命体验所创造的一种符号系统，这种文化符号系统被物化在某一种物态材料上，以实物形态表现出来。这种形态的文化商品可以离开生产者而独立存在，并通过市场交换的方式被文化消费者所占有，如字画、摄影作品、音像制品等。二是服务形态的文化商品。这类非实物形态文化商品的文化生产过程在文化消费过程中存在，其文化生产过程一旦停止，文化消费者对它的享用也就结束。这种形态的文化商品不能离开文化生产者而独立存在，如艺术表演、教学活动、影视放映等。三是拥有文化附加值的其他商品。日本学者日下公人在《新文化产业论》一书中提出“向其他产业提供文化附加值”，如果我们把“文化产业”理解为“文化商品”生产与交换的“集合体”，那么也可以将“向其他产业提供文化附加值”理解为“向其他商品提供文化附加值”。这是在马克思所划分的文化商品的前两种形态的基础上所提出的文化商品的第三种形态[103]。所谓“向其他商品提供文化附加值”就是在其他商品的生产和销售中融入某种文化因素或文化元素，使这一类商品在作为物质商品的同时还具有某种文化内涵、文化内容、文化意义，从而使人们在消费某种物质商品的过程中，同时获得某种精神的满足和享受。由于这种文化因素和文化元素的加入，某种商品就拥有比其他同类商品更多的价值，即“文化含金量”，实现了商品价值的“提升”“扩容”“增量”，并以价格增加的形式体现出来，而在物质材料上则可能完全没有增加什么。这一部分增加的即“溢出”的价值，就是“文化附加值”，人们消费这种商品即是在消费文化，如中国人端午节吃“粽子”、中秋节吃“月饼”等。中国人光顾“麦当劳”可当作体验美国文化的一种方式。四是以著作权为核心的知识产权形态的文化商品。这类文化商品，如著作权、专利、商标这些知识产权形态都渗透着文化的因子、文化的元素，可以进入流通领域转让，并以一定的价格形式获得其价值体现。随着知识经济社会的发展，第三、第四种形态的文化商品在现代生活和未来社会中将占据越来越重要的地位，发挥越来越重要的作用。五是数字化、信息化文化商品。这种文化商品形态既拥有前四种的全部价值，但又是以无实物、虚拟的方式存在的，如游戏点卡、网络游戏装备等。这种以虚拟性为主要特征的文化商品同样可以进入流通领域以商品的形式进行交换，可由虚拟货币或现实货币交易买卖。例如，购买QQ音乐会员可享受高品质QQ音乐服务等。随着信息社会的迅速发展，这种形态的文化商品将成为市场的主角，成为人们文化消费领域中重要的商品形态。

3. 文化开发中的问题

（1）历史文化遗产的毁损

旅游的开发使许多带有珍贵文化意义的古建筑被任意拆毁、历史风貌被改变；旅游者的参观，无论有意无意、主观客观，都会造成文物建筑的损坏和腐蚀。

（2）传统文化的变异

旅游者的到来，会带来完全不同的消费方式和时尚理念，冲击旅游地的历史传统文化和精神风尚，特别在一些至今尚保存原始人文状态的地区有可能瓦解其原有的精神文明和道德标准。民间风俗庸俗化，宗教世俗化，民间工艺品商品化，原有的建筑形式逐渐被改造或消失，地方特色文化被肆意改造和模仿。

（3）人文社会环境的商品化

旅游的发展会带来旅游地整体人文社会环境的变异，宁静的山村水乡，因为旅游者的到来而喧嚣杂乱，平静安适的生活秩序被打乱。人们的价值观念和道德水准也在商业潮流的冲击下丧失原有的淳朴，并产生一系列社会问题。

4. 文化的保护

在社会发展的过程中，通过旅游达到文化的交流，引领社会环境走向文明，这是正常的，也是社会进步的必然。但是在发展旅游过程中，保护历史，保护传统，保护生态文化环境，是一个亟待重视的问题，必须处理好四个关系。

第一，旅游者和旅游地原住民的关系。在发展旅游的过程中，文化生态遭到破坏，既有旅游者带来的因素，也有旅游地原住民自身的因素。比如，在"改善旅游环境"名义下对历史建筑的毁损或者人文社会环境管理不善，都是旅游地本身的问题，所以不应该把所有的问题都归之于旅游者的到来。在国外有些地方采取消极的办法，拒绝或者限制旅游业的开展，并不一定是个好的办法，事实上单靠消极的抵制，也达不到保护文化生态的目的。从可持续发展的理念出发，旅游发展充分顾及旅游地原住民的利益，有助于推进旅游地原住民生活水平的提高。但是保护旅游地文化生态的问题，要靠旅游者和旅游地政府、管理部门和所有群众的共同认识和努力。

第二，经济和文化的关系。从根本上说，发展旅游业，吸引旅游者的最重要的因素是文化，是当地的文化资源。"今天的文化就是明天的经济"。只有善待自己的历史文化传统和人文社会环境，才是保障旅游业发展的基础。但是经济的利益是显性的，文化的效应是隐性的，并不是所有人都从心底里能认识并摆正经济和文化的关系的，所以才会有为了经济发展而恶化人文环境的事件屡禁不绝。文化也是一种生产力，要充分认识文化对经济发展的反作用，摆正文化和经济的辩证关系。

第三，眼前利益和长远利益的关系。实际上，处理经济与文化关系的同时，还有一个眼前利益和长远利益的关系问题。只顾眼前，不顾长远，是造成一系列问题的根源。从旅游者来说，部分人只图自己兴致所至，无视久远；从当地政府和管理部门来讲，任期效应，政绩工程，则是一系列短视行为的出发点。文化生态的建设和保护是一个承上启下、功在后代的千秋伟业，没有对子孙后代负责的胸怀，就不能把握当前，惠及后代。

第四，传统文化和外来文化的关系。在世界经济一体化和世界已经成为一个“地球村”的大背景下，旅游业发展带来各种不同质的文化的碰撞是不可避免的。因为传统文化面临的是两元悖论的尴尬境地：一方面，只有坚持传统文化的民族特色、地方特色，才能形成对旅游者最富魅力的吸引力；另一方面，旅游业越发展，旅游者越频繁到来，对传统文化的冲击力也越大。不可能采取自我封闭的方式来保护传统文化，正确的态度是以主动的姿态充分挖掘保护本地的优秀的传统文化，通过各种文化元素展示它的特性和最高的文化水平，使之成为本地本国的标志，成为本民族的自豪。

三、旅游对于目的地文化的影响

旅游本身就是一种文化，一种与定居生活相对立、相互补充而存在的文化。这种文化正在变革东道主国家或民族的社会的传统，后现代社会则推动着旅游以更快的速度遍布世界、遍布人类。

旅游的这种社会转型效应已经被国内外的学者所关注和重视。法国的罗贝尔·朗卡尔严肃地指出：“旅游所带来的，往往是一种应当同社会演变区分开来的变革。社会演变是社会在一个很长时期内，即超过一代人甚至几代人的生命的时期内所经历的所有变化，而社会变革则毋宁说是在更短的时间内可以看得到并加以证实的变化。而且，从地理和社会学的角度看，社会变革更具局限性。人们是在比社会演变更有限的地理空间和社会文化环境内观察到达种变革助。社会变革必然是一种集体的现象，这种现象影响到生活条件和生活方式，甚或影响到那些参与变革者的精神世界。人们于是观察到一种结构性变化，观察性变化，观察到社会组织整个的或其中某些因素的改变，这种改变可以通过时间加以辨认，而且它还以并非仅仅是暂时或转瞬即逝的方式影响这个社会的历史进程，变革是依据一种过程，或一种进程展开的，而这一进程构成变革中的事件、现象和行动的顺序和系列。”罗宾·科恩和保罗·肯尼迪在《全球社会学》一书中专门探讨了旅游业给旅游地国家和社会带来的影响："正如我们已经看到的那样，政府所推动的旅游业需要建构。一些有'代表性'或他人性的标志物以及其他一些符号，以吸引游客并从中获益，但因此旅游业还通过游客的眼睛把东道主社会展示给外部世界。上述各个方面开始改变东道主社会的某些特质。部分地，这是因为东道主获得了更高层次上的自我认识和灵活性，考虑到他们现在做生意——实际上重塑他们的社会认同，这不大会使人感到吃惊。实际上，他们对自己的生活方式作了多方面的选择。"[104]

第四节　旅游产品——实现文化的涵化

一、文旅融合产品趋势

1. 国内趋势

（1）从关注自然和历史到更多关注当下生活

过往的旅游商品在开发上主要强调文化、科技特征，从文化、科技角度去设计、研发、销售旅游商品，但片面强调文化而忽视商品实用功能，会造成印有景区图案、标志或者著名景观造型的商品比比皆是，呈现游客购买量却不大的"叫好不叫座"的现象。缺乏具有鲜明个性、旅游价值、实用功能的创新型产品，已不能满足现代的生活方式，无法调动年轻游客的购买兴趣。近年来，故宫博物院更加注重研究人们的生存方式和生存状况。例如，分析人们在日常生活中喜爱哪些文化元素，分析人们在以什么方式和手段接受文化信息，分析人们如何度过每日"碎片化"的时间，分析不同年龄段观众的差异化文化需求。其根本目的是通过更生活化的商品载体，引起文化传播的共鸣。

（2）文化复兴和自信将进一步激发国内游增长

习近平总书记在党的十九大报告中强调："文化是一个国家、一个民族的灵魂。文化兴国运兴，文化强民族强。没有高度的文化自信，没有文化的繁荣兴盛，就没有中华民族伟大复兴。要坚持中国特色社会主义文化发展道路，激发全民族文化创新创造活力，建设社会主义文化强国。"民族复兴有赖于文化自信，文化自信源自文化理解，旅游则是促进文化理解最好的方式之一，发展旅游能够为文化自信提供充沛的新动能。发展旅游的重要目的之一，就是要让厚重的文化变得可以轻松地阅读，就是要通过文化的故事化、文化的科技化、文化的可视化，让文化转变为新时代可以源源不断被消费和吸收的养分，让文化被更广泛的旅游者所领略和理解。

无论是《上新了·故宫》还是《国家宝藏》，无论是《中国诗词大会》还是《风味人间》，可以看到越来越多的旅游目的地开始以文化为主，来进一步探索。在文化繁荣和文化自信的新征程中，会挖掘优秀的传统文化，在旅游项目开发建设中创造未来文化遗产，从供需两端发力，不断激发文化和旅游消费潜力。努力使我国文化和旅游消费设施更加完善，消费结构更加合理，消费环境更加优化，文化和旅游产品、服务供给更加丰富。推动全国居民文化和旅游消费规模保持快速增长态势，对经济增长的带动作用持续增强。国内旅游的发展，文化和旅游的融合会成为文化自信新时代的新动能。

（3）信息化结合文旅推动目的地可持续发展

随着技术创新日新月异，科技需要更多的实现载体，而旅游业有极其丰富的应用场景、极强的跨界能力以及庞大的产业规模。不管什么样的新技术，都能在这找到足够的施展空间。移动互联网时代，以门户网站、门户类 App 为代表的互联网公司逐渐成为传统，基于大数据算法的精准营销模式正在不断地兴起和迭代，借助于算法推荐的抖音、快手、腾讯微视等短视频营销方式正在不断地刷新着营销模式。

（4）以抖音短视频为代表的全民 UGC 激发或将成为目的地内容生产的重要方式

昔日的汉唐故都长安，正成为一座时髦的“抖音之城”。春节期间，网友在抖音上发布了一条 15 秒西安旅行的视频，并发起一项名为“西安”的挑战，于是西安的美食美景一下子占据了抖音的半壁江山，永兴坊因为“摔碗酒”成为“网红景点”。在抖音运营拓展经理孙昊看来，抖音 15 秒的音乐短视频区别于传统的城市形象宣传片，特点是短、平、快。西安古老的历史文化通过这样新潮的方式展现在年轻人面前，带来一种反差的体验：原来西安还可以这样玩。而且不只西安，抖音上还火了重庆，火了济南，在移动互联网短视频时代一切皆有可能。

（5）“跟着节庆去旅游”或将成为新潮流

节庆旅游是指利用地方特有的文化传统，举办意在增强地方吸引力的各种节日、活动，使旅游者在停留期间具有较多的参与机会，以促进地方旅游业的发展。如每年 11 月 10 日左右是雷山苗族同胞的传统节日“苗年”，这个时候苗族村寨都要举行多姿多彩的苗族歌舞文化活动。游客每年这个时候前往贵州进行旅游，比如，在西双版纳，泼水节是傣族的新年，相当于公历的 4 月中旬，一般庆祝活动会持续 3~7 天。其间，大家用纯净的清水相互泼洒，祈求洗去过去一年的不顺。

（6）以重庆轻轨 2 号线为代表的一切“网红”将引发目的地新一轮增长

网红景区的产生是互联网迅猛发展的必然趋势。除了自身极具特质的场景外，移动互联网的技术与流量对网红景区的发展起到了巨大的推动作用。内容创意加上网红场景，线下景区导流，线上短视频平台助推，二者共同作用，形成良性闭环，使各个网红场景得以走红全国。“网红景区”背后是新一代旅游爱好者的崛起。数据显示，2019 年“五一”假期出游人群中，“90 后”“00 后”占比达到 35%，同比提升 8%。这一群体热衷抖音等新生社交媒体，消费更加随性自由，也是在线旅游平台的忠实拥护者。亲身参与的代入感，突出美化的画面感，完备的基础设施，让更加注重个性化体验的新生代消费心理得到极大的满足。

（7）创意内容或将引发旅游裂变式传播

旅游的创意，更多的是体现在旅游活动的方式或内容上的创新。在信息技术高速发展的当下，旅游传播实现了从在地到在场到在线的三级转变，巨大网络流量引发的裂变式传播之下，产生了流量经济，并进一步转化为生产力。如故宫通过源源不断的创意，让自己的品牌文化和理念触动消费者内心，并通过网络化、人格化、趣味化的方式结合新媒体营销手段，成功塑造了自己的大 IP，上万款文创商品广受游客喜爱。“奉旨旅行”行李牌、“朕看不透”眼罩、“朕就是这样汉子”折扇等融合历史与当代年轻人语境的 IP 产品，让故宫真正将“文化”落地到了“产品”上。

（8）跨界联合将为目的地旅游注入新活力

2018 是故宫 IP 再次爆发的一年。《上新了 · 故宫》做了“IP + 文创 + 消费”的尝试，从综艺、故宫口红、文创周边，到围绕《千里江山图》开发的手游《绘真 · 妙笔千山》，以及众筹期间售出 12.2 万册的《谜宫 · 如意琳琅图籍》（线上线下融合的解谜游戏），故宫 IP 和文创产品变得更鲜活、更加生活化、更加触手可及。经故宫博物院授权，《上新了 · 故宫》节目围绕紫禁城的历史文化，从单纯的文化传播过渡到了产业思维。每期节目围绕特定线索探秘历史人物或故事，并吸纳相关文化元素，分别和五粮液、麦当劳、小米、百雀羚等合作方共同开发出了包括美妆、睡衣、香薰、无线耳机等 11 件涉及 9 个品类、价格在几十至几万元的文创产品。在淘宝众筹上，节目同款睡衣距离众筹结束还有 11 天，众筹人数就已达 13801 人，筹款超过 750 万元。其中一期节目“揭秘真实版的甄嬛后宫升职记”，根据“甄嬛”故事打造的首饰套装刚上线 3 天，众筹款便达近百万元。

（9）跨境（文化）交流也将推动全球旅游的重点合作

在联合国世界旅游组织第 22 届全体大会上中国发起成立世界旅游联盟，成为未来促进经验共享的重要平台。同时，《“一带一路”旅游合作成都宣言》发布，提出将加强“一带一路”旅游合作，加强政策沟通，提升旅游便利化水平，创建旅游合作机制，提升旅游交流品质等多项内容。

5. 国际趋势

（1）依托非物质文化和创意文化

星巴克之所以成功，并不是产品有多卓越或者是其创始人提出的“第三空间”概念，这些都能很快被复制。星巴克是嗅到了文化资本群体对于“手工艺性——世界主义咖啡亚文化”的向往。一方面，这个群体开始厌恶工业化的食品文化；另一方面，他们对于文化精英小圈子里出现的这种咖啡亚文化，虽向往但又有点“可望而不可即”。星巴克还通过努力完善店内的消费者接触点，如产品包装、门店视觉等来点亮这种“精英文化”。比如，来自非洲咖啡豆咖啡的标签上就印有骑在野兽上的里夫人（Riffs）和当地的纺织品，表现了它独特的异域情调。

（2）在智慧城市的建设方面体现文化和旅游融合

智慧城市是城市数字化向更高层次的发展，核心是体现以人为本、智能运行的理念。智慧城市与数字文旅产业对接是城市发展的必然要求。智慧城市的建设主要集中于将文化和旅游产品，甚至于整个旅游目的地，能够实现从线下内容转移到线上。随着数据驱动在新型智慧城市建设中的核心作用日渐凸显，不仅考验城市智慧生态发展能力，更考验城市文旅融合、多业态交融发展能力。未来城市发展竞争力在于如何运用大数据技术进一步打通文化、体育、商业、旅游融合发展路径。

（3）文化旅游依托于创意产业

目前文创业态开启了新零售的场景革命，“人、货、场”三位一体的新零售模式成消费流量的新入口。比如，星巴克烘焙工坊，是目前国内首家“咖啡主题乐园”、全球最大“咖啡梦工厂”、全感官体验的“咖啡剧院”，顾客将在此感受到前所未有的互动式全感官咖啡体验。不仅如此，星巴克烘焙工坊还拥有全球最大的文创商品销售空间，上千款独一无二的星巴克商品，包括独一无二纪念杯、新鲜烘焙臻选咖啡豆、臻选咖啡器具、TEAVANA 茶、星巴克周边等，其中路牌保温杯、12 盎司方底马克杯、玉兰花保温杯是最欢迎的 TOP3 商品，一年卖出的工坊特色杯子累计高度相当于 74 个东方明珠电视塔。继上海迪士尼之后，星巴克烘焙工坊成了上海新的“打卡”景点。

二、文旅融合产品的三大意识

1. IP 意识

有了文化 IP，文旅融合才算真正的找到了根。任何一个文旅项目开发，首先要摸清文化家底，深入挖掘、系统开发，把特色文化精髓全方位融入旅游项目、线路、产品、服务、营销等方面，塑造富含“中国风、书卷气、本土 Style”的文化旅游新形象。IP 化产品内容是有层次的、丰富的，可以个性化生成和演绎。相对于传统的旅游纪念品，IP 视角下的旅游商品内涵发生了很大的变化。原创 IP 的价值观可集聚更大范围的受众，IP 化的旅游商品兼具使用功能和精神审美功能，拥有人性化和情感化的因素，可潜移默化地影响游客的生活态度和价值取向。

2. 创新意识

文旅融合如果没有创新，那么就是失败的，融合不是 1+1=2，而是 1+1=11。文化的融入会催生出创新的灵感，正如“宋城千古情”一开演，全世界游人都被西湖“暖风熏醉”。突破固有思维模式，依靠新技术，创新形式，大力发展“文旅 + 演艺”“文旅 +VR 体验”“文旅 + 文创消费”“文旅 + 主题游乐”“文旅 + 微电影”“文旅 + 智慧平台”等多种模式。

3. 市场意识

能够将优秀的文化、概念落地，离不开市场。首先，要考虑市场消费能力。发达地区高端客户多，一般地区更注重通俗易懂且经济实惠。其次，要考量市场承载能力，地方交通、酒店、餐饮、金融等综合服务保障水平是文旅融合的重要支撑，不能盲目贪大求全。最后还要注意全天候运营能力，南北方季节性差异、白天夜晚的差异、工作日与节假日的差异等都要有所考虑兼顾。

三、文旅融合产品开发的四象限论

马波曾结合旅游活动的特征，把文化视为从实体文化至共同体有机文化的连续爬升，可以得到一条横向的轴线；按照文化与经济的一般关系，把旅游活动视为从产业到事业的不断扩展，我们可以得到另一条纵向的轴线。可以借用数学中的象限概念，把纵向的实体文化—有机文化轴和横向的旅游产业—旅游事业轴加以组合，呈现文旅融合的象限图（见图 4–1），并较为清晰地揭示每个象限的基本特点[105]。

图 4–1　文旅融合的四象限模型（修改自马波，2020）

象限一，在经济和旅游经济欠发达地区普遍存在，文化遗产被视为旅游资源，由于大众文化具有商业化、舞台化和意义消解特性，文化遗产在旅游利用中有被损害的威胁，于是理论界会关注遗产的旅游可持续利用问题。

象限二，主要出现在文化遗产主导的旅游目的地，如西安，这里在认知上文化遗产本身得到尊重，但是也要突出遗产旅游价值，因故有遗产活化、保护性开发等概念的提出，理论关注点则是“有限的可接受的改变”。

象限三，发生在经济与旅游经济相对发达的国家和地区，更加关注和强调旅游的非经济功能，优化旅游供给结构，发展优质旅游，理论焦点也会转化为功利主义与社群主义两种伦理观、价值观之间的纷争。

象限四，是一种理想的旅游，是善行旅游的进一步升华。此时，旅游成为现代文明的显示表征和进步方式，旨在促进人的全面发展、人与自然的和谐统一和人类命运共同体建设。当然，这种旅游文明一定是跨文化的。

四、六大文旅融合的产品业态

1. 基于文化舞台化再现的旅游演艺模式

沉浸式演艺在近年来风生水起，以阳朔《印象·刘三姐》为代表的“印象”系列大获成功，扭转了传统观光游“白天拍照、晚上睡觉”的局面。纵观全国，《宋城千古情》《印象·刘三姐》《鼎盛王朝·康熙大典》《长恨歌》《又见敦煌》《印象·大红袍》……许多文化味儿十足的旅游演艺获得了市场，赢得了观众。其中，共同的特点就是蕴含丰富的文化。

2. 基于创意集聚的文化创意产业

以迪士尼为代表的“IP+ 衍生品”经营模式，围绕迪士尼核心 IP 开发文创，包括游乐设施、服饰、出版物、玩具、食品等一系列消费品，满足了人们对文化的消费需求。据报道，迪士尼乐园 60% 收益来自衍生品等二次消费。

3. 基于历史文化节、庆事件的文化旅游节

民族文化的保护与弘扬近年备受关注，各种节日庆典也热闹非凡，无论是泼水节、端午节还是火把节等每年都吸引了大量游客前去体验。江西省九江市柴桑区每年就固定举办马回岭“百年庙会”、江洲油菜花节、城子镇桃花节、新合镇特色农业采摘节等。这些活动能在短期内迅速吸引人气，扩大地方文化旅游影响。

4. 基于地方精神、场所精神创造的文化旅游街区

自古以来文人墨客观景作诗，增添了文化底蕴。文化赋予山水楼台以精神内涵，使其更加引人入胜，观景的同时仿佛和古人并肩，成为游人神往的目的地。文化与景观的结合开启了文旅融合的先河。

5. 基于主题文化演绎的主题公园

主题公园以其独特 IP 文化、惊险刺激的游乐、互动虚拟式体验、便捷的交通、无微不至的服务吸引了大量的游客，成为一大旅游目的地。2017 年 6 月，上海迪士尼乐园在首个完整运营年份就吸引了 1100 万人次游客入园游玩。

6. 基于文化价值网络构建的旅游小镇

近年来文旅特色小镇极为火爆。文旅小镇以古镇为载体，融入民俗、文化艺术、非遗展示、文艺酒吧、个性客栈、特色文创等元素，在业内“圈粉”无数。比如，水墨婺源、乌镇、凤凰古城等，成为人们“说走就走的旅行”“感受时光倒流”的热门目的地。

五、文旅融合产品的五大领域

1. 文旅融合的旅游产品领域——文旅地产

（1）发展现状

在国家政策的指引下与巨大的消费市场推动下，越来越多的房企联手文化企业进军文旅地产。到 2018 年，已有超过三分之一的百强房企进入文旅地产。从项目投资主体来看，目前国内文旅地产大多是房企在进行操盘，如碧桂园、恒大、融创中国、龙湖集团、绿地集团等纷纷进军文旅地产领域。我国文旅地产区域发展不均衡性明显，主要分布于海南、环渤海、长三角、西南、两广和闽东南地区，其中海南地区项目数量最多，而且我国文旅地产对自然资源依赖度高，核心卖点仍主要依托山地、湖滨和滨海等自然资源。

（2）四大形态

① 主题乐园依托型

主题公园是一种以游乐为目标的模拟景观的呈现，它的最大特点就是赋予游

乐形式以某种主题，围绕一个或几个主题创造一系列有特别的环境和气氛的项目吸引游客。主题公园可以分为历史文化、景观观光、休闲游乐、情景模拟、主题创意五大类。我国主题公园主要集中在东部地区，主要分布在京津冀地区、长三角地区、珠三角地区。主题公园带来的人流、物流、信息流和资金流，拉动周边的房地产。同时由于主题公园盈利周期长，在国内文化创意产业还不成熟的时候，通过销售配套地产反哺主题公园。

② 自然景点依托型

自然景点依托型文旅地产，是现今最常见的一种文旅地产类型。依托大自然鬼斧神工的稀缺景观，在原有的旅游资源之上打造更多多样性的产品，适当融入一些更和谐的体验性文化商业设施，融入二次消费，是这个地产类型最核心的要点与难点。

③ 文旅小镇型

厌倦了大都市生活压力和喧闹，如今已经有越来越多的人喜爱选择特色小镇作为旅游目的地。寻一处如周庄、宏村之类的文化特色小镇，或赏景，或悠然而坐，独品其中的淳朴与恬静。利用特色文物遗存、特色民风民俗和悠闲的古镇生活，深入挖掘出能旅游的文化元素，比如茶、温泉、饮食、禅修等，再结合地产开发，营造出特色迥异、各具千秋的文旅小镇，是一个非常成熟的文旅地产开发模式。

④ 度假酒店型

旅游度假最基本的住宿问题，在其他三个模式中也常常包含。但不同于传统综合体开发的盈利模式，这类度假酒店并不通过其他类型地产项目来弥补经营缺口，更多在于产业链各个端点的交易，实现独立生存发展。且在满足基本居住生活需求之外，还可以携带更多的艺术、文化元素，拍卖、博彩、会议、影视等多样收入渠道和灵活租售方式，是最容易成功也最简单的文旅地产类型。

2. 文旅融合的旅游产品领域——影视 IP

“影视 + 旅游”体现了影视产业与旅游产业之间互相需求、互相满足的互动关系。影视与旅游深度融合，体现精神与物质的结合，产生的立体辐射效果显而易见。有两种模式，一是“文化 + 影视基地 + 旅游”的模式，二是“旅游 + 影视宣传”模式。

（1）动漫 IP

日本动漫凭着剧情的创新和趣味性在全球占有着重要地位，占据了世界市场的三分之二，出口值超过日本钢铁等工业品，并在经济上产生连锁反应和雪球效应。日本也是世界上最大的动漫产业创作输出国，《千与千寻》《龙猫》《天空之城》《灌篮高手》《名侦探柯南》等多部动漫作品世界知名，同时宫崎骏等日本动漫创作者在全球也拥有大量粉丝。中国的动漫产业在近几年实现了快速发展，然而这股 IP 热潮并没有对国内主题公园起到十分明显的帮助。随着优质的国漫越来越多，不仅可以为“先有 IP，再有乐园”创造更多可能，也能为其他主题乐园提供宏伟的 IP 世界。

（2）影视旅行

早期在日本有一种旅行被称作“圣地巡礼”，是指动画爱好者前往动画的实际取景地进行参观旅行的一种行为。对于一般人来说，动画作品中故事舞台或画面背景所使用的某些场景、建筑、自然风景、雕塑等，有的是以现实中的实际场景作为原型的。除了动漫，影视作品，包括影视明星、影视基地往往都可以对拍摄地产生较强的旅游营销作用，也是旅游和影视结合非常好的一点子。

3. 文旅融合的旅游产品领域——文化创意

文化创意是以文化为元素，融合多元文化、整理相关学科、利用不同载体而构建的再造与创新的文化现象。第一，是“原创”，这个东西是前人和其他人没有的，完全是自己首创的，比如京剧、昆曲、武术就属于中国原创。第二，就是“创新”，它的意义在于虽然是别人首先创造的，但将它进一步地改造，形成一个新的东西，就可以给人新的感觉。

（1）艺术与乡村融合

Heyri 艺术村位于京畿道坡州市炭县面 Heyri 村路 70–21，是一座韩国作家、电影人士、建筑师、音乐家等多领域艺术家们聚居的文化村，世界十大创意艺术区，韩国的文化艺术天堂。1997 年，经历亚洲金融危机后的韩国政府开始大力推动文化创意产业的发展，并将其定位为支撑国家经济的重要战略产业。Heyri 艺术村便是诞生在那个时期，由印刷行业的人员发起成立的，经过 20 多年的发展，Heyri 艺术村已成为世界十大创意艺术区，成为韩国的文化艺术天堂，超过 370 位艺术家在这里居住、生活并为社区发展贡献力量。

（2）全球文艺壁画小巷——纽约皇后区 5Pointz

位于纽约皇后区的 5Pointz 聚集了世界各地涂鸦艺术家的画作，是世界上最负盛名的涂鸦圣地，被誉为“涂鸦麦加”。“5Pointz”据说不仅是美国唯一允许涂鸦的建筑，可能还是全世界唯一允许大规模自由涂鸦的建筑。它们有个管理组织，大部分的涂鸦艺人只要申请，多数会被允许在这里创作。因此，涂鸦作品的更新速度很快，街头艺术品重叠又重叠，不同时间到访可以看到不同的景象。

（3）公园文创——北海公园：延伸挖掘传统文化资源

在挖掘公园自身历史文化基础上，延伸挖掘传统文化瑰宝，是公园文创的又一个探索。随着我国“二十四节气”申遗成功，2019 年北海公园将“二十四节气”文化内涵与园内著名景点相结合创作出 24 幅主题插画，再以插画为视觉基础，陆续推出了“二十四节气”系列特色文创产品和“二十四节气”特色文创联票，于每个节气当天向游客发售当个节气的联票。“立春”当日，节气联票售出1785张，收入2.68万元。

4. 文旅融合的旅游产品领域——演艺节庆

（1）旅游演艺

近年来，旅游演艺迅速发展，未来直观、生动、立体的视觉盛宴或将成为景区的标配。典型的旅游演艺分为三类：一类是剧场演出，比如张家界的《魅力湘西》；一类实景演出代表案例，比如印象系列；一类是主题公园内综合演出，比如《宋城千古情》等。

（2）旅游节庆

旅游节庆，就是以节庆的形式或者借助节庆宣传推广主办城市、地区、景区、企业，借以提高知名度和美誉度，继而达到在短时间内扩大影响、集聚人气、招徕游人、取得效益的一种手段。比如日本花火大会，每年夏季都能吸引全世界无数游客去日本旅游。比如，山西临汾黄河壶口瀑布国际文化旅游节，依托“黄河风景绝佳地、中华母亲河”的宏大背景，包含民族歌舞表演、唢呐锣鼓吹奏、诗画摄影展示、吉县苹果展销等形式扩大了黄河与临汾吉县在世界的知名度。

旅游节庆包括有摄影节、电影节、微电影节、音乐节、戏剧节、锣鼓节、合唱节、歌舞节、摇滚节、武术节、书法节、杂技节、登山节、冰雕节、乞巧节、开渔节、风筝节、风车节、彩灯节、摔跤节、红叶节、面食节、西瓜节、啤酒节、采摘节、红枣节、荔枝节、茶文化节、稻花鱼节、热气球节等各种各样的文化旅游节。也包括传统的民族节庆，比如：春节、元宵节、清明节、端午节、中秋节、泼水节、火把节、雪顿节、开斋节、古尔邦节、那达慕大会、猎神节等。以及国家节庆：三八节、五一节、六一节、七一节、八一节、国庆节等。还有西方的一些节庆：情人节、圣诞节、愚人节、母亲节等。都可借以开展旅游节庆活动，可谓题材广泛，琳琅满目，花样繁多，应接不暇。

5. 文旅融合的旅游产品领域——智慧文旅

文化和旅游融合进程中，技术是非常重要的手段，通过科技赋能，可以更好地实现文化和旅游的融合。从媒介上，转化科学技术为产业要素。通过虚拟现实技术融入文旅产业，虚拟旅游在疫情期间大放异彩。全国多地的文博场所推出“云看展”“云游览”，使得大众虽然隔离在家，但通过网络，足不出户便能欣赏各地的风景。虚拟旅游从科技、文化、内容、模式四方面不断创新，提升游客的体验，推动旅游业态创新和产业结构优化。加快新兴技术向文旅产业要素转化，将极大地改变文旅行业供给方和需求方的中间关系，推动行业新业态和新模式的诞生。从供给上，采用科技激活目的地消费场景。在大数据和数字化的驱动下，文旅产业的供给侧应不断推进智能化改造和供应链革新，进而创新目的地消费场景。通过大数据技术使得消费场景更加精细化。引入科技化旅游要素，以科技带动旅游城市、旅游景区和文博院馆等文旅场所向数字化转型。依托数字技术创新经营模式，创新更多元的消费场景，例如，数字文旅小镇、智慧主题公园和智慧田园综合体等，不断丰富数字旅游产品和内容供给，促进数字演艺、数字艺术、网络动漫、网络音乐等数字内容创新发展。

（1）故宫的科技文旅实践

故宫在采用智慧技术推进文化和旅游上进行了大量的尝试，以现代科技为主要手段，达到以文塑旅，以旅彰文的最终目的。

故宫 IP 与腾讯新文创 IP 影响力强强联合，故宫负责文博 IP 内容授权、学术指导，腾讯负责市场运作，共同促成裂变传播、打造超强品牌影响力，双方合作不仅涵盖“新文创”的数字内容创新活化，还包括“新科技”对数字文博的全链条支撑，形成了完整的数字文化保护解决方案。

2018 年腾讯旗下腾讯地图平台和故宫共同推出了“导游导览”小程序“玩转故宫”。这是故宫推出的首个在移动端的导览应用。通过它在故宫游客的画像分析、游客服务、地图导览、小游戏打卡等方面做了很多相关的尝试。通过 AI 技术让游客快乐体验目的地风景、建筑、文化艺术。故宫博物院、NEXT IDEA 腾讯创新大赛、QQ 音乐联合主办的“古画会唱歌”NEXT IDEA 音乐创新大赛正式启动。故宫博物院将官方授权 11 幅名画，选手选择进行创作，并且在故宫博物院、音乐学院、明星导师的指导下完善作品，优秀作品收录到故宫数字音乐专辑，获得 QQ 音乐的全平台推广，同时会被邀请参与史无前例的故宫音乐会。双方联合开发首款眼动追踪技术系列文博类导游导览功能性游戏《睛梦》：将眼动追踪技术和故宫等传统文化 IP 相结合，用户只要对准画作转动眼珠，就可以为《千里江山图》添色，将原本灰蒙蒙的图画重新恢复一片青绿。腾讯与故宫联合打造故宫高端文创，定价 398 元的“乾隆福至杯”，258 份全球限量珍藏，上线不到 10 小时被网友抢购一空。

（2）秦文化传承与创意工程

秦始皇陵结构复杂、埋藏丰富，被誉为“世界第八大奇迹”的兵马俑只是这宏大遗址中的冰山一角。秦始皇帝陵博物院和腾讯签订了战略合作协议，双方就数字活化传统文化达成共识，分别在 AI 人脸识别、智能移动游园规划、智慧导览、全媒体营销互动传播等方面展开了深度合作。后续以“伟大的时代”为主题联动产品矩阵：包括腾讯云、QQ 个性装扮、博物官、微视、QQfamily 等多项产品业务，从馆内管理、新文创传播、优化展览模式等维度“让文物活起来”。其中，最具亮点的是通过《你好，兵马俑》人脸识别系统实现游客与兵马俑的互动。

参考文献

[1] 葛立成，王铁生 . 杭州国际旅游的新变化 [J]. 浙江学刊，1983（1）：52-56.

[2] 欧利特・凯特，葛立成 . 世界最不发达国家的旅游业 [J]. 国际经济评论，1988（6）：73-80.

[3] 方民生，葛立成 . 试论旅游城市的产业结构 [J]. 浙江学刊，1985（3）：17-20.

[4] 方民生，王铁生，葛立成 . 关于旅游经济的几个理论问题 [J]. 浙江学刊，1984（2）：2-7.

[5] 谢彦君 . 论旅游的本质与特征 [J]. 旅游学刊，1998（4）：41-44.

[6] 冯乃康 . 再谈旅游文学的特征 [J]. 旅游学刊，1988（4）：60-63.

[7] 王柯平 . 旅游审美与山水旅游文学泛言（下篇）[J]. 北京第二外国语学院学报，1998（4）：47-53.

[8] 王柯平 . 旅游审美与山水旅游文学泛言（上篇）[J]. 北京第二外国语学院学报，1998（3）：7-13.

[9] 俞孔坚 . 观光旅游资源美学评价信息方法探讨 [J]. 地理学与国土研究，1989（4）：34-40.

[10] 郁龙余 . 旅游与旅游文化 [J]. 深圳大学学报（人文社会科学版），1989（2）：46-50.

[11] 吴必虎，黄潇婷 . 旅游学概论 [M]. 第 2 版 . 北京：中国人民大学出版社，2013.

[12] 张晓萍，黄继元 . 纳尔逊・格雷本的“旅游人类学” [J]. 旅游学刊，2000（4）：74-75.

[13] GOODRICH J N. Book Reviews：TO PRAY，PAY，AND PLAY：THE CULTURAL STRUCTURE OF JAPANESE DOMESTIC TOURISM By Nelson Graburn [J]. Journal of Travel Research，1983，22（2）.

[14] 龙江智 . 从体验视角看旅游的本质及旅游学科体系的构建 [J]. 旅游学刊，2005（1）：21-26.

[15] 李广全，崔庠 . 旅游的研究方法及旅游本质的探讨 [J]. 桂林旅游高等专科学校学报，1999（S2）：32-34.

[16] 陈来生 . 我国旅游学若干基础理论问题的研究状况 [J]. 学术月刊，2003（12）：104-107.

[17] 罗伯特・麦金托什，夏希肯特・格波特 . 旅游学 ——要素・实践・基本原理 [M]. 上海：上海文化出版社，1985.

[18] EDWARD T. Primitive Culture [M] .2010.

[19] 梁漱溟 . 东西文化及其哲学 [M]. 上海：上海人民出版社，2010.

[20] 宗晓莲 . 西方旅游人类学研究述评 [J]. 民族研究，2001（3）：85-94.

[21] 张启 . 旅游文化学 [M]. 杭州：浙江大学出版社，2010.

[22] 姚昆遗，贡小妹 . 旅游文化学 [M]. 北京：旅游教育出版社，2006.

[23] 文彤 . 旅游文化学 [M]. 广州：暨南大学出版社，2011.

[24] 邹本涛，谢春山 . 旅游文化学 [M]. 第 2 版 . 北京：中国旅游出版社，2012.

[25] 沈智慧 . 旅游文化学 [M]. 杭州：浙江大学出版社，2012.

[26] 周毅 . 旅游文化学 [M] . 上海：上海交通大学出版社，2011.

[27] 沈祖祥 . 旅游文化学 [M] . 第 3 版 . 福州：福建人民出版社，2011.

[28] 朱伟 . 旅游文化学 [M] . 武汉：华中科技大学出版社，2011.

[29] 李伟 . 旅游文化学 [M] . 北京：科学出版社，2006.

[30] 谢元鲁 . 旅游文化学 [M] . 北京：北京大学出版社，2007.

[31] 曾志兰 . 海峡西岸旅游区旅游文化探析——建设“我国重要的自然和文化旅游中心”的文化解读 [J] . 福建论坛（人文社会科学版），2009（12）：140–145.

[32] 喻学才 . 近七年旅游文化研究综述（上）[J] . 社会科学动态，1996（08）：4–7.

[33] 冯乃康 . 首届中国旅游文化学术研讨会纪要 [J] . 旅游学刊，1991（1）：57–58.

[34] 喻学才 . 中国旅游文化传统 [M] . 南京：东南大学出版社，1995.

[35] 马波 . 现代旅游文化学 [M] . 现代旅游文化学，2002.

[36] 章海荣 . 旅游文化学 [M] . 上海：复旦大学出版社，2004.

[37] 喻学才 . “山以贤称 境缘人胜”——中国旅游文化的重人传统 [J] . 湖北大学学报（哲学社会科学版），1987（6）：67–71.

[38] 喻学才 . 中国古代旅游神崇拜及祖饯风俗 [J] . 民俗研究，2017（2）.

[39] 沈祖祥 . 旅游文化概论 [M] . 福州：福建人民出版社，1999.

[40] RICHTER L K，SMITH V L. Hosts and guests. The anthropology of tourism. [J] . University of Pennsylvania Press，2012，51（4）：711.

[41] CANNELL DEAN MAC. 旅游者 [M] . 张晓萍，译 . 桂林：广西师范大学出版社，2008.

[42] NASH D. The study of tourism ：anthropological and sociological beginnings [M] . Annals of Tourism Research，2009，36（3）：547–549.

[43] BERGHE P，OCHOA J F. Tourism and nativistic ideology in Cuzco，Peru [J] . Annals of Tourism Research，2000，27（1）：26.

[44] 王小伦 . 文化批评与西方游记研究 [J] . 国外文学，2007（2）：56–63.

[45] 王晓伦 . 试论游记创作与近代西方全球地理观形成和发展的关系 [J] . 华东师范大学学报（哲学社会科学版），2000（1）：18–25.

[46] LEED E J. The mind of the traveler ：from Gilgamesh to global tourism [J] . Journal of Modern History，1993.

[47] PRATT M L. Imperial Eyes：Travel Writing and Transculturation [M] . Routledge，2003.

[48] 地理学中国大百科全书总委员会 . 中国大百科全书：地理学：人文地理学 [M] . 北京：中国大百科出版社，1984.

[49] 林洪岱 . 论旅游业的文化特性 [J] . 浙江学刊，1983（4）：67–69.

[50] 陈辽 . 文化发展战略设想 [J] . 群言，1988（6）：26–28.

[51] 喻学才 . 旅游文化研究二十年 [J] . 东南大学学报（哲学社会科学版），2004（1）：63–70.

[52] 喻学才 . 关于建设中国旅游学的构想 [J] . 湖北大学学报（哲学社会科学版），1986（5）：62–65.

[53] 池岩 .《辞海》（1999 年版）[J] . 辞书研究，1999（6）：2.

[54] 马波 . 我国旅游文化研究的回顾与前瞻 [J] . 桂林旅游高等专科学校学报，1999（2）：8–10.

[55] 冯乃康 . 首届中国旅游文化学术研讨会纪要 [J] . 旅游学刊，1991（1）：57–58.

［56］魏小安 . 旅游发展与管理［M］. 北京：旅游教育出版社，1996.

［57］吴蓓 . 民俗文化、传统文化、旅游文化融合发展促进文化周浦的发展［C］. 中国民间文化艺术之乡建设与发展初探，2010.

［58］刘为民 . 文化与旅游融合发展报告［M］. 济南：山东大学出版社，2011.

［59］郝长海，曹振华 . 旅游文化学概论［M］. 长春：吉林大学出版社，1996.

［60］唐友波，徐喆，郭青生，等 . 旅游文化学发凡——一个文化学的视野［J］. 上海大学学报（社会科学版），1991（4）：4-12.

［61］毛桃青 . 旅游文化应有自己的学科地位［J］. 旅游学刊，1996（5）：49-51.

［62］刘敦荣 . 旅游文化学［M］. 天津：南开大学出版社，2007.

［63］曹诗图，孙静 . 旅游文化学概论［M］. 北京：中国林业出版社，2008.

［64］王立，刘卫英 . 旅游文化基本特征试论［J］. 盐城师专学报（人文社会科学版），1997（3）：56-60.

［65］晏性枝 . 论宜昌旅游文化发展的战略选择［J］. 湖北三峡学院学报，1997（2）：36-40.

［66］贾祥春 . 旅游文化的特点及其在旅游业中的地位和作用［J］. 复旦学报（社会科学版），1997（3）：83-87.

［67］胡庚灿 . 公民道德建设中的衡阳旅游文化价值研究［D］. 衡阳：南华大学，2018.

［68］沈祖祥 . 旅游史学科建设的若干构想［J］. 社会科学，1990（7）：76-79.

［69］钟贤巍 . 旅游文化学初探［J］. 社会科学战线，2006（4）：34-38.

［70］吴莉淳 . 旅游文化的类型与特征分析［J］. 宿州师专学报，2002（2）：31-32.

［71］于行行 . 旅游文化的界定与特征［J］. 甘肃农业，2005（11）：103.

［72］邹本涛，谢春山 . 旅游文化新论［J］. 北京第二外国语学院学报，2009，31（11）：20-24.

［73］谢春山，李芷逸，唐伟 . 旅游文化的本质与特征研究［J］. 旅游研究，2014，6（1）：6-11.

［74］范能船 . 谈柳宗元的本体论山水审美观［J］. 学术论坛，1989（6）：55-56.

［75］李向明，杨桂华 . 中国旅游审美观的变迁与发展——基于山水文化的视角［J］. 广西民族大学学报（哲学社会科学版），2011，33（1）：150-155.

［76］薛富兴 . 唐代自然审美略论［J］. 江西师范大学学报，2005（5）：87-93.

［77］李金坤 . 唐诗山水自然生态审美［J］. 苏州教育学院学报，2008（3）：44-50.

［78］冯天瑜，何晓明，周积明 . 中华文化史［M］. 上海：上海人民出版社，1990.

［79］刘绍瑾，石了英 . 宗白华散步美学中的“老庄艺术精神”［J］. 江汉论坛，2010（3）：116-120.

［80］谢龙 . 五四新文化运动揭开中华文化现代转型之序幕［J］. 新视野，2010（4）：63-65.

［81］张嵩 .《中国旅游史》教学中“旅游”概念辨析［J］. 河南商业高等专科学校学报，2014，27（5）：113-115.

［82］樊亚琴 . 中西方民族旅游性格形成的探讨［J］. 安徽农业科学，2009，37（9）：4209-4210.

［83］百科全书 . 简明不列颠百科全书［M］. 北京：中国大百科全书出版社，1985.

［84］彼得 · 斯坦，约翰 · 香德 . 西方社会的法律价值［M］. 北京：中国法制出版社，2004.

［85］邓辉 . 旅游本质探微［J］. 中南民族大学学报（人文社会科学版），2009，29（2）：133-136.

［86］李天元 . 旅游学概论（第 5 版）［M］. 北京：高等教育出版社，2003.

［87］保继刚，楚义芳 . 旅游地理学 .2 版［M］. 北京：高等教育出版社，1999.

[88] 谭白英 . 文物与旅游 [M] . 武汉：武汉大学出版社，1996.

[89] 冯奇，万华 . 也谈 culture shock——与邓海先生商榷 [J] . 中国翻译，2003（4）：83–84.

[90] 郭孝田 . 关于 Culture shock 汉译的商榷 [J] . 河南师范大学学报（自然科学版），1996（2）：56.

[91] 安然 . "文化休克" 译释探源 [J] . 学术研究，2010（03）：50–54.

[92] 邓海 . "Culture Shock" 何译为佳？[J] . 中国翻译，2003（1）：2.

[93] 陈俊森 . 外国文化与跨文化交际 [M] . 武汉：华中理工大学出版社，2000.

[94] 霍恩比原 . 牛津高阶英汉双解词典 [M] . 北京：商务印书馆，2014.

[95] 陈国明 . 简明英汉传播学辞典 [M] . 北京：中国人民大学出版社，2003.

[96] M · 恩伯，C · 恩伯 . 文化的变异：现代文化人类学通论 [M] . 沈阳：辽宁人民出版社，1988.

[97] OBERG K. Cultural shock：Adjustment to new cultural environments [J] . Practical Anthropology，1960，7（4）：177–182.

[98] 周春燕，张迪 . 论旅游对旅游主体文化人格的塑造 [J] . 桂林旅游高等专科学校学报，2006（3）：347–350.

[99] 卿志军 . 旅游文化传播中震惊产生的心理机制以及调适 [J] . 旅游论坛，2008，1（06）：442–445.

[100] 刘莎博，厄斯 . 人类学与现代生活 [M] . 北京：华夏出版社出版，1999.

[101] 马克思 . 摩尔根《古代社会》一书摘要 [M] . 北京：人民出版社，1965.

[102] 彭华 . 关于旅游地文化开发的探讨 [J] . 旅游学刊，1998（1）：42–45.

[103] 日下公人，范作申 . 新文化产业论 [M] . 北京：东方出版社，1989.

[104] 科恩 · 罗宾，肯尼迪 · 保罗 . 全球社会学 [M] . 北京：社会科学文献出版社，2001.

[105] 马波，张越 . 文旅融合四象限模型及其应用 [J] . 旅游学刊，2020，35（5）：15–21.

责任编辑：刘志龙
责任印制：闫立中
封面设计：中文天地

图书在版编目（CIP）数据

旅游文化学 / 钟栎娜编著. -- 北京 : 中国旅游出版社, 2022.6

全国旅游类专业创新应用型人才培养规划教材

ISBN 978-7-5032-6942-4

Ⅰ. ①旅… Ⅱ. ①钟… Ⅲ. ①旅游文化－中国－高等学校－教材 Ⅳ. ①F592

中国版本图书馆 CIP 数据核字（2022）第 056865 号

书　　名：旅游文化学

作　　者：钟栎娜　编著
出版发行：中国旅游出版社
（北京静安东里6号　邮编：100028）
http://www.cttp.net.cn　E-mail:cttp@mct.gov.cn
营销中心电话：010-57377108，010-57377109
读者服务部电话：010-57377151
排　　版：北京旅教文化传播有限公司
经　　销：全国各地新华书店
印　　刷：三河市灵山芝兰印刷有限公司
版　　次：2022年6月第1版　2022年6月第1次印刷
开　　本：720毫米×970毫米　1/16
印　　张：18.5
字　　数：287千
定　　价：52.00元
ISBN　978-7-5032-6942-4
